新编现代应用文写作与范例大全

（第2版）

刘　畅◎编著

清华大学出版社
北京

内容提要

　　本书是一本专门介绍各类常用应用文的工具书，书中精选和收录了大量行政机关、公司和个人日常工作、经营活动以及社交活动等会涉及的各类应用文。

　　全书共有 12 章，主要包括 5 部分内容，依次介绍了书写应用文的基础知识、行政公文类应用文、商务办公和社交类应用文、生活类应用文以及大学生应用文等应用文的写作格式、要求和范本。本书采用应用文写作的知识点＋范本精讲相互结合的方式，让读者充分明确各类应用文涉及的相关知识点、格式、要点以及实际写作的注意事项，同时为读者提供大量专业常用的应用文范本，既可学也可用。

　　本书适合于各类公司管理者、职业经理人、法律顾问、办公文秘、人事行政人员、在校或即将毕业的大学生以及各行业需求者阅读。

本书封面贴有清华大学出版社防伪标签，无标签者不得销售。

版权所有，侵权必究。举报：010-62782989，beiqinquan@tup.tsinghua.edu.cn。

图书在版编目 (CIP) 数据

　　新编现代应用文写作与范例大全 / 刘畅编著. —2 版. —北京：清华大学出版社，2019（2023.8 重印）
　　ISBN 978-7-302-53532-4

　　Ⅰ. ①新… Ⅱ. ①刘… Ⅲ. ①汉语—应用文—写作 Ⅳ. ① H152.3

　　中国版本图书馆 CIP 数据核字（2019）第 173245 号

责任编辑： 李玉萍
封面设计： 陈国风
责任校对： 张彦彬
责任印制： 宋　林

出版发行： 清华大学出版社
　　　　网　　　址：http://www.tup.com.cn，http://www.wqbook.com
　　　　地　　　址：北京清华大学学研大厦 A 座　　　邮　　编：100084
　　　　社 总 机：010-83470000　　　　　　　　邮　　购：010-62786544
　　　　投稿与读者服务：010-62776969，c-service@tup.tsinghua.edu.cn
　　　　质 量 反 馈：010-62772015，zhiliang@tup.tsinghua.edu.cn
印 装 者： 小森印刷霸州有限公司
经　　销： 全国新华书店
开　　本： 170mm×240mm　　　　印　　张：24.5　　字　　数：390 千字
版　　次： 2015 年 5 月第 1 版　　2019 年 12 月第 2 版　　印　　次：2023 年 8 月第 6 次印刷
定　　价： 59.00 元

产品编号：079707-01

前言

日常工作、生活和社交活动中，人际关系的处理问题日益突出，而作为往来交流、沟通和合作的基础，应用文写作越来越受到各界人士的重视，其市场需求不断扩大。

如果由于不善撰写应用文而有失礼数，很可能会使联系双方产生误会、引起矛盾甚至发生经济纠纷或民事纠纷。因此，相关人士必须掌握工作、生活和社交中经常用到的应用文撰写方法。

因此，为了给有需求的人士提供一整套系统的应用文写作说明，特编著了本书。旨在帮助有需要的人快速掌握相关应用文的写作格式和要求，并能从本书中直接选用范本来方便快捷地进行修改使用。

本书特点

◆ 内容：准确实用，范本精选

本书理论知识通过周密的思考，提炼出精华部分为读者作详细讲解，展示的应用文范本也经过仔细的精选，选取了一些工作、生活和社交中最常见和最常用的应用文类型，以提高本书的实用性和读者的学习效率。

◆ 版式：分界明确，板块突出

本书采用理论＋范本展示的组合形式，讲解各类应用文的具体写作格式和内容。学习记忆与实战操作先后进行，有利于读者巩固知识点，掌握实用技巧。

◆ **结构：布局科学，规范灵活**

本书整体章节划分为行政公文→商务应用文→生活应用文→大学生应用文，布局科学，先讲解规范的公文写作，再讲解灵活度越来越高的应用文写作。对于一般的读者来说，实用性更强。

◆ **资源：类型丰富，拿来即用**

本书除正文讲解和范本展示外，还专门附带了各类应用文范本的电子文件，读者可在学习理论知识的同时，将光盘中的模板拿来做修改练习，进一步巩固应用文写作的相关知识。除此之外，光盘中还赠送了海量相关学习资源。

本书内容

全书共 12 章。主要包括应用文写作的必备基础知识、行政类公文写作、商务办公和社交类应用文、生活类应用文写作和大学生应用文这 5 个部分，各部分的具体知识如下。

章节	主要内容
第1章	这部分是应用文写作的前期准备工作，包括了解应用文的分类、作用、特点、构成要素、表达方式、行文方向、规则和写作技法等。
第2~4章	这部分介绍了行政类公文的类型和写作格式与要求，主要包括指导性应用文、知照性应用文和规约类应用文。
第5~10章	该部分介绍了商务办公和社交类应用文，具体包括商务办公文书、计划类应用文、契约协议类应用文、社交礼仪类应用文、发言类应用文和书信类应用文。
第11章	这部分介绍了生活中常用的应用文类型，如借条、收条、代收条、欠条、领条、授权委托书、公证书和遗嘱等。
第12章	该部分列举了大学生在校期间、实习期间和工作中会用到的应用文类型，如竞聘词、社会实践报告、实习报告、毕业论文以及学术论文。

本书导读

为方便读者，下面针对本书的部分结构进行图示说明。

在每个二级标题下方依次列举了本小节将要介绍的内容的关键字，让读者快速了解主要涉及内容。

在正文讲解过程中穿插了"提示"栏目，拓展知识点的深度和宽度，让读者了解更多应用文写作的相关内容。

每个范本均包括两部分，即"范本内容展示"和"范本内容精讲"。

"范本内容展示"主要展示范本的全部或部分内容，让读者对相应的应用文的内容有一个整体的把握和认识。

每个范本均提供对应的Word电子版本，读者稍作修改即可使用。

"范本内容精讲"主要对展示的范本内容、结构和写法等作解释说明。

读者对象

  本书适合于各行各业的公司管理者、法律顾问、办公文秘、人事行政人员、机构办公室人员、在校或即将毕业的大学生以及各行业需求者阅读。最后，希望所有读者都能够从本书中获益。由于编者能力有限，对于本书内容不完善的地方，希望获得读者的批评、指正。本书赠送的资源均以二维码形式提供，读者可以使用手机扫描下方的二维码下载并观看。

编　者

目 录

第三章 知照性应用文写作要点与范例解析

第四章 规约类应用文写作要点与范例解析

第十章 书信类应用文写作要点与范例解析

第十一章 生活类应用文写作要点与范例解析

第十二章 大学生应用文写作
要点与范例解析

应用文写作必备基础

应用文是人类在长期的社会实践活动中形成的一种文体，是人们传递信息、处理事务和交流感情的工具，在学习、工作和生活中使用广泛。因此，我们有必要对应用文进行系统的学习。

1.1 应用文的分类与作用

■应用文特点 ■分类 ■作用

　　应用文不仅可以用来传递信息、处理事务和交流感情，还可以作为凭证和依据。随着社会的发展，人们在工作和生活中的交往越来越频繁，涉及事务越来越复杂，应用文的功能也越来越多。所以，要用好应用文，首先得了解它的特点、分类和作用。

1.1.1 应用文的特点

　　应用文不同于诗歌、散文、小说或戏剧，它是为了公务和个人事务而存在的，用于解决实际问题，因此它具有如下一些显著特点。

1. 实用性强

　　应用文在内容上十分重视实用性，主要用来办事、解决实际问题，具有很强的实用性。

2. 真实性强

　　一切文章都要求具有真实性，但各类文章对真实性程度的要求有所不同。对应用文来说，它反映的情况、问题或叙述的事实都是客观存在的，发布和传达上级指示精神是确有的，不能经过任何艺术加工。

3. 针对性强

　　应用文的创作者会根据不同的领域、不同的业务和不同的行文目的，选用不同的应用文文种。

4. 时效性强

　　要让应用文在传递信息、解决实际问题等方面取得好的效果，必须注意时间、效率，即讲究时效性。一般来说，应用文往往在特定的时间处理特定的问题，尽快地传递相关信息，所以时效性很强。如果不及时发文，或者时过境迁再发文，就会使信息失效，从而失去它的实用价值。

5. 格式比较固定

应用文一般有其惯用的外观体式和主体风格，有很多体式是社会长期约定俗成的，也有一些体式由国家统一规定，如公文，还有一些应用文格式比较简单。但无论体式怎样，都是为了提高办事效率，更好地发挥应用文的工具作用。

1.1.2 应用文有哪些分类

根据不同的划分依据，应用文可以分为不同的类型，具体介绍如下。

1. 根据用途分类

不同的应用文有其独特的用途，创作者在写作应用文时要以用途为导向，选择合适的应用文类型，如表 1-1 所示。

表 1-1 不同用途的应用文类型

类 型	简 述
指导性应用文	指具有指导作用的应用文，一般用于上级对下级的行文，如命令（令）、决定、决议、指示、批示和批复等
报告性应用文	指具有报告作用的应用文，一般用于下级对上级的行文，如请示、工作报告、情况报告、答复报告、简报和总结等
计划性应用文	指具有各种计划性质或作用的应用文，常用于对某件事或某项工程等开始前的预计，如计划、规划、设想、意见和安排等

2. 根据性质分类

各种各样的应用文所具备的性质是不同的，有些性质一般，有些性质重要，主要划分为两大类，如表 1-2 所示。

表 1-2 不同性质的应用文类型

类 型	简 述
一般性应用文	指法定公文以外的应用文，一般又可分为简单应用文和复杂应用文两类。简单应用文的结构简单、内容单一，如条据、请帖、聘书和证明等；复杂应用文的篇幅较长、结构较繁且内容较多，如条例、合同等

续表

类 型	简 述
公务文书（公文）	指国家法定的行政公务文书，如命令（令、指令）、决定、指示、通知、批复和函等

3. 根据行业分类

传统意义上的应用文多指行政机关使用的公文，如命令、批示和批复等通用性常用文体，但随着社会经济的发展，分工越来越细，为了适应各行各业具体的应用文需要，应用文领域被拓展，增加和丰富了应用文的种类与内容，如表1-3所示是不同行业的应用文类型。

表1-3　不同行业的应用文类型

类 型	简 述
财经应用文	指各类只为财经工作所用的财经专业类文书，用来解决某个特定的经济问题或处理某项具体的经济工作，其内容与经济活动有关，且都有固定的体式，具有一定的程式化特点。该类应用文又可分为财税工作应用文、生产经营应用文、企业管理应用文和信息交流应用文等
银行应用文	是银行企业在日常经营工作中所使用的一类应用文文体，用来处理和解决银行的存款、信贷、计划、核算和管理等具体工作，其内容与银行的资金运动有关。该类应用文又可分为信贷工作文书（如信贷工作计划、投资信息与调查报告、银行财务决算报告等）和事务文书
外贸应用文	是对外经贸企业专用的一门使用英语的应用文文体，是从事对外投资贸易工作的业务人员在沟通、处理和解决对外经贸的具体工作时一门用英文撰写的专业文种。该类应用文有两大特点，一是使用英文或英汉双语，二是基本结构、格式、用语和法律依据必须符合国际惯例。具体涉及的应用文有对外公务、商务访问的文体（如邀请信、感谢信和国际经贸会议讲演等），业务通信和投资与贸易合同、协议书等

1.1.3 应用文有什么作用

应用文的作用多，所以使用广泛。各行各业、各种人都或多或少会用到应用文。那么应用文的作用究竟有哪些呢？如图1-1所示。

组织指挥的作用	从组织管理的角度交换信息情报、请求和发布各种命令、指导意见，以实施对社会活动的宏观或微观调控。主要涉及上级对下级进行领导和指导的应用文
规范约束的作用	有相当一部分应用文具有法规的性质，如条例、规定和办法等，这类应用文是一定范围内人们行动的准则或行为的规范，具有明显的规范和约束作用，一旦制发生效，必须遵照执行，不得违反
凭证依据的作用	有些应用文是收发机构做出决策、处理问题和开展工作的依据与凭证，如决议、指示、通知、合同、协议、条据和函等，用以证明事件的发生或钱财的收受关系等
宣传教育的作用	有些应用文是为了达到宣传教育的目的而制发的，如表彰性或批评性的通告、通知、通报等，又如办法、制度和章程等。有着宣传教育作用的应用文便于统一思想认识，增强贯彻执行的自觉性
信息情报的作用	用于收集、整理客观世界中的各种信息情报，以供储存、检索和取用，如简报、财务报告、产品说明书、公报、新闻稿和商业广告文案等
沟通联系的作用	党政机关、企事业单位、人民团体或其他法定的社会组织等，都要通过制发应用文联系和商洽工作，传递和反馈信息，介绍和交流经验，如通知、议案、传真、函、请柬和各种书信等
调查研究的作用	通过调查研究，揭示、描述社会特定活动中的各种现象和问题，说明其数量、质量方面的关系和特点，如市场调查报告、意见和学术论文等
规划引导的作用	通过制订计划或规划，指导并安排下一步工作的进行，进而提高事情结果达到预期效果的可能性，如计划、安排、规划和方案等应用文
经营管理的作用	在外部经营活动或内部管理工作中交换信息情报，形成经营行为的契约规则和管理行为中的运作依据，如公司章程、管理制度和办法、会议纪要、报告、总结、聘书、合同和投标书等

图 1-1

1.2 应用文的构成要素及表达方式

■应用文的构成要素 ■应用文的表达方式

了解了应用文的分类和作用后，还需要进一步了解应用文的构成要素和表达方式，为以后写作应用文打好基础。

1.2.1 构成应用文的四大要素

应用文的构成要素包括材料、主旨、结构和语言，它们是应用文成文的必要条件，四者缺一不可。

1. 材料

应用文的材料是指创作者为某一写作目的而收集并使用的基本情况、具体事实、统计数据、引语和被具体化的方针、政策等，可分为事实材料（直接材料和间接材料）和理论材料（大多数为间接材料）。

应用文材料的特点是用途单一，使用时有时效性。材料是形成应用文主旨的重要依据，是表现主旨的支柱，所以创作者要围绕应用文的主旨选择真实、典型和生动新颖的材料。

在写作应用文之前，创作者可以通过阅读学习获取理论材料，或者深入实际、调查研究，以获取实践材料。

2. 主旨

应用文的主旨是指通过文章的全部内容表现出来的一种贯穿全文的基本观点、主张和意图，其作用是决定材料的取舍，支配应用文结构的安排，限定和制约应用文语言、表达方式的运用。

应用文的主旨要正确、鲜明、集中，创作者要依据方针政策、领导意图或者实际情况来确立应用文的主旨。在具体写作时，应用文的主旨有不同的表达方式，可以是题目明旨，可以是篇首撮要，可以是篇末点题，也可以是一线贯通。

3. 结构

应用文的结构是指文章的组织构造，即格式、整体构架和内部组织关系。常见的应用文外部结构形态有4种，分别是全文贯通式、全面分块式（如标明序号式、指明内容构成式和分列标题式）、撮要分条式和条款式，如图1-2所示。

全文贯通式

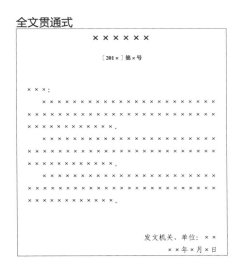

全面分块式

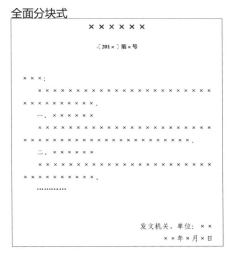

撮要分条式

条款式

图1-2

一般的应用文结构大致包含4个部分，每个部分的结构安排又有不同的选择，具体介绍如下。

◆ **标题**：应用文的标题结构主要有惯用式和自由式，不同的文体有其特有的惯用式。惯用式一般指经常使用的形式，自由式则由撰稿人自由发挥。

◆ **开头**：应用文的开头结构主要有依据目的式开头、情况概述式开头、提问式开头和致意式开头这 4 种，如图 1-3 所示。

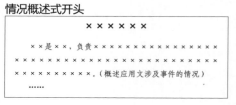

图 1-3

◆ **正文**：应用文的正文结构主要有纵向组合结构、横式组合结构和纵横混合式结构这三种。

提示：应用文正文的 3 种结构解析

　　纵向组合结构即思路纵向展开的结构方式，可以按时间顺序（如生产流程、事情或事件的发展过程等）安排层次，也可以按逻辑顺序（如现象→本质、原因→结果、宏观→微观、个别→一般等）环环相扣、层层递进地安排结构，这种结构大多出现在调查报告和计划类应用文中。横式组合结构即思维横向发展的结构方式，各层次之间互不交织、平等并列，从不同方面和角度共同揭示事物的整体面貌和主旨，或按空间方位的变换、材料的不同性质和类型以及问题的不同侧面等进行阐述，这种结构大多出现在报告、总结类应用文中。纵横混合式结构即思路既纵向展开又横向展开，一般用在情况较复杂的应用文写作中。

◆ **结尾**：应用文的结尾结构主要有专用语式结尾、小结式结尾、希望要求式
结尾和鼓舞号召式结尾这 4 种，如图 1-4 所示。

专用语式结尾

```
          × × × × × ×
    ············
    × × × × × × × × × × × × × × ×。
  此致
  敬礼
```

小结式结尾

```
          × × × × × ×
    ············
              小结
  × × × × × × × × × × × × × × × × × ×
  × × × × × × × × × × × × × × ×。
```

希望要求式结尾

```
          × × × × × ×
    ············
  × ×是× ×。希望× × × × × × × × × × × ×
  × × × × × × × × × × × × × × × × × ×
  × × × × × ×。
```

鼓舞号召式结尾

```
          × × × × × ×
    ············
  让我们× × × × × × × × × × × × × × × × ×
  × × ×，一起× × × × × × × × × × × × × ×
  × × × × × ×。
```

图 1-4

4. 语言

应用文的语言是指适应不同的交际目的、对象、内容和领域的需要所形成的语
言运用风格，如口语（谈话、演说）和书面语（事务语体、政论语体、科技语体和
文艺语体等）。通常，应用文的语言特点有如下 3 个。

◆ **准确庄重**：应用文表述准确，不含糊其辞，没有多余的语气词，词句显得
庄重不可侵犯。

◆ **严谨精练**：言语不可以含蓄，不引申或象征，不迂回曲折，一般单句多，
复句少，短句多，长句少。

◆ **平直质朴**：语言一般不带强烈的感情色彩，词语浅显、通俗，只用直笔说
明和叙述，结合恰当的议论，一般不用或少用描写、夸张和抒情等方法。

在使用应用文语言时，要注意一些问题，如语言要得体，要注意语体特色和文
体特点；语言要准确，要注意逻辑知识的关系，要明辨词义；要注意数字的正确使用，
要尽量避免使用模糊词，语言要简洁。除此之外，在运用应用文的语言时还要正确
使用标点符号。

◆ **注意标点符号的位置**：句号、问号、叹号、逗号、顿号、分号和冒号一般占一个字的位置（两个字符），居左偏下，不出现在一行之首；引号、括号和书名号的前一半不出现在一行之末，后一半不出现在一行之首；破折号和省略号都占两个字的位置（4 个字符），上下居中，中间不能断开；连接号和间隔号一般占一个字的位置，上下居中；着重号、专名号和浪线式书名号标注在字的下方，可以随字移行。

◆ **顿号**：除并列的词语之间用顿号外，表次序的基数词之后也可以用顿号，如一、……，二、……；序数词之后用逗号，如果次序语用了括号，就不必再用顿号；相邻数字连用表示概数时，中间不用顿号，但如果是一种缩略形式，中间仍要用顿号；没有停顿的并列词语之间不用顿号。

◆ **引号**：文中直接引用，用引号，句末点号放在引号内，如果是把引用的话作为引用者文字的一部分，句末点号放在引号外；不直接引用，而只是转述别人的话的意思，不用引号；如果引文有多个自然段，每段开头用一个前引号，直接引文，全部结束时才用一个后引号。

◆ **叹号**：不宜两个或 3 个叹号连用，问号与叹号也不宜合用。

1.2.2 应用文的表达方式

与文学作品有叙述、描写、抒情、议论和说明等表达方式一样，应用文也有 3 种主要的表达方式，分别是叙述、议论和说明。

1. 叙述的方式

一般来说，叙述就是把任务的经历和事物发展变化的过程表述出来，各种文体的写作几乎都要用到叙述的方式。应用文中的叙述要求直截了当、平铺直叙，抓住主要事实，作概要精当的叙述，不能像文学作品中的叙述那样，追求情节的起伏、一波三折和巧设悬念，更不能使用意识流等现代派的叙述手法来进行写作。

2. 议论的方式

应用文中的议论即对客观事物进行评论，以此表明写作者自己的观点和态度。很多应用文文体都离不开议论，如总结、调查报告、经济分析报告和审计报告等，公文中的通报、报告和议案等，也要通过议论来分析原因、判断是非、发表见解和表明立场观点等。

应用文中的议论与文学作品中的议论有所不同，文学作品中的议论是为了说服对方、打动读者，可以从不同的角度寻找各种论据，旁征博引、反复论证，有时还可以采用动情的议论、哲理性的议论和形象化的议论。而应用文中的议论不能脱离实际，要以事实为依据，不掺入个人主观好恶情感，要抓住要点而不及其余，作简洁明了的议论。

3. 说明的方式

应用文中的说明就是用简洁、准确、科学和朴实的语言，把事物的性质、范围、形状、特征和功能等方面的情况介绍清楚，常见的应用文文体有产品介绍和产品使用说明书。其他应用文中也会用到说明的方式，如对财务报表、统计表和审计表中的资料及数据所作的说明，还有对一些规定、条例的性质和范围等所作的解释。

应用文中的说明也不同于文学作品中的说明，应用文中的说明要避免感情化、艺术化、拟人和比喻等修辞手法。

除了上述 3 种主要的表达方式外，应用文中还经常会穿插一些图表，目的是让难以用文字说清楚的数据和资料变得一目了然，如名目繁多的商品价格、数量及所占比率的情况，各类人员的工资收入和消费支出的变化，产品、投资额、利润及物价指数等的上升和下降趋势变化等。借助图表的形式，让这些数据和资料既形象更直观、清晰，使人印象深刻，又便于分析、评价和判断，远胜于文字的表现力。

1.3 应用文的行文制度

■行文关系 ■行文方向 ■行文方式 ■行文规则

行文制度是指应用文在运行传递中应遵循的有关制度，这些制度主要包括行文关系、行文方向、行文方式和行文规则。一般应用文的运行传递比较灵活，不存在统一的行文规则，或不存在严格的行文规则，但法规、法律等应用文，虽然可以单独颁发，但大多数还是依附"令""公告"和"通知"等应用文予以发布，所以要相应地遵循所依附的应用文的行文规则。

1.3.1 行文关系、行文方向和行文方式

正确认识和选择应用文的行文关系、行文方向和行文方式，是用好应用文的必要条件。

1. 行文关系

行文关系是指应用文在行文时发文单位与受文单位之间的关系，如今社会上的机关单位大致可分为三大类型，一是国家政权机关，包括国家立法机关、行政机关、司法机关和军事机关等；二是政党、团体和各种社会组织的机关，如工会、妇联等；三是企业、事业实体单位所设立的机关，如厂矿、公司和文化教育等单位。这些机关的组织关系，决定了应用文的行文关系表现为如图 1-5 所示的 4 种。

上下级关系	即领导和被领导关系，如我国行政管理体系中的国务院和省政府、市政府、县政府、乡（镇）政府之间的关系，省政府内一个厅内部的厅和处、科之间的关系，总公司和分公司之间的关系。这种关系常常使用上行文或下行文，且一般逐级行文，不能出现越级行文的情况，涉及指示、决定、命令、请示和报告等文体
平级关系	即同等级别的关系，如省政府与省政府之间、市政府与市政府之间、县政府与县政府之间、省政府下属的各个厅之间、厅下属的各个处之间、总公司下属的各个分公司之间等都是平级关系。一般涉及计划类、契约协议类和书信类等应用文文体
隶属关系	即同一垂直组织系统中存在直接职能往来的上下级机关之间的关系，如省政府所管辖范围内的市政府、县政府和乡（镇）政府是隶属省政府的。与上下级关系一样，一般使用上行文或下行文
非隶属关系	即不属于同一垂直组织系统、不发生直接职能往来的机关之间的关系，包括平级机关或不同级别的机关，如公司内部各个职能部门之间、市教育局和省交通厅之间等属于非隶属关系。这种关系通常使用函、通知或者联合行文的应用文文体

图 1-5

2. 行文方向

应用文行文方向就是以发文单位为立足点，根据工作需要和行文关系，应用文向不同层次的机关单位运行的方向。因此，行文方向不同，所使用的应用文文体就会不同，主要有以下 4 个行文方向。

- ◆ **上行**：应用文向发文机关单位的上级机关单位运行。
- ◆ **下行**：应用文向发文机关单位的下级机关单位运行。
- ◆ **平行**：应用文向发文机关单位的同级单位或不相隶属的单位运行。
- ◆ **泛行**：应用文既向发文机关单位的上级单位、下级单位和平行单位运行，也向不相隶属的单位运行，方向不定。

3. 行文方式

行文方式是由工作需要和机关单位的组织关系决定的行文方法和形式，种类较复杂，主要有 3 种分类依据，如表 1-4 所示。

表 1-4　应用文的行文方式

依　据	方　式	简　述
按受文机关单位或行文对象的范围分类	逐级行文	行文机关单位向自己的直接上级上行应用文或向直接下级下行应用文
	越级行文	行文机关单位越过自己的直接上级或直接下级，向非直接上级或非直接下级行文
	多级行文	行文机关单位同时向直接上级和非直接上级或直接下级和非直接下级一次性行文
	普发行文	行文机关单位向所属的所有机关单位一次性行文
	通行行文	行文机关单位向隶属机关单位和非隶属机关单位、群众等一次性泛向行文
按发文机关单位的个数分类	单独行文	只有一个机关单位署名发出的应用文
	联合行文	由两个或两个以上平行机关单位联合署名发出的应用文

续表

依　据	方　式	简　述
按行文对象的主次分类	主送	行文机关单位直接向与行文内容关系最密切、需主要负责受理或贯彻执行应用文的机关单位行文
	抄送	行文机关单位在主送的同时，向需要执行或知晓行文内容的其他机关单位行文

1.3.2 行文规则

行文规则是应用文行文中应遵循的规矩、要求和原则，实际上是机关单位的组织关系原则在应用文运行过程中的体现，大致有以下行文规则。

1. 行文根据规则

应用文行文应确有必要、注重效用。各级党政机关的行文关系应根据各自的隶属关系和职权范围（指机关单位的职责和权力范围）确定，比如，国务院的各个部、省的各个厅或局、地市的各个处或局以及县的各个局或科等一般不对各级人民政府发指挥性公文，但可在业务管辖范围内向下行文。

2. 政府各部门行文规则

政府各部门即政府的职能部门，如省政府的职能部门一般指厅、局，市政府的职能部门一般指局，各部门在自己的权限内行文的规则如下。

①属于部门职权范围内的事务，应由部门自行行文或联合行文。

②政府各部门可以相互行文，如省财政厅和省审计厅可以相互行文。

③政府各个部门可以与下一级人民政府的有关职能部门相互行文，如省财政厅和市财政局相互行文，因为它们之间既存在对口职能业务工作上的紧密联系，又存在这方面的指导与被指导关系。

④政府各部门一般不得向下一级政府正式行文，但可以根据本级政府授权对下一级政府行文，如省财政厅或审计厅得到了省人民政府的授权，可以对市人民政府

行文，行文时必须在正文开头说明授权的机关单位或领导人。没有得到本级政府的授权，任何职能部门都不能对下级政府行文。

⑤政府各个部门可以用"函"的形式与下一级政府商洽工作、询问和答复问题与审批事项。

⑥政府各个部门内设机构除办公厅（室）外不得对外正式行文。

3. 抄送规则

应用文行文的过程中，可能涉及抄送，此时要区分下行文抄送规则和上行文抄送规则。

◆ 下行文抄送规则

向下级机关单位或本系统的重要行文，应同时抄送直接上级机关。这里的重要行文指有关撤换下级机关单位的主要领导人、增设重要机构、审批大型建设项目和进行重要的涉外活动的应用文。

上级机关单位向受双重领导的下级机关单位行文，必要时应抄送其另一上级机关单位，如某公司仓管部门既受公司领导，也受生产部门领导，当公司要向仓管部行文时，需同时抄送生产部。

◆ 上行文抄送规则

上行文不得抄送其下级机关，受双重领导的机关单位向上级机关单位行文的，应写明抄送机关单位和主送机关单位。

4. 协商一致规则

部门之间对有关问题未经协商一致，不得各自向下行文，若擅自行文，上级机关单位内应责令纠正或撤销。

现实中，主办单位的主要负责人要主动与有关单位协商，所有有关单位都要按照有关的政策、规定、制度和办法，从实际和大局出发进行协商，直到取得一致意见后才能行文。如果多次协商仍无法消除分歧，而问题的解决、事情的办理又不容再拖延，此时主办单位可列明各方面的理由和根据，提出建设性意见，并与有关单位会签后报请有关上级机关单位协调定夺，然后再行文。

5. 联合行文规则

同级机关单位可以联合行文，如同级政府、公司内部同级职能部门等。需要联合行文才能解决或更好地解决问题的，就要用到联合行文。

联合行文要注意两方面规则，一是联合行文应明确主办部门；二是联合行文的机关、单位不仅要经过协商对有关事项取得一致意见，还必须是平级之间进行联合行文。平级是联合行文的必要条件，不同级别的机关单位不能联合行文。

6. 请示规则

应用文的行文规则中，请示规则大概有以下 4 条，如图 1-6 所示。

一般不得越级请示

各级行政机关、单位一般不得越级请示，而要逐级请示。因特殊情况必须越级请示的，应抄送被越过的上级机关、单位。这里的特殊情况一般指重大紧急且不越级请示要误时误事的事项、被直接上级机关单位长期搁置而又急需解决的问题、与直接上级机关单位意见分歧一时难以协调统一而又急需处理的事项

请示一般只写一个主送机关或单位

请示一般只写一个主送机关或单位（指应用文的主要受理机关或单位），若需同时送其他机关或单位，应用抄送的形式。该规则是避免出现一个主送机关或单位都没有批复的情况，或者是多个主送单位都进行批复的情况

请示应一文一事

请示的事项大多是机关单位急于开展、处理而又需要上级明确批复的紧要工作，一文一事可方便上级判断、批复

请示不得同时抄送下级机关

凡是需要请示上级机关单位的事项，一般都是本机关单位职权范围内无权、无力和无法办理的事务。如果将请示同时抄送下级机关单位，则可能出现在上级机关还没有批复的情况下造成工作上的被动和混乱

图 1-6

7. 报告规则

报告是用来汇报工作、反映情况和答复上级机关单位询问的应用文文体，创作者在撰写报告类应用文时要遵守如下两项规则。

◆ **报告中不得有请示事项**：有些报告的撰稿人在汇报工作、反映情况完结后，随手写上请示上级机关领导批准或指示的事项，以为可以省去单独写请示的麻烦，但按规定，上级机关单位对下级机关单位的报告是不作批复的。因此，报告中的请示很可能会石沉大海，延误办事时间。所以，报告中不得有请示事项。

◆ **一般不得越级报告**：如果有紧急的工作或情况需要越级汇报和反映，在越级报告的同时，要将报告抄送被越过的上级机关单位。

8. 报刊发表应视作正式应用文的规则

经批准在报刊上全文发布的行政法规、规章、法律和法令，一般都属于要求周知的不涉密的普发性下行公文，应视为正式公文依照执行。在报刊上发表时，要注明已经由相关机关单位批准，否则无效。而受文机关单位对经批准在报刊上发布的公文，也应视为正式公文贯彻执行。

9. 一般不得以机关单位名义向上级机关单位负责人报送请示、意见和报告

应用文必须严格按照正确的渠道和程序进行，除上级机关单位负责人直接交办的事项外，不得以机关单位的名义向上级机关单位负责人报送请示、意见和报告，否则可能延误公务，助长不正之风，产生误会或造成不必要的工作矛盾。

1.4 编写应用文的常用思路

■总分思路 ■因果思路 ■比较思路 ■并列思路 ■递进思路 ■归纳和演绎思路

应用文的结构和质量主要取决于撰写者的思路，只有充分认识和明确应用文写作的一般思路，才能更好地认识和掌握应用文的结构，从而撰写出质量高、效果佳的应用文。

思路是形成结构的基础，是文章的脉络，而结构是思路的外在表现，也是思路的物化。为了完整严谨、条理清晰地组织应用文的结构，准确且清楚地表达思想，就要先把其思路理清、理顺。

应用文写作构思主要运用逻辑思维，不同的文体、不同的写作意图会运用不同的逻辑思维方法来构思，常见的应用文写作思路有如下几种。

1. 总分思路

总分思路是运用综合和分析两种思维方法所形成的文章思路，在现代应用文写作中很常见。通过分析把事物分成若干部分，并加以研究、剖析，通过综合把事物的各个部分联合起来，从整体上加以考察，对抽象事物进行概括。

分析和综合是互相依存、互相联系、互相转化的，分析是综合的基础，综合是分析的前导。分析重在发现事物的本质，它不是目的，而是认识事物的手段；综合重在对事物各个部分进行有机联系，对事物各个方面作全面的、本质的反映。在应用文写作中，文章要点面结合，要善于在分析的基础上进行综合。

◆ 善于分类和归类。

把较复杂的集合性事物中特征相同的类型划分在一起，即分类；从一定的写作意图出发，把散乱的材料归并成若干并列的类别，即归类。善于分类和归类，有助于更条理化、系统化地分析事物。比如，要就某公司的后勤工作改革撰写一个专题经验总结，可将后勤工作改革分为办公事务管理、房产管理、车辆管理、膳食管理和物资管理等方面，分别介绍各自的改革措施和办法。分类时标准要一致而灵活，要尽可能全面、深入。

◆ 学会纵剖和横断。

纵剖即依照时间的先后，将事物的发展过程和情况分成若干阶段，逐段考察和分析；横断是将事物内部的各个侧面、各种因素分成若干部分，注意考察和分析。对于本身存在时间阶段和发展进程的事物，写作时可采用纵剖的思路；对于各种要素处于并列关系的事物，写作时常采用横断的思路来分析。比如，要写一份公司财务工作审查的总结，可采用纵剖的方法分析各个阶段的工作，如图 1-7 所示。

分析财务工作现状，认清审查的意义

↓

加强对审查工作的重视程度，充分利用员工的力量，做好审查计划

↓

分步自查和抽查，审查时要认真细致，并严格按照相关规定递交资料，做出奖惩决定

↓

总结经验和教训，做好日常的财务工作

图 1-7

用纵剖的思路写出的总结，侧重反映工作的进程、做法和成果；用横断的思路写出的总结，侧重探索工作中的经验和规律。

2. 因果思路

因果思路是运用探索原因和寻求结果的思维方式形成的文章思路，在应用文写作过程中，根据写作意图和受文者接受心理，较多地采用这一写作思路，一般的思路过程如图 1-8 所示。

先要全面分析导致结果或现状的原因

↓

在诸多原因中先抓住主要的、根本的原因，同时不可忽视次要原因。要切实、全面地分析事物的内因和外因，防止片面性和绝对化

↓

接着要深刻地分析产生结果的原因，从原因中探索产生原因的原因，揭示出最深层、最根本、最具影响力的原因

图 1-8

3. 比较思路

比较思路是运用比较和鉴别的思维方式形成的一种文章思路，比较思路通常可分为时间比较、空间比较两类。时间比较能发现同一事物或不同事物在不同时期呈现出的差异；空间比较是指在现实既定形态上的比较，能鉴别出不同事物在同一时期不同空间中呈现出的异同。

时间比较能追本溯源，易于看见事物的发展变化，但思路稍显狭窄；空间比较的思路宽阔，易于看见事物与相关事物的差距，但可能浮于事物表面，看不到事物的发展和实质。撰写者在写作应用文时可以取长补短，综合运用两种比较思路。另外，在运用比较思路时要注意事物的可比性，即比较的标准要一致。

4. 并列思路

并列思路是指运用平等、平行、并列的思维方式，认识和对待事物或事理而形成的一种文章思路。比如，通知、决定等的诸多事项以及规章制度等应用文中的众多同类条文，大多体现了并列思路。

5. 递进思路

递进思路是运用递进思维方式形成的一种文章思路，运用这种思路，可以由浅入深、由表及里、由低到高、由轻到重地认识事物或事理，深入且清晰地阐释某些较复杂的问题，说明某些较复杂的关系，有助于深刻认识事物的本质属性，使应用文有一定的深度。一般来说，说理性较强的应用文常采用这种思路。

6. 归纳和演绎思路

归纳是从两个以上个别的、特殊的事物或道理的共同属性中，推出同一类事物或道理的普遍性结论，是从个别到全体、从特殊到一般的应用文写作思路。演绎是从普遍性的前提下推出个别的、特殊的结论，是从全体到个别、一般的应用文写作思路。

在应用文写作过程中运用演绎思路时，作为根据和前提的一般性结论必须正确无误才能进行直接演绎。如果作为前提的一般性结论只是相对正确，则在推理演绎过程中，在肯定其大多数事物或道理的同时，也要考虑个别事物的特殊性，避免结论的片面化。

第二章

── 指导性应用文写作要点 ── 与范例解析

　　指导性应用文具有指导和领导的作用，一般用于上级对下级的行文，如命令、决定、指示和批复等，大多数属于行政公文，其格式要求非常严格，语言风格更庄重严谨。本章将通过认识众多范例来学习这类应用文的格式。

2.1 命令

命令是国家权力机关、行政机关、军事机关及其负责人发布的，具有强制性、领导性和指挥性的下行公文。

2.1.1 命令的特点与适用范围

命令的特点与适用范围和其用途息息相关，因此，撰写该类应用文的人一定要清楚了解命令的特点和适用范围。如图 2-1 所示的是命令类应用文的几大特点。

强制性

命令（令）是行政公文中最具有强制性特征的文种，一经发布，受令者必须无条件地绝对服从，迅速且坚决地执行

权威性

上级机关单位对下级机关单位有着法定的权威性，命令（令）作为行政管理活动中最具有强制特征的指挥性下行公文，最集中、最充分地体现了发令机关单位的权威性

指挥性

命令（令）的内容具有指挥下级机关单位或有关人员行动的功能

内容重要性

命令（令）所涉及的事项，有的是发布行政法规和规章，有的是宣布施行重大强制性行政措施，这些都是重要内容。另外，在全国或某一地区造成的影响重大、需要进行奖惩的事情或人员，可以用命令进行发布，而一般性奖惩用通报级别的公文文种

图 2-1

命令适用于依照有关法律公布行政法规和规章；宣布施行重大强制性行政措施；嘉奖有关单位及人员；撤销下级机关单位不适当的决定。以下是可以发布命令的机关单位和负责人。

◆ 全国人民代表大会常务委员会及委员长、中华人民共和国主席、国务院总

理、国务院各部部长、各委员会主任、各地方人民政府。

◆ 党的各级领导机关一般不单独发布命令，需要发布时要与人大常委会或政府机关联合发布命令。

◆ 中央军事委员会可以单独发布命令。

◆ 其他国家机关和个人，如地方政府的各个职能部门，都不能发布命令。

鉴于命令的特点、适用范围和能够发布命令的机关单位的限制，可清楚认识到命令的庄重和不可侵犯，并不是随便一个人就能发布命令。

2.1.2 命令的分类

命令可分为公布令、行政令、嘉奖令和任免令等，每种命令的用途是不同的，具体介绍如下。

1. 公布令

公布令也称发布令，是依照有关法律规定，发布行政法规和规章时所使用的命令（令），是规范性行政公文中的一种重要的命令类别。其发布人有3类。

①国务院发布行政法规（条例、规定和办法等），由国务院总理签署"国务院令"。

②经国务院批准，国务院各部门（含部、委、行、署、直属机构、国家局）发布行政法规，由部门主要领导人签署发布令。

③省市（包括全国人大授权的市）以上人大及人大常委所通过的法律，市以上政府机关制定的行政法规细则、条例和办法等，都可以用命令发布。

一般来说，发布令由颁布对象、颁布依据、颁布决定和执行要求这4个部分组成。

2. 行政令

行政令也称行政法令，属于命令应用文中用于国家领导机关或领导人发布重大的强制性行政措施的一种公文，泛指一切决定和措施。常见的行政令有如下几种。

◆ **单纯命令**：上级对下级就具体事件所发出的指示、规定和通知等。

◆ **法规命令**：行政机关按照职权范围对一般事件所定出的规程、细则和办法等。

◆ **委任命令**：行政机关根据法律的明文规定或者上级机关的委任、授权所发布的命令。

◆ **执行命令**：行政机关或行政首脑按照法律规定的职权所颁布的命令。

行政命令与法律有密切关系，通常把法律和命令合称为"法令"。一方面法律必须依据命令来颁发；另一方面，法律的执行也离不开命令，而命令还可补充法律的不足。所以，命令和法律是相互联系、相互依存、相互协调、相辅相成的关系。

3. 嘉奖令

嘉奖令是中央机关对个人、集体取得重大功绩进行公开表彰的文书，它是法定公文中命令的一小类。嘉奖令比较庄重，发文单位级别较高，属于下行文，一经发出，下级机关必须坚决服从和执行。

那么，嘉奖令的制发机关有哪些呢？全国人大常委会和委员长，中华人民共和国主席、国务院、国务院总理，国务院各部委及部长、各委员会主任，地方各级人民政府和人民代表大会，以及军队和公、检、法等领导机关可以发布嘉奖令；而其他机关、群众团体、企事业部门均无权制发。党的领导机关也不能单独使用嘉奖令，除非和国家领导机关联合发文。

4. 任免令

任免令用于任免国家行政机关的首长、高级干部和其他重要工作人员，如国务院总理、各部部长、各委员会主任和驻外全权代表等。

2.1.3 命令的规范格式

命令主要包括标题、发文字号、主送机关、正文、署名及日期等部分，每个部分又有自身一些格式供选择使用。

1. 标题的格式

标题的格式一般有 4 种：①发布者（机关或个人）+ 事由 + 文种，如《中华人民共和国国务院关于》；②发布者 + "令"，如《中华人民共和国 ×× 令》；③事由 + 文种，如《关于统一计量制度的命令》；④文种，如《嘉奖令》。

2. 发文字号的格式

发文字号的一般格式有 3 种：①机关代字 + 年份 + 序号构成，如"××部发〔××××〕××号"；②序号式，如"第202号""第七号"等；③以发令机关的发令顺序按年度编流水号，或按领导人任期的法令顺序编号。

3. 主送机关

由标题和发文字号的格式种类可知，命令应用文有时有主送机关，有时没有主送机关。

4. 正文

命令的正文主要包括发布命令的根据、事项和执行要求等内容，针对不同类型的命令，有一些细微差异，将在后文的范例解析中详讲。

5. 署名和日期

该部分一般由发文机关公章（或发令者职务和姓名）和成文日期构成，发文机关要加盖公章，成文日期一般写在署名下方，或标题下方。如图 2-2 所示的是行政机关的一般命令格式。

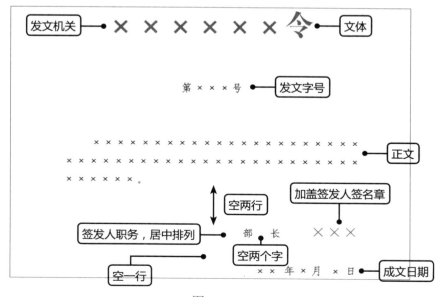

图 2-2

2.1.4 常见命令应用文的范例解析

常见的命令应用文主要有公布令、行政令、嘉奖令和任免令，不同的命令种类在写作格式上有些许差异。

1. 公布令

当国家需要发布行政法规和规章时，相关文件就要使用公布令（发布令）进行发布。

范本内容展示

中华人民共和国国务院令

第×××号

《国务院关于修改〈×××××××条例〉的决定》已经××××年×月×日国务院第××次常务会议通过，现予公布，自公布之日起施行。

总理　×××

××××年×月××日

范本内容精讲

发布令一般由令文和附件组成，附件是应公布的法规、制度或规章，会随文下发，这里没有展示附件内容。

发布令的标题主要有两种，一是由发令机关领导人职务＋文种组成；另一种是由发令机关＋文种组成。从范本的标题可以看出，范本的标题组成方式为后者。如"中华人民共和国××令"的标题就为发令机关领导人职务＋文种的组成形式。

正文一般由发布对象、发布依据和执行要求这3个部分组成，各个部分需要展示的内容如下。

◆ **发布对象**：指发布的是哪个行政法规，如范本的发布对象是《××××××条例》。

◆ **发布依据**：指由哪个组织或在哪次会议上通过的，如范本的发布依据为国务院第 ×× 次常务会议。

◆ **执行要求**：指从什么时候开始实施该行政法规，如范本的执行要求为自公布之日起实施。

2. 行政令

行政令属于命令应用文中用于国家领导机关或领导人发布重大的强制性行政措施的一种公文。

范本内容展示

⊙ 资源 |Chapter02| 森林防火戒严令 .docx

××县人民政府森林防火戒严令
第 1 号

当前，全县已进入森林高火险时段，森林防火形势极其严峻。为有效预防和遏制森林火灾发生，切实保护我县森林资源和生态环境，保障人民群众生命财产安全，根据《中华人民共和国森林法》《森林防火条例》《××省森林防火管理规定》和《××省森林防火实施办法》等相关法律法规的规定，特颁布森林防火戒严令如下。

一、戒严时间：从 ××年×月×日起至×月×日止。

二、戒严范围：全县所有林地以及距林地边缘 100 米范围内。

三、戒严期间，戒严范围禁止以下用火行为：

1. 未经许可不准携带火种进入林区；

2. 清明祭祀活动时不准进行点蜡烛、燃香、烧纸钱等迷信活动；

3. 不准燃放烟花爆竹及孔明灯；

4. 农事活动时不准烧灰积肥、炼山、烧田埂草等；

5. 不准吸烟及点火取暖、照明、野炊等；

6. 不准进行其他野外用火及易诱发森林火灾的活动。

四、全县护林员和森林、林地、林木的经营单位或个人在其管护或经营范围内负有森林防火责任，要加强巡查管护，

采取有效防火措施，一旦发现野外用火，要及时制止并举报；发现森林火灾应立即报告。

五、各镇要立即成立森林防火巡查队，加强野外火源巡查，禁止一切野外用火，特别要做好重点林区、风景区的火源管控；对辖区内的痴呆、聋哑、精神病等人员要指定专人监管。各级森林防火指挥部、林业行政主管部门要依法依规履行职责，加大森林火灾的防控力度，加强巡逻和安全检查，及时消除森林火灾隐患，并负责组织森林火灾的扑救。

六、进入林区的车辆和个人，应自觉接受森林防火部门的登记检查，并负有森林防火的责任和义务。凡阻挠、妨碍检查工作的单位和个人，有关部门要依法依规予以处理。

七、各有关单位要加大宣传力度，充分利用有线电视、电台、广播、报刊及宣传标语、宣传单等媒体及形式广泛开展宣传教育，使森林防火戒严令家喻户晓。

八、凡违反本戒严令者，由森林公安机关或当地公安机关依照《中华人民共和国治安管理处罚法》第五十条之规定予以治安处罚。构成犯罪的，依法追究其刑事责任。

森林火情举报电话：××××××

××县人民政府

××年×月×日

范本内容精讲

行政令的格式与一般的公布令的格式有所差异，发文字号行与标题行之间可以没有空行，与正文之间也可以没有空行。从范本中可以看出，行政令的标题由发文机关＋事由＋文种构成。有的行政令的标题没有发文机关，只有事由和文种。

行政令的正文一般由 3 个部分组成，即发令事由、命令事项和实施要求。如范本在开头部分说明了发布森林防火戒严令的原因是为了有效预防和遏制森林火灾的发生，切实保护当地森林资源和生态环境，保障人民群众生命财产安全。接着具体阐述了森林防火戒严的具体事项，如戒严时间、范围以及禁止行为，最后提出了防火要求并说明了违反该命令的惩罚。

在实际撰写行政令时，要注意行政令的内容应结构完整、条理清晰，在阐述具体的命令事由和实施要求时要具体、仔细，以便于受文者执行。

3. 嘉奖令

嘉奖令通常是用于对个人、集体取得重大功绩进行公开表彰的文书，有时也称为通令。

范本内容展示

◎资源 |Chapter02| 嘉奖令 .docx

嘉 奖 令

集团公司总部及分部所有员工：

团队的业绩离不开个人的努力，尤其是工作取得了明显突破的新员工，更应该得到团队的认可和奖励。

总部营销中心销售部咨询部课程顾问××女士入职仅有 16 天，就实现了个人工作业绩的突破：在今天的咨询工作中，用自己的实力赢得了客户的认可，顺利实现两人面授报名，成为销售部成立以来试用期员工单日业绩的佼佼者。

经研究，并报总经办批准，现决定授予××女士本月"模范新兵"荣誉称号，并奖励其现金 1000 元。

望受奖人戒骄戒躁、再创佳绩；望广大新老员工以其精神为榜样，积极工作，在各自的岗位上实现工作的新突破！

本嘉奖令由以下附件支持生效：

附件：××年×月"模范新兵"奖励明细表（代奖励通知单）

××有限公司

××年×月×日

范本内容精讲

嘉奖令的正文与行政令的写法相似，包括嘉奖事由、嘉奖事项（决定）和号召希望这三大部分。范文的嘉奖事由是对员工的突出业绩进行奖励；嘉奖事项是授予员工"模范新兵"的称号并奖励 1 000 元现金；号召希望的内容是，"望受奖人戒骄戒躁、再创佳绩；望广大新老员工以其精神为榜样，积极工作，在各自的岗位上实现工作的新突破！"。

范本所示的是公司嘉奖令的格式，可以看出，其与行政机关发布的命令格式有较大的差异。首先，标题不再是红色字体（行政机关发布的命令属于红头文件，一般标题为红色）；其次，没有发文字号，直接以称呼开头，接着撰写正文，最后署名并注明发布日期。除了范本外，嘉奖令的标题还有如下写作形式。

◆ 发文机关 + "嘉奖令"字样，如 × × 公司嘉奖令、最高人民法院嘉奖令等。

◆ 发文机关 + 嘉奖对象 + "嘉奖令"字样，如 × × 公司关于对员工 × × 的嘉奖令。

4. 任免令

任免令用于任免国家高级干部和其他重要工作人员、企事业单位的高级干部和重要工作人员等。

范本内容展示

◎资源 |Chapter02| 任免令 .docx

> **中华人民共和国主席令**
>
> 第×××号
>
> 　根据中华人民共和国第×届全国人民代表大会常务委员会第××次会议××××年××月××日的决定：
> 　　一、免去×××的××部部长职务；任命×××为××部部长。
> 　　二、免去×××的××部副部长职务；任命×××为×部副部长。
>
> 　　　　中华人民共和国主席　×××
> 　　　　　××××年××月××日

范本内容精讲

任免令的正文包括任免依据和任免事项这两项内容，展示的范本中，任免依据为"根据中华人民共和国第 × 届全国人民代表大会常务委员会第 ×× 次会议 ×××× 年 ×× 月 ×× 日的决定"；任免事项为"免去 ××× 的 ×× 部部长职务；任命 ××× 为 ×× 部部长"和"免去 ××× 的 ×× 部副部长职务；任命 ××× 为 ×× 部副部长"。

上述范本任免了两位人员，所以需要另起一行。如果被任或被免的人员只有一位，可接着写下去，不必另起行。

2.2 决定

■决定的特点 ■适用范围 ■规范格式 ■常见的范例

行政机关或公司最高层对某些重要事项或重大行动做出安排时，要用到的应用文文种即决定。注意，用决定来安排的行动必须是重大的，其所处理的事项必须是重要的，因此，布置和处理一般的日常工作不宜用决定这一应用文文种。

2.2.1 决定的特点与适用范围

决定适用于对重要事项做出决策和部署、奖惩有关单位及人员、变更或者撤销下级机关单位不适当的决定事项，即决而定之。决定是指导下级机关单位工作的准则，所以可以作为行政规范性文件制定的依据。决定类应用文具有自身的特点，如全局性、指导性、规范性、严肃性、针对性、制约性和稳定性等。

◆ **全局性**：决定是对工作进行安排部署，为了让事情和工作在以后的日子里进展顺利，必须要从全局出发，制定决定的具体内容。

◆ **指导性**：决定集中体现了上级领导机关单位对重要事项的决策，具有较强的理论性和政策性，是指导下级机关单位的工作准则。

◆ **严肃性**：决定是对重要事项做出安排，下级机关单位必须认真执行，不能随意变通执行。

◆ **针对性**：决定是根据现实问题做出的安排、部署和决策。

◆ **制约性**：下级机关单位要无条件执行决定，这体现了决定的制约性。决定的制约性没有命令强硬，但比其他公文强。

◆ **稳定性**：决定要求相当长的贯彻执行时间，并在相当长的时间内发挥作用。

2.2.2 决定的规范格式

行政机关发布的决定有规范的格式，一般包括标题、主送机关、正文以及落款和成文日期这 4 个部分。

1. 标题

决定的标题一般由发文机关名称、事由和文种组成，如"全国人民代表大会常务委员会关于×××××的决定"。而且在标题的下方通常还会以括号的形式注明"××年×月×日××会议通过"的字样，但有的决定会将日期放在正文结束以后。

有时，决定的标题只有事由和文种组成，如"关于进一步食品安全工作的决定""优秀员工表彰决定"等。

2. 主送机关

主送机关不是必写要素，但一般情况下决定都要写明主送机关。如果制发对象非常明确，则可以省略主送机关这一部分。

3. 正文

决定的正文包括开头、主体和结尾，其中，开头部分主要说明发布决定的目的、缘由、根据或意义，一般用"特做出如下决定："或"现决定如下："这一类句的子过渡下文。主体部分具体说明决定的事项、要求或措施等，可用条文式写法将内容多的主体部分分条列示。结尾部分发出希望号召和执行要求，或者对有关事项进行补充说明。需要明确的是，有的决定内容较少，甚至寥寥几句。

4. 落款和成文日期

决定的落款与一般公文的落款相同，由署名和成文日期组成。会议通过的决定时间通常采用题注形式直接标注在标题之下，用圆括号括入。

在实际撰写决定类应用文时，要注意把握决定的现实背景，结合实际情况进行正文的书写。而且，不同类型的决定要采用各自独有的格式。

2.2.3 决定的常见类型及范例解析

常见的决定类应用文类型有政策性、奖惩类、部署指挥类和重要事项类等决定，不同类型的决定文件在格式上有所差别。

1. 法律法规等政策性决定

当党政机关、社会团体或企事业单位作出了重要决策时，就需要使用决定这一公文类型。

范本内容展示

国务院关于修改《××××××条例》的决定

国务院令〔××××〕第×××号

第一章 总 则

第一条 为了科学、有效地组织实施全国××××，保障××××数据的准确性和及时性，根据《中华人民共和国统计法》，制定本条例。

第二条 ××××的目的是为了全面掌握我国第二产业、第三产业的发展规模、结构和效益等情况，建立健全基本单位名录库及其数据库系统，为研究制定国民经济和社会发展规划，提高决策和管理水平奠定基础。

第三条 ××××工作按照全国统一领导、部门分工协作、地方分级负责、各方共同参与的原则组织实施。

第四条 国家机关、社会团体、企业事业单位、其他组织和个体经营户应当依照《中华人民共和国统计法》和本条例的规定，积极参与并密切配合××××工作。

第五条 各级宣传部门应当充分利用报刊、广播、电视、互联网和户外广告等媒体，认真做好××××的社会宣传、动员工作。

第六条 ××××所需经费由中央和地方各级人民政府共同负担，并列入相应年度的财政预算，按时拨付，确保到位。

××××经费应当统一管理、专款专用，从严控制支出。

第七条 ××××每×年进行一次，标准时点为普查年份的××月××日。

第二章 ××××对象、范围和方法

第八条 ××××对象是在中华人民共和国境内从事×××的全部法人单位、××××单位和×××××。

第九条 ××××对象有义务接受×××××机构和××××人员依法进行的调查。

××××对象应当如实、按时填报××××表，不得虚报、瞒报、拒报和迟报××××数据。

××××对象应当按照×××机构和××××人员的要求，及时提供与××××有关的资料。

第十条 ××××的行业范围以××××所涵盖的行业，具体行业分类依照以国家标准形式公布的《国民××行业分类》执行。

第十一条 ××××采用全面调查的方法，但对×××××××的生产经营情况等可采用抽样调查的方法。

××××应当充分利用行政记录等资料。

第三章 ××××表式、主要内容和标准

第十二条 ××××按照对象的不同类型，设置法人单位调查表、产业活动单位调查表和个体经营户调查表。

第十三条 ××××的主要内容包括:单位基本属性、从业人员、财务状况、生产经营情况、生产能力、原材料和能源消耗、科技活动情况等。

第十四条 ××××采用国家规定的统计分类标准和目录。

第四章 ××××的组织实施

第十五条 国务院设立××××领导小组及其办公室。国务院××××领导小组负责××××的组织和实施。领导小组办公室设在××××局,具体负责××××的日常组织和协调。

国务院各有关部门应当各负其责、密切配合,认真做好相关工作。

第十六条 地方各级人民政府设立××××领导小组及其办公室,按照国务院××××领导小组及其办公室的统一规定和要求,具体组织实施当地的××××工作。

街道办事处和居(村)民委员会应当广泛动员和组织社会力量积极参与并认真做好××××工作。

第十七条 国务院和地方各级人民政府有关部门设立××××机构,负责完成国务院和本级地方人民政府××××领导小组办公室指定的××××任务。

第十八条 大型企业应当设立××××机构,负责本企业××××表的填报工作。其他各类法人单位应当指定相关

人员负责本单位××××表的填报工作。

第十九条 地方各级××××机构应当根据工作需要,聘用或者从有关单位商调普查指导员和普查员。各有关单位应当积极推荐符合条件的人员担任普查指导员和普查员。

普查指导员和普查员应当身体健康、责任心强并具有相应的专业知识。

第二十条 聘用人员应由当地××××机构支付劳动报酬。商调人员的工资由原单位支付,其福利待遇保持不变。

第二十一条 地方各级××××机构应当统一对普查指导员和普查员进行业务培训,并经考核合格后颁发普查指导员证或者普查员证。普查指导员和普查员在执行××××任务时,应当主动出示证件。

普查员负责组织指导××××对象填报××××表,普查指导员负责指导、检查普查员的工作。

第二十二条 普查指导员和普查员有权查阅法人单位、产业活动单位和个体经营户与××××有关的财务会计、统计和业务核算等相关资料和有关经营证件,有权要求××××对象改正其××××表中不确实的内容。

第二十三条 各级经济普查机构在××××准备阶段应当进行单位清查,准确界定××××表的种类。

各级编制、民政、税务、市场监管以及其他具有单位设立审批、登记职能的部门,负责向同级××××机构提供其

范本内容精讲

法律法规等政策性决定一般由全国人民代表大会及其常务委员会和国务院作出,是立法机关制定、修改和补充法律法规的一种形式。这类决定会严格按照决定的规范格式进行写作,其中正文部分包括前言和主体。

◆ 前言

政策性决定的正文前言一般简述作此决定的原因、目的或依据,比如,范本中的第一条内容,阐明了作出该决定的目的是为了科学、有效地组织实施全国××××,保障××××数据的准确性和及时性,依据是《中华人民共和国统计法》。

◆ 主体

政策性决定的正文主体一般用条款式写法,列明各事项,如范本使用了××章、第××条等形式。因为是法规,所以写作时既要做到用词准确严谨,又要使决定具体可行。

2. 奖惩性决定

奖惩性决定用于表彰或处分有关的单位或个人，如《关于表彰 2018 年度先进集体和先进个人的决定》。这类决定是对一些事迹突出、有典型意义的先进个人或集体进行表彰，或对一些影响较大、群众关心的事故和错误进行处理，与用于奖惩的命令和通报作用相近，但因其层次规格不同，命令的层次最高，决定次之，通报最低。

范本内容展示

◎资源 |Chapter02| 餐饮部"优秀员工"的决定 .docx

关于表彰餐饮部 2017 年"优秀员工"的决定

酒店各部门、全体员工：

餐饮部是酒店的四大部门之一，其服务质量的好坏将直接影响酒店的经济效益和社会效益。为了提高广大餐饮部员工工作的积极性和创造性，使酒店的整体效益在 2018 年迈上新的台阶，改进餐饮部员工的现有薪酬水平，××酒店人事部在 2017 年的基础上，继续在餐饮部开展"优秀员工"评选活动，并提供更多的奖励和晋升机会。

本次评选活动邀请了市旅游管理部门的领导、酒店行业专家以及酒店内部推荐人员组成评委会进行评审，最后审定以下 12 人为餐饮部 2017 年"优秀员工"(优秀员工名单略)。特此通报表彰，并由××市旅游局副局长××向获奖的 12 名"优秀员工"颁发荣誉证书和奖金。与此同时，由于餐饮部员工××在 2017 年度的优异表现，破格提升其为餐饮部部长，以资鼓励。

××酒店人力资源部

2018 年 2 月 26 日

范本内容精讲

由范本可知，奖惩性决定的内容一般包括这几个部分：表彰或奖惩的根据和原因，表彰或惩罚对象的基本情况，表彰或奖惩的决定，以及提出希望或发出号召。

范本中第一自然段说明了表彰的根据和原因，第二自然段说明了表彰对象的基本情况（以附件的形式展示，这里没有列出）、表彰的决定是颁发荣誉证书和奖金，提出希望和发出号召则根据实际情况灵活变通。

3. 部署指挥性决定

部署指挥性决定用来部署某一重要工作或安排某一重要活动，如《国务院关于取消一批 ×××× 等事项的决定》。

范本内容展示

◎资源 |Chapter02| 取消一批 ×××× 等事项的决定 .docx

国务院关于取消一批×××× 等事项的决定

国发〔××××〕××号

各省、自治区、直辖市人民政府，国务院各部委、各直属机构：

经研究论证，国务院决定取消××项×××等事项，现予公布。另有×项依据有关法律设定的×××××事项，国务院将依照法定程序提请全国人民代表大会常务委员会修订相关法律规定。对取消的×××等事项，相关部门要制定完善的事中事后监管细则，自本决定发布之日起××个工作日内按规定向社会公布，并加强宣传解读、确保落实到位。

附件：国务院决定取消的××××等事项目录（共计××项，略）

国务院（印章）

××××年×月××日

范本内容精讲

范本的内容较多，还包括 ×× 页附件，这里只展示正文部分。范本中的决定有明确的发文字号，文件抬头即表明了主送机关，正文一开始就写明了决定的内容，然后主体部分写明决定的具体事项，最后向相关部门提出执行要求，末尾落款并写明发布日期。

由于主体部分涉及的具体事项较多，所以用附件的形式说明。注意，附件应放在落款和发布日期之前。部署指挥性决定更注重对重要工作的部署和重要活动的安排，因此有些决定可能会省略撰写的目的，甚至省略制发决定的根据。

2.3 决议

决议是指机关单位、企事业单位等就重要事项经会议讨论通过的，并要求贯彻执行的决策。根据其内容的不同，可以划分为多种类型，如公布性决议、审议批准性决议和阐述性决议等。

2.3.1 决议的特点与适用范围

决议适用于会议讨论通过的重大决策事项，重在"决"和"议"。如果某事项不涉及决策，或者不需要通过会议讨论通过，那么不适合使用决议这一文体。因此，要用好决议这类应用文，就要了解其特点。

1. 权威性

决议是经过行政机关、企事业单位最高层的会议讨论通过才发布并生效的，代表了发文机关、单位的意志，一经发布，其下属机关单位和成员必须严格遵守，认真落实，不能有任何违背。

2. 决策指导性

决议是针对重大问题和重大事项做出的决策，其表述的观点和对事项的评价都具有指导意义，且一经发布，就会在较大范围内对机关、单位和相关人群的工作和生活造成较大影响。

3. 表达群体的意志

决议是会议的产物，一般只有在参与会议的人有半数或 2/3 以上的人举手或投票赞成时才能形成最终的决议。如果与会人员不履行表决权，决议就不能产生，所以决议是大多数人或全体与会人员的意志表现。

2.3.2 决议与决定的区别

决议和决定都属于决策性公文，其反映的内容几乎是相同的。但它们也有一定的区别，最主要的区别表现在产生的形式上，决议必须产生于会议，而决定有时产生于会议，有时由领导机关直接作出并发布。在实际撰写工作中，撰写人还应从其他方面了解两者的具体区别，如表 2-1 所示。

表 2-1　决议与决定的区别

不同点	决　议	决　定
制作程序	必须经某一级机关、单位或组织机构的法定会议对某议题进行集体讨论，由法定多数表决通过，然后形成正式文件，并以会议的名义公布	不一定经过有关法定会议讨论通过这一程序，而是以领导机关的名义发布的决议性文件，只能用决定这一文体
作用	一律要求下级机关、单位执行	只有部署指挥性决定才要求下级机关、单位执行，政策性决定和奖惩性决定等只起知照作用
内容	1. 只是简要地表示肯定或否定的意见，履行法律程序，指导有关部门遵照办理的，用"决议"； 2. 由会议审议批准某项议案、重要报告或法规，用"决议"，所审议批准的条文作为"决议"的附件 3. 审议机构成立或撤销等，用"决议"	1. 在会议讨论通过的前提下，凡作出了具体的规定和要求，履行法定的权力，强制有关部门贯彻执行的，用"决定"； 2. 由会议或领导机关、单位直接制定发布的行政法规，用"决定"； 3. 授予荣誉称号或给予处分等，用"决定"
写法	公布性决议、批准性决议一般写得比较简要、笼统；阐述性决议除了指出指令性意见外，还会对决议事项本身的有关问题作出若干必要的论述或说明，即做一些理论上的阐述。决议的内容比较具有概括性，原则性条文多，下级机关、单位在贯彻执行时，多数还要根据"决议"制订相应的具体办法或实施措施	决定不会多说理论上的道理，而着重提出开展某项工作的步骤、措施和要求等。其内容要明确、具体，措施要落实，行政约束力更强，可以直接成为下级机关、单位行动的准则

2.3.3　决议的规范格式与注意事项

由于决议的权威性和决策性，所以其具有比较规范的行文格式，一般由首部和正文这两部分组成，每个部分又会分为一些小部分。

1. 首部

决议的首部包括标题和成文时间，其中，标题的形式有 3 种，一是发文机关 + 主要内容 + 文种；二是会议名称 + 主要内容 + 文种；三是主要内容 + 文种。而成文时间不像其他公文一样标在正文之后，而是加括号标写于标题之下的居中位置，具体的写法又分两种情况。

◆ 如果决议的标题中已经包括了会议名称，则括号内只需要注明"×× 年 × 月 × 日通过"即可。

◆ 如果决议的标题中没有包括会议名称，则括号内需写为"×× 年 × 月 × 日 ×× 会议通过"。

2. 正文

决议的正文由决议根据或背景、决议事项和结语这 3 个部分组成，每个部分要写明的内容如下。

◆ **决议根据或背景**：一般简要说明有关会议审议决议涉及事项的情况，陈述作出决议的原因、根据、背景、目的或意义等。

◆ **决议事项**：这是决议正文的主体部分，要写明会议通过的决议事项或会议对有关文件、事项作出的评价和决定，或者是对有关工作作出的部署安排、要求和措施等。

◆ **结语**：这部分内容可灵活调整，可有可无，有时主体结束即标志全文结束，不必再专门撰写结尾；有时需要一个紧扣决议事项的结尾，有针对性地提出希望、号召和执行要求。

会议正文的写作比较灵活，若是批准性决议，其内容会较简单，提出号召和要求即可；若是公布性和阐述性决议，其内容会较复杂，包括上述介绍的所有正文内容；如果决议还涉及原则问题，则其内容会更多地涉及规划纲要和思想精神。虽然不同类型的决议的写法不同，但不外乎就是首部和正文这两大部分。

由于决议是会议中心思想的体现，所以在撰写决议时要把握会议的中心，了解会议的背景和目的，明确会议的主旨。另外，决议的时效性较强，成文时间一定要准确、及时且规范。

2.3.4 常见的决议文书范例解析

为了更好地撰写决议类应用文，学习不同决议文书的格式和写作手法是很有必要的。下面来看几种主要的决议类文书范本。

1. 公布性决议

为了公布某种法规、提案而写作的决议即公布性决议，内容可简单亦可复杂。简单的公布性决议只要说明会议通过了什么决议即可；复杂的公布性决议还需要说明会议对相关决议事项的看法等。

范本内容展示

◎ 资源｜Chapter02｜第 1 次股东会议决议 .docx

××科技开发有限责任公司××年第 1 次股东会议决议

一、时间：××年×月×日　　　　地点：公司办公室
　　会议性质：临时会议
二、会议通知情况及到会股东情况
　　本次会议于××年×月×日，由××书面形式通知到每位股东。到会股东情况：××、××、××，应到会股东 3 名，实际到会股东 3 名。
三、会议主持人：××（拟定法定代表）
四、会议决议内容
　　1.由××、××、××3 名股东成立××科技开发有限责任公司。
　　2.公司不设立董事会和监事会，设执行董事一名，监事一名，选举××为公司执行董事、法定代表人，任期 3 年，届满可连选连任，住所××××××；由××为公司监事，任期 3 年，届满可连选连任，住所××××××。另外，设经理一名，由执行董事兼任。
　　3.以上执行董事、经理、监事的任期资格和生产程序符合《公司法》及有关法律、法规的规定。
　　4.全体股东一致通过公司章程。
　　5.全体股东一致委托××代表公司签订房屋租赁合同。
　　6.全体股东一致同意委托××办理有关公司注册登记手续。
五、会议表决情况：
　　以上事项到会股东××、××、××均表决同意，不同意的无，弃权的无。

　　股东签名：

　　　　　　　　　　　　　　　　　　　　××年×月×日

范本内容精讲

范本展示的是公司某次会议作出的决议，可看出其标题没有指明确定的发文日期，且标题下方也没有用括号注明的成文日期，而是在正文之后写明决议发布时间。该决议有首部内容，正文内容包括会议时间、地点和会议性质，决议的背景是会议通知情况及到会股东情况，决议事项有 6 条，最后还有决议结果和股东签名。

对于会议通过的内容，范本采用的是分条列项的阐述方式，让会议决议事项更清楚明了。另外，股东大会会议一般都由董事长主持，只有当董事长不能履行职务或者不履行职务时，才能由副董事长主持。

2. 审议批准性决议

审议批准性决议是为了肯定或否定某种议案而写作的决议，其针对性较强，内容简洁精练。

范本内容展示

◎资源 |Chapter02| 批准投资项目计划的决议 .docx

××市××区人大常委会
关于批准××××年区本级政府性
投资项目计划的决议

（××××年×月××日区××届人大常委会第×次会议
通过）

××市××区第××届人民代表大会常务委员会第×次会议听取和审议了区人民政府《关于××市××区×××年本级政府性投资项目执行和××××年本级政府性投资项目计划安排草案报告》，听取了区××届人大财政经济委员会的审查意见。会议同意这个报告，决定批准××市××区×××年本级政府性投资项目计划。

×××年计划安排区本级政府性投资项目××个，其中，续建项目××个，新建项目××个。计划总投资××亿元，××××年计划投资××亿元(其中:区级投资×亿元)，项目计划涉及交通、水利、教育、环境整治、征迁安置、园区建设等方面，项目编制较为科学，资金筹措方案可行，符合我区实际。

区人民政府要认真组织××××年区本级政府性投资项目计划的实施，完善项目管理制度，严格落实责任，狠抓工程质量管理和资金调度，确保完成计划目标。区人大常委会将适时进行跟踪监督。

范本内容精讲

这类决议在内容结构上大都由3个部分组成：一是审议的对象，二是表明态度，三是发出号召、提出要求。

如范本所示的审议批准性决议，成文时间以括号的形式标在首部的下方，正文之后没有再写明成文日期。该决议范本中，审议的对象是 ××××年区本级政府性投资项目计划；以"会议同意这个报告，决定批准 ××市××区××××年本级政府性投资项目计划。"来表明决议态度；最后一个段落发出号召并提出要求。有的审议批准性决议没有发出号召和提出要求的部分，这就需要根据实际情况而定。

3. 阐述性决议

阐述性决议是对某些重大结论的具体内容加以展开阐述的决议文件，有时也称为专门性问题决议。

范本内容展示

全国人民代表大会常务委员会
关于××××× 依法推动打好
×××攻坚战的决议

(××××年×月××日第××届全国人民代表大会常务委员会
第×次会议通过)

第××届全国人民代表大会常务委员会第×次会议听取和审议了×××委员长所作的全国人大常委会执法检查组关于×××××情况的报告。会议充分肯定和高度评价执法检查组的工作，一致赞成执法检查报告，同意报告对贯彻实施×××××提出的意见和建议。

会议认为，×××××关系中华民族永续发展，关系亿万中国人民的福祉。党的××大以来，以×××同志为核心的党中央把×××××建设作为统筹推进"××××"总体布局和协调推进"××××"战略布局的重要内容，谋划开展一系列根本性、开创性、长远性工作，推动×××建设和×××保护从实践到认识发生历史性、转折性、全局性变化。同时，×××建设面临的形势仍然严峻，正处于压力叠加、负重前行的关键期，已进入提供更多优质生态产品以满足人民日益增长的优美生态环境需要的攻坚期，也到了有条件有能力解决突出生态环境问题的窗口期。党的××大制定了×××××的宏伟蓝图，对加强×××建设、建设美丽中国做出了全面部署。打好×××攻坚战是决胜全面建成小康社会的三大攻坚战之一，关系到全面建成小康社

会能否得到人民认可、经得起历史检验。到××××年，×××××质量总体改善，主要污染物排放总量大幅减少，是我们的总体目标。各级人大及其常委会作为国家权力机关，肩负着贯彻落实党中央的光荣使命，要充分发挥人民代表大会制度的特点和优势，履行宪法法律赋予的职责，以法律的武器治理污染，用法治的力量保护×××××，为全面加强生态环境保护、依法推动打好污染防治攻坚战做出贡献。为此，特作决议如下。

一、坚持以×××新时代中国特色社会主义思想特别是×××××思想为指引。党的××大以来，以×××同志为核心的党中央高瞻远瞩、不懈探索，深刻回答了×××××等重大理论和实践问题，系统形成了×××生态文明思想。××生态文明思想是×××新时代中国特色社会主义思想的重要组成部分，有力指导生态文明建设和生态环境保护取得历史性成就、发生历史性变革。×××××生态环境×××问题，深刻阐述了×××××等一系列新思想新理念新观点，对生态文明建设进行了顶层设计和全面部署，是我们保护生态环境、推动绿色发展、建设美丽中国的强大思想武器。各国家机关和全社会要以×××生态文明思想为方向指引和根本遵循，自觉把经济社会发展同生态文明建设统筹起来，坚决摒弃×××××，坚决×××××××，推动×××××，不断满足人民日益增长的优美生态环境需要，加快建设美丽中国。

二、坚持党对生态文明建设的领导。党的领导是加强生态环

境保护、打好×××攻坚战的根本政治保证。党的××大以来，以×××同志为核心的党中央加快推进生态文明顶层设计和制度体系建设，相继出台《关于加快推进××××的意见》《××××××改革总体方案》，制定实施××多项涉及生态文明建设的改革方案，深入实施大气、水、土壤污染防治三大行动计划，推动我国生态环境质量持续改善。根据党中央修改宪法的建议，××届全国人大××次会议通过宪法修正案，将××××等载入国家根本法。××××年×月，党中央召开××××××大会，对加强生态环境保护、打好×××攻坚战做出再部署，提出新要求。×月，党中央、国务院发布《关于全面加强××××××的意见》。各国家机关及其工作人员要牢固树立政治意识、大局意识、核心意识、看齐意识，坚决维护以×××同志为核心的党中央权威和集中统一领导，全面贯彻落实党××决策部署，切实担负起生态文明建设和生态环境保护的政治责任。要在党中央集中统一领导下，坚持××××××，密切配合、协同发力，落实××××××，健全环境保护督察机制，标本兼治、综合施策，加快构建生态文明体系，全面推动绿色发展，着力解决突出生态环境问题，坚决打好×××攻坚战。

三、建立健全最严格最严密的生态环境保护法律制度。 保护生态环境必须依靠制度、依靠法治。要统筹山水林田湖草保护治理，加快推进生态环境保护立法，完善生态环境保护法律法规制度体系，强化法律制度衔接配套。加快制定土壤污染防治法，为土壤污染防治工作提供法制保障。加快固体废物

污染环境防治法等法律的修改工作，进一步完善××××× ×制度，建立×××××的法律规范，构建×××××制度体系，严密防控×××××风险，用最严格的法律制度护蓝增绿，坚决打赢×××××。抓紧开展生态环境保护法规、规章、司法解释和规范性文件的全面清理工作，对不符合不衔接不适应法律规定、中央精神、时代要求的，及时进行废止或修改。国务院有关方面要及时提出有关修改法律的议案，加快制定、修改与××××××配套的行政法规、部门规章，及时出台并不断完善生态环境保护标准。有立法权的地方人大及其常委会要加快制定、修改生态环境保护方面的地方性法规，结合本地实际进一步明确细化上位法规定，积极探索在生态环境保护领域先于国家进行立法。牢固树立法律的刚性和权威，决不允许作选择、搞变通、打折扣，决不允许搞地方保护。要加强备案审查工作，及时纠正违反上位法规定的法规、规章、司法解释，维护社会主义法制统一。

四、大力推动生态环境保护法律制度全面有效实施。 制度的生命在于执行，法律的权威在于实施。大气污染防治法执法检查发现了法律实施中存在的突出问题，提出了改进工作、完善制度的建议。有关方面要高度重视，认真整改，确保×× ×××落在实处，以最严格的法治保障打赢蓝天保卫战。各国家机关都要严格执行××××××制度，确保有权必有责，有责必担当、失责必追究。各级人大及其常委会要把生态文明建设作为重点工作领域，通过执法检查、听取审议工

范本内容精讲

上述范本只展示了阐述性决议的部分内容，由此可知，阐述性决议的内容一般较多，包括决议的背景、会议对决议结果的讨论以及具体的讨论结果。该范本中以条款式的写作方式列出决议讨论结果的几个要点，并以不同的字体格式突出显示，其后写明每个要点的具体内容。

阐述性决议同样有结尾，用于提出要求，但这里没有展示出来。有时，决议的讨论结果会以小标题的形式置于各自中心内容的上方居中位置，即"分列小标题"的写法。要写好这种结构跨度长、内容多的具有重大思想理论建设意义的决议，需要注意以下几点。

◆ 内在结构处理要灵活，如按时间先后、结论主次等写作。

◆ 从全篇到每一部分至每一段落，都有鲜明的篇旨和段旨，尽力做到首尾呼应，使全文条理清晰、紧密连贯，便于阅者掌握要领。

◆ 要充分运用夹议的表达方式，如以议论为主、叙述为辅，摆事实、讲道理，以观点统领材料，以事实证明议论之理。

2.4 指示

■指示的特点 ■适用范围 ■写作格式 ■范例解析

指示是上级对下级机关、单位或个人布置工作，阐明工作活动的指导原则时使用的一种文体，因此其具有较强的指导性，是典型的下行文。

2.4.1 指示的特点与适用范围

当机关、单位需要对下级布置工作、阐明工作活动的指导原则时，就需要用到"指示"。并且，只有国家党政机关有权力使用，其下的行政机关是没有权力使用的，如果其他领导机关或单位要对其下级机关、单位有所指示，就需要使用指示性的通知或指示性的批复等文体。以下是指示的特点。

1. 原则性

指示必须符合相关路线、方针、政策和国家法律、法令，其内容只是行动指南，而不像通知一样详尽和具体。

2. 权威性

一般来说，只有市级以上的机关才常常使用指示，企事业单位一般不用指示这一文体，而是用通知。而且，指示的写作一般要使用指令性语言，不能含糊其辞或模棱两可，文字表达要准确，杜绝空话、套话。

3. 时效性

指示要求的时效性很强，规定期间内要达到的目标或者经过努力可以达到的目标等必须能够完成。因此，经过努力达不到的目标就不要写进指示文件中。

4. 指导性

指示的受文机关要按照指示的内容，结合实际贯彻落实。指示没有提及的方面，受文机关可按照原来的行事方式进行处理。

5. 可操作性

由于指示的受文机关会按照指示的内容并结合实际贯彻执行，因此，指示中的政策界定要明确，便于受文机关掌握和执行。

2.4.2 指示的写作格式

指示一般由首部和正文两部分组成，首部一般包括标题、成本时间、发文字号和主送机关，而正文一般包括开头、主体和结尾这 3 个部分。

1. 首部

首部的标题格式一般为发文机关＋事由＋文种，如"国务院关于重视和加强××××工作的指示""中共中央、国务院关于制止××××××的紧急指示"等。成文时间用括号在标题正下方注明年、月、日。主送机关即受文单位，格式与一般公文相同，顶格书写，后跟冒号；也可以用抄送形式写在公文最后一项的下方。

2. 正文

正文的开头部分指示的开端，主要交代发出指示的原因、目的、依据或意义等；正文主体部分是指示的具体内容，包括工作任务、指导原则、具体步骤和措施方法等；正文结尾部分一般提出希望号召，或者向受文机关重申工作的重要性。

指示的写作基本要求是内容明确具体，不需要理论的分析与阐述，尤其是要防止出现模糊用语。

2.4.3 常见指示的范例解析

指示的分类比较简单，一般根据指示的轻重缓急进行划分，主要有一般指示和紧急指示两大类。

1. 一般指示

一般指示是指示公文中最常见、使用最多的一种，它既可以针对目前工作中一些普遍性、全局性问题，也可以针对某些特殊和局部问题，受文面很广，一般为发文机关的所有下级机关。

范本内容展示

×××××关于认真做好第×次全国人口普查工作的指示
（××××年×月××日）

　　人口普查，是查清我国国情、国力的一项重要工作。准确地掌握我国人口的分布及构成情况，对于从我国实际情况出发，更好地进行社会主义现代化建设，安排人民的物质和文化生活，制定人口政策和规划，具有重大意义。为此，中共中央、国务院××××年×月决定，××××年×月×日进行第×次全国人口普查。一年多来，全省、市、自治区和各部门共同努力，做了大量准备工作，是有效的。国务院已批准颁发了《第×次全国人口普查办法》。为了高质量地完成这次普查任务，特作如下指示：

　　一、各级党委和人民政府要切实加强领导。人口普查工作必须在各级党委和人民政府的统一领导下进行。现在，离正式普查登记只有×个月的时间了。各级党委和人民政府要全面调查一下各项准备工作的落实情况，切实解决实际工作中的问题，特别要注意选配得力干部，建立和建全各级人口普查机构。各级人民政府要根据全国人口普查工作总的部署和要求，做好周密的安排。围绕提高人口普查资料的准确程度这个中心，做好各个环节的工作。从×月起，在半个月左右的时间内，要把人口普查作为一项中心任务，做到人口普查和工农业生产两不误。普查登记以后，还要做好一系列汇总工作。各项工作必须保证质量，如果某项工作达不到规定的

质量标准，必须返工重做。

　　二、各级党委宣传部门要对人口普查的宣传工作做出统一安排，广泛深入地进行宣传动员。工会、共青团、妇联等人民团体应主动配合，运用各种宣传手段，采取群众喜闻乐见的各种形式，宣传人口普查的意义、内容和要求，做到家喻户晓，人人明白，以取得全国各族人民的积极支持。宣传工作要逐步展开，×月份作为人口普查宣传月，掀起一个高潮。共产党员、共青团员、各级干部要以身作则，模范地执行人口普查办法，并向周围群众有针对性地进行宣传。

　　三、切实做好普查人员的选调和培训工作。人口普查是一项极为复杂、细致的工作，需要及时组织几百万人包括普查员、编码员、录入员的队伍，任务是艰巨的。各级人民政府必须按照《第×次全国人口普查办法》的有关规定选调和培训各类普查人员。被选调人员的单位，要当作一项政治任务，保证抽调合格的人员参加普查工作。

　　四、节约办普查。人口普查经费要在保证完成普查任务的前提下，厉行节约。普查经费，除财政部拨一部分外，不足的由地方财政解决。普查所需要的物质条件，计划、商业、物质、交通、电力等部门要予以保证。我国是世界上人口最多的国家。在××亿人口这样一个大国进行人口普查，从我国历史来说，规模之大是空前的。我们的工作不仅为全国人民所关心，而且为世界人士所瞩目。各级党委和人民政府一定要高度重视，加强领导，有计划、有步骤、高标准、严要求地做好每个环节的工作，胜利完成第×次全国人口普查任务。

范本内容精讲

　　一般指示的发文机关可以是一个机关单位，也可以是两个或两个以上的机关单位联合发文，机关单位的名称要用全称或习惯简称。

　　在范本中，首部包括了标题和成文时间，但因为受文单位是各级党委和人民政府，非常明显，所以省去了主送机关的写作。第一自然段阐述作出指示的原因、背景和依据，并在末尾处以"特作如下指示："引出指示的正文内容；接下来的几个自然段分别对指示涉及的事项作出详细说明，并分条列示，使阅者更易掌握要领并执行工作。

　　应用文撰写人要注意，指示的使用者势必是党和国家的高级机关，作为地方上的一个部门显然无权使用"指示"这种文体。

2. 紧急指示

紧急指示是上级党政领导机关针对某些涉及面广，需要大范围、多部门协同处理的紧急事项而制发的一种指示，它的内容和要求下级机关完成的时间等都有特定的要求，如对乱砍滥伐森林、森林火灾和特大洪灾等，党和国家就曾发布过防御救灾的紧急指示。

范本内容展示

中共中央、国务院关于制止×××××× 的紧急指示

（××××年××月××日）

中发［××××］×××号

各省、市、自治区党委、人民政府：

当前，许多地方再次出现了乱砍滥伐森林的歪风，并且，这股歪风还在继续蔓延扩大。产生这种情况的原因，主要是有关的党、政领导机关，对违法毁林事件的严重性认识不足、打击不力，有的甚至不抓不管，听之任之。必须使同志们明白，当前，森林工作中确实存在一些问题，如增拨抚育基金、控制采伐计划、调整购销价格等问题，有的还没有解决，或没有完全解决，林区群众生活还有一些实际困难等等，这些都必须有准备、有步骤地一一加以解决。但是，这需要相当的时间。而对当前的违法毁林事件，决不可借口工作中存在缺点就可以有法不依，执法不严，国家制定的有关森林的法律、法令，体现着全国各族人民的根本利益，受到广大群众的拥护，甘愿犯法毁林只是极少数，姑息放纵这些极少数犯法者，是对人民的犯罪。只有对少数犯法者坚决给以打击，才能有效地刹住这股歪风，鼓励更多的人保护森林，发展林业，否则，百年树木，毁于一旦，将造成无法弥补的损失，为此，特紧急指示如下：

一、中共中央、国务院责成凡有森林地方的县委和县人民政府，负责监督护林法令的执行。望立即采取果断措施，限期制止乱砍滥伐森林事件，无论任何单位或者个人，利用任何手段侵占和破坏国有的和集体新有的山林，都必须彻底追查，依法惩办。对这些犯法者制止不力，就是失职，上级党委和政府必须追究县委书记和县长的领导责任。

二、对于破坏森林的任何单位或者个人，要分别情况，该赔偿的必须赔偿，该罚款的必须罚款，该判刑的要依法判刑。不管什么人，也不论是哪一级干部，犯法者同罪，不得姑息、包庇，或者借故掩护顶着不办。对当前毁林严重的地方，要抓住几个典型案件，从重从快处理，处理结果，要在报纸上公布，以震慑犯罪分子，教育广大干部、群众。中共中央、国务院决定由×××会同林业部等有关部门组成工作组，重点协助一些省、自治区抓好毁林案件的处理工作和纠正某些党、政机关领导不力的问题。

三、抓紧搞好稳定山权、林权，划定自留山，确定林业生产责任制工作。凡是没有搞完林业"三定"的地方，除国家计划规定的木材生产任务以外，其他采伐暂时一律冻结。"三定"结束的地方，必须切实加强林政管理，普遍制定乡规民约，严格执行木材采伐和运输管理制度，没有林业部门发给的证明，不得采伐、运输和销售木材，林区和毗邻地区木材自由市场，必须坚决关闭。同时，要认真解决好山林纠纷。在山林纠纷解决之前，任何一方都不准先发山林权证，不准砍伐有争议的林木，不准挑动、制造新的山林纠纷，违者要追究责任，严肃处理。集体所有林，要实行专业承包责任制，不允许按人平分。

四、保护森林、发展林业是我国社会主义建设中的一个

范本内容精讲

有些指示会在首部和正文之间加上发文字号，如范本所示。紧急指示必须在标题上写明"紧急"字样，其正文也应按发文原因、指示内容和执行要求这 3 个部分进行写作。但与一般指示相比，紧急指示在措施上要更具体，具有应付紧急情况的针对性，语气也要更坚定和严厉。

紧急指示与紧急通知的区别主要表现在权威性和严肃性的程度上，尽管紧急指示应具有权威性和严肃性，但写作时也应适当、适度。

在该紧急指示的范本中，明确以"顶格书写，后跟冒号"的形式写明了指示的主送机关，为各省、市、自治区党委、人民政府；紧接着阐述紧急指示的发文原因和背景，同样以"特紧急指示如下："来引出指示的具体内容。由于内容较多，只展示了其中一部分。除此之外，指示范本中还使用了"必须""决不可""姑息放纵""坚决给以打击""刹住这股歪风"和"望"等具有权威性和强劲性的词汇，显著突出了紧急指示的庄重、严峻，使文章显得更坚定有力。

2.5 请示

■请示的特点 ■适用范围 ■写作格式与注意事项 ■范例解析

请示是下级机关向上级机关请求对某项工作、问题作出指示，对某项政策界限给予明确，对某事务予以审核批准时使用的一种请求性公文，是典型的上行文。

2.5.1 请示的特点与适用范围

请示适用于向上级请求指示、批准的情况，凡是本机关单位无权、无力决定和解决的事项都可以向上级请示，而上级则应及时回复。在各种各样的应用文中，作为一种典型的上行文，请示具有以下特点。

◆ **呈请性**：请示是下级机关、单位向上级机关、单位请求指示和批准的公文，具有明显的请求性。

◆ **求复性**：请示的目的是请求上级作出指示或批准，要求上级作出答复，有请必复。

◆ **超前性**：请示必须在问题发生或处理前行文，不可先斩后奏。

◆ **对应性**：为了便于领导作出答复，请示行文必须一文一事，即每则请示只能要求上级批准一个事项，或解决一个问题，并且一般只写一个主送机关、单位，即使需要同时送其他机关、单位，也只能用抄送形式。

2.5.2 请示的写作格式与注意事项

请示一般包括标题、主送机关、正文、落款和日期这几个部分，每个部分有其具体的格式和表现内容。

1. 标题

请示的标题主要有两种格式：一是发文机关＋事由＋文种，如"××化工厂关于贯彻按劳分配政策两个具体问题的请示"；二是事由＋文种，如"关于要求解决学生宿舍拥挤等问题的请示"。

2. 主送机关

请示的主送机关一般只有一个，即直接上级机关、单位，不能多头请示。如果本机关受双重领导，则在报送请示时可同时抄送另一领导机关、单位。

3. 正文

请示的正文一般由请示原因或背景、请示事项以及结语等组成，各部分对应的内容如表 2-2 所示。

表 2-2　请示的正文内容

结　构	内　容
请示原因或背景	这部分用来说明作出请示的原因，突出请示的必要性和迫切性。与其他行政公文不同，请示原因或背景是公文的重点，因为理由要充分才可能得到上级的肯定答复。一般以"现将就……问题请示如下"的形式来进行详细阐述
请示事项	指请求上级机关、单位批准或指示的具体事项，在写作时要明确事项的内容，条理要清晰，可以用分条列示的方式；要符合法规与实际情况，并具有可行性和可操作性
结语	一般是提出批准或指示的请求，此部分的行文要谦和有礼、大方得体。常用的语句有"以上请示，请予审批""以上请示如无不妥，请批转各地区、各部门研究执行""当否，请批示"等

4. 落款和日期

请示的落款和日期包括发文机关名称和成文日期，必要时还需要加盖印章。标题若有发文机关名称，落款可以省略。

在写作请示应用文时，除了要注意前述提到的一文一事、一则请示一个主送机关以及必须事前行文等问题外，还需注意以下事项。

①一般不能越级请示，而要逐级请示，如果遇到特殊情况必须越级行文的，应抄送越过的直接上级机关。这里的特殊情况是指亟待解决或处理的，不越级请示就会延误时机的事情。

②不要同时上报下发，即在上级机关、单位作出答复前，不得抄送下级机关。

③不将请示直接送领导个人。

④请示的缘由要充分，体现请示的必要性；要求合理，方便上级机关、单位作出答复，促使问题或事情及时解决。

⑤语言要简明，以便突出请示的重点，引起上级的重视；语气要得体、谦恭且委婉，体现请示的请求性。

⑥为了方便上级机关、单位了解作出答复，有时在使用请示这一文体时，还会出具附注，即在成文时间下一行居左空两字，加圆括号注明发文机关联系人的姓名和电话号码。

2.5.3 常见请示的范例解析

请示按照不同的行文目的和作用，分为请求指示、请求批准和请求批转这3类。

1. 请求指示

请求指示的请示一般是政策性请示，是下级机关、单位需要上级机关、单位对原有政策规定作出明确解释，对变通处理的问题作出审查认定，对如何处理突发事件、新情况或新问题作出明确指示的请示。

范本内容展示

◎ 资源 | Chapter02 | ××化工厂两个具体问题的请示 .docx

××化工厂关于贯彻按劳分配政策两个具体问题的请示

省劳动厅：

按劳分配是社会主义分配的基本原则，也是社会主义优越性之一。几年来，我厂由于认真贯彻了按劳分配政策，极大地激发了广大职工的社会主义劳动积极性，使得生产率成倍地增长，乃至几倍的增长。

为全面贯彻按劳分配原则，进一步调动职工的劳动积极性，现就两项劳资政策问题请示如下：

一、拟用 2017 年全厂超额利润的 10%为全厂职工晋升工资。其中 2017 年 4 月 29 日在册职工每人晋升一级，凡班（组）长和车间先进生产（工作）者及其以上领导和先进人物再依次晋升一级；全厂技术突击组成员每人浮动一级工资，组长每人浮动两级工资。

二、拟用 2017 年全厂超额利润的 10%一次性为全厂职工每人增发奖金平均 100 元，具体金额按劳动出勤率和完成定额计算。

以上请示，妥否，请批示。

××化工厂
2018 年 3 月 5 日

范本内容精讲

范本标题的格式采用"发文机关＋事由＋文种"的形式，主送机关为省劳动厅，正文的第一、二自然段阐明了作出请示的背景和缘由，然后以"现就两项劳资政策问题请示如下："的形式引起下文将要提及的具体请示内容，接着分条列示，最后在正文下方隔一行左侧空两字的位置书写结语，提请上级机关、单位批示。

范本请示中只请示了一件事，就是按劳分配政策的问题。文中"拟用"二字体现了请示应用文的请求性，表达工厂是向省劳动厅先行请示并等待指示或批准。撰写人要注意，凡是把握不准的政策请示，都应撰写请求指示的请示，占据工作的主动性。

2. 请求批准

这类请示是下级机关、单位针对某些具体事务向上级机关、单位请求批准的请示，主要目的是解决某些实际困难和具体问题。其涉及的事情或问题的原则性没有请求指示的原则性强，比"通报"这一文体的等级高。

范本内容展示

◎资源 |Chapter02| 关于嘉奖 ×× 的请示 .docx

××省经济研究中心关于嘉奖××的请示

省总工会：

　　我中心是省政府的事业机构，负责全省的经济研究工作。由于中心尚无工会组织，故未能及时参加工会的有关活动。近闻总工会正在全省开展评奖活动，故将为我中心××同志立功一事请示如下：

　　××，男，52 岁，1988 年大学毕业，现为副研究员。该同志长期从事农业经济的研究工作，做出了许多卓著成绩，多次受到领导的好评，并为农业生产创造了显著效益。其中《×××××》和《×××××》两篇论文分别荣获全国农学会一、二等奖，《××××××》一书被评为全国科普鼓励奖，其本人已被编入中青年科学家辞典。

　　根据××总发〔××〕××号文件精神，××同志符合立功条件，望予嘉奖。

　　以上，妥否，请批示。

××省经济研究中心

2018 年 9 月 12 日

范本内容精讲

　　该范本的标题格式同样采用了"发文机关＋事由＋文种"的形式，主送机关为省总工会，正文的第一自然段阐明了作出请示的背景是"由于中心尚无工会组织，故未能及时参加工会的有关活动。近闻总工会正在全省开展评奖活动"，然后以"故将为我中心 ×× 同志立功一事请示如下："的形式引出下文将要提及的具体请示内容。

　　与上一个范本不同的是，该请求批准的请示范本中没有分条列明请示内容，而是直接以一个段落叙述需要上级机关、单位批准获得嘉奖的人的基本信息和突出贡献，即阐明请示的理由。最后以"根据……，望予嘉奖"的形式写结语，强调了请示事项的根据，让请示显得更有理有据。

3. 请求批转

　　当下级机关、单位就某一涉及面广的事项提出处理意见或办法，需要各有关方面协同办理，但按规定又不能指令平级机关或不相隶属的部门办理，而需要上级机关、单位审定后批转执行时，就要用到请求批转类的请示应用文。

范本内容展示

◎资源 |Chapter02| 关于加强 ×××××× 的请示 .docx

关于加强×××××工作的请示

国务院：

　　为深化改革，促进社会主义市场经济持续、稳定、发展创造良好的条件，根据国务院赋予××××××机关的职能，进一步拓宽监督管理的广度，增加监督管理的深度，强化监督管理的力度，为此，今年全国××××管理局长会议进行了专门研究，对下一步工作提出以下意见：

　　一、进一步依法加强对生产资料市场的监督管理，不断提高集贸市场的管理水平。（略）

　　二、加强对国有和集体企业的监督管理，积极支持企业集团的建立和发展。（略）

　　三、切实加强对个体、私营经济的请示事项监督管理，引导他们健康发展。（略）

　　四、严肃查处制造、经营伪劣商品和刊播虚假广告的行为，切实维护国家和人民群众的利益。（略）

　　五、依法保护注册商标专用权，加强商标领域中的国际合作。（略）

　　六、加强廉政建设，提高××××管理队伍的素质。（略）

　　以上意见如无不妥，请批转各地区、各部门执行。

××××××管理局
××××年×月×日

范本内容精讲

　　该范文的请示内容较多，每一个小点都以"（略）"的形式进行省略展示，实际撰写应用文时不能出现"（略）"字样。

　　在展示的范本内容中可以看到，该请示的标题格式为"事由＋文种"，没有发文机关，在正文结束后写明发文机关为"××××××管理局"。主送机关为国务院，正文第一自然段写明了请示的缘由是"为深化改革……"，以"为此……以下意见："的形式引出下文将要提及的请示内容。在习作请示内容时分条列示，突出请示的重点，方便上级机关、单位审阅并作出及时的批示。结语以"以上意见如无不妥，请批转各地区、各部门执行"，体现该请示的类别为请求批转类请示。

由上述 3 种请示类型可知，请示的内容较多地涉及人、财、物、机构、编制和出境出国等问题，或者是工作中遇到的需要上级作出决定的重大问题，又或者是应由上级加以审批的事项等，这类请示也被称为"硬件"。有些请示应用文与"意见"相似，大多是本级机关、单位对工作中的一些重大问题提出见解和处理办法，要求上级给予指示或支持，这类请示也被称为"软件"。

2.6 批复

■批复的特点 ■适用范围 ■写作格式 ■范例解析

批复是指答复下级机关、单位的请示事项所使用的文种，是机关应用写作活动中的一种常用公务文书，具有明显的审批性，是一种下行文。

2.6.1 批复的特点与适用范围

批复一般与请示配合使用，先有下级的请示，后才有上级的批复。有请必复，一事一批。批复只有在上级机关答复下级请示时才会使用，答复同级和不相隶属的机关、单位或部门的询问时只能用"函"，不能用批复。由于批复具有以下特点，所以限制了其适用范围。

1. 行文具有被动性

批复的写作以下级的请示为前提，它是专门用于答复下级机关、单位请示事项的公文，一来一往，被动行文，这一点与其他公文有所不同。

2. 内容具有针对性

批复要针对请示事项表明是否同意或是否可行的态度，批复事项必须针对请示内容来答复，而不能另找与请示内容不相关的话题。因此，批复的内容必须明确、简洁，以利于下级机关、单位贯彻执行。

3. 效用的权威性

批复表示的是上级机关、单位的结论性意见，下级机关、单位对上级机关、单位的答复必须认真贯彻执行，不得违背，批复的效用在这方面类似命令、决定，带有很强的权威性。

4. 态度的明确性

批复的内容要具体明确，不能有模棱两可的语言，使得请示单位不知道如何处理。另外，批复还具有指示性，指导下级机关、单位的工作，先表明态度，再概括说明方针、政策及执行要求。

2.6.2 批复与批示的区别

在党政公文中，批复和批示就像一对孪生子，均属于审批性的下行文，即对下级机关、单位上报的文件加注批语或作出批示。虽是如此，但两者在某些方面也有些微差异，具体介绍如下。

- ◆ **法律地位不同**：批复是党和国家行政机关两大公文处理法规中明确规定的一个主要文种，称作"法定文种"，而批示则不是。

- ◆ **审批文件的对象不同**：批复是答复下级机关、单位的"请示"所用的文种，一对一，缺一不可；而批示是针对下级报来的"工作总结"类、"工作计划"类（如计划、方案、安排、设想等）、"报告"类（如工作报告、调查报告、检讨报告和分析报告等）和各种简报、信息反映、快报等文件，就其中某一成功点、问题点所作的批语。

- ◆ **行文方式不同**：批复的主送机关是行文"请示"的单位，若具有普遍意义，可将批复抄送其他下级机关一并周知；而批示具有普遍意义，可将原上报文件的单位和其他下级单位一并列为主送机关，不存在主送、抄送之分。

批示没有批复复杂，行文内容比较单一，基本上都是指示性的，要么推广某一单位总结的工作经验；要么介绍某一地方工作中发生的重大问题，要求人们从中学到经验、接受教训，改进工作；要么将一些新的市场动向或成就等及时通过批示加以明确，要求下级机关、单位予以关注。另外，批示不等于批转、转发，它是一个独立的文种，而批转、转发是公文处理的一个程式。

2.6.3 批复的写作格式

批复一般由标题、主送机关、正文和落款组成，每个部分有不同的写作要求。

1. 标题

批复的标题最常见写法是完全式标题，即发文机关 + 事由 + 文种，在事由中一般将下级机关、单位和请示的事由与问题等都写进去，稍显复杂，如"国务院关于××—××城市群发展规划的批复"；还有一种完全式标题是发文机关 + 表态词 + 请示事项 + 文种，如"国务院关于同意在 ×× 等 ×× 个城市设立 ××××××试验区的批复"。

2. 主送机关

批复的主送机关一般只有一个，即请求批复的下级机关、单位。其行文位置与一般行政公文一样写于标题之下、正文之前，左起顶格。若批复的内容同时涉及其他的机关、单位，则要采用抄送的形式送达。

3. 正文

批复的正文一般由批复引语、批复内容、批复要求和结语这 4 个部分组成，各部分的内容说明如表 2-3 所示。

表 2-3　批复的正文内容

结　构	内　容
引语	引述下级机关、单位的来文标题和发文字号，加上"收悉"字样，如"国家发展改革委《关于报送 ××—×× 城市群发展规划（送审稿）的请示》（发改规划〔××××〕×××× 号）收悉。"惯用"现批复如下："形式
批复内容	针对请示事项给予明确答复或指示，表明同意或不同意的态度。如果事项较多，则分条列项写出批复内容。常见的批复意见有 3 种：完全同意、基本同意和完全不同意
批复要求	提出具体的处理意见、希望或要求
结语	结语部分的惯用语包括"此复""特此批复""此复，希执行"等，有些批复文件会省去结语

4. 落款

落款一般包括批复机关的名称、成文时间和印章落款，该部分写在批复正文的右下方，署成文日期并加盖公章，成文日期用阿拉伯数字。

批复既是上级机关或单位作出的指示性、政策性较强的公文，又涉及下级机关、单位的请求指示，因此撰写时要慎重及时，根据现行政策法令及办事准则及时答复。

2.6.4 常见批复类型的范例解析

按批复意见的性质不同，可将批复类型分为指示性批复和表态性批复，有时也分为指示性批复、核准性批复和答复性批复这 3 类。

1. 指示性批复

指示性批复是指在审批某一请示问题时，先明确答复请示事项，再进一步提出指示性意见，要求下级机关、单位执行，一般篇幅较长。

范本内容展示

国务院关于同意×××××× 试点的批复

国函〔××××〕××号

××市、××市、××省、××省、××市、××省、××省、××省、××省、××省、××省、××市、××省、××省、××省人民政府，××部：

××部关于××××××试点的请示收悉。现批复如下：

一、原则同意××部提出的《××××××试点总体方案》，同意在××、××、××、××、××、××、××、××和××××、××区、×××××区、××区、××区等省市（区域）××××试点。××试点期限为×年，自××××年×月×日起至××××年×月×日止。

二、××试点工作要以××新时代中国特色社会主义思想为指导，全面贯彻党的××大和××届中、××中全会精神，统筹推进"××××"总体布局和协调推进"××××"战略布局，坚持创新、协调、绿色、开放、共享发展理念，以××××改革为主线，深入探索适应××××发展的体制机制、政策措施和开放路径，加快优化营商环境，最大限度激发市场活力，打造服务贸易制度创新高地。

三、试点地区人民政府（管委会）要加强对试点工作的组织领导，负责试点工作的实施推动、综合协调及措施保障，重点在管理体制、开放路径、促进机制、政策体系、监管制

度、发展模式等方面先行先试，为全国服务贸易创新发展探索路径。有关省、直辖市人民政府要加强对试点工作的指导和支持，鼓励试点地区大胆探索、开拓创新。

四、国务院有关部门要按照职能分工，加强对试点工作的协调指导和政策支持，主动引领开放，创新政策手段，形成促进服务贸易创新发展合力。××部要加强统筹协调、督导评估，会同有关部门及时总结推广试点经验。

五、××试点期间，暂时调整实施相关行政法规、国务院文件和经国务院批准的部门规章的部分规定，具体由国务院另行印发。国务院有关部门根据《××××××试点总体方案》相应调整本部门制定的规章和规范性文件。试点中的重大问题，××部要及时向国务院请示报告。

附件：1.××××××试点总体方案
2.××××××试点开放便利举措
3.××××××试点任务及政策保障措施

国务院

××××年×月×日

由于范本展示的批复内容较多，包括了 3 个附件，这里只展示部分内容，附件一般跟在成文日期之后。

该指示性批复文件中，在同意 ×× 部提出的《×××××× 试点总体方案》的同时，国务院还就试点工作的深化、试点地区人民政府的组织领导工作、国务院有关部门的协调指导和政策支持以及深化试点期间的其他问题等提出了几点指示性意见，要求各有关方面认真执行。

范文标题采用的是发文机关 + 表态词 + 请示事项 + 文种的写法，在主送机关之后的正文开头是批复的引语"×× 部关于 ×××××× 试点的请示收悉。现批复如下："，然后过渡到批复的内容部分，这个部分有 5 项内容，分条列示。

由范文内容可知，该指示性批复的内容和要求是融为一体的，没有明确的格式界限。在正文与落款之间罗列出该批复附带的所有附件名称，起到提请注意的目的。而整个批复文件要包括这 3 个附件的内容，因此在落款之后要完整地展示附件文件的内容。

在撰写批复内容时，无论意见是否同意，都必须清楚明白，态度明朗，不能含糊其辞、模棱两可，以免下级机关、单位在执行时无所适从。而且，批复不能越级行文，当所要请示的机关、单位不能答复下级机关、单位的问题而需要向更上一级机关、单位转报"请示"时，跟上一级机关、单位所作的批复主送机关不应是原来的请示机关，而是"转报机关"。

2. 表态性批复

表态性批复用于回答请求批准类的请示，表明同意或不同意即可。内容较单一，不涉及其他问题，主要以表态为主体，也可在表态之后提出贯彻执行的要求，篇幅一般比指示性批复短。

范本内容展示

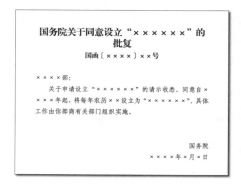

范本内容精讲

由范本可知，表态性批复的标题实际上就是正文的缩写本。虽然内容简短，但该有的部分都有，使批复文件更显得短小精悍。

比如，批复的主送机关为××××部，引语为"关于申请设立'×××××××'的请示收悉"，批复内容为"同意自××××年起，将每年农历××设立为'×××××××'"，批复要求为"具体工作由你部商有关部门组织实施"，这里省去了批复的结语，直接落款写明发文机关和成文日期。

2.7 意见

■意见的特点　■适用范围　■写作格式与注意事项　■范例解析

意见是上级领导机关、单位对下级机关、单位部署工作，指导下级机关、单位工作活动的原则、步骤和方法的一种文体，其指导性很强。

2.7.1 意见的特点与适用范围

当需要对重要问题提出见解和处理办法时，就会用到"意见"这一文体，其适用范围非常广泛。有时针对当时带有普遍性的问题而发布，有时针对局部性的问题而发布。

与其他行政公文不同，意见既可以作上行文，也可以作下行文或平行文。作上行文时，按请示性公文办理，上级机关、单位要对下级机关、单位报送的"意见"做出处理和答复；作下行文时，有明确要求的，下级机关应遵照执行，无明确要求的，可参照执行；作平行文时，用于提出意见，供受文机关、单位参考。那么，意见这一应用文文体具备哪些特点呢？

1. 指导性

当意见作为下行文时，具有指示作用，对下级机关、单位如何开展工作进行全局性的指导。但是意见的指导性没有"指示"的强，对于一些不宜采用指示文体的机关、单位来说，如果要指导下级的工作，就需要使用"意见"这一文体。

2. 灵活性

绝大多数行政公文具有严格的方向性，要么是上行文，要么是下行文，但意见可以根据具体情况选择是下行文、上行文还是平行文。而且，发文机关和主送机关的数量不受限制，可以与其他文体（如批转性或转发性通知）搭配行文。

3. 重要性

意见所涉及的内容必须是重要问题，即工作中所遇到的，涉及全局性、方针政策性的重大事项和主要问题，特别是新问题。"重大"是就"一般"而言，"主要"是就"次要"而言，"新"是就"常规"而言。

4. 针对性

意见通常是向工作中需要解决的问题或必须克服的困难而制发的，因此，提出问题要及时；分析问题要结合实际；提出的见解、办法等要对症下药，有针对性，更要有较强的可操作性。

5. 原则性

意见一般不是具体的工作安排，而是从宏观角度提出见解和意见，要求受文单位结合具体情况，参照文件中提出的精神来办事。

2.7.2 意见的写作格式与注意事项

由于意见的发文方向很多，因此撰稿人更要注意其写作格式和相应的注意事项。

虽然不同的意见类型的写作格式基本一致，但不同的发文方向将决定文件内容的不同语气和语言风格。

意见一般由标题、发文字号、主送机关、正文和落款这5个部分组成，每个部分所要包含的内容如表2-4所示。有时也将意见的格式分为3个部分，即将标题、发文字号和主送机关合并作为首部。

表2-4　意见应用文的组成部分

部　分	内　容
标题	标题的写法通常有两种，一是发文机关＋事由＋文种，如"国务院关于促进××××××发展的若干意见"；二是事由＋文种，如"关于规范××××论文格式的意见"
发文字号	在意见应用文中，发文字号不是必有项，可以有，也可以没有
主送机关	一般要写明主送机关，但如果是涉及面较广的意见，可以省去主送机关。上行文意见与请示应用文一样，只有一个主送机关；下行文意见的主送机关常常有多个
正文	意见的正文又分为几个小部分，发文缘由、具体意见、落实要求和结尾： 1. 发文缘由概述发文背景、根据、目的或意义，目的要明确，写作过程中必须做到有针对性且理由充分； 2. 在具体意见部分主要阐明见解、建议和解决办法，包括指导思想、工作原则、具体措施、办法和要求等，当主体事项较多时常用条款式写法进行写作； 3. 落实要求主要用来结束主体意见部分，惯用语有"以上意见供领导决策参考""以上意见如无不妥，请批转各地执行"和"以上意见，请结合实际情况贯彻执行"等； 4. 结尾一般包括实施时间、解释权归属、原有意见的废止等内容，有时可以省去不写
落款	正文右下方标注发文机关署名和成文日期的部分，必要时需加盖印章。其中，成文日期也可用圆括号标注在标题正下方。当意见由通知转发时，发文机关和日期见通知，意见无须落款

在写作意见应用文时，撰稿人要注意以下几点事项。

◆ **提出的意见、见解等要有针对性**：意见应围绕一个主题，将一项工作或问题讲清楚，忌主题分散。而且要符合方针政策、法律法规，从实际出发，对具体问题提出切实可行的方法和措施。

◆ **要注重时效性**：意见的行文要及时，否则会延误工作、事务的处理。

◆ **结构要严谨，措辞要得体**：上行意见要谦敬，平行意见要谦和，下行意见要严肃。

2.7.3 常见的意见应用文的范例解析

根据意见的行文方向和意见的发送方式，可以将意见应用文分成很多种类，比如根据不同的意见发送方式，可分为直接指导类意见和批转执行类意见。

1. 直接指导类意见

直接指导类意见用于领导机关直接对重要问题发表意见，以指导下级的工作，其性质等同于指示。但意见的内容更有原则性、方向性，有时不会像指示一样具体。

范本内容展示

×××关于促进×××协调
稳定发展的若干意见
×发〔××××〕××号

各省、自治区、直辖市人民政府，国务院各部委、各直属机构：

×××是优质高效、绿色清洁的低碳能源。加快×××开发利用，促进协调稳定发展，是我国推进能源生产和消费革命，构建清洁低碳、安全高效的现代能源体系的重要路径。当前我国×××产供储销体系还不完备，产业发展不平衡不充分问题较为突出，主要是国内产量增速低于消费增速，进口多元化有待加强，消费结构不尽合理，基础设施存在短板，储×能力严重不足，互联互通程度不够，市场化价格机制未充分形成，应急保障机制不完善，设施建设运营存在安全风险等。为有效解决上述问题，加快×××产供储销体系建设，促进×××协调稳定发展，现提出以下意见。

一、总体要求

（一）指导思想

以×××新时代中国特色社会主义思想为指导，全面贯彻党的××大和××届×中、×中全会精神，统筹推进"××××"总体布局和协调推进"××××"战略布局，按照党中央、国务院关于×××××改革的决策部署和加快×××产供储销体系建设的任务要求，落实能源安全战略，着力破解×××产业发展的深层次矛盾，有效解决×××发展不平衡不充分问题，确保国内快速增储上产，供需基本平衡，设施运行安全高效，民生用

×保障有力，市场机制进一步理顺，实现×××产业健康有序安全可持续发展。

（二）基本原则

产供储销，协调发展。促进×××产业上中下游协调发展，构建供应立足国内、进口来源多元、管网布局完善、储×调峰配套、用×结构合理、运行安全可靠的×××产供储销体系。立足资源供应实际，统筹谋划推进×××有序利用。

规划统筹，市场主导。落实×××发展规划，加快×××产能和基础设施重大项目建设，加大国内勘探开发力度。深化×××改革，规范用×行为和市场秩序，坚持以市场化手段为主做好供需平衡。

有序施策，保障民生。充分利用×××等各种清洁能源，多渠道、多途径推进煤炭替代。"×××"要坚持"×××××"、循序渐进，保障重点区域、领域用×需求，落实各方责任，强化监管问责，确保民生用×稳定供应。

二、加强产供储销体系建设，促进×××供需动态平衡

（三）加大国内勘探开发力度。深化×××××体制改革，尽快出台相关细则。各油气企业全面增加国内勘探开发资金和工作量投入，确保完成国家规划部署的各项目标任务，力争到2020年底前国内×××产量达到2000亿立方米以上。严格执行油气勘查区块退出机制，全面实行区块竞争性出让，鼓励以市场化方式转让矿业权，完善矿业权转让、储量及价值评估等规则。建立完善油气地质资料公开和共享机制。建立已探明未动用储量加快动用机制，综合利用区块企业内部流转、参照产品分成等模式

与各类主体合资合作开发、矿业权企业间流转和竞争性出让等手段，多措并举盘活储量存量。统筹国家战略和经济效益，强化国有油气企业能源安全保障考核，引导企业加大勘探开发投入，确保增储上产见实效。统筹平衡×××勘探开发与生态环境保护，积极有序推进油气资源合理开发利用，服务国家能源战略、保障×××供应安全。

（四）健全×××多元化海外供应体系。加快推进进口国别（地区）、运输方式、进口通道、合同模式以及参与主体多元化。×××进口贸易坚持长约、现货两手抓，在保障长期供应稳定的同时，充分发挥现货资源的市场调节作用。加强与重点×××出口国双边合作，加快推进国际合作重点项目。在坚持市场化原则的前提下，在应急保供等特殊时段加强对×××进口的统筹协调，规范市场主体竞争行为。

（五）构建多层次储备体系，建立以地下储气库和沿海液化×××（LNG）接收站为主、重点地区内陆集约规模化 LNG 储罐为辅、管网互联互通为支撑的多层次储气系统。供气企业到×××年形成不低于其年合同销售量×××%的储气能力。城镇燃气企业到×××年形成不低于其年用气量×%的储气能力，各地区到×××年形成不低于保障本行政区域×天日均消费量的储气能力。统筹推进地方政府和城镇燃气企业储气能力建设，实现储气设施集约化规模化运营，避免"遍地开花"，鼓励各类投资主体合资合作建设储气设施。作为临时性过渡措施，储气能力暂时不达标的企业和地区，要通过签订可中断供气合同等方式弥补调峰能力。加快放开储气地质构造的使用权，鼓励符合条件的市场主体利用枯竭油气藏、盐穴等建设地下储气库。配套完善油气、盐业等矿业权转让、废弃核销机制以及已开发油气田、盐矿作价评估机制。按照新的储气能力要求，修订《××××××规范》。加强储气能力建设情况跟踪，对推进不力、违法失信的地方政府和企业等实施约谈问责或联合惩戒。

（六）强化×××基础设施建设与互联互通。加快×××管道、LNG 接收站等项目建设，集中开展管道互联互通重大工程，加快推动纳入环渤海地区 LNG 储运体系实施方案的各项目落地实施。注重与国土空间规划相衔接，合理安排各类基础设施建设规模、结构、布局和时序，加强项目用地用海保障。抓紧出台油气管网体制改革方案，推动×××管网等基础设施向第三方市场主体公平开放。深化"××××"改革，简化优化前置要件审批，积极推行并联审批方式，缩短项目建设手续办理和审批周期。根据市场发展需求，积极发展沿海、内河小型 LNG 船舶运输，出台 LNG 罐箱多式联运相关法规政策和标准规范。

三、深化×××领域改革，建立健全协调稳定发展体制机制

（七）建立×××供需预测预警机制，加强政府和企业层面对国际×××市场的监测和预判。统筹考虑经济发展、城镇化进程、能源结构调整、价格变化等多种因素，精准预测×××需求，尤其要做好冬季取暖期民用和非民用×××需求预测。根据预测结果，组织开展×××生产和供应能力科学评估，努力实现供需动态平衡。建立×××供需预警机制，及时对可能出现的国内供需问题及进口风险做出预测预警，健全信息通报和反馈机制，确保供需信息有效对接。

范本内容精讲

由于范文展示的直接指导类意见内容较多，这里只展示部分。由标题和主送机关可知，该意见为下行的意见。涉及的内容是全国范围内的×××协调发展问题，符合意见应用文的特点，因此写作意见。

有些指导类意见还会在标题上加"指导"二字，以凸显这类意见应用文的特点，如"国务院关于加快××××××的指导意见"。正文第一自然段阐明了该意见的写作背景和缘由，主体部分的具体意见则以分条列示的形式进行阐述，以"一、……"的形式概括意见的具体意见，以"（一）……"的形式说明具体的落实要求，层次感强，条理清晰。范文没有直接用惯用语来表现落实要求的提出，而是以主体内容阐述完毕为自然结尾。

范本中没有关于实施时间、解释权归属、原有意见的废止等内容，一般适用于长期性问题的意见写作。

2. 批转执行类意见

批转执行类意见是由职能部门提出，经领导机关或单位同意，批转或转发各下级部门执行的意见。

范本内容展示

×××办公厅转发
××部等部门关于××××××
平衡发展意见的通知

×办发〔××××〕××号

各省、自治区、直辖市人民政府，国务院各部委、各直属机构：

××部、××部、××委、××部、×××部、×××部、×××委、××银行、××总署、××总局、××总局、××署、××局、××局、××局、××局、××局《关于××××××平衡发展的意见》已经×××同意，现转发给你们，请认真贯彻执行。

×××办公厅
×××年×月×日

（此件公开发布）

关于××××××平衡发展的意见

××部　××部　××委　×××部
×××部　×××部　×××部
×××部　××委　××银行　××总署
××总局　××总局　××署　××局
××局　××局　××局　××局

为贯彻落实党中央、国务院关于推进××××××战略的决策部署，更好发挥××××××需求、加快体制机制创新、推动经济结构升级、提高国际竞争力等方面的积极作用，在稳定出口的同时进一步扩大进口，促进对外贸易平衡发展，推动经济高质量发展，维护自由贸易，现提出以下意见：

一、总体要求

（一）指导思想

全面贯彻党的××大精神，以×××新时代中国特色社会主义思想为指导，统筹推进"××××"总体布局和协调推进"××××"战略布局，坚持稳中求进工作总基调，牢固树立新发展理念，坚持以××××××为主线，以"一带一路"建设为统领，以提高发展质量和效益为中心，统筹国内国际两个市场两种资源，加快实施创新驱动发展战略，在稳定出口的同时，主动扩大进口，促进国内供给体系质量提升，满足人民群众消费升级需求，实现优进优出，促进对外贸易平衡发展。

（二）基本原则

一是坚持深化改革创新。深化体制机制改革，营造创新发展环境，以制度、模式、业态、服务创新提高贸易便利化水平，以扩大进口增强对外贸易持续发展动力。

二是坚持进口出口并重。在稳定出口国际市场份额的基础上，充分发挥进口对提升消费、调整结构、发展经济、扩大开放的重要作用，推动进口与出口平衡发展。

三是坚持统筹规划发展。坚持内外需协调、内外贸结合，推动货物贸易与服务贸易、利用外资、对外投资、对外援助互

范本内容精讲

批转执行类意见应用文中包括两大板块，一是上级领导机关或单位以转发的形式通知其他除发文机关、单位以外的下级部门有关意见已经通过的消息；二是发文机关提出的意见内容。

这种类型的意见类似于"通知"，标题、发文字号、主送机关、正文和落款等结构组成部分均具备，且发文机关和日期在通知板块落款，其后再跟最初的意见应用文部分，这里的意见应用文内容相当于通知的附件。如果上级领导机关、单位直

接对下级提出的意见进行批复，则直接使用"批复"进行答复、批示；如果上级领导看过意见内容后，在作出答复的同时又需要向其他下级部门通知该意见内容和已经同意的结果，则需要以通知的形式进行转发或抄送。

因为各职能部门分别主管一方面的工作，他们对自己工作比较熟悉、了解，所以可以经常对做好这方面的工作提出一些意见。但有些工作需要其他部门配合来共同完成，而他们又无权指挥其他部门，所以在这种情况下，他们就只能把意见递交给上级机关、单位，经上级机关、单位研究同意后再批转或转发给其他各部门执行，这就要用到批准执行类意见应用文了。

虽然这类意见由某个职能部门提出，但却已经是经过上级机关、单位同意的，所以其他各部门应把它当作上级的意见来贯彻执行，而不能讨价还价或拒不执行。

第三章

知照性应用文写作要点与范例解析

知照即通知关照，所以知照性应用文一般指党政机关或单位为通知或通报某一事项而使用的文书，如通知、通报、通告、公告、公示、议案和声明等，在日常工作中常被用到，所以很有学习的必要。

3.1 通知

通知是应用非常广泛的知照性公文，一般是向特定受文对象告知或转达有关事项或文件，让对象知道或执行。

3.1.1 通知的特点与适用范围

"通知"可用来发布法规、规章，转发上级机关、同级机关和不相隶属机关的公文，批转下级机关的公文，要求下级机关办理某项事务，传达有关单位需要周知或共同执行的事项，以及任免和聘用干部等。由此可见，通知文体的适用范围极广，呈现出一种明显的多功能特性，具体有以下特点。

1. 发布性

由于通知可用来发布法规、规章，一般用于党政机关内部行文，这类的通知常被称为发布性通知，如"国务院办公厅关于印发《知识产权对外转让有关工作办法（试行）》的通知"。

2. 指示性

通知具有下行文的特点，在具有隶属关系的系统内自上而下地发布，带有指示性和指导性。

3. 中转性

将用于批转下级机关、单位，转发上级机关和不相隶属机关的公文，具体分3种情况。一是上级转下级，即将某一下级机关的公文批转给所属下级机关、单位，比如，批转执行类意见；二是下级转上级，即将上级机关的来文转发给所属下级机关、单位，如"国务院办公厅转发商务部等部门关于扩大进口促进对外贸易平衡发展意见的通知"；三是平级之间转发，即将平级机关或不相隶属机关的来文转发给其他平级机关或不相隶属机关，如"财务部转发人力资源部关于员工年终奖发放方式意见的通知"。上级转下级对应批转性通知，下级转上级和平级之间转发对应转发性通知。

4. 通知对象不固定性

通知既可以普遍告知，也可以特定告知。一般情况下，通知都有主送机关，受理对象很明确。但是，任免通知可以没有主送机关。

5. 简短精练

一般来说，通知的内容比较精简，篇幅不会很长。将通知的发布缘由、具体的通知事项和相关的执行要求以简明扼要的语言概述完全即可。

3.1.2 通知的一般格式

通知应用文一般由标题、主送机关、正文和落款这 4 个部分构成，每个部分要写明的内容如表 3-1 所示。

表 3-1　通知的每个部分的内容

部　分	内　容
标题	一般采用公文标题的常用写法，如发文机关＋主要内容＋文种。同样，也可以省去发文机关而直接以主要内容＋文种的形式书写标题。如果是发布规章的通知，则所发布的规章名称要出现在标题的主要内容部分，并使用书名号括入；如果是批转和转发文件的通知，所转发的文件内容要出现在标题中，但不一定使用书名号，如"国务院办公厅关于转发财政部、国务院扶贫办、国家发展改革委扶贫项目资金绩效管理办法的通知"
主送机关	由于通知的发文对象较广泛，因此主送机关可能会很多。由于级别、名称不同，主送机关的称呼和排列非常复杂，所以标注主送机关时要注意排列的规范性
正文	包括通知缘由、通知事项和执行要求。 1. 通知缘由的写作与决定、指示等应用文的写法接近，主要用于表述有关背景、根据、目的或意义等。若是知照类通知，可采用根据与目的相结合的开头方式，如以"为了……"领起目的式开头方式；若是批转、转发类的通知，可根据具体情况，在开头表述通知缘由；若是发布规章的通知，则多是篇段合一，无明显的开头部分，一般也不交代通知缘由； 2. 通知事项是通知应用文的主体部分，列示所要安排的工作、指示，提出的方法、措施和步骤等，内容复杂时可采用分条列示的方式进行阐述； 3. 发布指示、安排工作的通知可以在结尾位置提出贯彻执行通知的有关要求，如果没有相关事宜，可以不用写这部分内容；其他篇幅较短的通知一般不需要有关行文的结尾部分
落款	落款包括发文机关和成文日期

3.1.3 常见的通知应用文范例解析

通知的种类很多，常见的几种分别是发布性通知、指示性通知、事务性通知和批转性通知。

1. 发布性通知

发布性通知是用于发布行政规章制度及党内规章制度、意见和办法等，带有法规性文书的告知通知。一般来说，该类通知的篇幅较长，且相关规章制度、意见、办法等如同通知应用文的附件，接在通知的落款部分之后展示，而通知本身的正文内容一般比较简短。

范本内容展示

**×××办公厅关于印发
×××责任制实施办法的通知**

×办发〔××××〕××号

各省、自治区、直辖市人民政府，国务院各部委、各直属机构：

《×××责任制实施办法》已经×××同意，现印发给你们，请认真贯彻执行。

×××办公厅
××××年××月××日

（此件公开发布）

×××责任制实施办法

第一章 总 则

第一条 为深入贯彻《中华人民共和国××法》、《中华人民共和国×××法》和党中央、国务院关于×××××的重要决策部署，按照政府统一领导、部门依法监管、单位全面负责，公民积极参与的原则，坚持党政同责、一岗双责、齐抓共管、失职追责，进一步健全×××××责任制，提高公共××××××水平，预防火灾和减少火灾危害，保障人民群众生命财产安全，制定本办法。

第二条 地方各级人民政府负责本行政区域内的××工作，政府主要负责人为第一责任人，分管负责人为主要责任人，班子其他成员对分管范围内的××工作负领导责任。

第三条 国务院××部门对全国的××工作实施监督管理。县级以上地方人民政府××机关对本行政区域内××工作实施监督管理。县级以上人民政府其他有关部门按照管行业必须管安全、管业务必须管安全、管生产经营必须管安全的要求，在各自职责范围内依法依规做好本行业、本系统的×××××工作。

第四条 坚持安全自查、隐患自除、责任自负。机关、团体、企业、事业等单位是×××的责任主体，法定代表人、主要负责人或实际控制人是本单位、本场所×××责任人，对本单位、本场所××××全面负责。

×××××重点单位应当确定×××××管理人，组织实施本单位的×××××管理工作。

第五条 坚持权责一致、依法履职、失职追责。对不履行或不按规定履行×××××职责的单位和个人，依法依规追究责任。

第二章 地方各级人民政府×××××职责

第六条 县级以上地方各级人民政府应当落实××工作责任制，履行下列职责：

（一）贯彻执行国家法律法规和方针政策，以及上级党委、政府关于×××××的部署要求，全面负责本地区×××工作。每年召开×××××会议，研究部署本地区×××××重大事项。每年向上级人民政府专题报告本地区×××××情况。健全由政府主要负责人或分管负责人牵头的×××××协调机制，推动落实×

×××责任。

（二）将××××纳入经济社会发展总体规划，将包括×××× 布局、××站、××供水、××通信、×××通道、××装备等内容的××规划纳入城乡规划，并负责组织实施，确保××××与经济社会发展相适应。

（三）督促所属部门和下级人民政府落实×××责任制，在农业收获季节、森林和草原防火期间、重大节假日和重要活动期间以及火灾多发季节，组织开展×××检查。推动××科学研究和技术创新，推广使用先进××和应急救援技术、设备，组织开展经常性的××宣传工作。大力发展××公益事业。采取政府购买公共服务等方式，推进××教育培训、技术服务和物防、技防等工作。

（四）建立常态化火灾隐患排查整治机制，组织实施重大火灾隐患和区域性火灾隐患整治工作。实行重大火灾隐患挂牌督办制度。对报请挂牌督办的重大火灾隐患和停产停业整改报告，在×个工作日内做出同意或不同意的决定，并组织有关部门督促隐患单位采取措施予以整改。

（五）依法建立×××队和政府专职××队。明确政府专职××队公益属性，采取招聘、购买服务等方式招录政府专职××队员，建设营房，配齐装备；按规定落实其工资、保险和相关福利待遇。

（六）组织领导火灾扑救和应急救援工作。组织制定灭火救援应急预案，定期组织开展演练；建立灭火救援社会联动和应急反应处置机制，落实人员、装备、经费和灭火药剂等保障，根

据需要调集灭火救援所需工程机械和特殊装备。

（七）法律、法规、规章规定的其他××××职责。

第七条 省、自治区、直辖市人民政府除履行第六条规定的职责外，还应当履行下列职责：

（一）定期召开政府常务会议、办公会议，研究部署××××。

（二）针对本地区×××特点和实际情况，及时提请同级人大及其常委会制定、修订地方性法规，组织制定、修订政府规章、规范性文件。

（三）将×××的总体要求纳入城市总体规划，并严格审核。

（四）加大××投入，保障××事业发展所需经费。

第八条 市、县级人民政府除履行第六条规定的职责外，还应当履行下列职责：

（一）定期召开政府常务会议、办公会议，研究部署××××。

（二）科学编制和严格落实城乡××规划，预留××队站、训练设施等建设用地。加强××水源建设，按照规定建设市政、××供水设施，制定市政××水源管理办法，明确建设、管理维护部门和单位。

（三）在本级政府预算中安排必要的资金，保障××站、××供水、××通信等公共××设施和××装备建设，促进××事业发展。

（四）将××公共服务事项纳入政府民生工程或为民办实事工程；在社会福利机构、幼儿园、托儿所、居民家庭、小旅馆、群租房以及住宿与生产、储存、经营合用的场所推广安装简易喷淋装置、独立式感烟火灾探测报警器。

范本内容精讲

从范本来看，发布性通知的一大特点是在通知的落款之后会紧随相关规章制度、意见和办法等文件内容，只就通知而言，其内容比较精简。从外在结构模式看，形成了"主体（通知）——附件（《办法》）"的文体。

该通知的主送机关为"各省、自治区、直辖市人民政府，国务院各部委、各直属机构"，有多个；通知的正文包括通知事项和结尾，事项为《×××× 责任制实施办法》已经×××同意"等法规、规章的名称和文种，结尾内容为"现印发给你们，请认真贯彻执行"，提出贯彻执行的通知。

在通知的成文日期之后、规章制度之前，有一个用圆括号标注的部分"此件公开发布"，提请注意通知中提到的规章制度、意见或办法。此时，"通知"只起到文件头的作用，是形式上的主件，只负担将《办法》运载出来的任务；而《办法》则是实质上的主件，是行文的目的所在。在实际写作中，省略通知最后的希望或要求等内容是发布性通知写作的一种趋向。

2. 指示性通知

指示性通知用于上级机关、单位指示下级机关、单位如何开展工作，并要求下级机关、单位贯彻落实。

范本内容展示

◎资源 |Chapter03| 通知 .docx

通知

各部门、各子公司：

　　为了全面提升公司全员的职业素养、岗位技能及综合能力，加强团队建设和企业文化建设，经公司研究决定，由××组织，全公司各部门通力配合，特举办此次培训活动。现将培训相关事宜通知如下。

　　一、培训课题：××××

　　二、培训时间和地点：××××

　　三、培训人员：×××××

　　四、培训纪律：

　　1. 所有参加培训人员必须按时参加，不允许迟到、早退、请假。有特殊原因者需提前向部门领导请示。

　　2. 所有参加培训人员须提前到会场进行签到。

　　3. 培训期间手机设为静音或关机，培训中禁止接打电话。

　　4. 培训时要注意力集中，认真做好笔记。讨论交流时积极发言。

　　5. 保持培训场所干净整洁。

　　六、培训考核：

　　1. 培训组织负责人员做好培训记录。

　　2. 所有参训人员培训后 3 个工作日内递交个人心得总结，或进行相关考核检查检验，以及递交培训效果评估表。

××公司

××年×月×日

范本内容精讲

在写作指示性通知应用文时，要写清楚通知的原因、依据、意义或目的，以及应知或应办事项，如交代任务、政策措施、具体办法和应注意事项等，而且写作的结构层次要清晰。

范本所示的指示性通知是公司内部发布的，所以不涉及发文字号。在标题过程直接写明主送单位为"各部门、各子公司"；正文第一自然段以"为了……"的形式写明发布该通知的目的，然后以"经公司研究决定……"提出应办事项，最后分点罗列应办事项的具体内容。当然，发文机关、单位和成文时间是少不了的。

3. 事务性通知

事务性通知用于处理日常工作中的事情，常把有关信息或要求用通知的形式传达给有关机构或人员。常见的有开会通知、放假通知和缴费通知等。

范本内容展示

◉ 资源 |Chapter03| 通知（2）.docx

通知

各位同仁们：

国庆佳节即将到来，根据国务院关于法定节假日的规定和我单位工作实际情况，现将 2018 年国庆节放假的有关事项通知如下：

一、单位放假时间为 10 月 1 日到 7 日，10 月 8 日正常上班。

二、如有需加班的部门，加班工资按照国家规定并根据单位实际情况发放。

三、各部门、各办公室要落实好安全工作责任制，防火防盗，确保公司员工的人身和财产安全。

四、各部门、各办公室要安排好值班人员，保证联络畅通，并于 9 月 30 日前将本单位值班人员的名单及联系电话报综合科。

五、各部门负责人要做好值班检查工作，严明纪律，严格要求；对无故脱岗人员要进行严厉批评，造成责任事故的，要追究部门领导和值班人员的责任。

六、国庆节期间设总值班室，联系电话：028-××××。

××有限公司
2018 年 9 月 21 日

范本内容精讲

事务性通知与指示性通知相似，但事务性通知注重应知或应办事项的列示，对事务具体如何执行没有过于仔细的指示，而指示性通知则更注重指示性与指导性。

范本的第一自然段写明了发布通知的背景和依据是"国庆佳节即将到来，根据国务院关于法定节假日的规定和我单位工作实际情况"，以"现将……通知如下："的格式引出通知的事项。分列各点对国庆期间的相关事务和注意事项进行说明，最后还公布了放假期间的公司联系电话，方便工作衔接。

4. 批转性通知

批转即批准并转发，一般在上级机关、单位批准了下级机关、单位的指示或意见并需要转发给下级机关、单位时使用。一般情况下，批转性通知用于部门的意见，以单位的名义下发。

范本内容展示

×××办公厅关于转发××部等部门
××××××实施办法的通知

×××办发〔××××〕××号

各省、自治区、直辖市人民政府，国务院各部委、各直属机构:

××部、××部、××部、××办编办《××部××××实施办法》已经××××同意，现印发给你们，请认真贯彻执行。××××年×月×日经×××批准、×××办公厅发转的《××部××××实施办法（试行）》和××××年×月×日经××批准、×××办公厅转发的《关于×××教育的意见》同时废止。

×××办公厅
××××年×月××日

（此件公开发布）

××部××××××实施办法

××部××部××××××部××编办

第一章 总　则

第一条　为贯彻落实《中共中央 国务院关于全面深化×××
××的意见》，建立健全×××××制度，吸引优秀人才从

教，培养大批有理想信念、有道德情操、有扎实学识、有仁爱之心的"四有"好教师，进一步形成尊师重教的浓厚氛围，特制定本办法。

第二条　本办法所称师范生公费教育是指国家在××师范大学、××师范大学、××师范大学、××师范大学、××师范大学和××大学六所教育部直属师范大学（以下简称部属师范大学）面向师范专业本科生实行的，由×××承担其在校期间学费、住宿费并给予生活费补助的培养管理制度。

第三条　接受师范生公费教育的学生（以下称公费师范生）由部属师范大学按照《×××××教育协议》进行教育培养，在校学习期间和毕业后须按照有关协议约定，履行相应的责任和义务。

第二章 选拔录取

第四条　教育部根据各地中小学教师队伍建设实际需要和部属师范大学培养能力，统筹制定每年公费师范生招生计划，确定分专业招生数量，确保招生培养与教师岗位需求有效衔接。

第五条　部属师范大学招收公费师范生实行提前批次录取，重点考察学生的综合素质、职业倾向和从教潜质，择优选拔乐教、适教的优秀高中毕业生加入公费师范生队伍。各地、各部属师范大学要加大政策宣传和引导力度，通过发放招生简章、开展政策宣讲等多种方式，为高中毕业生报考公费师范生营造良好环境。

第六条　部属师范大学根据国家相关政策，制定在校期间公费师范生进入、退出的具体办法。有志从教并符合条件的非师范

范本内容精讲

当上级机关、单位收到了下级机关、单位提交的总结、报告等对全局有指导意义的应用文时，需要用批准性通知推动工作。而下级机关、单位的意见或建议在经过上级机关、单位转发后，就代表了上级机关、单位的意见，具有了效力，下级各机关、单位都要严格执行。

范本所示的是政策、法规类的文件通过上级机关、单位转发，其篇幅会比较长，

整体格式与发布性通知相同，只是在标题的表述上将"关于……的通知"换成了"关于转发……的通知"。而像公司内部的批准性通知，其篇幅一般较短，如图3-1所示。在实际写作过程中，可适当写一些具体的通知事项和内容。

××公司批转××公司第一分公司
关于安全质量检查方案的通知

各分公司、中心、部：

公司同意第一分公司提出的《安全质量检查方案》，现转发给你们，请认真贯彻执行。

××总公司

××年×月×日

图 3-1

与批准性通知相似的还有转发性通知，如果需要转发的文件是下级递交并请求作出批示的，则要使用"批转"来体现批准并转发；如果转发的文件是上级、同级或不相隶属的单位、部门等的来文，不能使用"批转"二字，应用"转发"以示尊重。

需要注意，除了批转法规性文件外，其他批转性通知中涉及的办法、方案和意见等，一般不使用书名号。

3.2 通报

■通报的特点 ■适用范围 ■写作格式与注意事项 ■范例解析

通报也是知照类公文，是上级把有关的人和事告知下级的公文，其作用是表扬好人好事、批评错误和歪风邪气、通报应当引以为戒的恶性事故以及传达重大情况和需要各单位指导的事项。

3.2.1 通报的特点与适用范围

由通报的作用可知，其适用范围非常广泛，各级党政机关和企事业单位都可以使用，目的是交流经验、吸取教训、教育干部或职工群众，推动工作进一步开展。根据通报事实的正负面性，可以将通报类型分为表彰性、批评性和情况性这 3 类。通报具有以下特点。

◆ **时效性**：发文机关或单位要抓住合适时机，及时通报，这样才能达到表扬、教育和宣传的目的，取得通报的良好效果。

◆ **真实性**：由于通报的内容涉及对人和事的褒贬态度，因此对表扬、批评和反映的情况要求准确无误、实事求是，不允许有任何虚假成分，否则容易引起误会、矛盾和冲突。

◆ **叙述性**：从行文的表达手法上看，通报不同于通知、决定等文件，它重在叙述事实，让事实说话。

◆ **典型性**：通报涉及的人、事、物都要求是典型的，非一般人、事、物的情况，起到统一通报说明的作用。

◆ **教育性**：无论通报涉及的是表扬内容、批评内容还是纯反映内容，对于受文对象来说都有鼓励、示范和教育的作用。

由此来看，通报文体肩负着特殊的使命，具有其他文体不能替代的功用。一旦机关、单位需要通过文件来教育下级机关、单位或个人，并且要强调事情的重要性，一般都要使用"通报"。

3.2.2 通报的写作格式与写作要求

通报的写作格式与前述提到的公文格式差不多，包括标题、主送机关、正文和落款这 4 个部分，每个部分需要写明的内容也都大同小异。

1. 标题

通报的标题由制发机关、被表彰或批评的对象以及文种构成，常用的两种构成形式如下。

①发文机关＋事由＋文种，如"国务院办公厅关于对××××年落实××××××实干成效明显地方予以督查激励的通报"。

②事由 + 文种，如"××××年第×季度××××××情况通报"。

2. 主送机关

除了普发性的或在本单位内部公开张贴的通报外，其他通报应用文都要标明主送机关。

3. 正文

不同类型的通报，其正文的写作方法会有差异。比如，通报的内容由发文机关直接进行阐述的，要使用直述式通报；而有时则由发文机关将下级机关、单位的报告、通报、典型材料、简报和经验介绍等以"通报"的名义加以批转，则要使用转述式通报。

4. 落款

一般来说，通报的落款部分也包括发文机关和成文日期，但如果标题已经注明了发文机关，则落款时可以只写成文日期，也可以把成文时间以圆括号的形式标注在标题的下方居中位置。

由于"通报"涉及的内容带有明显的感情色彩，因此在写作上要时刻牢记以下要求。

①通报的内容真实可靠且有代表性，要对事件认真地调查研究，客观、准确地进行分析、评论。

②通报中涉及的决定要恰当，且态度要鲜明。

③通报应用文中的言语要简洁、庄重，更要注意用语的规范，否则会影响文章的感情基调。

3.2.3 常见的通报应用文范例解析

从文章的感情色彩来看，通报可以分为3类，表彰性通报和批评性通报属于对立面，可互相参考写作，所以这里就详细介绍表彰性通报和情况性通报。

1. 表彰性通报

用来表彰先进个人或先进单位的通报称为表彰性通报，作用是教育、引导干部群众学习和赶超先进典型。表彰性通报着重介绍人物或单位的先进事迹，点明实质，提出希望和要求，然后发出学习的号召。

范本内容展示

◎资源 |Chapter03| 关于表彰 2017 年度公司优秀员工、优秀新人的通报 .docx

关于表彰 2017 年度公司
优秀员工、优秀新人的通报

公司各部、××研发中心：

为表彰在 2017 年度取得优异成绩的公司员工，以此鼓励先进，树立典型，由各部门推荐，经公司办公会议审定，决定授予××等 12 名优秀员工和××等 4 名优秀新人个人荣誉称号。对获得部门提名的××等 7 名员工给予通报表扬！具体名单如下：

一、授予公司优秀员工、优秀新人荣誉称号名单

1. 优秀员工(共 12 名)

2. 优秀新人(共 4 人)

二、获得部门优秀员工、优秀新人提名名单(除获奖员工外)

1. 优秀员工提名(共 4 名)

2. 优秀新人提名(共 3 名)

希望此次受到表彰的员工以此为新的起点，戒骄戒躁、再接再厉，在今后的工作中再立新功。

特此表彰！

××公司

2018 年 6 月 30 日

范本内容精讲

由范本所示的通报可知，该表彰性通报的标题格式为事由＋文种，没有发文机关或单位，并且标题下方没有成文日期，因此在正文之后落款部分写明了发文机关和成文日期。

由通报的标题可知其为直述式通报，直接由公司下发给公司的各个部门和研发中心，主送机关很明显。由范本内容可知，表彰性通报的正文写作一般包括 3 个部分内容。

◆ 介绍被表扬单位或个人的主要事迹或事件经过，如"在 2017 年度取得优异成绩的公司员工"。

◆ 通过分析评论,指出事迹或事件的意义,并写明给予的相应表彰办法,如"经公司办公会议审定,决定授予⋯⋯通报表扬"。

◆ 提出希望和要求,号召大家学习,如"希望此次受到表彰的员工以此为新的起点,戒骄戒躁、再接再厉,在今后的工作中再立新功"。

范本中还多了一个结尾部分,即"特此表彰!"强调通报事项,有时也可省略该部分内容。在实际写作过程中,如果通报涉及的对象是单位或者组织,则在叙述上要偏重于概括;如果涉及的对象是个人,则叙述上要偏重于详尽,还要予以分析评价,强调事件的意义,挖掘其原因。

2. 情况性通报

情况性通报即传递信息、沟通情况,让受文机关或个人了解事态发展和全局,与上级协调一致、统一认识、统一步调,克服存在的问题,开创新的局面,为工作提供指导或参考。

范本内容展示

×××年第×季度××××××抽查情况通报

为深入贯彻××××××精神,落实××××××工作会议要求,按照工作安排,×××××政府信息与×公开办公室(以下简称×办)近期组织开展了×××年第×季度×××××。现将有关情况通报如下:

一、总体情况

截至×××年×月×日,全国正在运行的有×××家(含×××网)。其中,国务院部门及其内设、垂直管理机构政府网站 1839 家,省级政府门户网站 32 家,省级政府部门网站 2265 家,市级政府门户网站 518 家,市级政府部门网站 13614 家,县级政府门户网站 2754 家,县级以下政府网站 1183 家。

第二季度,×办随机人工抽查各地区和国务院部门政府网站 441 个,总体合格率 96%。其中,×××等 22 个地区政府网站抽查合格率为 100%;×××××××××连续四个季度抽查合格率达 100%。各地区、各部门共抽查本地区、本部门政府网站 12286 个,占了运行政府网站总数的 55%,总体合格率 97%。经抽样复核,地区和部门抽查情况整体真实准确,抽查情况和问题网站名单已在中国政府网公开。

第二季度,各地区、各部门继续加大对不合格政府网站责任单位和相关人员的问责力度,共有 300 人被问责,其中 190 名责任人被上级主管单位约谈,32 人做出书面检查,68

人被通报批评,7 人被调离岗位,2 人被党内警告,1 人被停职。"××××××"平台收到网民有效留言 15885 条,总体办结率 99%。×××、××等 38 个地区和部门留言按期办结率达 100%,较一季度增加 12 家。

各级政府网站及政务新媒体积极配合做好"群众办事百项堵点疏解行动"。其中,第一批堵点难点征集活动(截至 4 月底),全国共有 18620 家政府网站和 9179 个政务新媒体进行了推广宣传;第二批堵点难点征集活动(截至 5 月底),全国共有 19676 家政府网站和 10921 个政务新媒体进行了推广宣传。

二、主要问题

(一)部分网站管理不到位。××省"××市××区卫生局"网、××××自治区"××××市人事考试网"等网站申请关停后,未按规定完成下线流程,仍在违规运行。×省××市人民政府同时开设两个门户网站,其中一个网站信息长期不更新。×××省"中国中小企业××网"于××××年第一季度被通报不合格后,整改工作未举一反三,仍存在空白栏目、链接不可用等问题。"××××网站"首页长期不更新,且发稿日期造假。×省"××市水利信息网"、××省"××市交通运输局"网、××××自治区×××各族自治县"××××教育信息网"互动栏目长期不回应。

(二)一些网站办事服务水平不高。本次抽查的 441 家网站中,约 10%存在办事指南信息不完整、不准确问题,如×省××市"××政务服务网"、××市"××县市政园林

范本内容精讲

该范本通报中的标题格式也采用事由＋文种的形式，且其下方没有注明发布时间，因此需要在正文之后的落款部分写明发文机关和成文日期，由于该范本内容较多，这里只展示了正文文前的部分，没有展示出落款部分。

该范本中以标黑的字体突出正文内容的各个要点，即总体情况、主要问题和下一步工作要求，可以看出，情况性通报的正文写作一般包括如下 3 个方面。

- ◆ 基本情况介绍，交代所通报事情的概况。如范本中的"一、总体情况"部分。
- ◆ 介绍存在的问题、做法或经验，并进行分析和评价。如范本中的"二、主要问题"部分。
- ◆ 提出希望和要求。如范本中的"三、下一步工作要求"部分，这里没有展示出来。

情况性通报的内容要比表彰性通报和批评性通报的内容更详尽，并且不带明显的感情色彩，注重事实的叙述、客观的评价和以后工作的指导与参考。

3.3 通告

■通告的特点与适用范围　■通知、通报和通告的区别　■写作格式与要求　■范例解析

通告是知照性下行文，具有鲜明的告知性和一定的制约性。因为其内容涉及具体的业务活动或工作，所以通告还具有专业性。

3.3.1 通告的特点与适用范围

通告适用于在一定范围内公布应遵守或周知事项的周知性公文，其使用面较广，一般机关、企事业单位甚至临时性机构都可以使用，因而其内容可以涉及社会生活的各个方面。但是，强制性的通告必须依法发布，其限定范围不能超过发文机关的权限。此外，通告的发布方式多样化，可通过报刊、广播和电视公布，也可通过张贴和发文使公告内容广为人知。下面来看看通告的具体特点。

1. 业务性

通告应用文常用于水电、交通、金融、公安、税务和海关等主管业务部门工作的办理，以及要求或事务性事宜，内容带有明显的专业性、事务性。

2. 规范性

通告所告知的事项常作为各有关方面行为的准则，或对某些具体活动的约束限制，具有行政约束力甚至法律效力，要求被告知对象遵守执行。

3. 庄重性

通告的使用者一般也是具有一定权威的机关或管理部门，在内容上除一部分是为了周知而用外，较多的是用以规范人们的社会行为，要求人们不但要知晓，还要严格遵守与服从。

3.3.2 通知、通报和通告的区别

通知、通报和通告只有一字之差，但三者却有很大的区别，具体情况如表 3-2 所示。

表 3-2　通知、通报与通告的区别

区　别	通　知	通　报	通　告
告知的范围不同	主要用于内部行文，告知的是有关单位，有些通知还是保密的	主要用于内部行文，告知的是有关单位，有些通报是保密的	是周知性的公文，应公开发布，目的是将通告的内容让大众知道
告知的内容不同	对受文者有告知作用，告知的是"事项"，如公章的改换或启用	对受文者有告知作用，告知的是"情况"，如会议情况、事故情况等	对受文者有告知作用，告知的是"事项"，如机构的建立或撤销
制发的时间不同	制发于事前，有预先发出消息的意义	制发于事后，往往是对已经发生的事情进行分析、评价，通报有关单位，从中吸取经验教训	制发于事前，有预先发出消息的意义
用途不同	不能用来表彰先进、批评错误，一般用来批转和转发公文、任免干部以及发布规章制度等	一般用来表彰先进、批评错误	不能用来表彰先进、批评错误，一般用来告知专业且具体的业务活动或工作

3.3.3 通告的一般格式与写作要求

通告一般由标题、原因、通告事项和结语这 4 个部分组成，具体每个部分应写明的内容如下。

1. 标题

通告的标题有多种写法，一是发文机关 + 事由 + 文种，如"××省××厅关于继续做好公路养路费等交通规费征收工作的通告"；二是事由 + 文种，如"关于规范教学区车辆行驶管理的通告"；三是发文机关 + 文种，如"××市人民政府通告"；四是只写"通告"二字。

2. 原因

这部分主要阐述发布通告的背景、根据、目的或意义等，一般有常用的特定句式，如"根据……，决定……，特通告如""为……，特通告如下"等。

3. 通告事项

通告事项是通告应用文的核心部分，包括周知事项和执行要求。通告事项是面对大众的，因此在写作时要做到条理清晰、层次分明且简洁明了，方便大众轻松掌握通告事项的重点。若内容较多，可分条列示，叙述时也要注意通俗易懂，便于理解和执行。

4. 结语

通告的结语一般以"特此通告"或"本通告自发布之日起实施"等特定性词句表达，有时也可省去不写。在该部分之后，常常需要写明发文机关、单位的名称以及成文时间。

3.3.4 常见通告的范例解析

通告应用文一般按照用途进行划分，主要有事务性通告和制约性通告这两大类。

1. 事务性通告

事务性通告也称为周知性通告，即在一定范围内公布需要周知或需要办理的事项，政府机关、社会团体和企事业单位等均可用，如建设征地通告、更换公章通告和施工通告等。

范本内容展示

◎ 资源 |Chapter03| ×× 控股股东周年大会通告 .docx

×× 控股股东周年大会通告

兹通告 ×× 控股有限公司（以下简称本公司）谨订于 ××年×月×日（星期一）上午 10：00 举行股东周年大会，藉以处理以下事项：

一般事项

1. 收取和采纳董事报告及截至 2017 年 12 月财政年度董事袍金 195 000 元。（第 2 项决议）报告。（第 1 项决议）

2. 批准按季度支付截至 2018 年 12 月 31 日财政年度董事袍金 195 000 元。（第 2 项决议）

3. 根据本公司章程文件第 97 及 101 条重选本公司下列退任董事：

×× 先生（根据第 97 条退任）（第 3 项决议）

×× 先生（根据第 97 条退任）（第 4 项决议）

×× 先生（根据第 101 条退任）（第 5 项决议）

4. 重聘 ×× 会计师事务所为本公司核数师，并授权本公司董事会厘定其酬金。（第 6 项决议）

5. 处理可在股东周年大会上妥为处理的任何其他普通事项。

特别事项

考虑并酌情通过以下决议为普通决议（不论有否修订）：

6. 一般授权

（1）透过供股、红利或其他方式发行本公司的股份；或发行可换股证券；或在供股、发行红股或资本化发行时因调

整之前发行的可换股证券数目而发行额外可换股证券；或转换可换股证券产生的股份。

（2）（尽管决议赋予的授权可能不再有效）在决议生效时根据董事所作出或授出的任何文据发行股份，必须符合下列各项：

a. 根据本决议将予发行股份总数（包括根据本决议案所作出或授出的文据将予发行的股份）不得超过本公司股本中已发行股份（不包括库存股份）的 50%（按下文 b 段计算），其中将予发行的股份及文据总数（按比例向本公司现有股东发行者除外）不得超过本公司股本中已发行股份（不包括库存股份）的 20%（按下文 b 段计算）。

b.（受新交所可能规定的计算方法所限）为厘定根据上述分段 a. 可能发行的股份及文据总数，已发行股份及文据（不包括库存股份）百分比须按通过本决议案时本公司股本中已发行股份（不包括库存股份）数目，经对以下各项作出调整后计算：

① 转换或行使文据或任何可换股证券产生的新股份；

② 行使购股权或归属于本决议案通过时尚未行使或存续的股份奖励产生的新股份；

③ 任何其后的股份合并或分拆。

c. 在行使本决议赋予的股份发行授权时，本公司须遵守当时有效的《上市手册》及香港上市规则的条文（除非获新交所及香港联交所豁免遵守）以及本公司的章程文件。

d. 除非本公司在股东大会上撤销或修订，否则股份发行

范本内容精讲

由范本可知，该通告的标题写法为发文机关 + 事由 + 文种，其中"××"为发文机关，指 ×× 公司，"控股股东周年大会"为事由，文种为"通告"。

范本通告中包含了四大通告事项，包括一般事项、特别事项、解释附注和附注，因为内容较多，这里只展示其中一部分。为了能清楚地掌握通告事项的项数，在分条列项时顺序编号，不能因为通告事项的分类而重新编号，比如，特别事项的第一点为整个通告文件的第 6 项事务，就以"6."开头。

通告的第一自然段交代了通告的发布背景、时间和地点，并以"藉以处理以下

事项"的句式引起下文要通告的具体事项。而该范本在写作通告事项时，将事项与执行要求进行穿插式阐明，没有划分严格的写作界限和段落。在通告事项结束后，可根据实际需要撰写结语，也可省略不写。但落款部分的发文机关、单位名称和成文时间最好能标注清楚。

2. 制约性通告

制约性通告又称为规定性通告，用于公布应当遵守的事项，只限行政机关使用，如国家有关政策、法规或要求遵守的约束事项，以及带有强制性的行政措施。此类通告的告知对象必须严格遵照通告内容执行，而且为了确保某一事项的执行与处理，通告中会提出具体规定，要求相关单位和个人遵守。

范本内容展示

关于规范电动车停放充电
加强火灾防范的通告

为预防电动车引起火灾，保护人身财产安全，维护公共安全，根据《中华人民共和国消防法》等法律法规，现就加强电动车停放、充电火灾防范工作通告如下：

一、充分认识电动车火灾危害。近年来，我国电动车火灾事故频发，并呈逐年增长趋势，起火原因主要为电气故障。电动车大多在室内停放和充电，有的甚至停放在走道、楼梯间等公共区域，由于电动车车体大部分为易燃可燃材料，一旦起火，燃烧速度快，并产生大量有毒烟气，人员逃生困难，极易造成伤亡。××××年×月××日，××市××区××镇一所民房发生火灾，造成 18 人死亡；××××年×月××日，××省××市一群租房发生火灾，造成 11 人死亡，这些都是室内电动车电气故障引发的，教训十分惨痛。

二、落实停放充电管理责任。对于有物业服务企业或者主管单位的住宅小区、楼院，物业服务企业、主管单位应当依据《物业管理条例》等有关规定，对管理区域内电动车停放、充电实施消防安全管理；对于没有物业服务企业或者主管单位的，辖区乡镇人民政府、街道办事处应当按照《中华人民共和国消防法》和国务院办公厅印发的《消防安全责任制实施办法》等规范性文件，指导帮助村民委员会、居民委员会确定电动车停放、充电消防安全管理人员，落实管理责任。有条件的住宅小区、楼院，应当结合实际设置电动车集中停放及充电场所。

三、规范电动车停放充电行为。公民应将电动车停放在安全地点，充电时应确保安全。严禁在建筑内的共用走道、楼梯间、安全出口处等公共区域停放电动车或为电动车充电。公民应尽量不在个人住房内停放电动车或为电动车充电；确需停放和充电的，应当落实隔离、监护等防范措施，防止发生火灾。

四、严厉查处违规停放充电行为。物业服务企业、主管单位和村民委员会、居民委员会，应当立即组织对住宅小区、楼院开展电动车停放和充电专项检查，及时消除隐患。对检查发现电动车违规停放、充电的，应当制止并组织清理；对拒不清理的，要向公安机关消防机构或者公安派出所报告。

五、加强消防安全宣传教育。物业服务企业、主管单位和村民委员会、居民委员会，应当加强电动车停放充电引发火灾的防范常识宣传和典型火灾案例警示教育，引导群众增强消防安全意识，并按要求停放电动车和为电动车充电。一旦遇到电动车火灾切勿盲目逃生，要选择正确的逃生路线和方法。

公民应当自觉遵守消防法律法规和消防安全管理规定，发现电动车火灾隐患和消防安全违法行为时，要及时拨打"××××××"举报电话或者通过有效途径，向公安机关举报。

本通告所称的电动车包括电动自行车、电动摩托车和电动三轮车。

对违反本通告的行为，构成违反消防管理行为的，公安机关将依法予以处罚；引起火灾，造成严重后果，构成犯罪的，依法追究刑事责任。

范本内容精讲

该范本通告的标题写法为事由 + 文种，"关于规范电动车停放充电加强火灾防范"为事由，文种为"通告"。第一自然段就阐明了发布该通告的目的"为预防电动车引发火灾，保护人身财产安全，维护公共安全"和依据"《中华人民共和国消防法》等法律法规"，并以"现就加强电动车停放、充电火灾防范工作通告如下："的句式引出下文的通告事项。

由范本内容可知，该通告包括了 5 个通告事项，以"一、""二、"……的形式罗列，在通告事项写作完成后，以"公民应当自觉遵守……向公安机关举报"这一自然段向受文机关、单位和群众等提出执行要求。接着对通告中的某些定义进行解释说明，如这里的"本通告所称的电动车包括电动自行车、电动摩托车和电动三轮车"，规范受文者对通告内容的认知，起到更好的制约作用。最后再用一个自然段提出通告执行过程中的标准和相关处理办法，让执行者有据可依。末尾有结语、发文机关和成文日期，这里没有展示出来。

3.4 公告

■公告的特点与使用条件　■公告、布告和通告的区别　■规范格式　■范例解析

公告与通告一样都属于发布范围较广泛的知照性应用文文种，是指政府、团体对重大事件当众正式公布或者公开宣告、宣布。

3.4.1 公告的特点与使用条件

公告适用于向国内外宣布重要事项或者法定事项，一是向国内外宣布重要事项，公布依据政策、法令采取的重大行动等；二是向国内外宣布法定事项，公布依据法律规定告知国内外的有关重要规定和重大行动等。

然而，公告在实际使用中往往偏离了《国家行政机关公文处理办法》中的规定，各机关、单位和团体事无巨细经常使用公告。公告的庄重性特点被忽视，而只注意到广泛性和周知性，以至于公告逐渐演变为"公而告之"。为了避免出现这种情况，撰写公告的人一定要了解并熟记其特点。

◆ **表述的庄重性**：公告是党和国家机关使用的，在内容上除了一部分是为了

周知外，较多的是用以规范人们的社会行为，要求人们不但要知晓，而且要严格遵守与服从，庄重严肃，体现着国家权力部门的威严。

◆ **发布范围的广泛性**：公告是向"国内外"发布的重要事项和法定事项的公文，其信息传达范围有时是全国，有时是全世界。比如，我国曾以公告的形式公布中国科学院院士名单，在国内外确立他们在科学界的地位。

◆ **题材的重大性**：公告的题材必须是能在国际国内产生一定影响的重要事项，或者依法必须向社会公布的法定事项。一般性的决定、指示和通知的内容都不能用公告的形式发布，因为它们很难具有全国和国际性的意义。

◆ **发文权力的限制性**：由于公告宣布的是重大事项和法定事项，发文的权力被限制在高层行政机关及其职能部门的范围之内。其他地方行政机关一般不能发布公告，党团组织、社会团体、企事业单位等不能发布公告。

公告的内容都是公开的，一般采用张贴、报纸刊登和电视转播等形式进行发布。公告主要可分为两类，包括行政公告和法规性公告，这两种类公告的使用条件不同。

◆ **行政公告**：在国家机关对外宣布重大事项时使用，有时也用于企业单位对外公告某一决定或活动。如"中国人大常务委员会关于确认中国人大代表资格的公告"。

◆ **法规性公告**：在政府部门根据法令和法律法规，发布有关规定时使用。如"××省地方税务局关于宣布部分规范性文件失效的公告"。

3.4.2 公告、布告和通告的区别

从使用范围看，公告是国家机关向国内外宣布重要事项或者法定事项时使用的告知性文种；布告是国家机关公布应当普遍遵守或周知事项时使用的告知性文种；通告是国家机关在一定范围内，公布应当遵守或周知事项时使用的告知性文种。三者之间的区别主要如表3-3所示。

表3-3 公告、布告和通告的区别

区　别	公　告	布　告	通　告
所宣布告知事项的性质不同	重于布告，更重于通告，它是用来宣布党和国家重要事项和法定事项的，是布告和通告的内容所不能相提并论的	主要用于发布应当遵守和周知的事项，轻于公告而重于通告	主要用于发布应当遵守和周知的事项，轻于布告，更轻于公告

续表

区　别	公　告	布　告	通　告
所公布的范围不同	是面向国内外的，范围最广	是面向国内社会的，范围小于公告	是针对社会的某一方面发布的告知性文件，用于局部范围
所发布的机关不同	其发布机关级别高，一般只有党和国家高级领导机关才使用	除人民解放军机关外，在地方上必须是一级人民政府才可使用，即各级人民政府所属的部门不可使用	上至中央机关，下至基层部门均可使用

3.4.3 公告的规范格式

公告的结构一般包含标题、正文和结尾 3 个部分。公告的每个部分又有各自应该包含的内容，介绍如下。

1. 标题

公告的标题形式多样，常见的是发文机关 + 文种，如"国务院公告"；部分采用事由 + 文种或发文机关 + 事由 + 文种，如"国务院关税税则委员会关于对××××××商品加征关税的公告"；还有一种是直接以"公告"二字作为标题。

2. 正文

公告的正文包括开头的原因以及目的，主体事项和告知的内容，执行要求和违反处理等，最后以"特此公告"或"现予公告"作为结语，有时则以公告内容作为自然结尾。注意：执行要求要包括公告涉及的事项的实施期限、范围和违反如何处理等内容，可以简洁地提出对受文者的希望，而对违背者的警告可视情况而定是否书写。

3. 结尾

公文的结尾部分包括署名和成文日期，以机关名义发布且标题已有机关名称的，可不用再在结尾部分署名。

由于公告的受众面积广，因此在撰写时要注意事理周密无漏洞、条理清晰不啰唆、语言通俗不随意、文风严肃不做作，要做到易读、易懂、易知。

3.4.4 常见公告的范例解析

公告可以分为行政公告和法规性公告，也可分为重要事项公告、法定事项公告和专业性公告。

1. 重要事项公告

凡是用来宣布有关国家的政治、经济、军事、科技、教育、人事和外交等方面需要告知全民的重要事项的，都用此类型公告。常见的有国家重要领导岗位的变动、领导人的出访或其他重大活动、重要科技成果的公布等。

范本内容展示

◎资源 |Chapter03| 关于对 ×××××× 商品加征关税的公告 .docx

> **国务院关税税则委员会关于对××××**
> **约××亿美元进口商品加征关税的公告**
>
> 　　　　税委会公告〔××××〕×号
>
> 　　根据《国务院关税税则委员会关于对×××××× 进口商品加征关税的公告》（税委会公告〔××××〕×号），现将对×加征关税商品清单二有关调整事项公告如下：
> 　　一、对×加征关税商品清单二的商品，以本公告附件为准，自××××年×月××日××时××分起实施加征关税。
> 　　二、其他事项按照税委会公告〔××××〕×号执行。
>
> 　　附件：对×加征关税商品清单二
>
> 　　　　　　　　　　　　国务院关税税则委员会
> 　　　　　　　　　　　　　××××年×月×日

范本内容精讲

该范本公告的标题写法为发文机关＋事由＋文种，"国务院关税税则委员会"为发文机关，"关于对 ×××× 约 ×× 亿美元进口商品加征关税"为事由，文种为"公告"。在正文之前还注明了发文字号，更凸显公告的庄重性。

正文开头就以"根据……"的句式阐明公告的依据，然后以"现将……公告如下"的句式引出下文将要提及的公告事项和内容，在写作时可以分条列明。如果有附件，需要注明附件的提示信息，如范本中的"附件：对 × 加征关税商品清单二"，最后结尾部分落款并写明成文日期。

2. 法定事项公告

依照有关法律法规的规定，一些重要事项和主要环节必须以公告的形式向全民公布，此时需要用到法定事项公告。

范本内容展示

× × 部关于征求对《× × 部关于修改〈× × × × 管理办法〉的决定（征求意见稿）》意见的公告

为坚持和加强党对律师工作的全面领导，充分发挥律师事务所党组织的战斗堡垒作用和党员律师的先锋模范作用，确保律师工作正确政治方向，根据《中国共产党章程》和中央有关律师行业党建工作的决策部署，× × 部在征求地方司法行政机关和部分律师、专家学者意见的基础上，对 × × × × 年修订公布的《× × × × 管理办法》（× × 部令第 × × × 号）进行了修改，形成了《× × 部关于修改〈× × × × 管理办法〉的决定（征求意见稿）》。

现向社会公开征求意见，公众可通过 × × 部网站查阅征求意见稿，有关意见建议可在 × × × × 年 × × 月 × × 日前通过电子邮件方式发送至：× × × × × ×@moj.gov.cn。

× × 部

× × × × 年 × 月 × × 日

范本内容精讲

该范本公告的标题写法也为发文机关＋事由＋文种，"× × 部"为发文机关，"关于征求对……意见"为事由，其中事由中又涉及相关的文件，因此需要将文件名称包含在内，如"《× × 部关于修改〈× × × × 管理办法〉的决定（征求意见稿）》"，也就是说，该公告是关于征求对 × × 决定的意见的公告。

正文开端就以"为坚持……"的句式阐明该公告的发布目的和原因，再以"根据……形成了……"句式阐明公告的发布依据。正文第二自然段以"现向社会公开征求意见"开头，引出公告的具体事项内容，最后说明公告涉及事项的实施时间和相关要求，如范本中的"有关意见建议可在××××年××月××日前通过电子邮件方式发送至：××××××@moj.gov.cn"。落款部分写明发文机关和成文时间。

3. 专业性公告

有一类公告属于专业性的或是向特定对象发布的，如经济上的招标公告、按专利法规定公布申请专利的公告等，需要注意的是，这些都不属于行政机关公文。

范本内容展示

◎资源 |Chapter03| ××小学器材自筹资金采购项目招标公告 .docx

××市××乡××小学音、美、卫、科学器材自筹资金采购项目招标公告

1. 招标条件

本招标项目×××已由××市教育局、财政局批准采购，招标人为××市××乡××小学。项目已具备招标条件，现对该项目的采购公开招标。

2. 项目概况

本次项目为音乐、美术、卫生、科学器材。

3. 投标人资格要求

（1）本次招标要求投标人须具备如下资质和业绩，并在人员、设备、资金等方面具有相应的施工能力：

①符合《中华人民共和国政府采购法》第二十二条的规定；

②具有独立法人资格，能够独立承担民事责任能力的生产厂家、代理商或经销商；

③营业执照中注明的经营范围含有本次采购内容的生产或销售。

（2）本次招标不接受联合体投标。

（3）各投标人均可就上述标段中的×（具体数量）个标段投标。

4. 招标文件的获取

（1）凡有意参加投标者，请于××年×月×日至××年×月×日（法定公休日、法定节假日除外），每日上午×时至×时，下午×时至×时（北京时间，下同），在×××（详细地址）持单位介绍信购买招标文件。

（2）招标文件每套售价×元，售后不退。图纸押金×元，在退还图纸时退还（不计利息）。

（3）邮购招标文件的，需另加手续费（含邮费）×元，招标人在收到单位介绍信和邮购款（含手续费）后×日内寄送。

5. 投标文件的递交

（1）投标文件递交的截止时间（投标截止时间，下同）为××年×月×日×时×分，地点为×××。

（2）逾期送达的或者未送达指定地点的投标文件，招标人不予受理。

6. 发布公告的媒介

本次招标公告同时在××（发布公告的媒介名称）上发布。

7. 联系方式

招标人：×××	招标代理机构：×××××
地址：×××	地址：×××
邮编：×××××	邮编：×××××
联系人：	联系人：
电话：×××××	电话：×××××
传真：×××××	传真：×××××
电子邮件：×××××	电子邮件：×××××
开户行及账号：×××××	开户行及账号：×××××

××市人民政府

××年×月×日

范本内容精讲

专业性公告的格式没有重要事项公告和法定事项公告那么严格，如范本所示，在标题下方直接写作公告内容。

由落款处的发文机关可知，该范本的标题并没有包含发文机关，直接以事由＋

公告的形式展示。不同内容的专业性公告，其写作方式可根据实际情况灵活变动。一般来说，能够写明发布公告的原因、依据的尽量写明，而执行要求通常是必需的。如果公告涉及的事项有明确的时间限制，也要注明实施时间。

如范例中关于投标文件的获取和递交就专门阐明了时间限制，"凡有意参加投标者，请于××年×月×日至××年×月×日（法定公休日、法定节假日除外），每日上午×时至×时，下午×时至×时（北京时间，下同），在×××（详细地址）持单位介绍信购买招标文件""投标文件递交的截止时间（投标截止时间，下同）为××年×月×日×时×分"。

3.5 公示

■公示的特点 ■写作格式 ■范例解析

公示不同于"公告"和"告示"，但往往现实中有不少人把它当作"公告"或"告示"使用，甚至认为"公示"就是这两者的二合一，这显然是不正确的。现代应用写作学界普遍认为，公示已逐渐成为一种新文种。

3.5.1 公示的特点

公示的内涵与性质不同于公告和告示，它是党政机关、企事业单位、社会团体等事先预告群众周知，用以征询意见、改善工作的一种应用文文体，适用范围较广，具有以下几个特点。

1. 公开性

公示要写作的内容和承载的信息，都是要向一定范围内或特定范围内的人员公开出来的，是要让大家知道和了解的，具有较强的透明度，不存在任何秘密。

2. 周知性

公示所写作的目的是让关注其内容与信息的人们都了解是怎么回事，从而参与其中。

3. 科学性

公示的时间要科学合理，不但要反映公示的过程，更要反映公示的结果和群众的意愿。公示是事先的公示，而不是事后的公示。公示的内容是初步的决定而非最终的决定，如果是最终的决定，就必须在公示的前言中加以说明。

4. 民主性

公示的过程与结果都是公开、公平、公正的，都是有群众参与和监督，并得到了他们的认可的。

3.5.2 公示的写作格式

公示作为一种新兴的文体，具有自己较为固定的格式。一个完整的公示应由标题、正文和落款这 3 个部分组成，有时也可有附录或附表、附图。

1. 标题

公示的常见标题形式有事由 + 文种和直接以"公示"二字为标题这两种，如"××领域 ×××××× 第二批参考产品（技术）目录公示"；有时会以发文机关 + 事由 + 文种的形式出现，如"×××× 部人事教育司关于 ×××× 年 ×××× 推进计划暨国家'××××'科技 ×××××× 拟推荐对象的公示"。

2. 正文

当公示的受文对象是一些特定的人群时，正文开头需要有主送机关、单位或个人，如果针对的是普遍大众，则可省去主送机关、单位或个人这一部分。在公示正文中，还要包括发布公示的原因、目的和依据，公示的具体内容和执行要求，公示的起始及截止日期（以工作日计），意见反馈单位地址和联系方式等。

比如，党员发布公示一般要包括有关人员的姓名、性别、出生年月、工作单位、职务以及入党时间等。

3. 落款

落款部分同样包括署名和成文日期，必要时须加盖公章。但在长期的写作实践过程中，有些公示文件最终大多省去了落款部分的写作。

3.5.3 常见公示的范例解析

根据公示文件是否有主送机关，可将其划分为针对性公示和普遍性公示。

1. 针对性公示

针对性公示主要针对特定人群进行发布，一般在标题之下和正文之前会有主送机关的抬头称呼。

范本内容展示

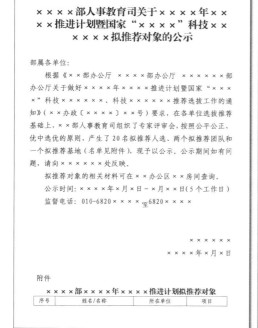

1	魏××	×××××大学	中青年科技创新领军人才
2	韩××	×××××大学	
3	罗××	×××××大学	
4	何××	××理工大学	
5	陈××	××理工大学	
6	杨×	××理工大学	
7	周×	××工业大学	
8	王×	××工业大学	
9	谢×	××工业大学	
10	何××	××工业大学	中青年科技创新领军人才
11	刘×	××工业大学	
12	许×	××工业大学	
13	张××	××工业大学	
14	杨×	××工程大学	
15	蔡×	××工程大学	
16	谭××	××航空航天大学	
17	王×	××航空航天大学	
18	阚××	××理工大学	
19	夏××	××理工大学	
20	周×	电子第×研究所	
21	宇航×××××创新团队	××工业大学	重点领域创新团队
22	陆业×××××创新团队	××理工大学	
23	××航空航天大学	××航空航天大学	创新人才培养示范基地

范本内容精讲

在该范本中，主送机关、单位为"部属各单位"，即该公示的主要受文者是发文机关的各个部署单位。除了正文以外，在落款之后还附有附件内容。

范本的标题包括发文机关名称，因此落款处的署名可省去。公示的正文除了有常规的发布公示的原因、目的或依据以及具体的公示内容和执行要求外，还有相应的联系电话和地址，因为公示具有民主性，所以需要有联系方式以方便群众参与和监督。

2. 普遍性公示

普遍性公示的受文者是非常大众化的，因此写作时可以忽略主送机关部分，直接写作公示的正文。

范本内容展示

关于拟注销北京××通信投资有限公司等5家企业跨地区增值电信业务经营许可的公示

近期，北京××通信投资有限公司、惠州市××通讯有限责任公司、北京××数码信息技术有限公司、天津××贵金属经营有限公司、广州××通信科技有限公司等5家企业向我部申请终止经营相关增值电信业务。为维护电信用户合法权益，妥善解决用户善后问题，根据《电信业务经营许可管理办法》（工业和信息化部令第42号）规定，现公示拟注销跨地区增值电信业务经营许可的相关信息（详见附件），公示期为自2018年9月20日起至2018年10月19日。

在公示期内，对上述企业终止经营相关增值电信业务有异议或发现其存在遗留用户善后问题的，请向我部反映相关情况，并提供详细凭证和联系方式，以便我部调查处理；在公示期内未收到异议的，我部将依法注销其相关跨地区增值电信业务经营许可。

联系电话：010-6602××××
邮　　箱：××××@miit.gov.cn
地　　址：北京市××街×号 工业和信息化部信息通信管理局（邮编：××××××）

附件：拟注销跨地区增值电信业务经营许可的企业名单（2018年第5批）

附件

注销《跨地区增值电信业务经营许可证》的企业名单
（2018年第5批）

许可证编号	企业名称	业务种类
B2-2015×××	北京××通信投资有限公司	信息服务业务（不含互联网信息服务）
B1-2014×××	惠州市××通讯有限责任公司	国内多方通信服务业务
B2-2009×××	北京××数码信息技术有限公司	信息服务业务（不含互联网信息服务）
B2-2015×××	天津××金属经营有限公司	信息服务业务（不含互联网信息服务）
B2-2015×××	广州××通信科技有限公司	互联网服务业务、信息服务业务（不含互联网信息服务）

范本内容精讲

该范本公示应用文中，标题下方没有主送机关，直接写作正文。正文之后也没有落款，这是因为在正文中已经提及了公示期为"自2018年9月20日起至2018年10月19日"，并结合正文中的"5家企业向我部申请终止经营……"和地址信息可知公示的发文机关为"工业和信息化部"。

由此可见，该公示内容并没有遵循非常严格的格式，而是根据实际需要灵活写作，只包括了发文机关、公示时间等重要内容。从正文内容上看，该公示是工业和信息化部对于 5 家企业的申请作出的回复性公示，其形式类似于批转性通知。与范本一样，公示文件一般都需要在正文最后几句话或最后一个自然段说明受文者对公示内容的异议处理情况，同时留下联系方式方便受文者参与和监督。

3.6 议案

■议案的特点 ■适用范围 ■规范格式与要求 ■范例解析

议案又称提案，是由具有法定提案权的国家机关、会议常设或临时设立的机构和组织，以及一定数量的个人，向权力机构提出进行审议并作出决定的议事原案。

3.6.1 议案的特点与适用范围

当政府机构制定了某项法律或法规后提请人大审议通过或者建议、请求某行政机构制定某项法规时使用立法性议案，比如"国务院关于提请审议《中华人民共和国××××（草案）》的议案"。

当政府机构有关于财政预算决算、城乡发展规划和重大工程等重大事项决策，需要提请人民代表大会审议批准，或者是公司有重大事项需要提请董事会或股东大会审议批准时，就需要使用重大事项的决策性议案。

当国家行政机关向权力机关提请任命、免去或撤销行政机关工作人员职务，请求人民代表大会审议批准，或者是公司职能部门向最高管理层提请任命、免去或撤销某管理人员的职务时，需要使用任免性议案。

无论是国家行政机关还是公司，以行政部门的身份向权力部门提出建议时，也会使用到议案，此时称为建议性议案。但不管是哪种类型的议案，其都具有如下特点。

1. 制发机关的权威性

议案的制发机关要么是各级人民政府，要么是公司内部的高级管理层，政府的职能部门和公司的职能部门无权制发。

2. 内容的特定性

人民政府所提议案的内容必须属于该人民代表大会或常务委员会职权范围内的有关事项，公司高层所提议案的内容也必须属于个人职务范围内的有关事项。

3. 时效的明确性

各级人民政府的议案，应当而且必须在同级人民代表大会或其常务委员会举行会议规定的限期前提出，否则不能列为议案，超过期间提交的议案一般改作"建议"处理，或移交下次人大会议处理。提交大会审议的议案必须限期审议表决或提出处理意见。公司的议案同样也应如此。

4. 行文的定向性

议案只能由各级人民政府向同级人民代表大会或其常务委员会行文，不能向其他部门单位行文，主送机关也只有一个。对公司来说，议案也应是向同级管理层提出的。

5. 事项的必要性和可行性

适合提交人大议案审议的事项必须是重要事项，符合人民群众的意愿和要求，而且议案汇总提出的方案、办法和措施等也必须是切实可行的，才有可能获得通过。同理，适合提交给公司董事会或股东大会的议案必须是重要事项，符合内部员工的意愿和要求。

6. 生效标识的特殊性

这是议案文体在形式上的一个重要特征，突出表现为其生效标识必须体现机关第一行政首长的署名，且不加盖机关公章。如国务院的议案由国务院总理署名，省政府的议案由省长署名，其他以此类推。

3.6.2 议案的规范格式与要求

议案一般由公文常规的标题、主送机关、正文和落款这4个部分组成，落款还会分为上、下款。

1. 标题

议案的标题一般由发文机关、事由（提请审议事项）和文种这3部分构成，如"市政府关于提请审议《××市电力保护条例（草案）》的议案"，发文机关为市政府，事由为"关于提请审议《××市电力保护条例（草案）》"，文种为"议案"。

另外，议案的标题可能会省略发文机关，即格式为事由＋文种，如"关于提请审议《××市古茶树保护条例（草案）》的议案"。议案的标题一般不能采用发文机关＋文种或者只有文种的写法。

2. 主送机关

议案的主送机关只有一个，且只能是在同级之间行文，在写作时要采用全称或者规范化的简称，不得随意简化主送机关的名称。

3. 正文

从内容上看，议案的正文由提请审议内容、说明（缘由、目的、意义和形成过程等）和要求组成；从形式上看，多以"要求"结尾。正文可以从提出审议事项开头，然后加以说明；也可以在开头说明议案的缘起、目的意义或形成过程，然后提出审议事项，最后结尾。从大方向看，正文内容要包括如下3个部分。

◆ 案据

议案正文的这一部分需要阐述提出议案的根据。由于议案的具体内容各有不同，不同议案在案据篇幅长短上也就有很大差异。案据和常规的根据、目的及意义式的公文开头很相似，有时内容很复杂、文字很多，甚至超过全文的一半，此时将理由阐述得充分一些是很有必要的；有时案据可以写得很简短，即一个比较常见的"目的式"写法，一半不超过百余字。

◆ 方案

议案正文的这一部分就是对提请审议的事项或问题提出解决的途径、方法。如果是提请审议已制定的法律法规的，解决问题的方案就在法律法规中，只需写明提请审议的法律法规的名称即可，但要把法律或法规的文本作为附件成为议案文件的一部分。如果是任免性议案，要将被任免人的姓名和拟担任的职务写明。如果是提请审议重大决策事项的，要把决策的内容一一列出，供大会审阅。如果是建议采取行政手段解决某方面问题的，要把实施这一行政手段的方案详细列出，以便于审议。这一部分是不可少的，因为议案不能只指出问题而没有解决问题的方案。

◆ 结语

结语是议案正文的结尾部分，主要用于提出审议请求。一般采用模式化写法，言简意赅，如"××（草案）已经 ×× 会议讨论通过，现将草案和说明一并报上，请予审议"。

4. 落款

议案的落款部分包括署名和成文日期，与一般行政公文类似，但又有不同。一般刑侦公文最后签署的都是发文机关的名称，而议案则由政府首长签署。

撰稿人在写作议案应用文时，其结构还会因为议案的种类不同而有所差异。比如，平日议案的写作一般与政府正常公文写作一样，而会议议案的内容大致包括文头、案由、主送机关、主体、提议案单位、日期和审查意见等。

3.6.3 常见议案应用文的范例解析

除了前述提到的议案分类外，下面我们从国家行政机关方面和公司方面来看看议案文件的范本。

1. 行政机关的议案

行政机关提请的议案一般会以一个短小精悍的段落说明提请的审议内容和根据，然后再以类似于附件的形式将议案的具体审议内容与方案进行展示。

范本内容展示

◎资源 |Chapter03| 关于提请审议《×××市电力保护条例（草案）》的议案 .docx

市政府关于提请审议《××市电力保护条例（草案）》的议案

市人大常委会：

《××市电力保护条例（草案）》已于 2018 年 3 月 28 日经市政府第 12 次常务会议讨论通过。根据《××市制定地方性法规条例》，特提请审议，并授权张××同志到会作说明。

市长：×××

2018 年 4 月 9 日

××市电力保护条例
（草案）

目　录

第一章　总　则

第一条（目的和依据）　为了保障电力建设、生产、运行安全和供用电秩序，维护社会公共利益，根据《中华人民共和国电力法》、国务院《电力设施保护条例》和《××省电力保护条例》等法律、法规，结合本市实际，制定本条例。

第二条（适用对象）　本市行政区域内电力保护适用本条例。

本条例所称电力保护，包括电力建设保护、电力设施保护、电能保护、应急处置。

第三条（管理原则）　电力保护坚持政府统一领导、行政部门监管、电力企业依法保护、全社会大力支持的原则，促进电力保护工作与地方经济社会协调发展。

第四条（政府职责）　市、县级市（区）人民政府应当设立电力保护领导小组，加强电力保护工作的领导，将电力发展事业纳入国民经济和社会发展计划。建立电力保护工作联席会议制度，定期研究、部署电力保护工作，协调、解决电力保护工作中的重大问题，并将电力保护纳入本级政府工作目标考核体系。根据电力保护工作实际配足电力行政执法人员。

乡（镇）人民政府，街道办事处，各类开发区（园区）、风景名胜区等管理机构应当协调做好本辖区电力保护工作。

第五条（部门职责）　市、县级市（区）经济和信息化部门是本行政区域的电力行政管理部门，负责本行政区域内电力保护的监督管理。

范本内容精讲

该范本只展示了议案的一部分内容，可以看出标题和主送机关之后紧跟一个篇幅较短的正文内容，阐明草案已经市政府第 12 次常务会议讨论通过，并且根据相关条例提请了此次议案，阐明了议案的案据。接着就是落款署名和成文日期，最后将草案的具体内容作为议案实施方案。

范本中，议案的发文机关为"市政府"，提请事由为"关于提请审议《××市电力保护条例（草案）》"，主送机关为"市人大常委会"，署名为市长×××。从范本内容可以看出，该议案的案据采用的是常见的"目的式"写法，以一个自然段进行说明。

需要注意的是，这种类型的议案中，关于办法、条例或规定等类似于附件的内容最后也要附带该办法、条例或规定的发文机关及成文日期。

2. 公司的议案

当公司的董事或者股东有变化，或者发生了重大事项需要提请高层领导审议的，就需要用到议案这一应用文文体。

范本内容展示

◎资源 |Chapter03| 关于拟在 ×× 投资设立全资子公司的议案 .docx

关于拟在××投资设立全资子公司的议案

本公司及董事会全体成员保证信息披露的内容真实、准确、完整，没有虚假记载、误导性陈述或重大遗漏。

一、对外投资概述

根据公司的发展战略与规划，加大业务领域的覆盖范围，董事会同意公司与公司的全资子公司 ×× 新能源有限公司以自有资金出资，在 ×× 共同投资设立全资子公司 ×× 能源有限公司（暂定名，最终以工商行政管理部门核定的为准），作为公司的北方总部基地，主要从事 ×× 城市、×× 能源、新能源汽车充电设施、×× 停车场系统等业务。该子公司的注册资本拟为两亿元人民币，其中公司认缴 4 000 万元，占总股本的 20%，×× 新能源有限公司认缴 16 000 万元，占总股本的 80%。

上述对外投资事项已于 2018 年 9 月 26 日经公司第四届董事会第三十五次会议审议通过。

此次对外投资事项在董事会审批权限范围内，无须股东大会审议批准，亦不构成《上市公司重大资产重组管理办法》规定的重大资产重组。公司将根据信息披露的相关规则，及时披露对外投资的进展情况。

二、交易对手方介绍

1.名称： ×× 新能源有限公司

2.统一社会信用代码： × × × × × × × ×

3.类型： 有限责任公司

4.住所： ×× 市 ×× 镇 ×× 路 × 号 × 号房

5.法定代表人：何 ×

6.注册资本： 20 000 万元

7.成立日期：2018 年 6 月 25 日

8.经营范围： 新能源汽车充电桩及配套设备、光伏设备及元器件、通信系统设备的研发、制造与销售；太阳能分布式发电项目的建设、管理与维护（依法须经批准的项目，经相关部门批准后方可开展经营活动）

9.关联关系说明： ×× 新能源有限公司为公司的全资子公司。

三、拟投资设立公司的基本情况

1.公司名称： ×× 能源有限公司。

2.出资方式： 以自有资金现金方式出资。

3.注册资金： 人民币 20 000 万元，其中公司认缴 4 000 万元，占总股本的 20%，×× 新能源有限公司认缴 16 000 万元，占总股本的 80%

4.注册地址： ×× 市 ×× 区

5.拟从事的主要业务范围： ×× 城市、×× 能源、新能源汽车充电设施、×× 停车场系统等业务。

上述事宜均以工商部门核准的最终批复为准。

四、本次对外投资的目的、存在的风险和对公司的影响

1.对外投资的目的

公司拟在 ×× 设立的全资子公司，作为公司的北方总部，大力推进 ×× 城市、×× 能源、新能源汽车充电设施、××

范本内容精讲

公司内部的议案应用文格式要求没有行政机关的议案格式那么严格，主要表现在可以省略主送机关，直接写作正文。

议案的正文内容也可根据公司的实际情况灵活安排结构，但议案案据、方案和相关时间等信息一定要阐述清楚，内容较多时最好分条列示。在议案正文的最后一定要写结语，如"请审议决定""现提请审议"等，以起到议案应用文的作用，范本只展示了议案的部分内容，结语和落款部分没有展示。

3.7 声明

声明指公开表态或进行说明时使用的一种文体，常表现为声明文告。它是针对有关事项、问题向公众披露或澄清事实，表明自己立场和态度的一种启事类应用文。

3.7.1 声明的作用、适用范围和一般格式

任何事务，一旦涉及披露或澄清事实，表明自己的立场或态度等，均可以使用"声明"这一文体，政党和国家领导机关及其领导人、机关单位、社会团体、企事业单位、其他组织或公民个人等均可发表声明。下面来看看其具有的作用。

◆ 表明立场、观点和态度。

◆ 警告、警示。

◆ 保护机关、单位、社会团体、企事业单位、组织和个人的合法权益。

声明一般由标题、正文和尾部这 3 个部分构成，每个部分有其自身的格式要求和写作内容。

1. 标题

对于声明类应用文，其标题最常用的一种格式为只写文种，即"声明"；另一种格式为事由 + 文种，如"关于有人冒用公司名义进行商业活动的声明"；还有一种格式为发文机关 + 事由 + 文种，如"×× 有限责任公司授权法律顾问 ×× 律师声明"。

2. 正文

声明的正文一般简明扼要地写明发表声明的原因以及对有关事件的立场和态度。这其中又可分为 3 个层次，一是简要写明发表声明的原因，包括写作者对基本事实的认定，这是声明写作的基础；二是表明写作者的态度和立场，有时直接写明下一步将采取的措施，这是声明写作的核心部分，若需公众协助，如希望公众检举揭发侵权者，还应写明联系方式（包括地址、电话、电传号码和邮政编码等）；三

是结束语，一般以"特此声明"作为结束语，以示强调，但也可以不写。

3. 尾部

即声明的落款部分，要写明声明的发文者和成文日期。其中，发文者可以是机关、单位，也可以是个人。发文者的称呼一定要真实，若有重名情况，应注意区别。而成文日期就是发表声明的日期，要精确到"日"。需要引起注意的是，有的声明正文内容中写有希望公众检举。

由于声明应用文涉及的内容都是客观存在的事实，因此声明的发文者在撰写声明应用文时，要重视以下几点注意事项。

◆ **声明不能写成"申明"**：申明是"郑重说明"，重在透彻解释，以说服对方，不能作为文体；声明是"公开表示态度或说明真相"，重在公开宣布，以让公众知道，属于应用公文体的一种，二者不可混淆。

◆ **遗失声明登报时另有格式**：一般遵从报社的格式要求，处理成"×× 遗失 ××，号码为 ×××，特声明作废"。

◆ **声明的内容不能侵犯他人权益**：因为声明涉及的内容是客观存在的事实，因此在撰写时要以不侵犯他人权益为前提，比如，不侵犯他人的隐私权。

3.7.2 常见的声明范例解析

声明可以在报刊登载，也可以通过广播、电台播发，还可以进行张贴。常见的声明类型有这两类：一是维护声明，二是免责声明。

1. 维护声明

当国家机关、社会团体、企事业单位和个人的某种合法权益受到侵害，为了维护自己的合法权益、引起公众的关注，并要求侵权方停止侵害行为时，需要使用维护声明。

范本内容展示

◎资源 |Chapter03| 郑重声明 .docx

> ### 郑重声明
>
> ××市××车业有限公司是两轮交通工具研发、制造、销售和服务为一体的高新技术企业，旗下有包括"××"在内的多个电动车品牌，目前已在全国建立了周全的销售和服务网络。
>
> 近期，我们发现某些不法厂商以"×××"等名义，冒充"××"品牌，蓄意欺骗消费者，误导消费者购买其劣质电动车。为避免消费者上当受骗，维护××车业的合法权益，特发布以下声明：
>
> 1、××市××车业有限公司生产的"×××"牌电动车，在其产品说明书等随车资料中有"××市××车业有限公司"字样。
>
> 2、××市出×车业有限公司从未授权给其他企业生产其他"×××"牌电动车产品。
>
> 3、××车业所有的荣誉和认证均有相关权威部门的正式证书，部分认证证书编号为：高新技术企业认定证书编号：S2007×××；全国工业产品生产许可证证书编号：XK16-301-×××。
>
> 4、任何假冒、仿冒"×××"品牌或产品的行为，××市××车业有限公司均保留追究其法律责任的权利。
>
> ××市××车业有限公司
> ××年×月×日

范本内容精讲

该范本展示的是某公司发表的维护声明，由于声明这一文体本身具有警告、警示的作用，因此标题多用红色字体突出显示。

从范本内容可知，该公司的产品和品牌被冒充，相关权益被侵犯，为了维护自身的权益，公司发表了声明。标题用"郑重声明"的字样，加强了声明的庄严性和警告作用。第一自然段说明发布者自身的基本情况，第二自然段说明具体被侵犯的权益是什么，同时说明发布声明的目的是"为避免消费者上当受骗，维护××车业的合法权益"，接着以"特发布以下声明："的句式引出下文的声明内容，一般来说，维护声明的内容主要包括发文者自身拥有的权益、权利和资格，以及其他连带责任等问题。该声明文件没有结束语，正文写作完毕后直接落款。

2. 免责声明

当企事业单位、组织、社会团体或个人遗失了支票、证件等重要凭证或证明文件时，为了防止他人冒领、冒用而需要发表的声明，一般为免责声明。

◎资源 |Chapter03| 免责声明 .docx

免责声明

本人/单位××于××年×月×日委托××受托方申请购买了××产品，由于××××××，本人/单位××现申请获得××产品的管理权。为了避免权属纠纷，特做如下说明：

××是××产品的真正所有者，今后由××产品引起的纠纷和造成的一切后果，其责任概由×××承担，与××受托方无关。

特此声明！

声明人/单位信息

姓名/单位名称：×××　　　　　　身份证号：××××××××

联系电话：028-×××××××

声明人/单位：×××

××年×月×日

范本内容精讲

　　免责声明，顾名思义即免除责任的说明。该范本展示的是某人或单位针对某一所购产品对受托购买方的责任进行免责声明，其格式为"×× 是 ××，今后由 ×× 引起的纠纷和造成的一切后果，其责任概由 ×× 承担，与 ×× 无关"，如此引出声明中的第二自然段中的内容。

　　在该声明中，第一自然段说明了与声明内容有关的事件，真实且客观存在。段后说明了发表此声明的目的是"为了避免权属纠纷"，接着以"特做如下说明："的句式引出下文要做的免责说明内容。由于责任转嫁问题的处理非常谨慎，因此为了能及时处理紧急情况，会在声明正文中提供声明人的基本信息，如姓名或单位名称、身份证号码和联系电话等。最后进行落款，明确免责声明的发布日期。

— 规约类应用文写作要点 — 与范例解析

顾名思义，规约类应用文即与规定、条例、制度和办法等有关的应用文，主要有条例、规定、细则、章程、办法、制度和规则等应用文文体。本章将对这些应用文进行深入的学习。

4.1 条例

条例是阐述某一事宜的要求，或者规定某一组织的宗旨、任务及其成员的职责权限的指令性文种，具有法的效力，属于行政法规。

4.1.1 条例的特点与适用范围

一般来说，条例由国家权力机关或行政机关制定或批准，它规定国家政治、经济、文化、科学、教育等领域的某些有关重要事项、问题，规定法律性条文、办法、方法或细则。那么，条例的特点有哪些呢？如图 4-1 所示。

格式的固定性

条例在形式上的突出特点是条文式或者章条结构

内容的法规性

条例是国家机关为了控制或调整国家生活中某些方面的准则而使用的立法性手段，是基本法律制定以前的单项法规，也是制定以后、贯彻实施之前的法律的具体化和细则化，一经颁布实施，其所涉及的对象必须依条款办事，否则将受到法律、行政或经济处理

内容和时效的稳定性

条例的内容只固定在规定国家政治、经济等领域的重大事项或长期性工作，或某些部门、人员的职责、权限等方面。而条例一经颁布实施，在一个相当长时限内，对其所涉及的对象行为起约束作用

制发机关的特定性

条例只能由党的中央机关制发，或国家最高行政机关、省级权力机关颁发

执行的强制性

条例是法律、法令等的补充说明和规定，一经发布，即具有强制作用，受文者必须严格执行

图 4-1

条例所作的规定和要求比较原则化、概括化，所属单位在具体执行时可依据工作的实际需要制定适合各自情况的实施细则或办法。另外，条例在颁布前可以有一个试行的阶段，经过试行后，加以修改充实，可作为正式文件施行，成为在一定范围内具有法规性和约束力的文件。

4.1.2 条例的规范格式

条例应用文一般由首部和正文这两大部分构成，各部分的内容分别具有以下格式要求。

1. 首部

条例的首部又包括标题、制发时间和依据等内容，有时没有制发时间，而是发文字号。

◆ 标题

条例的标题一般有两种形式：事由 + 文种，如"医疗纠纷预防和处理条例"；实施范围 + 事由 + 文种，如"全国社会保障基金条例"。

◆ 制发时间和依据

一般在标题之下用括号注明条例通过和签发的年、月、日以及机关名称，但有的条例没有这一部分，而是随"命令""令"等文种同时公布，条例本身不会注明制发时间。

2. 正文

条例所涉及的内容会比较多，因此其正文一般采用"总则 + 分则 + 附则"的写作手法。由于条例具有严肃性和约束性的特点，因此其内容不能含糊其辞，使用的数字、地点及时间等都要清楚明白。另外，条例要注意层次性，要明确是并列关系还是主从关系，避免条、款和项混用，导致文章结构杂乱无章。

◆ 总则

总则即条例正文的开头或前言部分，一般应写明制定和发布条例的法律或政策依据，交代制定当前条例的原因和目的，说明条例所涉及的对象的范围。接着要以承上启下句式过渡到下文，如"特制定本条例"。在写作时，总则的语言表述要简洁、明了。这部分也称为条例的因由。

◆ 分则

分则是条例正文中的条规项，是写作条例的主体部分。其内容有长有短，要视条例的具体内容而定，但无论内容长短，条例的条规都必须要有"条"和"例"。"条"是从正面阐述条例的条文，即应该讲明"该做什么"和"不该做什么"；"例"是从反面加以说明，即讲明"做不到该怎么处理"。

"条"和"例"的结构顺序一般是前"条"后"例"，以"条"为主，以"例"为补充。"条"的"该做什么"和"不该做什么"可以糅合在一起写作，而"例"必须单独列出，即规范项目，这是条例的实质性规定内容，是要求具体执行的依据。

◆ 附则

条例的附则是对分则的补充说明，其中包括条例中的相关用语的解释和解释权、修改权以及条例公布实施的时间等内容。该部分也称为条例的实施说明部分。

条例的正文有两种表达形式，当条例的内容庞杂时用章条式，其余类型的条例用条款式，全文按序排列。

4.1.3 常见条例的范例解析

根据条例的篇幅长短和分条列示的不同形式，一般将条例分为章条式和条款式两种。

1. 章条式条例

章条式条例的篇幅一般较长，因此会分为不同的"章"，在每一章中再分不同的"条"，一般"条"会从前往后依次编号，不受"章"的影响。

范本内容展示

◉资源 |Chapter04| 医疗纠纷预防和处理条例 .docx

医疗纠纷预防和处理条例

第一章 总 则

第一条 为了预防和妥善处理医疗纠纷，保护医患双方的合法权益，维护医疗秩序，保障医疗安全，制定本条例。

第二条 本条例所称医疗纠纷，是指医患双方因诊疗活动引发的争议。

第三条 国家建立医疗质量安全管理体系，深化医药卫生体制改革，规范诊疗活动，改善医疗服务，提高医疗质量，预防、减少医疗纠纷。

在诊疗活动中，医患双方应当互相尊重，维护自身权益应当遵守有关法律、法规的规定。

第四条 处理医疗纠纷，应当遵循公平、公正、及时的原则，实事求是，依法处理。

第五条 县级以上人民政府应当加强对医疗纠纷预防和处理工作的领导、协调，将其纳入社会治安综合治理体系，建立部门分工协作机制，督促部门依法履行职责。

第六条 卫生主管部门负责指导、监督医疗机构做好医疗纠纷的预防和处理工作，引导医患双方依法解决医疗纠纷。

司法行政部门负责指导医疗纠纷人民调解工作。

公安机关依法维护医疗机构治安秩序，查处、打击侵害患者和医务人员合法权益及扰乱医疗秩序等违法犯罪行为。

财政、民政、保险监督管理等部门和机构按照各自职责做好医疗纠纷预防和处理的有关工作。

第七条 国家建立完善医疗风险分担机制，发挥保险机制在医疗纠纷处理中的第三方赔付和医疗风险社会化分担的作用，鼓励医疗机构参加医疗责任保险，鼓励患者参加医疗意外保险。

第八条 新闻媒体应当加强医疗卫生法律、法规和卫生常识的宣传，引导公众理性对待医疗风险；报道医疗纠纷，应当遵守有关法律、法规的规定，恪守职业道德，做到真实、客观、公正。

第二章 医疗纠纷预防

第九条 医疗机构及其医务人员在诊疗活动中应当以患者为中心，加强人文关怀，严格遵守医疗卫生法律、法规、规章和诊疗相关规范、常规，恪守职业道德。

医疗机构应当对其医务人员进行医疗卫生法律、法规、规章和诊疗相关规范、常规的培训，并加强职业道德教育。

第十条 医疗机构应当制定并实施医疗质量安全管理制度，设置医疗服务质量监控部门或者配备专（兼）职人员，加强对诊断、治疗、护理、药事、检查等工作的规范化管理，优化服务流程，提高服务水平。

医疗机构应当加强医疗风险管理，完善医疗风险的识别、评估和防控措施，定期检查措施落实情况，及时消除隐患。

第十一条 医疗机构应当按照国务院卫生主管部门制定的医疗技术临床应用管理规定，开展与其技术能力相适应的医疗技术服务，保障临床应用安全，降低医疗风险；采用医疗新技术的，应当开展技术评估和伦理审查，确保安全有效，符合伦理。

制在医疗纠纷处理中的第三方赔付和医疗风险社会化分担的作用，鼓励医疗机构参加医疗责任保险，鼓励患者参加医疗意外保险。

第八条 新闻媒体应当加强医疗卫生法律、法规和卫生常识的宣传，引导公众理性对待医疗风险；报道医疗纠纷，应当遵守有关法律、法规的规定，恪守职业道德，做到真实、客观、公正。

第二章 医疗纠纷预防

第九条 医疗机构及其医务人员在诊疗活动中应当以患者为中心，加强人文关怀，严格遵守医疗卫生法律、法规、规章和诊疗相关规范、常规，恪守职业道德。

医疗机构应当对其医务人员进行医疗卫生法律、法规、规章和诊疗相关规范、常规的培训，并加强职业道德教育。

第十条 医疗机构应当制定并实施医疗质量安全管理制度，设置医疗服务质量监控部门或者配备专（兼）职人员，加强对诊断、治疗、护理、药事、检查等工作的规范化管理，优化服务流程，提高服务水平。

医疗机构应当加强医疗风险管理，完善医疗风险的识别、评估和防控措施，定期检查措施落实情况，及时消除隐患。

第十一条 医疗机构应当按照国务院卫生主管部门制定的医疗技术临床应用管理规定，开展与其技术能力相适应的医疗技术服务，保障临床应用安全，降低医疗风险；采用医疗新技术的，应当开展技术评估和伦理审查，确保安全有效，符合伦理。

温单、医嘱单、化验单（检验报告）、医学影像检查资料、特殊检查同意书、手术同意书、手术及麻醉记录、病理资料、护理记录、医疗费用以及国务院卫生主管部门规定的其他属于病历的全部资料。

患者要求复制病历资料的，医疗机构应当提供复制服务，并在复制的病历资料上加盖证明印记。复制病历资料时，应当有患者或者其近亲属在场。医疗机构应患者的要求为其复制病历资料的，可以收取工本费，收费标准应当公开。

患者死亡的，其近亲属可以依照本条例的规定，查阅、复制病历资料。

第十七条 医疗机构应当建立健全医患沟通机制，对患者在诊疗过程中提出的咨询、意见和建议，应当耐心解释、说明，并按照规定进行处理；对患者就诊疗行为提出的疑问，应当及时予以核实、自查，并指定有关人员与患者或者其近亲属沟通，如实说明情况。

第十八条 医疗机构应当建立健全投诉接待制度，设置统一的投诉管理部门或者配备专（兼）职人员，在医疗机构显著位置公布医疗纠纷解决途径、程序和联系方式等，方便患者投诉或者咨询。

第十九条 卫生主管部门应当督促医疗机构落实医疗质量安全管理制度，组织开展医疗质量安全评估，分析医疗质量安全信息，针对发现的风险制定防范措施。

第二十条 患者应当遵守医疗秩序和医疗机构有关就诊、治疗、检查的规定，如实提供与病情有关的信息，配合医务

范本内容精讲

　　范本展示的是非常典型的章条式条例，该条例的标题格式为"事由＋文种"；第一章为总则，其中第一条说明了制定本条例的原因和目的，第二条说明了条例所涉及的对象的范围，第三条至第八条说明了条例的执行要求；第二章至第四章为分则，可以看到，每个分则并不是以"分则"为章名，而是以本章所涉及的主体内容为章名，如"医疗纠纷预防"；第五章为附则，对分则进行补充说明，如其他类型的医疗机构的医疗纠纷预防与处理问题以及条例的施行时间，这里没有展示。

2. 条款式条例

　　条款式条例的篇幅一般都比章条式的短，内容较少，所以不使用"章"划分。

范本内容展示

◎资源 |Chapter04| 公司安全管理条例 .docx

公司安全管理条例

一、目的

　　为加强防火、防盗安全管理，保护员工人身和公司财产安全，特制定本条例。

二、适用范围

　　全体员工

三、实施办法

　　1. 必须贯彻"安全第一，预防为主，消防结合"的方针。

　　2. 实施经理领导下的防火，防盗安全责任制，各部门、车间、班级实行逐级安全制。

　　3. 公司应当建立健全员工岗位防火、防盗安全责任制，明确各岗位的防火防盗责任制和相关职责，签订《防火防盗责任书》

　　4. 公司对员工进行经常性的防火、防盗安全教育，普及相关知识，培训安全观念，让员工懂得本岗位有什么安全隐患，懂得预防措施。

四、职责

　　1. 总经办负责指导、检查、督促各部门防火防盗安全管理工作。

　　2. 人力资源部负责实施防火、防盗安全宣传教育和培训。

　　3. 各部门、车间负责所管理工作范围内的防火、防盗安全管理。

五、各项管理

　　1. 各部门每天上班后，立即对责任区的门窗、水、办公、生产设备、锁等负责进行周密检查，并做好检查记录，发现异常情况，立即向上级报告。

　　2. 每天下班前，要关闭电源，关好门窗，进行防火、防盗安全检查，并做好检查记录，发现问题不排除，不得离岗。

　　3. 厂区要设醒目的防火标志，任何人不准带火种进入厂区、库房、厂区和库房内禁止吸烟。

　　4. 车间、仓库内严禁擅自乱拉，乱接电源线路，不得随意增设电气设备，如需改变或安装线路，必须由持有证的电工负责。

　　5. 车间、库房的电源线路，电器设备应保持清洁，配电箱、柜内应保持干燥，不得有灰尘堆积，不准堆放物品，各电器设备的导线、接点、开关不得有断线、老化、破损，禁止使用不合格的保险装置。

　　6. 凡是能够产生静电引起爆炸或火灾的设备、电器、必须设置消除静电的装置。

　　7. 消防设备，器材的周围，原则上不准堆放杂物和挂放其它物品，不准堵塞消防通道，保证安全通道畅通。

　　8. 一旦发生火灾、爆炸等突发事件时，相关部门、人员应立即采取果断的应急措施，迅速扑灭火灾等，疏散人员，如发现火灾等事故无法控制时，应立即拨打"119"火警电话报案。

六、本条例由行政部负责解释和监督。

七、本条例自 2017 年 9 月 27 日起实施。

范本所示为某公司的安全管理条例，可以清楚看出该条例没有划分"章"，直接分条列示，全文按序排列，是典型的条款式条例。标题的格式为"实施范围＋事由＋文种"。

该条例的"一、目的"和"二、适用范围"很明显属于总则，阐述的是制定该条例的目的和所涉及对象的范围。"三、实施办法""四、职责"和"五、各项管理"都是条例的分则，说明公司安全管理的各项条规。"六、"和"七、"是条例的附则，说明条例的监督执行机构和实施时间。从中可以看出，该类条例在写作时可以省略成文时间。

4.2 规定

■规定的特点 ■适用范围 ■规定与条例的区别 ■写作格式 ■范例解析

规定是各级党政机关、社会团体、企事业单位规范某方面工作的规章性公文，是规约类文书中使用最广泛的一类。

4.2.1 规定的特点与适用范围

规定是领导机关或职能部门为贯彻某项政策或进行某项管理工作、活动，而提出原则要求、执行标准与实施措施时所作的应用文，适用范围非常广。规定局限于落实某一法律法规，加强某项管理工作，具有较强的约束力，且内容的可操作性很强，具有以下特点。

1. 普遍性

从规定针对的问题和涉及的对象看，具有一般和普遍性，涉及的是大多数的人和事，而不是少数的人或事，而且，党政机关、社会团体以及企事业单位等都可以使用。在人们的工作与生活中，只要是用于规范人们的行为，要求相关人员统一协调的事情，都可以采用"规定"这一文体进行行文约束。

2. 约束性

规定是对某一方面的活动提出具体的规范性要求，如果违反了这种要求，轻则受到批评，重则会受到纪律和刑事处分。这就体现了规定的强制约束力，它的效力是由法定作者的法定权限和规定的应用文内容决定的，其中包括效力所涉及的时间、空间、机关和人员等。

3. 规范性

规定的产生需要遵循严格的审批手续和正式的公布程序，所以规定会显得极其严格与规范，撰稿人在写作规定应用文时要求对语言的选择要极准确、概括、通俗、简洁和规范。

4. 针对性

规定涉及的事项一般是国家事务和社会生活中出现的、带有倾向性的问题，其内容与现实生活息息相关。

5. 灵活性

规定的发布比较灵活，有时可以像其他法规性公文一样，作为附件用发文通知的形式通知发布；有时也可以用文件的形式直接发布。由于其使用情景多样化，规范的对象也可大可小，时效、篇幅等可长可短，因此规定的制发不会受到太多的限制。

4.2.2 规定与条例的区别

规定和条例都是国家行政法规、地方性法规和企业法规的主要形式，但两者之间依然存在诸多不同，具体如表 4-1 所示。

表 4-1　规定与条例的区别

区　别	规　定	条　例
适用范围	用于对特定范围内的工作和事务制定具有约束力的行为规范	用于制定规范相关机构组织工作、活动和行为的规章制度
内容全面性	对某一方面的行政工作作部分的规定	对某一方面的行政工作作比较全面、系统的规定

续表

区　别	规　定	条　例
用法	是法律、政策和方针的具体化形式，是处理问题的法则，主要用于明确提出对国家或某一地区、企事业单位的政治经济和社会发展的某一方面或某些重大事故的管理或限制	是对某机关、组织的机构设置、组织办法、人员配备、任务职权、工作原则、工作秩序和法律责任等作出规定或对某类专门人员的任务、职责、义务权利及奖惩等作出系统的规定
重要特征	重在强制约束性	重在内容法规性

4.2.3 规定的写作格式

规定同样由首部和正文这两大部分构成，各个部分也有其自身需要表达的内容。

1. 首部

规定的首部包括标题、制发时间和依据等内容，有时还会有发文字号。其中，标题的形式与条例类似，具体有两种，一是发文单位＋事由＋文种，如"国务院关于××××申报标准的规定"；二是事由＋文种，如"女职工劳动保护特别规定"。

而规定的制发时间和依据一般在标题之下写明，主要用括号括入，有的规定是随"命令""通知"等文体一起同时发布的，此时规定的标题下方将不再注明制发时间。

2. 正文

规定的正文也由总则、分则和附则构成，因此其内容的表述形式同样分为章条式和条款式。总则阐明制定规定的缘由、依据、指导思想、适用原则和范围等；分则说明规范项目，包括规定的实质性内容和要求具体执行的依据；附则说明规定所涉及的事务或问题的有关执行要求与实施时间等。

规定是部门规章、政府规章的主要形式，内部行文时，要用法定文种中的"通知"或"命令"等做"文件头"来加以颁行，向社会公开发布，采取"法随令出"的形式，有的可使用"公布令"加以发布，如国家行政法规、国务院各部委制定的"部门规章"；有的不能用"令"，如地方性政府规章，必须用"通知"或"公告"等加以发布。

4.2.4 常见规定的范例解析

规定有不同的划分标准，按时间来分，可分为暂定性规定和长远性规定；按行为目的和内容来分，可分为政策性规定和一般性规定，下面来看看后两者的范本。

1. 政策性规定

该类规定主要由有条件制定法规的机构制定，适用于对某一方面的行政工作或某个地方的某项工作作出的规定。

范本内容展示

女职工劳动保护特别规定

第一条 为了减少和解决女职工在劳动中因生理特点造成的特殊困难，保护女职工健康，制定本规定。

第二条 中华人民共和国境内的国家机关、企业、事业单位、社会团体、个体经济组织以及其他社会组织等用人单位及其女职工，适用本规定。

第三条 用人单位应当加强女职工劳动保护，采取措施改善女职工劳动安全卫生条件，对女职工进行劳动安全卫生知识培训。

第四条 用人单位应当遵守女职工禁忌从事的劳动范围的规定。用人单位应当将本单位属于女职工禁忌从事的劳动范围的岗位书面告知女职工。

女职工禁忌从事的劳动范围由本规定附录列示。国务院安全生产监督管理部门会同国务院人力资源社会保障行政部门、国务院卫生行政部门根据经济社会发展情况，对女职工禁忌从事的劳动范围进行调整。

第五条 用人单位不得因女职工怀孕、生育、哺乳降低其工资、予以辞退、与其解除劳动或者聘用合同。

第六条 女职工在孕期不能适应原劳动的，用人单位应当根据医疗机构的证明，予以减轻劳动量或者安排其他能够适应的劳动。

对怀孕 7 个月以上的女职工，用人单位不得延长劳动时间或者安排夜班劳动，并应当在劳动时间内安排一定的休息

时间。

怀孕女职工在劳动时间内进行产前检查，所需时间计入劳动时间。

第七条 女职工生育享受 98 天产假，其中产前可以休假 15 天；难产的，增加产假 15 天；生育多胞胎的，每多生育 1 个婴儿，增加产假 15 天。

女职工怀孕未满 4 个月流产的，享受 15 天产假；怀孕满 4 个月流产的，享受 42 天产假。

第八条 女职工产假期间的生育津贴，对已经参加生育保险的，按照用人单位上年度职工月平均工资的标准由生育保险基金支付；对未参加生育保险的，按照女职工产假前工资的标准由用人单位支付。

女职工生育或者流产的医疗费用，按照生育保险规定的项目和标准，对已经参加生育保险的，由生育保险基金支付；对未参加生育保险的，由用人单位支付。

第九条 对哺乳未满 1 周岁婴儿的女职工，用人单位不得延长劳动时间或者安排夜班劳动。

用人单位应当在每天的劳动时间内为哺乳期女职工安排 1 小时哺乳时间；女职工生育多胞胎的，每多哺乳 1 个婴儿每天增加 1 小时哺乳时间。

第十条 女职工比较多的用人单位应当根据女职工的需要，建立女职工卫生室、孕妇休息室、哺乳室等设施，妥善解决女职工在生理卫生、哺乳方面的困难。

第十一条 在劳动场所，用人单位应当预防和制止对女

范本内容精讲

由范本可知，该规定的标题的格式为事由 + 文种。从展示的范本可以得知，该规定属于条款式，没有分"章"，由于内容较多，这里只展示其中部分，各"条"

之间是并列关系。无论是条例还是规定，如果是章条式的，则"章"与"条"的序号是统一排列，而"例"或"款"的序号在"条"内单独编制。

前几条属于总则，中间部分为分则，最后几条为附则。有时，规定还会有附录，是对前文内容的补充说明，同附则的作用。

2. 一般性规定

一般性规定是指机关团体对某些工作作出的具体规定，其不属于法规性质，但在一定范围内具有规范作用，比如，企事业单位内部作出的相关规定。

范本内容展示

◎资源 |Chapter04| 公司招待管理规定 .docx

公司招待管理规定

1. 目的

    为规范×××××（以下简称"××公司"）来宾接待工作，树立良好的企业形象，使接待工作规范化、标准化，特制定本规定。

2. 接待原则

    对口接待、相互配合;周密细致、友好尊重;预算合理、厉行节约;安全第一、严格保密。

3. 适用范围

    本规定使用于出××公司所有部门。

4. 释义

    4.1 本规定所称的接待是指公司对政府机构、相关企业、客户、供应商等单位的来访接待。分为重要接待和一般接待两种。

    4.2 重要接待是指对公司发展有重要影响的政府机关、投资机构、担保公司等单位的来访接待。

    4.3 一般接待是指除了重要接待以外的接待。

5. 职责

    5.1 管理部负责《接待管理规定》的修订、接待工作总体的组织协调与实施，接待信息的存档。

    5.2 重要接待由管理部负责接待方案的制定、组织与实施，相关部门按照接待方案予以配合。

    5.3 一般接待由相关业务部门负责接待方案的制定、组织与实施，行政组按照接待方案予以配合。

6. 接待工作程序

    6.1 接待申请

    6.1.1 重要接待相关部门依据本管理规定提出重要接待申请（见附表1），经董事长批准后，提交至管理部，由管理部根据实际需求拟定接待方案报董事长审批，董事长批准的重要接待方案，由相关部门负责实施，行政组予以配合监督。

    6.1.2 一般接待，由相关个人或部门自行联系。

    6.2 接待实施

    6.2.1 登记来访

    被访人员、部门应由本人或其委托人员到门卫处办理客人来访登记手续，并根据客人人数领取"贵宾证"，为提高接待效率，接待负责人可提前通知门卫进行登记，不在进行现场登记，客人来访期间，应佩戴"贵宾证"并由被访人员全程陪同，客人离公司时，被访人员应将客人送至大门口，同时交回"贵宾证"，进行访客离开登记手续。

    6.2.2 内部用餐

    为方便工作、提高办事效率，子公司普通办事员、支援生产人员、设备维护人员，一律安排公司内部食堂用餐，并到管理部领取"临时就餐卡"。

    6.2.3 外部用餐

    经确认需要外部就餐，需以书面形式报管理部，待相关领导批准后，行政组应按照人数和标准安排外部用餐，交代负责接待部门相关人员自行联系就餐场所。

范本内容精讲

如范本展示，该规定是公司内部关于招待管理的规定，采用条款式的表述形式，首先将制定该规定的目的和适用范围等进行了阐述。

从第5点开始属于规定的分则内容，主要说明了公司相关人员的接待职责、接待工作程序和接待相关事项。第8点为规定的附则，说明该规定的解释权和实施时间，分别是"由管理部负责解释"和"经公司总经理批准后施行"，此处没有展示出来。在行文上，与党政机关的政策性规定相同，使用的是肯定语气，如必须、严禁、不得和应当等词汇。

对于规定正文中提及的相关文件或表格等，可以用附件的形式附在规定的正文之后，比如，此规定中6.1.1例提及的"（见附表1）"，在正文之后就附带了附表1《接待申请表》的表格样式。

4.3 办法

■办法的特点 ■写作格式 ■范例解析

办法是有关机关或部门单位根据党和国家的方针、政策及有关法规、规定，就某一方面的工作或问题提出具体做法和要求的文件。

4.3.1 办法的特点与写作格式

办法与条例、规定一样，是国家行政法规、地方性法规的主要形式，与其不同的是，办法是对某一项行政工作作出比较具体的规定，可操作性强于条例和规定。同时，办法还具有如下两个特点。

◆ 办法的法规约束性侧重于行政约束力。

◆ 办法的条款必须具体、完整，不能抽象笼统。

在实际工作中，办法的使用更常见。它的写作格式与条例和规定的格式大致相同，也由首部和正文这两大部分构成。

1. 首部

办法的首部也包括标题、制发时间和依据等内容，其中，标题的常见形式分3种，一是发文机关＋事由＋文种，如"国务院办公厅关于××××的评价办法"；二是事由＋文种，如"无证无照经营查处办法"；三是使用范围＋事由＋文种，如"外国企业或者个人在中国境内设立合伙企业管理办法"。

标题之下用括号注明规定制发的年、月、日和会议名称；或通过的会议、时间及发布的机关单位、时间；或批准的机关单位、时间等。有的办法会随"命令""通知""决定""批复"等文体同时发布，此时制发时间和依据可不用再注明。

2. 正文

办法的正文一般包括依据、规定和说明这3个层面的内容，其结构一般为总则＋分则＋附则，因此可分章、分条叙述。总则的内容为制定办法的目的、依据、职责及适用范围等；分则一般为具体的方法、措施和要求等，是办法的主体部分；附则内容为特殊规定、补充说明或实施日期等。

需要注意，办法应用文没有落款部分，但如果是随"命令""通知"等同时发布的办法，在命令或通知的最后会有落款。

4.3.2 常见的办法应用文范例解析

办法应用文根据发文机关、单位的不同，可分为政策性办法和公司管理类办法等类型。

1. 政策性办法

政策性办法主要由国家领导机关或地方政府发布，涉及的内容通常是全国性的或地方性的，范围较广。

范本内容展示

知识产权对外转让有关工作办法（试行）

　　为贯彻落实总体国家安全观，完善国家安全制度体系，维护国家安全和重大公共利益，规范知识产权对外转让秩序，依据国家安全、对外贸易、知识产权等相关法律法规，特制定本办法。

　　一、审查范围

　　（一）技术出口、外国投资者并购境内企业等活动中涉及本办法规定的专利权、集成电路布图设计专有权、计算机软件著作权、植物新品种权等知识产权对外转让的，需要按照本办法进行审查。所述知识产权包括其申请权。

　　（二）本办法所述知识产权对外转让，是指中国单位或者个人将其境内知识产权转让给外国企业、个人或者其他组织，包括权利人的变更、知识产权实际控制人的变更和知识产权的独占实施许可。

　　二、审查内容

　　（一）知识产权对外转让对我国国家安全的影响。

　　（二）知识产权对外转让对我国重要领域核心关键技术创新发展能力的影响。

　　三、审查机制

　　（一）技术出口中涉及的知识产权对外转让审查。

　　1.在技术出口活动中，出口技术为我国政府明确的禁止出口限制出口技术目录中限制出口的技术时，涉及专利权、集成电路布图设计专有权、计算机软件著作权等知识产权的，应当进行审查。

　　2.地方贸易主管部门收到技术出口经营者提交的中国限制出口技术申请书后，涉及专利权、集成电路布图设计专有权等知识产权对外转让的，应将相关材料转至地方知识产权管理部门。地方知识产权管理部门收到相关材料后，应对拟转让的知识产权进行审查并出具书面意见书，反馈至地方贸易主管部门，同时报国务院知识产权主管部门备案。

　　3.地方贸易主管部门应当依据地方知识产权管理部门出具的书面意见书，并按照《中华人民共和国××××××管理条例》等有关规定做出审查决定。

　　4.涉及计算机软件著作权对外转让的，由地方贸易主管部门和科技主管部门按照《中华人民共和国××××××管理条例》、《××××××保护条例》等有关规定进行审查。对外转让的计算机软件著作权已经在计算机软件登记机构登记的，地方贸易主管部门应当将审查结果及时通知计算机软件登记机构。经审查不得转让的，计算机软件登记机构在接到通知后，不得办理权属变更登记手续。

　　5.涉及植物新品种权对外转让的，由农业主管部门和林业主管部门根据《中华人民共和国××××××保护条例》等有关规定，按照职责进行审查，重点审查内容为拟转让的植物新品种权对我国农业安全特别是粮食安全和种业安全的影响。

　　（二）外国投资者并购境内企业安全审查中涉及的知识产权对外转让审查。

　　1.外国投资安全审查机构在对外国投资者并购境内企业

范本内容精讲

　　办法的内容一般比上级的条例和政策规定更具体、细致且切合实际。办法中涉及的内容不能与上级的有关政策规定相背离或相矛盾。从范本的内容可以看出，该《办法》适用于全国范围内的知识产权对外转让相关工作，但要注意，标题中加注了括号说明"（试行）"，说明该办法还在试行阶段，与条例类似，在发布前可以有一个试行阶段，经过试行后，可加以修改充实，再作为正式文件施行。

　　办法的写法主要有两种，一种是把上级的政策法规原封不动地照搬，变成办法应用文的组成部分，或将原政策法规的内容表述得更为具体；另一种是不照搬，根据上级的政策法规提出具体的意见或措施。

　　需要说明的是，一般来说，政策性办法都会随"命令""通知""决定"等文体一同发布，因此在办法写作前需要先写作命令、通知或决定的内容，过程中需要注明发文字号，正文写作完后还要落款，写明发文机关和成文时间。接着才写作办法的内容，此时落款处的发文机关即办法的发文机关，而办法的标题下方将不再注明制发时间。

2. 公司管理类办法

公司管理类办法的格式没有政策性办法那么严格，但写作时也不能随意，要么采用章条式，要么采用条款式。

范本内容展示

◉ 资源 |Chapter04| 区域分公司管理实施办法（试行）.docx

××装饰工程集团有限公司 2018 年度
区域分公司管理实施办法（试行）

前言

鉴于公司目前区域性发展业务扩大，区域分公司有效的管理控制是目前面临的一大难题，能否及时有效地将区域分公司相关问题反馈至总部成为关键点。目前建议公司拟采用"统分结合"、弹性授权的管理模式进行局部调整和完善，特编制以下试行办法，希望通过大家共同探讨，力争找出一条符合公司发展的思路。

第一章　管理原则

第一条　总公司管理定位于战略规划中心、投资决策中心、业务指导中心、信息中心、财务管理中心以及服务支持中心。

第二条　分公司管理定位于利润增值中心、业务执行中心和各项管理制度实施中心，是公司目标管理的具体实施单位，并在公司总体目标框架下及总公司授权范围内组织开展以战略目标实施为核心、以总公司下达的各阶段经营管理目标和工作部署为依据的日常经营管理工作。

第三条　总公司对分公司的经营授权关系将根据公司经营规模、经济效益、发展阶段等不同情况作适当的调整。

第四条　总公司统一制定公司相关制度及原则性、方向性的管理规定，分公司严格执行总公司下发的相关制度，分公司可在总公司相关制度（原则）下制定具体的实施细则，但需报总公司审批并备案后方可执行。分公司有义务对制度

的完善提出中肯的建议。

第五条　总公司负责建立、健全公司相关信息系统。

第六条　子公司名义下的其他承包制分公司应比照执行本办法，并接受总公司的相关管理。

第二章　分公司职权拟定（最终以总公司授权为准）

第七条　分公司的职权

1. 贯彻执行总公司基本方针、发展战略、经营目标、年度计划及市场规划，自主进行市场拓展、开发以及工程项目实施；

2. 根据公司人力资源规划、计划，在权限范围内对人员进行管理；

3. 在总公司授权范围内或核定预算范围内按程序支配资金；

4. 在权限范围内对公司资产实施管理权；

5. 在权限范围内签署业务合同或协议；

6. 对大型项目或非公司主营业务项目具有组织研究可行性方案的权力，或对有利于提高公司效益的事项对外投、融资和涉及公司发展战略决定的问题持建议权；

7. 具有组织拟订财务预算指标和财务预算项目类别、工程预算及其他项目预算的权力；

8. 对总公司给予的奖励、处罚持有再分配权；

9. 行使总公司授予的其他权利。

第三章　经营管理

第八条　总公司对分公司实行经营目标责任制，分公司

范本内容精讲

通过阅读范本前言内容，可以看出前言是关于办法的制定目的与背景，且从第一章开始就阐述办法涉及的具体内容，如管理原则、分公司职权拟定和经营管理等。

公司管理类办法的主体内容一般为具体的工作规范，如果是管理办法，则在写作时还可根据管理办法制定具体的实施办法，如《××省会计从业资格管理实施办法》就是根据《会计从业资格管理办法》及相关法律法规制定的。而范本附则内容中明确的是"根据最终的分公司管理办法逐步制定和完善具体的管理规定"。在本

范例中，"1.""2."……形式的内容属于"条"下的"例"，一般在当前"条"内单独编制，所以不是全文拉通编号。

4.4 细则

细则是有关机关或部门为了使下级机关或人员更好地贯彻执行某一法令、条例、规定和办法，结合实际情况，对其所作的详细的、具体的解释和补充。在长期的实践过程中，很多细则以"××实施细则"的形式出现。

4.4.1 细则的特点与适用范围

细则一般会与条例、规定或办法等搭配使用，目的是为了补充原条文的不足之处，使原条文更好地发挥作用。细则多是法律法规和规章等的从属性文件，一般由原法令、条例、规定或办法的制定机构或其下属职能部门制定，其具有以下特点。

◆ **规范性：**细则是对法律、法规和规章的补充说明或辅助性规定，自然就具有法律、法规和规章的规范性特点。

◆ **补充性和辅助性：**细则是主体法律、法规和规章的从属性文件，它对法令、条例、规定或其部分条文进行解释和说明，制定细则的目的就是为了补充法律、法规和规章条文原则性强但操作性弱的不足，以利于受文者贯彻执行。

◆ **较强的可操作性：**细则是对有关法律、法规和规章的基本概念进行界定，规定具体的适用标准和执行程序，从而使主体规范性文件有更强的操作性。

细则的适用范围较广，无论是国家行政机关发布的法律、法规和规章等政策，还是企事业单位发布的工作管理规定、办法等，涉及对这些文件进行解释补充和具体实施程序的指导，都可以使用"细则"这一应用文文体。

4.4.2 细则的写作结构与要求

撰稿人在撰写细则应用文时，要明确其特定的结构模式，除此之外还要避免所作的细则文件不符合要求。

1. 写作结构

细则一般由首部和正文这两大部分构成，与条例、规定和办法的大致结构相仿。

◆ 首部

细则的首部包括标题、制发时间和依据等内容，其中，标题的格式一般为适用范围＋"实施"＋文种，适用范围一般多由母体公文的标题来充当，主要有如下两种形式。

①由地区、法（条令、规定）名称和文种组成，如"中华人民共和国×××法实施细则"。

②由法（条令、规定）名称和文种组成，如"不动产登记暂行条例实施细则"。

◆ 正文

细则的正文主要由总则、分则和附则构成，总则说明制作细则的目的、根据、适用范围和执行原则等；分则是根据法律、法规和规章的有关条款制定出的具体的执行标准、实施措施、执行程序和奖惩措施；附则用来说明细则的解释权和施行时间，有的细则还会对一些未尽事宜作出补充说明。

正文的结构形式通常有两种：章条式和条款式，根据法律制定的细则多采用章条式，根据条例或办法等制定的细则多采用条款式。

2. 写作要求

撰稿人在写作细则应用文时，除了要清楚细则的写作结构外，还要懂得以下写作要求。

①任何细则都是为贯彻执行某一条规而制发的，所以必须先说明制定细则的条文根据，且不能随意增减。

②必须注意细则的补充性和辅助性，尤其是要体现"细"字，把有关条规具体化、细致化，而不是在原有条规之外另起炉灶进行"补充说明"。

③要注意细则条文的逻辑顺序，一项一事，体现出相对的独立性。

④细则写作必须坚持"上有所依，下有所系"的原则，即必须根据上级机关、单位的有关条规，联系本地区、本系统的实际情况，提出具体的实施细则。

4.4.3 常见细则的范例解析

根据细则内容的法规性，将其分为法规性细则和工作细则。两者的应用领域不同，具体介绍如下。

1. 法规性细则

法规性细则是相关法律、法规和规章的补充性文件，其内容与相关的法律、法规和规章有密切联系。

范本内容展示

中华人民共和国×××法实施细则

第一章 总　则

第一条　根据《中华人民共和国×××法》(以下简称《×××法》)，制定本实施细则。

第二条　国家安全机关负责本细则的实施。

公安、保密行政管理等其他有关部门和军队有关部门按照职责分工，密切配合，加强协调，依法做好有关工作。

第三条　《×××法》所称"境外机构、组织"包括境外机构、组织在中华人民共和国境内设立的分支（代表）机构和分支组织；所称"境外个人"包括居住在中华人民共和国境内不具有中华人民共和国国籍的人。

第四条　《×××法》所称"××组织代理人"，是指受××组织或者其成员的指使、委托、资助，进行或者授意、指使他人进行危害中华人民共和国国家安全活动的人。

××组织和××组织代理人由国务院国家安全主管部门确认。

第五条　《×××法》所称"敌对组织"，是指敌视中华人民共和国人民民主专政的政权和社会主义制度，危害国家安全的组织。

敌对组织由国务院国家安全主管部门或者国务院公安部门确认。

第六条　《×××法》所称"资助"实施危害中华人民共和国国家安全的××行为，是指境内外机构、组织、个人的

下列行为：

（一）……；

（二）……。

第七条　《×××法》所称"勾结"实施危害中华人民共和国国家安全的××行为，是指境内外组织、个人的下列行为：

（一）……；

（二）……；

（三）……。

第八条　下列行为属于《×××法》第三十九条所称"××行为以外的其他危害国家安全行为"：

（一）……；

（二）……；

（三）……；

（四）……；

（五）……；

（六）……；

（七）……；

（八）……。

第二章　国家安全机关在×××工作中的职权

第九条　境外个人被认为入境后可能进行危害中华人民共和国国家安全活动，国务院国家安全主管部门可以决定其在一定时期内不得入境。

第十条　对背叛祖国、危害国家安全的犯罪嫌疑人，依据《×

××法》第八条的规定，国家安全机关可以通缉、追捕。

第十一条　国家安全机关依法执行×××工作任务时，有权向有关组织和人员调查询问有关情况。

第十二条　国家安全机关工作人员依法执行×××工作任务时，对发现身份不明、有危害国家安全行为的嫌疑人员，可以检查其随带物品。

第十三条　国家安全机关执行×××工作紧急任务的车辆，可以配置特别通行标志和警灯、警报器。

第十四条　国家安全机关工作人员依法执行×××工作任务的行为，不受其他组织和个人的非法干涉。

国家安全机关工作人员依法执行×××工作任务时，应当出示国家安全侦察证或者其他相应证件。

国家安全机关及其工作人员在工作中，应当严格依法办事，不得超越职权、滥用职权，不得侵犯组织和个人的合法权益。

第三章　公民和组织维护国家安全的义务和权利

第十五条　机关、团体和其他组织对本单位的人员进行维护国家安全的教育，动员、组织本单位的人员防范、制止××行为的工作，应当接受国家安全机关的协调和指导。

机关、团体和其他组织不履行《×××法》和本细则规定的安全防范义务，未按照要求整改或者未达到整改要求的，国家安全机关可以约谈该相关负责人，将约谈情况通报该单位上级主管部门，推动落实防范××行为和其他危害国家安全行为的责任。

第十六条　下列情形属于《×××法》第七条所称"重大贡献"：

（一）……；

（二）……；

（三）……；

（四）……；

（五）……。

第十七条　《×××法》第二十四条所称"非法持有属于国家秘密的文件、资料和其他物品"是指：

（一）……；

（二）……。

第十八条　《×××法》第二十五条所称"专用××器材"，是指进行××活动特殊需要的下列器材：

（一）……；

（二）……；

（三）……；

（四）……。

专用××器材的确认，由国务院国家安全主管部门负责。

第四章　法律责任

第十九条　实施危害国家安全的行为，由有关部门依法予以处分，国家安全机关也可以予以警告；构成犯罪的，依法追究刑事责任。

第二十条　下列情形属于《×××法》第二十七条所称"立功表现"：

范本内容精讲

从范本展示的细则的表述形式看，分了"章"和"条"，属于章条式细则。

细则的第一条就以"根据……制定本实施细则"的句式阐述了该细则的制定依据为《中华人民共和国×××法》；第二条阐明了细则的主要实施机关和配合工作的机关、部门；第三条至第八条均以"……所称……是指……"的句式对细则中涉及的某些概念进行解释说明。

第二章至第四章是细则的分则部分，主要介绍了国家安全机关在×××工作中的职权、公民和组织维护国家安全的义务和权利以及法律责任这3项内容，每个章节又分为不同的"条"，且在整个细则中顺序编号。第五章为本细则的附则部分，进行了其他事项、细则的施行时间以及原相关实施细则的废止等问题的解释说明，如图4-2所示。

第五章 附 则

第二十五条 国家安全机关、公安机关依照法律、行政法规和国家有关规定，履行防范、制止和惩治××行为以外的其他危害国家安全行为的职责，适用本细则的有关规定。

第二十六条 本细则自公布之日起施行。××××年×月×日国务院发布的《中华人民共和国××××××实施细则》同时废止。

图 4-2

2. 工作细则

为指导某一工作更好地进行，许多企事业单位都会制定工作细则，使相关人员明确工作的要求和职责。

范本内容展示

◎资源｜Chapter04｜×× 公司合同管理实施细则 .docx

××公司合同管理实施细则

第一章 总则

第一条 为严格规范合同管理工作，有效防范和控制法律风险和操作风险，促进公司各项业务的健康发展，根据《中华人民共和国合同法》等法律法规和总行《××总公司合同管理办法》等合同管理相关规定，制定本实施细则。

第二条 本细则所称合同，是指公司与自然人、法人、其他组织等民事主体之间设立、变更、终止民事权利义务关系的协议；包括在各项业务活动、普通民事活动、劳动用工、日常采购等活动对外签订的合同、协议、意向书等书面文件。

公司单方面对外出具的、产生权利义务关系的声明、说明、证明、承诺、公告等书面文件参照本细则管理。

公司不是合同签约主体，但合同内容对本行权益具有重大影响的，该合同参照本细则管理。

第三条 合同应当采用书面形式，即合同书、信件和数据电文（包括电报、电传、传真、电子数据交换和电子邮件）等可以有形地表现所载内容的形式。

第四条 本细则所称合同管理，是指按照国家法律法规和总公司制度要求，对合同的制定、审查、签订、履行以及保管等各个环节进行的规范化管理活动。

第五条 公司签订的合同分为示范合同与非示范合同。

示范合同，是指公司事先对合同内容、体例和格式进行统一制定，针对不特定的对象可重复使用，并以公文形式发布的合同。

非示范合同，是指公司各级机构使用的除示范合同之外的其他合同。

第六条 本细则所称法律与合规职能部门，是指公司法律与合规部、各二级公司法律职能部门。

本细则所称合同承办部门，是指因履行其经营及管理职能，负责具体合同的谈判、签订或履行的部门或机构。

第七条 公司合同管理应遵循以下原则：

（一）依法合规、全流程管理原则。合同管理应符合国家法律法规及总公司制度要求，对合同制定、发布、使用、谈判、审查、签订、履行、保管、纠纷处理、监管检查等各个环节进行规范和监督。

（二）统一管理、分工协作原则。公司各级法律与合规职能部门负责统筹协调和归口负责合同管理工作，合同承办部门及其他相关部门根据总公司制度规定在各自职责范围内承担相应的合同管理职责。

（三）保障交易安全，促进业务发展原则。合同管理应严格规范业务操作，加强内部控制，防范经营和管理中的法律风险及操作风险，最大限度保障和促进业务发展，有效维护本行各项合法权益。

第八条 本细则属于"操作规程"，适用于公司各级机构。

第二章 职责分工

第九条 公司法律与合规部是公司合同牵头管理部门，具体职责包括：

（一）制定适用于公司辖内的合同管理细则，对公司合同管理工作进行统筹、指导和协调；

（二）根据本细则规定，负责职责范围内示范合同的制定、维护及合同法律审查等工作；

（三）监督、检查和评价公司合同管理规定和工作的实施及执行情况；

（四）本细则规定或总、公司要求的其他合同管理工作。

第十条　各二级公司法律合规职能部门是各二级公司的合同牵头管理部门，具体职责包括：

（一）对本机构合同管理情况进行指导、协调、检查和监督；

（二）负责职责范围内合同法律审查工作；如审查法律关系复杂、权利义务重大的合同，需报送公司法律与合规职能部门进行法律审查的，应先由异地机构法律与合规职能部门负责前置审查。

（三）负责辖内示范合同制定的前置审查。

（四）负责总公司示范合同的维护、合同法律审查等工作，针对总公司示范合同部分条款修改涉及限制本行主要权利、增加本行重大义务的情况应报公司法律与合规部审核。

（五）本细则规定或总公司要求的其他合同管理工作。

第十一条　业务管理部门是合同条款技术性、业务性审核的部门，具体职责包括：

（一）根据总公司业务管理规定负责审核合同承办部门提交合同的业务合规性及技术性审核；

（二）根据业务需要，负责协助合同承办部门起草非格式合同并提交法律与合规职能部门审定；

（三）本细则规定或总公司要求的其他合同管理工作。

第十二条　合同承办部门是合同的需求方和使用者，具体职责包括：

（一）负责业务合同的选用、起草、资信调查、谈判、业务审查、订立、履行、保管等工作；

（二）负责合同所涉及的具体业务内容的审查，落实业务审批部门以及合同法律审查意见；

（三）本细则规定或总公司要求的其他合同管理工作。

第三章　公司示范合同制定

第十三条　公司示范合同由公司法律与合规部（以下简称"示范合同制定部门"）在职责范围内统一制定。

第十四条　示范合同的制定应充分征求同级相关部门或下级分支机构的意见，必要时应向有关领域专家征求意见或聘请外部律师予以协助。

第十五条　示范合同的发布主要有以下3种方式：

（一）由示范合同制定部门以公文方式单独发布；

（二）由示范合同制定部门与业务管理部门以公文方式联合发布；

（三）由各二级公司、公司业务管理部门发起，经示范合同制定部门审核同意后，与业务管理制度一并作为发文通知的附件以公文方式发布。

公司业务管理部门不得单独发布示范合同。

范本内容精讲

无论是政策性细则，还是工作细则，由于其是对相关法律、法规和规章进行详细、具体的解释和补充，所以条款会比较多，篇幅较长，如本范例展示的工作细则共包括13章。

该范本是 ×× 公司关于合同管理的实施细则，第一章为总则，阐明了制定该细则的目的、依据、执行原则和相关概念所指，如依据是"《中华人民共和国合同法》等法律法规和总行《×× 总公司合同管理办法》等合同管理相关规定"；第二章至第十二章分别说明了实施细则的具体内容，如职责分工、公司示范合同制定、非示范合同制定、合同审查、合同签订、合同履行、合同档案管理、电子合同的管理、合同维护、合同监督检查及罚则，可看出分则是以合同的形成与传递过程为写作基础而创作的；第十三章为本细则的附则部分，主要说明相关解释权和细则施行时间。

本细则中的第十二章"罚则"主要阐明了违反细则规定的相关处理问题，以引起细则应用文的受文对象的重视，起到提醒和约束作用。

4.5 制度

■制度的作用与适用范围 ■特点与分类 ■规范格式与要求 ■范例解析

广义的角度，制度是指在一定条件下形成的政治、经济和文化等方面的体制；狭义的制度是指一个单位制定的要求大家共同遵守的办事规程或行动准则，也指在一定历史条件下形成的法令、礼俗等规范或一定的规格。

4.5.1 制度的作用与适用范围

在不同的行业、不同的部门、不同的岗位都有其具体的做事准则，目的都是使各项工作按计划、按要求达到预计目标，此时就需要制定相应的规章制度来进行详细的说明和规范。那么，制度的作用究竟有哪些呢？如图 4-3 所示。

实现规划化管理

制度可以规范员工的行为，规范企业管理工作，比如，全面完善的规章制度可以减少 "做的工作少但拿到和经常加班的同事一样多的薪金待遇" 的情况，进而充分调动公司内部员工的工作积极性

实现标杆管理

有些企业的规章制度是应用于标杆管理的，即制度中明确指出公司的发展目标以及面向此标准所要做到的项目等

协调并整合资源

制度的建立可以使企事业单位内部的工作更加协调，各项有用资源得到整合，使公司运作更有序、高效

指导和激励员工

制度对员工个人认知和组织行为都具有指导作用，体现在制度体系内的人员能够根据制度明确自己应该做什么、不应该做什么，以及违背制度会受到哪些惩罚。同时，社会成员根据制度所做出的行为对其利益分配会产生影响，如公司制定的薪酬激励制度就会影响员工的薪酬水平，因此制度具有激励作用

图 4-3

制度的适用范围非常广，大可到国家机关、社会团体、各行业、各系统，小可到各个企事业单位、部门和班组等。

4.5.2 制度的特点与分类

除了学习制度的作用外，撰稿人要想更深入了解"制度"这一应用文文体，还需要掌握其具有的特点以及不同的种类。

1. 制度的特点

由于制度是大家共同遵守的办事规程或行动准则，因此具有规范性文件的特点。

- ◆ **程序规范性**：制度对实现工作程序的规范化、岗位责任的法规化、管理方法的科学化等起着重大作用，因此其制定必须以有关政策、法律和法令为依据，本身要有程序性，为人们的工作和活动提供可供遵循的依据。

- ◆ **约束性**：规章制度明确规定了应该做什么、不应该做什么。它是人们的行为准则，一经生效，有关单位或个人就必须严格遵守或遵照执行。如果违反有关条款，就要受到相应处罚。

- ◆ **权威性**：规章制度的权威性来源于机关单位的权威性，规章制度的写作者是法定的，即依法能以自己的名义行使权利与承担义务的组织。制度是这些法定写作者根据自己的职责和权限制定的，是本级机关权力意志的反映。

- ◆ **指导性**：制定规章制度的目的就是引导受文者按照制度的规定行事，规范受文者的行文，指导受文者向好的方向发展。

- ◆ **鞭策与激励性**：制度有时就张贴或悬挂在工作现场，随时鞭策和激励人们遵守纪律、努力学习、勤奋工作。

- ◆ **稳定性**：因为规章制度是人们的行为准则，所以不宜经常变动和更改，应具有相对稳定性。因此，写作者不能将脱离实际的条文，属于临时性的、个别性的问题，以及暂时还没有条件实行的问题引入规章制度。但这并不意味着制度是一成不变的，在条件成熟或环境发生变化时，需要及时修改并完善制度的内容。

2. 制度的分类

常见的制度可分为岗位性制度和法规性制度两类，岗位性制度适用于某一岗位上的长期性工作，所以有时制度也叫"岗位责任制"，如《办公室人员考勤制度》《销售人员出差管理制度》等；法规性制度是对某方面工作制定的带有法令性质的规定，如《职工休假制度》《公司管理制度》和《招聘管理制度》等。

不同的企事业单位制定的制度会有不同，而同一单位的不同部门由于工作性质的不同，也会有各自对应的管理制度，如图 4-4 所示的是公司内部一些常见的制度。

图 4-4

4.5.3 制度的规范格式与要求

制度不仅有其特定的格式，而且撰稿人在写作制度应用文时还需要掌握其中的写作要求。

1. 规范格式

制度应用文一般多使用条文式写作手法，一般由标题、正文和结尾这 3 个部分构成，各个部分对应的格式和写作内容如下。

◆ 标题

制度的标题主要有两种构成形式，一是适用对象＋文种，如"档案管理制度""保密制度"；二是单位名称／部门名称＋适用对象＋文种，如"公司财务制度""××大学宿舍管理制度"。

◆ 正文

制度的正文有多种写法，主要可以概括为引言、条文、结语式 3 种，通篇条文式，多层条文式。每种写法有各自的结构特点，具体情况如表 4-2 所示。

表 4-2　制度的正文写法

写　法	结　构	特　点
引言＋条文＋结语式	指开头先用一段引言阐述制度的制定目的、根据和意义等，然后对制度的具体规定用条文进行罗列，最后再使用结语进行总结或说明制度的解释权归属和生效日期等	具有清晰明了、逻辑性强的特点，可以使正文的形式显得有始有终，结构紧凑，制定制度的目的、依据和意义等更突出
通篇条文式	指正文全部都使用条文列出，从制度的正文开头到结尾的种种规定都逐条表达	具有方便和灵活的特点，可以使正文的形式整齐清晰
多层条文式	适用于内容复杂、篇幅较长的制度，比如用"一、二、三……"来表示大项，用"（一）、（二）、（三）……"来表示大项下的条，再用"1、2、3……"表示条下的款	特点是将全文分为多层序码，篇下分项、项下分条、条下分款

◆　结尾

　　制度的结尾部分相当于落款部分，位于正文之下，包括制发单位名称和成文日期。但实际制作时，该部分较少放置于正文之下，而是在标题下方居中位置加括号注明。

4.5.4　制度类应用文的范例解析

　　根据制度的正文写法的不同，可以将制度分为以下 3 种类型。

1. 引言＋条文＋结语式制度

　　这类制度的结构类似于总－分－总，先以一个自然段作为制度的引言或前言，说明制定制度的目的、依据和意义等，然后分写各项制度，最后再总结制度的其他补充项、解释权归属和生效日期等。

　　范本内容展示

◉资源 |Chapter04| 公司管理制度 .docx

公司管理制度

前言

为进一步深化企业管理，充分调动发挥公司员工的积极性和创造性，切实维护公司利益和保障员工的合法权益，规范公司全体员工的行为和职业道德，结合《公司法》和《劳动法》的相关规定，建立一套健全的管理制度，以促使公司从经验管理型模式向科学管理的模式转变。

发展是永恒的主题。在运作规范化的企业组织中，体现其管理模式特性的是企业的管理制度。建立管理制度的目的是为了适应环境变化，调控企业行为，保证稳健、快速、健康运行，促进企业的发展壮大。

公司要确立企业发展信念：凝聚力是企业得以持续发展的长久动力，作为一个公司的员工要时刻充满自信，对公司的未来充满必胜的信心，真正做到以公司的发展壮大为己任。公司的发展是双方面的，达到员工个人事业追求与公司总体目标的真正融合，使公司整体得到可持续发展。创造员工与公司共同发展的平台，达到公司整体和员工个体的全面发展。

把企业做大做强是最终目标。不是片面追求丰厚的收入，而是大家都有一个和谐的生活状态和工作环境，能实现自己的理想和价值，追求大众对公司的认知、社会对我们的肯定。

愿我们的员工融入××公司的发展壮大，愿××公司融入创建和谐社会的似锦前程！

企业文化篇

企业宗旨：为顾客创造价值为企业创造利益
为员工创造财富为社会创造繁荣

企业作为市场经济的主体，要正确处理社会、股东、顾客、员工的相互关系，不可失之偏颇，四者相辅相成，缺一不可。公司要做的事，就是让顾客、员工、股东、社会"四满意"。同时，以此作为公司的公开承诺，以体现出公司存在的社会价值。

企业精神：艰苦奋斗、开拓创新、诚实做人、踏实做事

艰苦奋斗是一种美德，没有创业、工作的艰辛和永不停息的奋斗精神，则不能成就今天的辉煌，更不能体会成功的来之不易。

公司将以实际行动鼓励和呵护员工的开拓创新精神，创新精神是企业能与时俱进的动力和发展的源泉。

对一个人来说，要做到老实人，说老实话、办老实事。对一个企业来讲，人人都要讲真话、干实事，只有这样才能认识自己、认识别人、认识社会，只有知己知彼，才会明白自己的缺点和短处，也才会虚心学习别人的优点和长处。讲真话难，干实事更难，知难而进，既是我们的传统，更是我们要不断延续、永久保持的精神。

经营理念：规范管理、恪守诚信、追求卓越、务实创新

实行规范的管理制度，是一个企业做大做强所应具备的先决条件。管理出人才，管理出效益。没有规范的管理，要把企业做大做强则是一纸空谈。

诚信为企业立足之本，是我们做每一件事所必须遵循的

范本内容精讲

由范本展示的内容看，前言包括 5 个自然段，第一自然段以"为进一步……"的句式阐明制定本制度的目的、意义和相关依据；然后以"××篇""一、二、三……""1、2、3……"等形式对具体规定进行罗列。

制度标题下方没有注明制发单位和成文时间，而是在正文之后落款处标明，如图 4-5 所示。因为公司内部制定的制度有非常明显的制发单位，所以有时可以省略。

结语

1. 本制度由公司制定，由公司总经办负责解释和维护管理。
2. 本制度自印发之日起施行。

××公司总经办
2018 年 9 月 28 日

图 4-5

2. 通篇条文式制度

通篇条文式制度的正文全部使用条文列出，结构整齐清晰。

范本内容展示

◉ 资源 |Chapter04| 公司员工打卡考勤管理制度 .docx

公司员工打卡考勤管理制度

一、目的

为了规范公司考勤管理，严肃工作纪律，有效提升员工的敬业精神，并使员工的工资核算做到有法可依，结合我公司实际情况，特制订本制度。

二、适用范围

公司全体员工。

三、管理规定

1. 工作时间：

[周一至周五]

夏季 上午 8：00～12：00　下午 14：30～18：00

冬季 上午 8：00～12：00　下午 14：00～17：30

[周六] 上午 9：00～11：30

2. 打卡时间：上班时间开始后 30 分钟内到班者，按迟到论处；超过 30 分钟以上者，按旷工半天论处。提前 30 分钟以内下班者按旷工半天论处，超过 30 分钟者按旷工半天论处。上午下班卡和下午上班卡应间隔 30 分钟以上。

3. 打卡制度

①员工打卡须亲身为之，若托人或受托打卡，均以旷工 1 日论处。

②员工确实按规定上、下班而忘记打卡者，应于 3 日内填写《未打卡情况说明单》由本部门主管领导签证后送于总经理办公室备案，否则以旷工论。当月填写说明单，超过两次，记迟到一次，依次累计计算。员工打卡时应确认打卡完

成，如因操作不当未记录的，视为忘记打卡。

③员工填写《未打卡情况说明单》有不实之处，经查明属实均以旷工论。签证之主管应负连带责任，当月考核系数下降 0.01。

④因打卡机发生故障或停电时，员工无法打卡，应在临时签到本上登记。

⑤员工跟班、加班或上连班的按实际到岗和离岗时间打卡，中途吃饭时间在半小时内不需打卡。如发现中途（下班）离开不打卡或故意延长加班时间的，视情节严重处罚 50～200 元。

4. 违纪界定

员工考勤违纪分为：迟到、早退、脱岗和睡岗等 4 种，管理程序如下：

①迟到、早退：指未按规定时间打卡迟到或早退的，以月为计算单位，第一次迟到或早退扣款 10 元，第二次迟到或早退扣款 20 元；第三次迟到或早退扣款 30 元，依次累计增加，下月重新开始计算。

②脱岗：指员工在上班期间未履行任何手续擅自离开工作岗位的，脱岗一次罚款 20 元。

③睡岗：指员工在上班期间打瞌睡的，睡岗一次罚款 20 元，造成重大损失的，由责任人自行承担。

四、批假权限

员工休假（含补休）按公司假期及薪酬管理规定和相关请假制度执行。

范本内容精讲

由范文内容可知，该制度是某公司关于员工打卡考勤管理的相关制度规定。以明显的"一、二、三……"形式进行具体规定的列示，属于通篇条文式制度。

第一点就阐明本制度的制作目的；第二点阐明本制度的适用范围；第三点开始介绍具体规定项。而在第三点中又分为多个小点，以"1、2、3……"的形式进行列示，这相当于多层条文式格式。在实际工作中，对通篇条文式与多层条文式的区分并没有严格的界定。通篇条文式也有结语，一般会与前述具体规定项进行连续编号，如图 4-6 所示的是本制度的结语部分，列示为第六、第七点。

> 每月 3 日前（节假日顺延）将上月考勤记录中的异常情况反馈至各部门，由部门领导调查缺勤的实际情况，并书面说明后随考勤一并交人力资源部。
>
> 六、本制度由公司总经理办公室制定并负责解释。
>
> 七、本制度自 2018 年 9 月 1 日起执行。

图 4-6

如果在结语部分明确了制度的具体生效时间，则可以省略落款处的成文时间。

3. 多层条文式制度

当制度的内容复杂且篇幅较长时，一般使用该类型的写作格式。

范本内容展示

◎资源 |Chapter04| 招聘管理制度 .docx

招聘管理制度

第一章 总则

第一条 适用范围

本制度适用于公司所有职位的招聘管理。

第二条 制定目的

为满足公司持续、快速发展的需要，规范员工招聘流程，健全人才选用机制，特制定本制度。

第三条 招聘原则

公司招聘坚持公开招聘、先内后外、平等竞争、人岗匹配的原则。

第二章 招聘职责

第四条 行政人事部职责

1. 制订公司中长期人力资源规划。

2. 制定、完善公司招聘管理制度，规范招聘流程。

3. 核定公司年度人力需求，确定人员编制，制定年度招聘计划。

4. 分析公司人员职位职责及任职资格，制订并完善职位说明书。

5. 决定获取候选人的形式和渠道。

6. 设计人员的选拔测评方法，并指导用人部门使用这些方法。

7. 主持实施人员选拔测评，并为用人部门提供录用建议。

8. 定期进行市场薪酬水平调研，核定招聘职位薪酬待遇标准。

9. 提供各类招聘数据统计及分析。

第五条 用人部门职责

1. 编制部门年度人力需求计划，提出正式人力需求申请。

2. 协助行政人事部做好对职位职责和任职资格的调查分析。

3. 参与候选人专业技术水平测评。

第三章 招聘流程管理

第六条 确定招聘需求

1. 各部门根据本年度工作发展状况和公司下一年度的整体业务计划，拟定年度人力资源需求计划，于每年年底报行政人事部。

2. 行政人事部根据公司年度发展计划、编制情况及人力资源需求计划，制定年度招聘计划及费用预算，报公司总经理审批。

3. 各部门提前一个月申报人力需求，填写《雇员申请表（增员或补员）》

3.1《雇员申请表（增员）》适用范围：

①增设职位；②原职位增加员工数量；③储备人才

3.2《雇员申请表（补员）》适用范围：员工离职补充、调动补充。

4. 招聘需求审批权限表

5. 提出《雇员申请表（增员）》的招聘职位，行政人事部进行工作分析和招聘难度分析。

6. 人事行政部根据人力需求，制订招聘计划和具体实施

范本内容精讲

该范本展示的是某公司的招聘管理制度，写作手法采用多层条文式，如"第三

章 招聘流程管理"下的条规很好地突出了多层条文式制度的特点,以"章、条、1、3.1、①"这样的形式进行展示。

同时,该制度的格式还符合典型的章条式表述形式,第一章为总则,阐述本制度的适用范围、制定目的和招聘原则;第二章开始为分则,说明招聘职责和招聘流程管理,最后一章为附则,对本制度的解释权和实施时间进行了说明。正文之后还带有附件,如图4-7所示。整个制度无论从结构上还是内容上,都凸显了其完整性。

第四章　附则

第十六条　本制度的拟定和修改由人事行政部负责,经总经理审核批准后执行。

第十七条　本制度由行政人事部负责解释。

第十八条　本制度自批准之日起实施。

附件一　人力资源需求申请表(增员)(略)

附件二　人力资源需求申请表(补员)(略)

附件三　人力资源需求申请更改单　　(略)

附件四　部门年度人力需求计划表　　(略)

附件五　年度人力需求计划报批表　　(略)

图 4-7

4.6 章程

■章程的特点　■写作要求　■一般格式　■范例解析

章程是党政机关、公司或社会团体制定的,规定组织性质、宗旨和办事基本规则的规范性文书,是一种根本性的规章制度。章程与规则的关系类似于宪法与法律的关系。

4.6.1 章程的特点与写作要求

章程是有条理、有程式的规章,具有行业或业务的规范性和组织约束力,因此写作之前要先了解其具体的特点和写作要求。

1. 章程的特点

由于章程是一种根本性的规章制度，因此具有如表 4-3 所示的显著特点。

表 4-3　章程的特点

特　点	解　析
约束性	章程作用于组织内部，依靠全体成员共同实施，不由国家强制力予以推行，但要求其下属组织及成员等守信，有一定的规范作用和约束力
准则性	章程规定的是组织或团体的规程和办事规则，起着纲领的作用，组织或团体成员的活动都必须遵循章程。如对公司来说，其经营范围是由公司章程来规定的，且要依法进行登记。公司股东、股东大会或董事会的会议决议内容如果违反了公司章程，那么股东可以自决议作出之日起一定时间内，请求人民法院撤销
稳定性	章程是组织或团体的基本纲领和行动准则，在一定时期内稳定地发挥其作用，若必须更改或修订，应履行特定的程序和手续，比如，经组织全体成员或其代表审议通过。有关单位开展业务工作的章程是基本的办事准则，应保持相对稳定，不宜轻易变动

2. 章程的写作要求

掌握章程的写作要求，撰稿人就可以准确地把握章程的写作要点。

◆　内容要完整

不同组织的章程都有内容上的要求，其中的条款内容是经过反复讨论，充分协商后才确定的。必要的项目要完备，既要突出特点又要照顾全面。比如，有限责任公司的公司章程应按照《公司法》的规定，载明以下内容：公司名称和住所；公司经营范围；公司注册资本；股东的姓名或者名称；股东的出资方式、出资额和出资时间；公司的机构及其产生办法、职权、议事规则；公司法定代表人；股东会会议认为需要规定的其他事项。

◆　结构严谨

章程一般由总到分，顺序要合理。"分"的部分一般先说明组织、团体的成员，然后再讲组织或团体；先讲全国组织，次讲地方组织，后讲基层组织；先讲对内规章，后讲对外规章。要环环相扣，体现章程严密的逻辑性。章程要一项一事，不要把一个完整的意思拆成几条规定，也不要把几个意思合在一条中写作，要做到完整且单一，这样才能便于执行和引用。

◆ 表述简洁明确

章程作为一种具有指导性的应用文，特别强调语言的简洁明确，要尽量反复提炼，将意思干练地表达出来。章程一般用断裂行文法，主要表现为用条文表达，句与句、段与段之间有一定的跳跃性，一般不要使用"因为……所以……""虽然……但是……"这样的关联词。章程的语言多用词语的直接意义，不用比喻、比拟和夸张等修辞手法，要保证章程的语义毫不含糊、没有歧义，一看就明白。

◆ 不要滥用

虽然章程使用广泛，但其仍有使用范围的要求。不少单位将规定、办法或规则等文种也当作章程来使用，这显然是不规范的。如果是比较单一且时效性较短的组织规范，应将其写入其他文体中，如规则、细则或条例等。

另外要注意，简章与章程是不同的，简章是简明扼要的章程，在内容上它只针对某一工作或事项的办事程序，没有章程详细具体。

4.6.2 章程的一般格式

章程一般由标题和正文两部分构成，每个部分包含的内容如下。

1. 标题

章程的标题一般由组织或社团名称加文种构成，如"××公司章程""××大学办学章程"。在标题的下方会用括号注明章程是什么时间由什么会议通过，有关组织的代表大会通过了就算正式章程，如果是尚未经代表大会通过的，在章程标题的末尾需加上"草案""试行"等字样。

2. 正文

章程的正文有两种写作方式，一是总则+分则+附则，二是总纲（总则）+分章。总则或总纲从总体说明组织的性质、宗旨、任务和作风等；分则或分章要包括成员、组织和经费等内容, 如成员条件、权利、义务和纪律, 全国组织、地方组织、基层组织、代表大会、理事会、专业小组和名誉职务, 经费来源和使用管理等; 附则用以说明章程的制定权、修改权、解释权和施行时间。

4.6.3 章程应用文的范例解析

不同性质的组织、团体, 其对应的章程侧重点会有不同, 比如, 企业和事业单位的章程。

1. 公司章程

每一个依法设立的公司都需要制定公司章程, 其对公司、股东、董事、监事和高级管理人员具有约束力。公司的经营范围也由公司章程规定, 并依法登记, 当改变经营范围时, 就需要办理变更登记并对章程进行必要的修改。

范本内容展示

◉资源 |Chapter04| ×× 公司章程 .docx

×× 公司章程

总 则

为了适应社会主义市场经济体制的需要, 建立现代企业制度, 明晰产权产系, 促进企业发展, 根据《中华人民共和国公司法》及国家有关法律法规, 经全体股东协商, 制定本章程。

1. 本公司是依据《公司法》经设立的有限责任公司, 具有企业法人资格。

2. 公司享有股东投资形成的全部法人财产权并以其全部资产对公司的债务承担责任。

3. 公司以其全部法人财产, 依法自主经营、自负盈亏。

4. 公司实行权责分明, 科学管理, 激励和约束相结合的内部管理体制。

5. 公司从事经营活动, 必须遵守纪律, 遵守职业道德加强社会主义精神文明建设, 接受政府和社会公众的监督。公司的合法权益受法律保护, 不受侵犯。

一、公司名称和住所

1. 公司名称: × × × × ×

2. 公司住所: × × × × ×

二、公司经营范围

公司经营范围: × × × × ×

三、公司注册资本

1. 公司的注册资本 × × 万元。

2. 注册资本如有虚假和在公司成立后抽逃出资, 按国家有关法律、法规规定承担责任。

四、股东名称和姓名

1. 法人: × × ×

2. 自然人: × × ×

五、股东的权利和义务

1. 股东的权利:

(1) 公司股东作为出资者按投入公司的资本额享有所有者的资产受益、重大决策和选择管理者等权利。

(2) 股东有权查阅股东会会议记录和公司财务会计报告。

(3) 股东按照出资比例分取红利, 公司新增资本时, 股东可以优先认缴出资。

(4) 有权在股东会上依其出资比例行使表决权。

(5) 公司终止后, 有权依法取得公司剩余财产。

(6) 有权依法取得出资证明书。

(7) 有权转让出资。

2. 股东的义务

(1) 股东应当足额缴纳公司章程中规定各自所认缴的出资额。股东以货币出资的, 应当将货币出资足额存入公司准备设立的临时银行账户, 以实物、工业产权、非专利技术或者土地使用权出资的, 应当依法办理财产权的转移手续。

股东不按照前款规定缴纳所认缴的出资, 应当对已足额

范本内容精讲

范本展示的是某公司制定的章程，可以看出该章程的写作结构为总则 + 分则 + 附则，由于内容较多，这里没有展示出附则内容，附则如图 4-8 所示。

十一、附则

1、本公司经营期限为×年，以工商登记机关核准注册之日为正式成立时间。

2、股东认为需要说明的有关事项。

股东签字、盖章

1、法人股东盖章、法定代表人签字：

2、自然人股东签字：

××年×月×日

图 4-8

从范本内容来看，该章程包括了公司的名称和住所，公司经营范围、注册资本，股东名称和姓名，股东的权利和义务，股东的出资方式和出资额，股东转让出资的条件，公司的机构及其产生办法、职权、议事规则，公司财务、会计以及公司的解散事由与清算办法，《公司法》规定的必要内容都有，是比较完整的章程。

该范本中没有将"总则"编号，而是从分则的第一项"公司名称和住所"开始编号，直至最后的附则，这样可以突出总则的内容，让受文者清楚地知道章程的主要内容从哪里开始。但实际工作中，很多时候是从总则开始编号。

2. 事业单位章程

事业单位制定的章程，重点阐明组织性质、基本权利以及办事纲领等内容，格式会比公司章程更严格。

范本内容展示

◉资源 |Chapter04|××事业单位章程 .docx

××事业单位章程

第一章 总则

第一条 为促进事业单位健康发展的需要，保障事业单位的合法权益，促进社会各方和谐，根据《事业单位登记管理暂行条例》《事业单位登记管理暂行条例实施细则》和有关法律、法规制定本章程。

第二条 单位全称：×××××。

第三条 单位住所：×市×区×路×号×室。

第四条 本单位是经××批准设立的××类事业单位，隶属××管理。

第五条 单位设立、变更、注销，应当依照《事业单位登记管理暂行条例》和《事业单位登记管理暂行条例实施细则》之规定向本辖区事业单位登记管理部门申请办理。

第二章 事业单位的宗旨和业务范围

第六条 单位的宗旨：×××××。

第七条 单位的业务范围：×××××。

第三章 事业单位的组织机构及法定代表人

第八条 本单位是经×号《××的通知》文件批准成立，配有编制×名，现有×人。分×个内设科室。

第九条 ××年×月×日根据××文件任命××为本单位负责人，主持全面工作。

第十条 本单位法定代表人是有完全民事行为能力的自然人，是本单位的主要行政负责人，是代表本单位对外开展活动，行使民事权利、履行民事义务的责任人。

第十一条 本单位的拟任法定代表人，经本辖区事业单位登记管理部门核准登记，方取得事业单位法定代表人资格。

第四章 事业单位资产管理和使用的原则

第十二条 按照《事业单位财务规则》和《事业单位会计准则》及有关财经法规，认真做好本单位资产的日常管理工作，建立健全管理制度，将资产管理的责任落实到有关科室和个人。

第十三条 单位对所占有、使用的国有资产要定期清查，做到家底清楚、账账相符、账卡相符、账实相符，防止资产流失。

第十四条 优化资产配置，做到物尽其用，发挥资产的最大使用效益。

第十五条 资产管理必须执行国家规定的财务管理制度，用于本单位章程规定的业务范围和事业的发展，盈余按照国家有关规定进行处理。

第五章 事业单位终止程序和终止后资产的处理办法

第十六条 本单位因宗旨业务已经消失、事业性质改变等原因，依照相关规定进行分立、合并、撤销的，到事业单位登记管理机关办理注销登记。

第十七条 本单位在申请注销登记前，应当在举办单位和其他有关机关的指导下，成立清算组织，清理债权债务，处理善后事宜，并提交清算报告，完成清算工作。

清算期间，本单位不得开展有关清算以外的活动。

第十八条 本单位终止后的资产应经主管部门审核并报

范本内容精讲

范本展示的是某事业单位制定的章程，总则部分阐明章程的制定目的和依据，以及事业单位的全称与住所信息；分则部分主要介绍事业单位的宗旨、业务范围、资产管理和使用原则、终止程序和终止后资产的处理办法以及章程的修改程序等；附则对本章程的解释权、生效问题和份数进行说明。

第四条说明了该事业单位的组织性质为"××类事业单位，隶属××管理"，其他条款都在阐述该事业单位的基本权利和办事纲领。而类似于学校这样的事业单位，其章程中需要载明的内容会更多更复杂，比如下列记载的内容。

◆ 学校的登记名称、简称和英文译名，办学地点和所在地，校徽和校歌等学校标志物。

◆ 学校的机构性质和发展定位，培养目标和办学方向。

◆ 经审批机关核定的办学层次和规模。

◆ 学校的主要学科门类以及设置和调整的原则与程序。

◆ 学校实施的全日制与非全日制、学历教育与非学历教育、远程教育和中外合作办学等不同教育形式的性质、目的和要求。

◆ 学校的领导体制、法定代表人、组织结构、决策机制、民主管理和监督机制，内设机构的组成、职责和管理体制。

◆ 学校经费的来源渠道、财产属性、使用原则和管理制度，接受捐赠的规则与办法。

◆ 学校的创办者，创办者对学校进行管理或考核的方式与标准，学校负责人的产生与任命机制，创办者的投入与保障义务。

◆ 章程修改的启动和审议程序，章程解释权的归属。

◆ 学校的分立、合并及终止事由，学校与相关社会组织关系等学校认为必要的事项，以及本办法规定的需要在章程中规定的其他重大事项。

4.7 规则

■规则的特点 ■一般格式 ■范例解析

规则是运行、运作规律所遵循的法则，一般指由群众共同制定、公认或由代表人统一制定并通过，由群体里的所有成员一同遵守的条例和章程。

4.7.1 规则的特点与适用范围

规则有 3 种形式：明规则、潜规则和原规则，明规则是明文规定的规则，需要不断完善；潜规则是没有明文规定的规则，约定俗成无局限性，可弥补明规则的不足之处，但不合理的潜规则应及时纠正；元规则是一种以暴力竞争解决问题的规则，善恶参半，是一种不文明的文明之道。

无论是哪种形式的规则，只要违背善恶道德，必须严惩不贷，以维护社会和谐。在实际的撰写工作中，规则都是根据现实需要而制定的，其针对的是某项管理工作或某项公务活动，因此具备如下特点。

◆ **针对性**：规则都是针对具体的工作、活动、考试或比赛等制定的，其涉及的事务层面比较基础，不像命令、条例、规章等立足于大层面的事务。

◆ **具体且可操作性：** 规则的内容必须具体，具有可操作性，能够直接付诸实施。

◆ **制约性：** 社会由种种规则维持着秩序，无论规则是人为设定的还是客观存在的，只要是规则便具有制约性，因为规则都具有绝对的或相对的约束力，人的行为是一种在一定范围内才可以得到许可的、才可行的，而不是一种完全的、无拘无束的行为。规则的制约性是普遍存在的，不可消除。

由此可见，规则的适用范围非常广泛，只要是需要约束人的行为的事务都可以制定规则。

4.7.2 规则的写作格式与注意事项

常见的规则没有严格的格式，只要将各条规则说明清楚即可，但有些规则仍然会有首部、正文和尾部这 3 个构成部分。

1. 首部

首部一般仅有标题，部分规则会在标题下用括号注明规则的通过日期与会议名称，若规则经过修改，还会注明修改日期和施行日期。此时标题的格式有两种：事由＋文种，如"××演讲比赛规则"；制发机关＋事由＋文种，如"××公司董事会议事规则"。

2. 正文

结构非常严谨的规则，其正文一般由总则、分则和附则这 3 个部分构成，总则一般说明制定规则的缘由、根据或指导思想；分则是规则的主体内容，是要求执行的具体规范；附则一般包括解释权归属和规则的生效日期等，其中关于生效日期的描述有如下一些惯用语。

①本规则自 ×× 年 × 月 × 日起实施。

②本规则于 ×× 年 × 月 × 日首次生效，于 ×× 年 × 月 × 日最新修订。

③本规则于 ×× 年 × 月 × 日发布，于 ×× 年 × 月 × 日正式生效。

然而日常使用的规则很少会区分这 3 个部分，大多直接从第一项规则开始列示。

3. 尾部

尾部即落款位置，写明发文机关、单位以及发文时间。有时该部分内容会融合到规则正文中，不再单独写为落款，此时规则的正文结束即标志着规则应用文写作结束。

4.7.3 常见的规则类应用文范例解析

根据规则内容的不同，规则可以分为很多类型，下面来看看常见的参赛规则和新颖的网评规则的具体内容。

1. 参赛规则

各种各样的比赛都需要制定参赛规则来约束和指导参赛人员的行为，参赛人员要参加某一项比赛，必须遵守该项目的参赛规则。

范本内容展示

◎资源 |Chapter04| "××"演讲比赛规则 .docx

"××"演讲比赛规则

一、参赛须知

1.参赛选手须遵守规定，按时参加抽签、比赛。

2.参赛选手在赛前 15 分钟入场，比赛前进行抽签，决定出场顺序。

3.参赛选手须遵守比赛规则和赛场纪律，做文明赛手。如有疑义，由比赛评委会裁定。

4.参赛选手着夏装制服。

二、演讲要求

1.演讲内容要围绕"××"主题，结合实际，事例鲜明，真实感人，行文通畅，属原创作品。

2.采用站立式脱稿演讲，使用普通话，发音清晰，表达流畅，用语规范。

3.情感真实，仪表大方，举止自然，着装得体。

4.参赛选手按照抽签序号依次上台演讲，迟到一分钟视为弃权。

5.每位选手比赛时间限定在 5～8 分钟内，演讲进行到 7 分钟、8 分钟时各举牌提醒一次，少于 5 分钟、多于 8 分钟均为扣分时限。

6.演讲过程中不允许播放背景音乐及视频。

三、评分标准

比赛采用百分制，评委在规定的最高分值内，对选手的表现进行打分。

1.演讲内容：40 分。要求内容紧扣主题，事例鲜明深刻，格调积极向上，语言自然流畅，富有真情实感。

2.语言表达：30 分。要求脱稿演讲，普通话标准，声音洪亮，吐字清晰，语速适当，表达流畅。

3.形象风度：20 分。要求衣着整洁，仪态大方，举止自然、动作恰当。

4.综合印象：10 分。由评委根据参赛选手的临场表现作出综合评价。

四、计分办法

1.评委打分精确到小数点后两位，各位评委的评分去掉一个最高分和一个最低分，取其余评委打分的算术平均数为选手的最后得分。

2.每位选手比赛时间限定在 5～8 分钟内，超时在一分钟内的扣 2 分，超时两分钟内的扣 5 分，最高扣 5 分；时间不足 5 分钟的，少一分钟以内的扣 2 分，少两分钟的扣 5 分，最高扣 5 分。

3.评委在打分时先按照原定前三项指标正常打分，有超时或不足情况的，在综合印象中扣除。

范本内容精讲

范本展示的是某次以"××"为主题的演讲比赛的规则，从结构上看，该规则没有标明日期，而事实上，一般的参赛规则可以省略日期，因为相关的比赛活动说明文件中会提及比赛的时间。这里第一点就开始介绍该演讲比赛的参赛须知，直奔规则的主体内容，简洁、直接。

范本所示的比赛规则的整体格式与多层条文式制度的格式很像，以"一、二、三……"和"1.2.3……"来体现多层规则之间的上下层、包含与被包含关系，具体说明了此次演讲比赛的演讲要求、评分标准和评分办法。而有些内容比较详细的规则还会对涉及的所有时间问题进行罗列，比如，一些有赛事日程安排的参赛活动，如图 4-9 所示。

> 二、赛事日程安排
>
> 征稿截止日期：2018 年 9 月 30 日；
>
> 评审开始日期：2018 年 10 月 8 日；
>
> 评审结束日期：2018 年 10 月 22 日；
>
> 成绩公布日期：2018 年 10 月 26 日；
>
> 奖牌邮寄日期：2018 年 10 月 30 日。

图 4-9

2. 网评规则

常见的网评规则是人们在网上完成一笔交易后，使用评论的权利对交易情况进行评价的规则说明，目的是规范买卖双方的交易评价行为，不少网上商城都制定了评价规则。还有一些网评规则是指评论他人发布的动态、微博或博客等的规则，具体内容可以进入相应的官网查询。

范本内容展示

◎资源 |Chapter04| ×× 网评价规则 .docx

××网评价规则

第一章 概述

第一条 【宗旨原则】为促进买卖双方基于真实的交易作出公正、客观、真实的评价，进而为其他消费者在购物决策过程中和卖家经营店铺过程中提供参考，根据《××平台服务协议》《××规则》等相关协议、规则的规定，制定本规则。

第二条 【适用范围】本规则适用于××网所有卖家和买家。

第三条 【效力级别】《××规则》中已有规定的，从其规定，未有规定或本规则有特殊规定的，按照本规则执行。

第二章 评价基本信息

第四条 【入口开放条件】买卖双方有权基于真实的交易在××交易成功后15天内进行相互评价。

第五条 【评价内容】××网评价包括"店铺评分"和"信用评价"；"信用评价"包括"信用积分"和"评论内容"；"评论内容"包括"文字评论"和"图片评论"。

第六条 【店铺评分】店铺评分由买家对卖家作出，包括对商品/服务的质量、服务态度、物流等方面的评分指标。每项店铺评分均为动态指标，系此前连续6个月内所有评分的算术平均值。

每个自然月，相同买、卖家之间交易，卖家店铺评分仅计取前3次。店铺评分一旦作出，无法修改。

第七条 【信用积分】在信用评价中，评价人若给予好评，则被评价人信用积分增加1分；若给予差评，则信用积分减少1分；若给予中评或15天内双方均未评价，则信用积分不变。若评价人给予好评而对方未在15天内给其评价，则评价人信用积分增加1分。

相同买、卖家任意14天内就同一商品的多笔××交易，多个好评只加1分，多个差评只减1分。每个自然月，相同买、卖家之间交易，双方增加的信用积分均不得超过6分。

第八条 【追加评论】自交易成功之日起180天（含）内，买家可在作出信用评价后追加评论。追加评论的内容不得修改，也不影响卖家的信用积分。

第九条 【评价解释】被评价人可在评价人作出评论内容或追评内容之时起的30天内作出解释。

第十条 【评价修改】评价人可在作出中、差评后的30天内，对信用评价进行一次修改或删除。30天后评价不得修改。

第三章 评价处理

第十一条 【评价处理原则】为了确保评价体系的公正性、客观性和真实性，××将基于有限的技术手段，对违规评价、恶意评价、不当评价、异常评价等破坏淘宝信用评价体系、侵犯消费者知情权的行为予以坚决打击。

第十二条 【评价逻辑调整】××将根据平台运营需要，调整评价的开放或计算逻辑。

第十三条 【违规评价】××有权删除违规交易产生的评价，包括但不限于《××规则》中规定的发布违禁信息、骗取他人财物、虚假交易等违规行为所涉及的订单对应的评价。

第十四条 【恶意评价】如买家、同行竞争者等评价人被发现以给予中评、差评、负面评论等方式谋取额外财物或其他不当利益的恶意评价行为，××平台或评价方可删除该违规评价。

第十五条 【不当评价】××平台有权删除或屏蔽不当评价的评价内容，包括但不限于包含辱骂、泄露信息、污言秽语、广告信息、无实际意义信息、色情低俗内容及其他有违公序良俗的信息。

第十六条 【异常评价】××平台对排查到的异常评价作不计分、屏蔽、删除等处理。

第十七条 【评价人处理】针对前述违规行为，除对产生的评价做相应处理外，××平台将视情形对评价人采取身份验证、屏蔽评论、删除评价、限制评价、限制买家行为等处理措施。

第十八条 【积分不重算】评价被删除后，××平台不会针对删除后的剩余评价重新计算积分。

第十九条 【评价投诉】被评价方须在评价方作出评价的30天内进行投诉；未在规定时间内投诉的，不予受理。

第四章 附则

第二十条 【生效时间】本规则将自××××年×月××日首次生效。

第二十一条 【规则适用】××网买卖家的评价行为发生在本规则修订生效以前的，适用当时的规则；评价行为发生在本规则修订生效以后的，适用本规则。

范本内容精讲

范本所展示的是某电商平台的评价规则，主要由概述、评价基本信息、评价处理和附则这 4 部分构成。

范本概述说明了制定该网评规则的宗旨、原则和适用范围，以及该规则的效力级别；评价基本信息说明了网评的入口开放条件、评价内容、店铺评分、信用积分、追加评论、评论解释和评价修改等方面的规则；评价处理说明了原则、评价逻辑调整、违规评价、恶意评价、不当评价、异常评价、积分不重算和评价投诉等事项的处理规则；附则说明了该规则的生效时间和适用情况。

除此之外，生活和工作中接触到的一些业务也有自身的规则，称为业务规则。它主要是对业务定义和约束进行描述，用于维持业务结构或控制影响业务的行为，与业务相关的操作规范和行业标准等，都可以称为业务规则。它一般由业务人员创建、实时更新和调试。比如"纳税申报准备业务规则""4G 业务规则"等。

商务办公文书写作要点
与范例解析

一家企业在经营管理过程中，为了解决一些工作上的事情或问题，常常需要通过发布相关的办公文书来实现。比如，要与供应商、客户等建立正式的联系，一般会用到传真和函，要概括公司情况时需用到报告、总结等，另外还可能会涉及倡议书、申请书等文书。

5.1 传真

　　将文字、图表和照片等记录成纸面上的静止图像，通过扫描和光电变换，变成电信号，经各类信道传送到目的地，在接收端通过一系列逆变换过程，获得与发送原稿相似记录副本的通信方式，称为传真。

5.1.1 传真的适用范围与一般格式

　　传真是一种非话电信业务，因其便捷高效的特点而被各企事业单位及个人广泛运用。在日常商务办公中，传真是一种常用的文书类型，企事业单位及个人的某些重要事项都会使用传真来传达信息。

　　在企事业单位的商务活动中，一份规范的传真不仅能体现企事业单位的良好形象，还能使互通消息的双方能够不见面就把事情处理好，以提高工作效率。一般来说，传真由标题、传真头、正文和结尾这4个部分构成，各部分的结构与内容如下。

1. 标题

　　传真的标题格式比较简单，一般直接以传真内容的标题作为传真的标题，如"关于双方下一步合作的相关事宜"；另一种格式为发文机关或单位名称＋文种，如"××公司传真"；另外一种是事由＋文种，如"关于更改付款方式的说明传真"。有时，传真也可以省略标题，此时就需要写过渡语，如"首先感谢贵公司对我们一如既往的支持和信赖！""您好"等。

2. 传真头

　　传真头部分主要写明接发传真双方的相关信息，其中收件方的信息应包括收件单位名称、收件人姓名、地址、联系电话、网址、抄送人姓名和传真号等；发件方的信息包括发件人单位名称、发件人姓名、网址、发件日期、资料总页数、联系电话、传真号、主题、紧急程度以及回复要求等。

3. 正文

　　传真的正文是"传真"这一文书的传真内容，是其主体部分，该部分内容是发件方需要告知收件方的信息，表达形式可以是文书、文字或图像。若内容为文字，其书写格式与一般文书正文的书写格式相同，全文字体统一，每个自然段的段落样式均为首行缩进两个字符，字号大小没有统一规定，符合实际需求即可。

4. 结尾

传真的结尾一般是一些礼仪性的结束语，如"期待贵公司的回复""祝合作愉快"等。这一部分并不是传真文件的必须写作内容，使用时可视具体情况而定。

5.1.2 传真的写作注意事项

由于传真具有真实性、便捷性和可靠性的特点，所传送的资料内容是绝对真实的，因此在写作时一定要注意以下问题。

表 5-1　租赁合同、买卖合同的区别

注意事项	说　明
传真的内容要清晰	发送传真时应尽量使用清晰的原件，避免发送后出现内容看不清楚的情况，给公司及个人带来不便或损失
传真的篇幅不宜过长	传真一般不适用于页数较多的文件，不仅成本较高，且占用传真机时间过长会影响其他工作人员的使用
尽量在对方上班时间发送传真	如果没有事先与对方确认发送传真的时间，就尽量不要将传真的发送时间设定在下班后，这可能会导致对方接收不及时，进而影响工作进程。如果事发突然，应及时跟对方解释清楚
传真的接收和传送确认	如果对方将传真机设定为自动接收的状态，发送方应尽快通过其他方式与收件方取得联系，确认其是否收到传真。收到传真的一方也应给予及时的回复，避免因任何的疏漏造成传真丢失以致影响工作。在重要的商务沟通中，任何信息丢失都可能造成时间的延误甚至影响到合作业务的成败，因此传真的确认接收工作不可轻视

5.1.3 常见的传真文书范例解析

根据传真内容的重要程度，可将其划分为普通传真和重要传真两大类。

1. 普通传真

普通传真是普遍情况下使用的一种传真形式，因此使用频率较高。

范本内容展示

◎资源 |Chapter05| 关于××问题协商事宜 .docx

范本内容精讲

从范本所示的传真文件可知，该传真的传真头位于传真标题之前，写明了传真的接收方信息和发送方信息，以及紧急程度和确认接收的处理。一般来说，传真的传真头都是位于传真标题之前的。

该传真的标题没有"传真"字样，直接以传真涉及的内容所对应的标题作为标题。然后写传真的抬头为"××销售部"，接着书写传真正文，如这里的"我公司××"，之后又以"此传真在收到当日请马上予以回复，否则……"和"特此函告"等作为传真的尾部，强调传真的回复处理问题。在实际工作中，传真文件的标题很少直接用"传真"字样，而是用"××传真函"或"××函"，属于"函"文体。

2. 重要传真

这里所谓的重要传真是指传真内容涉及金钱、权责和名誉等问题的传真，比如，退款传真，它是传真双方发生退款行为时使用的传真，不仅可以用于企业之间的业务往来，个人与企业之间的退款行为也经常会使用到退款传真。

范本内容展示

◉资源 |Chapter05| 退款传真 .docx

退款传真

单位用户填写（请详细填写以下信息）			
发件公司名称		收件公司名称	
联系人		收件人	
传真		传真	
联系电话		页数	
注册详细信息			
用户名		域名	
注册单位名称		联系电话	
省份		城市	
邮政编码		联系邮箱	
通讯地址			
退款信息			
账户名		银行账号	
退款原因			
退款金额			
退款方式（请详细注明）			

请在此附上贵公司的财务章或公章（单位用户）/身份证正反两面的复印件（个人）

　年　月　日

备注：

1. 若您的退款金额已开出发票或收据，请回寄给我公司，邮寄地址：×××××；邮编：×××，收件人：×××。

2. 退款方式有两种：银行汇款、手机转账。

3. 在退款方式中，您需要注明以上两种方式中的一种，并注明以下内容：

银行汇款：公司全称、账号、汇入行名称。

手机转账：收款人姓名、联系电话和具体转账方式，如微信、支付宝等。

范本内容精讲

从范本展示的外观可以看出，该传真以表格的形式罗列传真的传真头和正文内容，比纯文字的正文内容更清晰明了。因为涉及金钱问题，所以在表格的下方会有备注信息，补充说明表格中的相关内容。

此传真标题格式为"事由＋文种"，即"传真退款"；同样在传真的主体内容之前先列明收件方和发件方的基本信息，如名称、姓名、传真号、联系电话和页数等。注册信息是进一步确认收款方的身份，防止退款出错，紧接着是退款信息，如退款原因、退款金额和退款方式等。在表格的最后一行中注明需要收件方提供的鉴章信息和发件日期，表格式的传真无须添加礼仪式的结束语。

对于各类传真，其正文部分的常用语会因为类型的不同而不同，相关介绍如下。

◆ **反映问题类：** "针对贵公司……"。

◆ **回复类：** "贵公司发送的函已收悉，……"。

◆ **要求类：** "根据双方 ×× 会议要求，……"。

传真的写作者要注意，正式的商务传真必须有手写签名，且注明签名人的职务，同时加盖公章。如果传真还带有附件，如报价单、合同和有关细则等时就需要依次写明。

5.2 函

■函的特点　■适用范围　■写作格式　■范例解析

函是指不相隶属或平行的机关或单位之间商洽工作、询问和答复问题、请求批准和答复审批事项时所使用的公文。

5.2.1 函的特点与适用范围

由于函是应用文中的一种典型的平行文种，在现实生活和工作中适用的范围非常广泛。在适用的内容方面，它除了主要用于不相隶属机关或单位相互商洽工作、询问和答复问题外，还可以向有关主管部门请求批准事项、向上级机关询问具体事项、上级机关答复下级机关的询问或请求批准事项以及上级机关催办下级机关有关事宜，如要求下级机关函报报表、材料或统计数字等。另外，函有时还用于上级机关对某原发文件做较小的补充或更正，但这种情况不多见。

函是配合商务活动使用的事务文书，商务往来过程中所使用的简便信函，具有以下几个特点。

1. 沟通性

函在不相隶属或平行的机关之间行文，起着沟通作用，体现双方的平等与互利互惠的关系，函的收发方应相互尊重，以礼相待。

2. 主旨单一性

函具有纯粹的业务性，一般要求专文专事，内容集中单一，围绕一项公务，突出主旨，一般一份函只写一件事。

3. 行文灵活性

行文灵活性表现在两个方面，一是行文关系灵活，除了可以是平行文外，也可以是上行文或下行文，没有其他文种那样严格的行文关系的限制；二是格式灵活，除了国家高级机关的主要函必须按照公文的格式、行文要求行文外，其他一般的函都可灵活写作，可以按照公文的格式及要求行文，可以有文头版，也可以没有文头版，不编发文字号，甚至可以不拟标题。

4. 及时性

函在商务活动中的每个环节都可能用到，每封信函都是一定时限内的双方意愿的明确表达。因此函的发件方要及时发送函件，接收方在收到函件后要及时回复。目前，越来越多的信函使用图文传真和电子邮件等快速传递形式，以适应函的及时性这一特点。

5. 内容直接性

为了节约函接收方的时间，函的内容需要简明扼要、短小精悍和切中要点，在写作过程中应尽量采用简洁朴实的语言，使信函读起来简单清楚、容易理解。如果函的内容涉及数据或者具体的信息，如相关事务的时间、地点、价格和产品货号等，最好用图表的表现形式行文。

5.2.2 函的写作格式与要点

函主要包括首部、正文、结尾、结语和落款这 5 个部分，其具体内容如下。

1. 首部

函的首部包括标题和主送机关这两项内容。其中，标题的格式有以下常见的 3 种：一是发文机关＋事由＋文种，如"国务院办公厅关于同意调整完善危险化学品安全生产监管部际联席会议制度的函"，一般适用于国家机关之间行文；二是事由＋文种，如"关于××两地携手联合打捞××的函"，适用于大多数情况；三是事由＋冒号＋信函事项，如"事由：商品退货退款"。

如果是复函，则函件的标题中要标明"复函"字样，同时还可添加回复对象，如"国务院办公厅关于同意山西、江苏、山东、广东省开展国家标准化综合改革试点工作的复函"。

函的主送机关即收函机关，一般只有一个，但也存在有多个的情况。复函的主送机关就是原来函的发文机关。

2. 正文

函的正文包括开头和主体，开头主要说明发函缘由，一般要求概括交代发函的目的、根据和原因等内容，如果是复函，则需要先引叙来文的标题、发文字号等，再交代根据、目的或原因，并说明函已收悉。发函缘由说明完毕后，用"现将有关问题说明如下："或"现将有关事项函复如下："等常用语句引出下文主体部分。

函的正文主体部分是函的核心内容，主要说明致函事项。如商洽、询问、告知或请求批准的事项。一般来说，函的事项部分内容单一，一函一事，行文要直陈其事。如果内容较多，可以分条款列示。如果是复函，则需要针对来函事项给予明确的答复，但要注意内容的针对性和明确性。

3. 结尾

函的结尾部分一般指用礼貌性语言向收函方提出希望，或请对方协助解决某一问题，或请对方及时复函，或请对方提出意见，或请主管部门批准等，意见、希望和要求做到具体。

4. 结语

函的结语通常应根据函询、函告、函商或函复的事项，选择运用不同的结束语。比如，去函的结束语一般有"特此函询""即请复函""敬请回复""务希见复"

和"请研究后复函"等；复函的结束语有"特此函复""特此函告"和"此复"等。有的函也可以不使用结束语，比如便函，可以像普通信件一样。

5. 落款

函的落款与前述提及的应用文的落款一样，包括署名和成文时间。只不过署名处可以是机关、单位名称，也可以是个人姓名。函的成文时间处需要加盖公章。

函是企业或个人商务活动交往的重要媒介，要做到规范就需要了解其写作要点，具体如表 5-2 所示。

表 5-2　函的写作要点

要　点	说　明
内容完整、清楚、简洁	为了避免传输错误信息，要使函的基本内容完整无缺，如在信函中提到收到对方来信或在末尾落款时，不可一笔带过，而应准确到具体日期。另外，在书写收信人及发信人地址时也要完整，最好不用简称；函的字迹要清楚，切勿潦草甚至乱涂乱改，叙述要层次明确、条理清晰，这样才能更好地表达函的意思；行文应言简意赅，适可而止，遵循"有事言事，言罢即止"的原则，切勿拖拖拉拉、无休无止，但也要避免一味地追求简洁而矫枉过正，走向另一个极端，使书信通篇冰冷乏味，甚至文不达意
格式与称呼要正确	函中的称呼、叙事及遣词造句等，都必须做到正确无误，杜绝出现错别字、漏字、代用字或自造字的情况，也不要为了省事而使用汉语拼音或外文替代不会写的文字。在书写收信人姓名、地址、职务及尊称时，需要按照要求书写，不能随意

5.2.3　常见的函的范例解析

根据不同的分类依据，函可以分为不同的种类，比如，从内容和作用上看，函可以分为申请函、商洽函、询问函、答复函和告知函等。下面来看看一些常见的类型的函。

1. 征求意见函

征求意见函属于询问函的一种，上下级或同级之间均可使用，如下级向上级机关及主管部门询问有关事务的处理办法。

范本内容展示

◎资源 |Chapter05| 关于征询意见的函 .docx

关于征询××道路建设项目
方案设计意见的函

市公安消防局：

　　为落实全市新区规划建设领导小组工作会议精神，加快推进
高新区产业园区基础建设，高新区拟在今年上半年实施园区主干
道路建设工程项目，现我公司已绘制了《××区道路建设项目工程
方案设计》，该项目设计范围包括××路、××路、××路及××
路这 4 条道路，道路工程设计有涉及消防安全方面等问题，特此
向贵局征询意见，精细该方案。

　　特具此函。

　　联系人：×××，联系电话：×××××××

　　附：《××高新区产业园区道路建设项目方案设计》电子文件
一份。

××公司

××年×月×日

范本内容精讲

　　从该函件的标题即可看出属于征求意见函类型，该函件的标题格式为事由＋文
种，事由为"关于征询××道路建设项目方案设计意见"，文种为"函"。

　　函件的主送机关为"市公安消防局"，即函件的抬头；正文部分只以一个自然
段就将发函缘由"为落实全市新区规划建设领导小组工作会议精神，加快……"、
发函事项"高新区拟在今年上半年实施园区主干道路建设工程项目，现我公司已绘
制了……"等正文内容讲清楚；结尾部分为"道路工程设计有涉及消防安全方面等
问题，特此向贵局征询意见，精细该方案"；结束语为"特具此函"。在落款之前
还提供了联系人姓名和联系电话等联系方式以及附件文件，以方便收函机关了解事
务的具体情况，也方便发件方接收意见回函。

　　除此之外，其他的询问函还可用于上级向下级询问工作情况或某一具体事情，
下级向上级机关及主管部门询问有关方针、政策和工作中遇到界限不明确的问题等。

2. 商洽事宜函

该类型的函用于请求协助、商洽解决某一问题或办理某一事务，主要是在平行

机关或单位、不相隶属机关或单位之间行文。

范本内容展示

⦿ 资源 |Chapter05| 关于商量参加培训班学习事宜的商洽函 .docx

关于商量此次参加培训班
学习事宜的商洽函

××师范大学文学院:

　　本公司新近上岗的秘书人员缺乏专门的涉外秘书知识,业务素质亟待提高。根据新闻信息了解到贵学院将于今年 9 月开办涉外秘书培训班,系统讲授涉外秘书业务、公关礼仪和实用文书写作等课程。公司领导认为此培训项目可以为本公司新上岗的涉外秘书人员提供一个难得的在职进修机会。为能尽快提高本公司涉外秘书人员的从业素质,本公司欲选派 8 名在岗秘书人员随班进修学习,委托贵学院代培。有关代培费用及其他相关经费,将按时如数拨付。

　　特此商洽,盼复。

天津××集团有限公司

××年×月×日

范本内容精讲

　　商洽事宜函带有商量的语气,如范本展示的函中的"本公司欲选派……"中的"欲"字就体现了函所涉及的事项还没有最终确定下来,而结束语处使用的"特此商洽,盼复"句式进一步确定了该函属于商洽事宜函。

　　主送机关之后的正文第一句,介绍了公司发送函件的背景和依据为"本公司新近上岗的秘书人员缺乏专门的涉外秘书知识,业务素质亟待提高。根据新闻信息了解到贵学院将于今年 9 月开办涉外秘书培训班,系统讲授涉外秘书业务、公关礼仪和实用文书写作等课程",商洽事宜为"公司领导认为……将按时如数拨付"。

　　与其他类型的函件相比,商洽事宜函一定会有对应的复函文件。

3. 询价函

　　询价函是买方向卖方就某项商品交易条件提出询问的信函。询价的目的是请对方报出商品的价格。

范本内容展示

◎资源 |Chapter05| 设备采购询价函 .docx

设备采购询价函

各供应商:

　　我单位拟通过询价方式采购以下设备,请按以下要求于2018年11月16日上午10: 00前将询价响应文件密封送至我单位(地址: ××市××区××路×楼×室)。

　　一、采购货物一览表

序号	货物名称	型号规格、主要技术参数及标准配置	数量	备注
1	×××	×××	××	—
2	×××	×××	××	—
3	×××	×××	××	—

　　二、与采购货物相关的要求

　　1. 本次询价为整体采购,询价响应供应商报价时须写明单价、总价及产品的详细配置参数,投标报价包含货物制造、运输、安装调试、售后服务及技术培训等交付采购人使用前所有可能发生的费用,定标后不再增补任何费用。

　　2. 交货期: 按照采购方给的工期计划供货。

　　3. 供货地点: 采购方指定的地点。

　　4. 询价响应代理商的资质要求: (未达到以下资质要求的,将被视为无效询价响应)

　　(1)要求企业实力强、具有可靠良好的资信状况。

　　(2)具有独立承担民事责任能力。

　　(3)具有良好的商业信誉和健全的财务会计制度。

　　(4)具有履行合同所必需的设备和专业技术能力。

　　(5)具有依法缴纳税收和社会保障资金的良好记录。

　　(6)参加本批理论采购询价响应的前 3 年没有法律纠纷及不良记录,在经营活动中没有重大违法记录。

　　(7)法律、行政法规规定的其他条件。

　　(8)报价方必须具有完善的售后服务机构和售后服务体系。××地区以外的询价响应供应商,在××地区能够提供售后服务的分公司或合作伙伴,能提供本地化技术服务,询价响应供应商提供相关的证明材料。

　　(9)非制造商的,须在报价文件中附有原厂授权函或其他能够证明货物合法性的文件,以保证提供设备具有完全的知识产权和提供设备的品质及售后服务。

　　(10)须承诺产品供货时,供应商需提供该批次产品以我单位为最终用户下单的原厂单据。

　　5. 报价方法必须提供产品的质量保证证明及售后服务承诺。报价方提供的货物制造标准、安装标准及技术规范等,必须符合最新国家标准。

　　6. 询价文件的组成(正本一份、副本两份)询价响应声明书、开标报价一览表、规格技术参数表、售后服务体系说明及售后服务承诺、企业营业执照、原厂授权函等,以及询价文件与其条款要求提供的相关文件及各询价响应供应商认为应提供的其他相关文件。

　　7. 货物安装所需的配件或附加件,在合同签订前由成交供应商提交具体清单供采购单位确认。

　　8. 采购方在确定成交供应商后有权对成交产品的数量、款式、结构及规格等做适当调整。

范本内容精讲

　　从范本内容可以看出,询价函最重要的是将要询价的产品信息详细列出,这是询价函的核心所在。该范本中将所有需要采购的产品信息以表格的形式展示,清楚且直观。如果采购事宜比较紧急,还可以在询价函正文结束后加上"希速见复"和"盼速回"等结束语以示询价事项的急迫性。

　　该询价函的内容较多,有些企业或事业单位的采购事宜比较简单的,可以简化产品详细信息以外的其他内容,比如,该范本中可以将一些重复的采购货物要求进行简化,突出重点要求即可。

　　一般的询价函也包括首部、正文、结尾和落款(发文单位和成文时间)等内容,这里的标题格式为"事由 + 文种",主送机关为"各供应商",然后正文交代询价函的具体事宜,最后给出联系方式并落款。

4. 催办函

催办函，顾名思义是指催促他人办理事务的函件，一般篇幅较短，说明具体的、急需办理的事情即可。

◎资源 |Chapter05| 催办函 .docx

催办函

×× 先生/女士：

您于 ×× 年 × 月 × 日与我司签订《商品房认购书》，购买我司开发建设的 ×× 商品房。但迄今为止，因您在无正当理由的情况下未按约定时间付清房款并签订房管局网络备案《×× 市商品房买卖合同》，现已构成违约。

现特向您发出此催办函，希望您在接收此函后 7 日内立即向我司支付房款，同时您还应与我司签订正式网络备案合同，并依合同承担逾期付款的违约责任。否则，我司将通过法律途径依法维权，由此引起的一切法律后果一概由您承担！

特此函告。

×× 公司

×× 年 × 月 × 日

从范本内容可知，该催办函是售房公司向买房客户发出的催办函，要求客户在收到此催办函的 7 日内交清房款并签订相应的合同。

催办函的正文内容要包括发送催办函的原因和催办函要求接收方做的事情，必要时还可以写明函接收方不履行相关义务造成不良后果的处理办法。正文书写完毕后，书写结束语，如这里的"特此函告"，最后是落款。

5. 邀请函

邀请函是邀请亲朋好友或知名人士、专家等参加某项活动时所发的请约性书信，是现实生活中常用的一种日常应用文文体。

◎资源 |Chapter05| 邀请函 .docx

> **邀请函**
>
> ××公司:
>
> 　　由于我方项目的需求，特邀请贵公司专业顾问人员对我方项目进行实地考察，届时将与贵公司商议双方合作事宜。
>
> 考察日期：2018 年 10 月 15～17 日。
>
> 联系人：×××
>
> 电话：152×××××××
>
> 地址：××市××区×路×号
>
> ××房地产公司
>
> 2018 年 10 月 11 日

范本内容精讲

　　邀请函的重点是语言风格，即语言表达要得体大方，含"请"和尊敬之意。同时，要写明发送邀请函一方的具体联系方式，以便函接收方与之取得联系。

　　邀请函的正文部分要告知被邀请对象事情的内容、目的、时间、地点和具体安排，必要时可在正文最后加上"敬请莅临""敬请光临"等邀请惯用语。注意，邀请函一般不加祝颂语，有些邀请函为了表示庄重，还会附上规范的封面。另外，有些企业或个人为了方便了解被邀请人的意愿，更好地安排相关事宜，常常会在邀请函主体内容后附上邀请函回执，如图 5-1 所示。

邀 请 函 回 执

姓　名		性别		籍贯		民族	
单位名称							
职务（职称）		电话		手机			
通讯地址							
E-mail							
对 活 动 的 建议与期望							

图 5-1

6. 答复函

　　答复函有时也称回复函，是机关、单位在日常公务联系中经常使用的一种函件，作用是对函件发送方的邀请、商洽、询问或联系等进行解答或是否应邀的回复。一般来说，接收方在收到对方发来的函件后，无论接受与否，出于礼貌都必须及时答复，且语言应十分热情，通常用第一人称。

范本内容展示

◎资源 |Chapter05| 回复函 .docx

回复函

尊敬的××有限公司：

首先感谢贵公司在以往的合作中对我司产品及服务的信赖与支持。

贵公司2018年10月12日发来的《关于供货价格要求下调的商洽函》已收悉。鉴于我司与贵公司一直保持着长期愉快与友好的合作关系，并已于今年年前协商好将每台设备价格按××年执行价格下调×元/台。

由于现今人工费用高，原材料价格居高不下，直接导致生产成本费用增加，公司已是薄利销售。但考虑到贵我双方长期的友好合作关系，本着互利互惠与诚信经营的原则，在保质保量的情况下，我司同意在此基础上再将价格下浮×%，产品价格实已为最低优惠价，希望贵公司能理解与支持！衷心期待与贵公司的长期合作。

特此函复。

顺颂商祺。

××有限公司

2018年10月17日

范本内容精讲

通常，函件接收方在接到邀约或商洽事宜之后 3 日内作出回复，回复越早越好，这样有利于双方及时处理工作事务。

该范本是不相隶属的两家合作公司之间的答复函，为表尊重，也以"贵公司"这样的称呼写作。答复函的一大特点是，在正文行文时要提及该答复函针对的是哪一函件，如这里以"贵公司……已收悉"的句式说明该答复函答复的是《关于供货价格要求下调的商洽函》这一函件。范本中还在正文第一自然段进行了表达感谢之情的写作，各撰稿人可根据实际情况而定。

在实际运用中，答复函既可用于上级机关对下级单位的答复之用，也可用于平行机关或不相隶属机关的答复。如果答复函属上级机关对下级机关所要求事项的答复，则会具有批复或批示的性质。无论是哪种函件，最终都要落款。

5.3 会议纪要

■会议纪要的特点 ■适用范围 ■写作格式 ■范例解析

会议纪要是在会议记录的基础上，经过加工、整理出来的一种记叙性和介绍性的文件。它与会议记录的区别十分明显，从应用写作和文字处理的角度分析，会议纪要是一种法定的公务文书，其撰写与制作属于应用文写作和公文处理的范畴，必须遵循应用文写作的一般规律；而会议记录只是办公部门的一项业务工作，属于管理服务的范畴，只需真实地记载会议实况，保证记录的原始性、完整性和准确性即可。

5.3.1 会议纪要的特点与适用范围

会议纪要用于记载、传达会议情况和议定事项，其行文方向较灵活，可以是上行文、下行文或平行文，因此对企事业单位和机关团体等都适用。由于会议纪要必须严格按照执法处理程序写作，所以起着指导和规范的作用，其特点如图5-2所示。

内容的纪实性

会议纪要必须是会议宗旨、基本精神和所议定事项的概要纪实，不仅要如实地反映会议内容，而且不能随意增减和更改内容，不能离开会议实际做再创造，任何不真实的材料都不得写进会议纪要，否则就会失去其内容的客观真实性

语言的提要性

会议纪要是根据会议情况综合而成的，撰写时应围绕会议主旨和主要成果来整理、提炼和概括，重点应放在介绍会议成果，而不是叙述会议的过程。比如，对会议精神和议定事项分类别、分层次予以归纳、概括，使之条理清晰

称谓的特殊性

会议纪要一般采用第三人称写法。由于会议纪要反映的是与会人员的集体意志和意向，因此常以"会议"作为表述主体，使用"会议认为""会议指出""会议决定""会议要求"和"会议号召"等惯用语

图5-2

写作会议纪要时所需整理加工的内容，要么按会议程序记叙，要么按会议内容概括出来的几个问题逐一叙述。无论整理加工的方式怎样，纪要涉及的会议程序要

清楚，目的要明确，中心要突出，层次要分明，语言要简练。

5.3.2 会议纪要的写作格式

会议纪要的格式稍微复杂一点，主要包括标题、导言、文号格式、制文时间、正文、会议的成果和议定的事项，以及结尾，各部分所要表达的具体内容如下。

1. 标题

会议纪要的标题主要有两种格式，一是会议名称＋文种，如"全国财贸工会工作会议纪要""国务院办公厅转发关于加强土地统一管理的会议纪要"等，此时会议名称可写简称，也可用开会地点作为会议名称；二是把会议的主要内容在标题里揭示出来，类似文件标题式，如"关于加强纪检工作座谈会纪要"。

2. 导言

会议纪要的导言即开头，主要介绍会议召开的基本情况，如会议召开的形势和背景，会议的指导思想和目的要求，会议的名称、时间、地点、与会人员、主持者和讨论的问题，以及对会议的评价等。

3. 文号格式

会议纪要的文号写在标题的正下方，由年份、序号组成，用阿拉伯数字标出，并用六角括号"〔〕"括入，如〔20××〕××号。如果是办公会议纪要，一般对文号不做必须的要求，但在办公例会中通常也要有文号，如"第××期""第××次"等，写在标题的正下方。

4. 制文时间

会议纪要的时间可以写在标题的下方，也可以写在正文的右下方、主办单位的下面。

5. 正文

会议纪要的正文是主体部分，是对会议的主要内容、主要精神、主要原则、基本结论和今后任务等进行具体的综合阐述。正文部分必须概括会议的共同决定、反映会议的全貌，没有形成一致意见的问题，需要分别论述并写明其分歧所在。

如果正文中有引用性文字，则必须忠实于发言原意，不能篡改，也不可强加于人。另外，小型会议的会议纪要侧重于综合会议发言和讨论情况，并列出决议的事项；大型会议的会议纪要正文部分可分几部分来写，此时涉及 3 种形式：概括叙述式、分列标题式和发言记录式。

6. 会议的成果及议定的事项

该内容应在此部分逐项列出，有时也归属到正文部分或结尾部分。

7. 结尾

会议纪要的结尾部分一般是提出号召和希望，但要根据会议的内容和纪要的要求来写作。有些纪要是以会议名义向本地区或本系统发出号召，要求广大干部或成员认真贯彻执行会议精神，做出新的成绩；有些纪要突出强调贯彻落实会议精神的关键问题，指出核心问题；有些是对会议做出简要评价，总结并提出希望和要求。

在具体写作会议纪要时，主要有 3 种写法：一是集中概述法，进行整体阐述和说明，多用于召开小型会议，且讨论的问题集中单一、意见较统一，容易贯彻执行，篇幅相对短小；二是分项叙述法，将会议的主要内容用标号或小标题分项写作，主要用于大中型会议或议题较多的会议；三是发言提要法，提炼出内容要点和精神实质，再按照发言顺序或不同内容分别加以阐述说明，某些上级机关、单位需要了解与会人员不同意见的会议纪要，可采用这种写法。

5.3.3 常见的会议纪要的范例解析

根据会议的内容和目的，可以将会议纪要分成很多种，如公司办公会议纪要、研讨会议纪要、座谈会议纪要和专题会议纪要等。

1. 公司办公会议纪要

公司办公会议纪要主要用于记载和传达领导的办公会议决定和决议事项，若其中涉及有关部门的工作，可将会议纪要发给相关部门，并要求其执行。

范本内容展示

◎资源 |Chapter05| 公司办公会议纪要 .docx

公司办公会议纪要

公司〔××××〕××号

会议召开时间： ××××年×月×日 9:30~10:30
会议地点： 公司会议室
参加会议部门及人员：
总经理：×××　　　副总经理：×××
工程部：×××　　　行政部：×××　　　成本部：×××
财务部：×××　　　项目部：×××
会议主持： ×××
会议内容：

××××年×月×日 9:30，由公司总经理×××主持召开了公司内部会议。

×××总经理讲话主要内容：

1. 公司经营战略调整

（1）主营业务调整：缩小投资业务范围，把精力集中放在工程施工方面，以房建施工为主，兼顾市政工程。待劳务资质下来后，也可以承接一部分大清包劳务施工。

（2）工作思路调整：经过公司股东变更，借助公司办公地址的转移，以此作为公司发展一个全新的起点。

2. 公司人事管理变动

任命×××为公司副总经理，主要负责行政审批和公司各职能部门协调工作。总经理出差或离开公司期间，经总经理签字同意的资金需求计划表内的款项，急需支付时，由×

出来，形成完整的竣工结算资料，抓紧报给总包项目部部总。特别强调目前讨要工程款是项目经理的主要工作。

2. 针对××项目部管理中存在的问题，×××经理提出"四条意见，两点要求"，内容如下：

四条意见

（1）项目部对公司指令反馈不主动、不积极、不重视。主要表现在：王总提出年底主体封顶目标，同时要求抓紧围绕年底主体封顶倒排工期，把施工进度计划和工期保证措施编制出来。工程部多次催报，将近两周时间，没有得到反馈。针对公司成本管理规定，项目部每月应把项目成本费用统计出来，但从开工到现在，已经过去3个多月，成本统计报表送迟没有报上来，致使成本部一直无法进行成本核算。

（2）项目部管理人员配置明显不合理，尤其是专业技术人员配置太少。主要表现在：

①很多应提前完成的危险性较大的专项施工方案、应急预案至今没有编制出来。

②分部分项施工技术交底、安全技术交底、工序技术交底缺漏太多。

③分部分项工程划分没有完成。

④周报、月报不能做到上报及时、主动，需要多次催报。

（3）项目经理的全局观念、全面管理意识还有待加强。主要表现在：对所管项目全面负责意识不强，存在有推责思想；对部分专业分包队伍和材料供应商没有主动进行考察、筛选和推荐，没有尽到项目部初选职责；对本项目质量、进

××签署支付意见，由财务部出纳完成资金支付。

3. 项目管理方面

（1）××项目部

××工地已经基本完成，下一步工作主要转到后期结算和要款上面。

（2）××项目部

①要求项目部围绕年底封顶进度目标倒排工期，不但要排出详细的施工进度计划，针对进度计划的实现还要有切实可行的保证措施才行。

②随着现场施工高峰期的到来，工人的劳动强度会逐渐增加，要督促劳务队抓紧增加工人，还要注意合理调整工人加班时间。目前已经进入高温天气，安排施工的同时还要让工人休息好、吃好，避免因工人疲劳作业或因食物不卫生中毒而发生人身伤亡事故。

③公司行政部也要经常到工地检查项目部后勤管理这一块，切实保证工人吃好、住好、休息好，强调后勤管理要加强预防，不能出乱子，这样工人才能干好活。

最后，王总表示一定要抽时间到工地亲自给项目部人员开个会，为最终实现年底封顶目标给大家鼓劲。

工程部×××经理讲话主要内容：

1. 针对××项目部，要求项目经理要趁着工程下来这段时间，集中精力把图纸计算数量、总包项目部提供的合同清单数量、实际施工时的工程数量放到一起进行"三算"对比，把图纸中存在的漏项、少量，以及存在的窝工索赔统计

度、安全、成本控制、分包队伍管理、后勤管理没有明确的管理目标，没有制定符合本项目特点的项目管理实施规划及保证措施。

（4）项目部对待劳务队的管理，没有充分展示作为总包项目部的管理优势和权威。主要表现在：对待劳务队管理人员和工人太少的问题，项目部也多次开会提出并书面通知要求增加，劳务队虽然答应，但迟迟没有安排人员进场，项目部对劳务队也没有任何追责措施；项目部开会要求劳务队上报施工进度计划，劳务队只用草纸手写了半张纸，就报给了项目部。反映出两点问题：第一，劳务队现场管理人员表现出的技术素质较差，根本不是所谓的正规劳务管理团队；第二，劳务队对待项目部指令回复不认真，不严肃，随意性强，态度不够尊重。

两点要求

（1）要求项目负责人管理项目时要有全局意识，要有全盘计划，要有全面负责的思想。

（2）要求项目部对待公司指令，要积极响应，主动反馈，加强沟通，和谐互动，争取获得公司对项目部工作的理解和支持。

××建筑有限公司

××××年×月×日

范本内容精讲

该范本展示的是某建筑公司的某次会议纪要，其写作严格遵循了一般会议纪要的格式要求，涵盖了标题、文号格式、导言、正文、会议成果和议定的事项、结尾提出要求以及落款的发文单位和制文时间。

标题"公司办公会议纪要"；文号格式"公司〔2018〕03 号"；导言"会议召开时间……会议主持：×××"，包括会议召开时间、地点、与会部门和人员以及主持人；正文"会议内容：……"；会议的成果及议定的事项"四条意见……两点要求"，同时该部分也是本会议纪要的结尾部分；制文时间在纪要正文结束后的右下方，即"2018 年 6 月 8 日"。

从范本内容可看出，该会议纪要使用的是发言提要法，提炼出总经理和工程部经理的发言内容要点与精神实质，分别加以阐述说明。同时，在总结会议成果、议定事项和要求时，以分点列示的形式展示，使内容更清晰，更便于贯彻执行。

该会议纪要的正文部分又采用分项叙述法，以标号分项写作，如"1. 公司经营战略调整""（1）主营业务调整"和"①要求项目部围绕……"等。这些标号有大、小之分，企事业单位或社会团体在写作时只要遵循"先大标号、后小标号"和"大标号中嵌小标号"的原则即可。由于是公司内部会议形成的会议纪要，受文对象一般是公司内部员工，因此落款处可以省去发文单位，但如果公司的会议纪要还可能会提供给外部单位阅览，则最好在落款处署名发文单位。

在实际工作中，公司办公会议纪要还包括工作会议纪要，用以传达重要的工作会议的主要精神和议定事项，有较强的政策性和指示性。

2. 研讨会议纪要

该类型的会议纪要主要记载研究讨论性或总结交流性会议的情况，其写作要求全面客观，除反映主流意见外，若有不同意见，也应整理到纪要中。

范本内容展示

◉资源 |Chapter05| 公司研讨会会议纪要 .docx

公司研讨会会议纪要

2018年9月19日下午，公司召开第一次总经理办公会议，研究讨论公司经济合同管理、资金管理办法、2019年1~6月份岗位工资发放等事宜。总经理×××主持，公司领导、总经办、党群办及相关处室负责人参加。现将会议决定事项纪要如下：

一、关于公司经济合同管理办法

会议讨论了总经办提交的公司经济合同管理办法，认为实施船舶修理、物料配件和办公用品采购对外经济合同管理，有利于加强和规范企业管理。会议原则通过。会议要求，总经办根据会议决定进一步修改完善，发文执行。

二、关于职工因私借款规定

会议认为，职工因私借款是传统计划经济产物，不能作为文件规定。但是，从关心员工考虑，在职工遇到突发性困难时，公司可以酌情借10000元以内的应急款。财务部要制定内部操作程序，严格把关。人力资源部配合，借款者本人要做出还款计划。

三、关于公司资金管理办法

会议认为财务部提交的公司资金管理办法有利于加强公司资金管理，提高资金使用效率，保障安全生产需要。会议原则通过，财务部修改完善后发文执行。

四、关于职工工资由银行代发事宜

会议听取了财务部提交的关于职工岗位工资和船员伙食费由银行代发的汇报，会议认为银行代发工资是社会发展的必然趋势，既方便船舶和船员领取，又有利于规避存放大额现金的风险。但需要两个月左右的宣传过渡期，让职工充分了解接受。会议要求财务部认真做好实施前的准备工作，人力资源部配合，计划下半年实施。

五、关于公司1~6月份效益工资发放问题

会议听取了人力资源部关于公司1~6月份岗位工资发放标准的建议。会议决定员工1~6月份岗位工资发放，对已经下文明确的干部执行新的岗位工资标准，没有下文明确的干部暂维持不变。待3个月考核明确岗位后，一律按新岗位标准发放。

会议最后强调，公司要加强与运行船舶的沟通，建立公司领导每周上岗接船制度、完善机关管理员工随船工作制度，增强工作的针对性和有效性。

×××外贸有限公司
2018年9月19日

范本内容精讲

由于范本展示的是某公司的内部研讨会会议纪要，因此对文号没有必须的要求，这里没有"文号"部分。该会议纪要的第一自然段即导言，阐述了此会议的召开时间、地点、主持会议和参与会议的人，以及会议主要讨论的事宜。然后以"现将会议决定事项纪要如下："的句式引出决定事项的具体内容，即纪要的正文。

正文以"一、二……"的形式分项叙述，阐明各决议事项的要点和具体实施操作。最后结尾部分以"会议最后强调……"的句式提请注意，提出要求。

3. 座谈会议纪要

座谈会是由训练有素的主持人以非结构化的自然方式对一小群调查对象进行的访谈，主持人通过引导讨论，听取与会人员谈论研究人员感兴趣的话题来得到观点。

范本内容展示

◎资源 |Chapter05| 公司关于员工问题的座谈会议纪要 .docx

公司关于员工问题的座谈会议纪要

会议时间: 2018 年 10 月 23 日 9:20~11:40, 14:30~16:30

会议地点: 公司办公楼第一会议室

会议形式: 座谈会

参会人员: ××、××、××……等公司高层领导代表（按座次顺序列示）

会议主持人: ×××

会议记录人: ×××

会议内容:

一、员工福利

1. 公司员工外出展业人员餐费问题:

××分公司各业务部车辆紧张，营销专业人员(客户经理、业务经理)时常为解决用户问题四处奔波，有时甚至打的，但是产生的交通费从未进行过一定比例的报销;××分公司新大楼所在地为××市郊区，很少有公交车和出租车，交通很不方便。员工希望公司能够为其每月发放一定的交通补贴，对于营销专业人员，是否能够适当报销一定比例的交通费。

2. 员工工作服问题:

分公司集团业务拓展部有员工反映他们的工作服、客户经理的工作服都与公司其他员工的工作服不同，让这部分员工从心理上感觉与公司其他员工在身份上有所区别，这样会影响员工对集体的归属感和认同感。

3. 公司相关福利政策问题:

员工反映对于公司的各项福利政策不清楚，虽然也下发过部分文件，但是由于各部门的具体情况或员工工作性质等，大部分员工对各项政策性文件还是不知晓。譬如员工怎样才能享受年休假;员工享受婚假有多少天;女员工的产假怎样休等。再譬如即将出台的员工住房补贴政策，员工希望公司能够向员工透明，充分体现"公开、公平、公正"的原则。

二、员工教育培训问题

1. 员工培训问题:

员工普遍反映送外培训的机会较少，公司大部分送外培训都集中在工程系列，而员工实行了"区域性管理、属地化营销"管理模式后，分公司更应加强对重视对营销人员的培训学习，特别是对营销技巧、营销管理知识的培训。大家一致认为，分公司之间的交流也是很有必要的。

2. 员工再教育问题:

员工认为公司能够为员工提供再教育的学习机会，对工作成绩突出的员工，公司可否为其提供进行再教育等学历提升的机会。

三、员工薪酬问题

1. 工资晚发问题:

员工工资待遇是影响员工工作积极性、员工对公司满意度的直接原因。员工提到长期以来工资晚发的问题，希望公司能确保每月工资准时发放。

2. 工资政策透明问题:

公司大部分员工对整个工资套改制度不清晰，尤其对岗

范本内容精讲

范本所展示的是某公司针对与员工相关的一些问题进行讨论的座谈会议纪要，同样包括导言和正文等主体格式。从该会议纪要的内容可知，座谈会议纪要一般是列明会议讨论的各种问题以及给出相关的观点、意见、建议或实施措施。

范本中一至四点为座谈会具体讨论的员工问题以及存在的普遍现象，其中也有穿插员工对公司管理的希望和要求。而第五点则主要针对员工提出的一些建议进行罗列，如图 5-3 所示。

五、员工建议

1. 员工反映前期进行员工满意度调查的问卷方式很好，但最后公布的员工合理化建议中只体现了获奖人的姓名、题目，可否将获奖员工的合理化建议详细内容对员工进行公开。

2. 员工建议在××分公司新大楼能否为大家开辟"篮球场"、"乒乓球室"和"书吧"等活动场所。

3. 员工建议区域各部门人员能够多到分公司走一走，与大家多交流，了解员工心声。

图 5-3

4. 专题会议纪要

专题会议是指围绕一个专题展开的会议，如为攻破、商讨或交流某一事例、某一案件或某个领域的某项技术等问题而召开的会议。

范本内容展示

◉资源 |Chapter05| 公司安全专题会议纪要 .docx

公司安全专题会议纪要

会议名称： 安全主管会议
会议时间： 2018 年 9 月 27 日下午 14:00 ~ 17:00
会议地点： 办公楼 6 楼会议室
会议出席人员： ×××、××× ……
主持人： ×××
记录人： ×××
会议内容：

本次会议由×××主持，会上根据总经理召开干部例会精神，以及近期监督检查工作发现的一些现象，对下一步的工作做了新的部署。

1. 安全监督检查。由原先的每月一次增加到每月两次，主要参加人员有安全员和主体负责人，根据检查情况下达整改指令；每月底召开安全例会，通报近期安全工作情况。

2. 安全巡检制度。现场巡检人员、安全员和管理人员等要根据制度对各个部位进行巡检并登记。巡检频率较低、不按制度执行的，按相关规定处罚；轧钢厂在稀油站加一个记录本，对人员检查进出做好登记。

3. 厂内车辆管理。现在我司内部车辆较多，铲车、运输车、拉土车、挖掘机和商混车等，要加强现场人员监督管理，尤其是施工车辆，要勘察好施工现场，发现违章一定要制止或通知卫保部处理。

4. 分区域设定安全责任人和特种工岗前培训。特岗、高

线投产在即，现在要着手制定各区域兼职安全责任人；各岗位安全操作规程要编制成册，对员工进行针对性培训。

5. 作业票使用。目前我司高空作业、动火作业和进入受限空间作业较多，但个别作业票的使用还不到位。办理作业票的各级人员要签字，查看其防范措施并安排人员协助检查。下一步检查中发现未办理作业票的，要按规定进行处罚；若发现违章作业，要加倍处罚。

6. 项目安全标示制作上墙。现在高线已经做了部分，做完后要尽快使用，尤其是煤气站、配电室和操作台等部位；特钢部分安全标示搜集好后也要进行制作；新厂房标示一定要根据下发的国家规定去做。

7. 严禁吸烟。现在每天已安排人员进行检查，晚上不定时突击检查，在现场若发现人员吸烟，一律按规定处理，不论什么情况，人员要通知到位，包括公司员工和外来施工队。

8. 防雷自测。各厂用摇表对煤气站和配电室接地做一个自测，看看接地是否符合规定；现在有的单位为减少雷电、静电对电器或线路等造成损坏，在煤气站这样危险部位安装了电涌器，以防受损，对此，我司要研究后再决定是否安装。

9. 夏季来临，要做好防暑降温和地沟等清理工作。员工增加部分降温水等措施；部分设备要做好检查修理；行车上温度较高，空调要做好检查，项目上新进的行车要督促安装空调。雨季来临前，一定要清理好地沟、车间项上水槽，修理损坏的落水管，以防雨水回灌或淋坏设备，项目各施工队低洼临时线路做好清理，以防意外。

范本内容精讲

范本所展示的是某公司针对公司经营管理过程中可能发生的安全问题作出的专题会议纪要，所有正文内容全部围绕"安全"这一问题来写作，包括安全监督检查、安全巡检制度、厂内车辆管理和项目安全标示制作上墙等。

由于专题会议纪要涉及的问题集中且单一，各方面意见比较统一，因此该会议纪要只以"1、2……"的形式分项写作。同样，在正文之前也要对导言涉及的相关内容进行说明，如这里的会议名称、会议时间、会议地点、会议出席人员、主持人和记录人。

5.4 报告

报告是向上级机关进行工作汇报、反映情况、提出建议或意见的公文，当就某一问题向上级机关进行答复时，通常也采用报告的方式。

5.4.1 报告的定义与特点

报告属于陈述性的上行文，其适用范围很广，不仅在已发布的党、人大、政府、司法、军队机关的公文处理规范中都规定了这一文种，而且在一般的企事业单位商务活动中也常常用到该文种。但是，不同机关对"报告"作出的定义有区别。

◆ 《中国共产党机关公文处理条例》中规定：报告，用于向上级机关汇报工作、反映情况、提出建议以及答复上级机关的询问。

◆ 《人大机关公文处理办法》中规定：报告，适用于报告工作、反映情况、提出建议或答复询问等。

◆ 《国家行政机关公文处理办法》中规定：报告，适用于向上级机关汇报工作，反映情况，答复上级机关的询问。

◆ 《中国人民解放军机关公文处理条例》中规定：向上级机关汇报工作、反映情况和意见建议，询问用"报告"。

报告这一文种具有以下特点。

◆ **内容的汇报性**：一切报告都是下级向上级机关或业务主管部门汇报工作，让上级机关掌握基本情况并及时对自己的工作进行指导。

◆ **语言的陈述性**：因为报告具有汇报性，是向上级讲述做了什么工作或工作是怎样做的，有什么情况、经验、体会，存在什么问题，今后有什么打算，对领导有什么意见或建议，所以行文上一般都用叙述法，陈述其事。

◆ **行文的单向性**：报告是下级机关单位向上级机关单位行文，是为上级机关单位的宏观领导提供依据，一般不需要受文机关的批复，属于单向行文。

◆ **成文的事后性**：多数报告都是事情做完或发生后，向上级机关单位作出汇报，是事后或事中行为。

◆ **双向沟通性**：报告虽不需要批复，但却是下级机关单位以此取得上级机关的支持和指导的桥梁，同时上级机关也能通过报告获得信息，了解下情，成为上级机关单位决策指导和协调工作的依据。

5.4.2 报告的规范格式和注意事项

撰稿人在写作报告时，不仅要按照其规范格式来写，还要特别重视以下注意事项，这样才能写出科学、严谨的报告。

1. 报告的规范格式

报告的结构一般包括标题、主送机关、正文和落款这 4 个部分，下面分别介绍每个部分的写作格式。

◆ 标题

报告的标题一般有两种形式，一是发文机关 + 事由 + 文种，如"×× 省人民政府关于 ×× 年度法治政府建设工作情况的报告"；二是事由 + 文种，如"关于三次产业发展问题的调查报告""党建工作述职报告"等。这里需要注意的是，报告应用文一般不能单独以"报告"二字为标题。

◆ 主送机关

主送机关一般是发文单位的直属上级机关，有且只有一个。如果是涉及多个上级机关单位都需要知晓的事项，可以将主送机关定为直属上级机关，对其他机关进行报告的抄送。

◆ 正文

报告的正文一般需要包括三大部分：报告缘由、报告事项和结语，具体介绍如表 5-3 所示。

表 5-3 **报告的正文内容**

部　分	内　容
报告缘由	此部分交代报告的写作目的、根据、意义或原因，概述基本内容或基本情况。概述完毕后通常以"现将……情况报告如下"的句式，引出正文的具体报告事项

续表

部　分	内　容
报告事项	该部分说明报告涉及的具体情况，总结成功经验，指出存在的问题，提出解决办法、改进措施以及今后的工作设想等。根据报告的不同类型，报告事项的内容也不一样，比如报告工作情况的，这部分就应着重对于工作成效和过程进行阐述；报告建议的，这部分就会侧重于对建议的描述以及原因的说明。总之，内容较多的报告，可分条列项，由主至次排列
结语	正文的结语部分通常只有几个字，且是比较规范的语言，通常使用惯用语，如"请查收"和"特此报告"（适用于工作报告、回复性报告和情况报告）、"以上报告，若无不当，请批转有关单位执行"（适用于呈请性报告和检查性报告）等，不宜写成"以上报告，请指示"这样的句式

◆　落款

报告的落款部分与其他公文格式一样，包括发文机关名称和成文日期，同时还要盖上相应的印章。标题中如果有发文机关名称，则可在落款处省略。

2. 报告写作的注意事项

报告在写作过程中要注意的问题很多，稍不注意就可能使报告无法发挥其作用。下面就来了解这些注意事项，如表5-4所示。

表5-4　报告写作的注意事项

注意事项	概　述
内容必须真实可靠	报告都要忠于事实，无论是报告的成绩或经验，还是问题或教训，都应做到"有喜报喜、有忧报忧"，不能虚报情况、歪曲事实、捏造数据或掩盖问题
叙述必须简明扼要	以汇报工作为主的，应做到突出重点，把主要事实讲清楚，但这并不意味着把具体情形写得过于烦琐，而应以总结性的叙述方式行文，因此写作时一定要控制字数，3 000字以内为宜
观点必须精练清晰	以表达报告者观点、需要对自我进行评价、对今后工作提出建议或意见等为主的，应做到观点精练清晰，意见明确，不能含糊其辞，不能说空话或废话，且每条意见都必须切实可行
不能夹带请示事项	报告一般不需要得到批复，如果报告中夹带了请示事项，会给上级机关单位带来不便，容易贻误工作。相应地，结语不能用请求类语句，如"以上报告如有不妥，请批示""以上报告当否，请指示"等

续表

注意事项	概　述
行文必须重视时效	任何报告都应重视时效性，都应在报告事项发生的第一时间就针对实际情况向上级作出报告
不应添加联系人	因为报告一般不需要上级答复，因此报告内容之后不应标明"联系人""联系电话"和"地址"等内容
报告结论忌猜测性	因为报告都是以事实为依据写作的，因此在写作过程中要避免出现猜测性结论，即尽量不使用"可能……""大概……"这类句式
不带命令式语气	报告是下级对上级做出的，是上行文，所以在内容中绝对不能使用带命令语气的词句
避免流水式行文	很多类型的报告都会涉及具体情况的罗列，容易出现"流水式"汇报，为了避免这样的情况，写作时应将"情况"和"分析总结"相结合，对需要解决的问题提出具体解决措施，切忌只提情况而不作分析、只提问题而不给出解决办法

5.4.3 报告与请示、意见的区别

报告与请示相比，虽都属于上行文，但两者之间有严格的区别；与意见相比，不仅在行文方向上完全一致，且内容也很相似，均含有陈述性内容，有时在陈述情况的基础上均有相应的今后工作意见，但两者之间同样有区别。具体如表5-5所示。

表5-5　报告与请示、意见的区别

区　别	请　示	报　告	意　见
是否批复或批示	需要上级作出批复	对上级没有肯定性的批复要求	要么要求上级给出批示，要么请求上级加以批转
行文时间	事前行文	事中或事后行文	事前、事中和事后均可行文
上级的答复用法	均用批复	只能使用批示	可用批示或批转

注意，报告侧重于汇报工作、反映情况，多数情况下不涉及今后具体的工作意见，也不要求上级作出批示，只有所反映的情况涉及工作中一些带有普遍性的问题时，

往往顺势针对问题提出今后的解决办法，要求上级加以批转，这就是人们常说的"呈转性报告"。

5.4.4 常见报告的范例解析

根据报告的行文目的和作用，可将其分为以下 7 类。

◆ **工作报告**：用于向上级汇报工作情况，侧重于陈述工作的开展情况和主要做法，有时也夹带成功的经验和失败的教训，但篇幅不应过长。

◆ **情况报告**：用于向上级汇报、反映各种社会情况及动态，与工作报告相比，使用面更广，反应更迅速，方式更灵活，具有较强的信息性，往往成为上级决策的依据；而工作报告的作用侧重于决策的信息反馈性和服务于决策的连续性。

◆ **呈请性报告**：呈报上级要求加以批转或批示的报告，基本上都是向上级提出工作意见与建议，也称为建议性报告。

◆ **检查或检讨报告**：因为工作中发生失误而写给上级的报告，它不同于个人写的检查材料，它是下级组织写给上级组织的。

◆ **例行报告**：在特殊紧急情况下（如战争、自然灾害、社会动乱等），上级机关要求下级按周、按半周、按日向上级反映工作、汇报相关情况的报告。

◆ **回复性报告**：适用于答复上级机关询问事宜的情况。

◆ **送文送物报告**：向上级机关报送非法定文种（如工作总结、计划、规划、调查报告、述职报告、决策方案等）的文件材料时使用的"文件头"或向上级机关递交某一重要物品（如武器、弹药、毒品等）时随物一同送文的报告。

下面对企事业单位可能涉及的常见报告类型进行介绍，如述职报告、财务报告、市场调查报告和工作报告。

1. 汇报类——述职报告

汇报类报告主要是下级向上级汇报工作、反映情况的报告，一般分为综合报告和专题报告。综合报告是在本单位工作到一定阶段，就工作的全面情况向上级写的报告，内容大体包括工作进展情况、成绩或问题、经验或教训以及对今后工作的意见或建议，特点是全面、概括和精练。而专题报告是针对某项工作中的某个问题向上级所写的报告。

范本内容展示

◎ 资源 |Chapter05| 总监助理 2018 年终述职报告 .docx

总监助理 2018 年终述职报告

　　我是北京××地产咨询有限公司商务部总监助理××，我于××年×月×日进公司，开始为期 3 天的无薪试用，××年×月×日正式进入试用期，届时试用期已满一个月，特向公司提出转正申请。下面我主要就我的工作内容、工作目标、执行计划、执行效果、执行总结及转正后工作展望 5 个方面进行汇报：

　　一、工作内容

　　进入试用期以来，我的工作主要是：1. 掌握按揭贷款的相关知识，并给销售部人员培训；2. 协助我们的按揭客户准备办理按揭所需资料；3. 及时更新销售状态的记录。

　　二、工作目标

　　有目标才会有前进的方向。试用期间，我的业务目标是在 15 天内有能力给销售部人员培训按揭贷款的知识；在 20 天内协助我们的首位按揭客户准备好按揭资料；确保房源销售状态、签约信息、回款情况以及月度销售签约资金回收统计一致。

　　试用期中，我的个人目标是在 20 天内可以有思路地安排自己的工作事宜；一个月后能够顺利转正。

　　三、执行计划

　　为了实现工作目标，我的执行计划如下：

　　1. 工作前 3 天上网搜索按揭贷款的相关知识，并整理成资料。

　　2. 工作 7 日内就我了解的按揭知识对销售部人员进行理论知识的培训。工作思路是：在培训之前将培训资料整理好，为方便讲解，制作成 ppt。培训后，总结销售部人员期望了解的按揭问题，并在一周内整理出来。

　　3. 通知我们的首位按揭客户准备办理按揭资料，拟定在 20 天内准备齐全。由于之前没有经验，协助我们的首位按揭客户备按揭资料，主要是在"通路"，一方面了解办理按揭需提供什么资料、怎样准备资料，一方面与××银行负责按揭的××主任、××经理建立好的友谊，树立好公司形象和个人形象。

　　4. 工作 15 日内有能力为销售部人员培训按揭贷款的知识，并让他们感觉到我很专业。工作思路是：在第二次培训之前，对比较常见的问题进行总结，并对自己存在的疑问及时向××银行的××经理询问、总结，使培训资料不断完善、更加准确、有理有据。

　　5. 在 3 天内，结合认购单、签约单、收据制定出签约信息统计表、回款情况统计表及月度销售签约资金回收统计表，保证内容一致。

　　6. 在试用期，端正学习态度，做好自己的本职工作。做到不迟到、不早退、不旷工，并自愿加班学习专业知识，以求顺利开展工作及顺利转正。

　　四、执行效果

　　"华人管理教育第一人"余××曾经说过"决战商场，赢在执行！"这说明了执行力在工作中的重要性，换言之，一

范本内容精讲

　　由范本展示的述职报告可知，该报告没有主送机关部分。这是因为述职报告一般在企事业单位内部使用，因此主送机关比较明显，写作时可以省略，直接进入正文内容的写作。

　　在该述职报告中，第一自然段交代了写作报告的目的和根据，即"届时试用期已满一个月，特向公司提出转正申请"，然后以"下面我主要就我的工作内容、工作目标、执行计划、执行效果、执行总结及转正后工作展望 6 个方面进行汇报"的句式引出正文的报告事项，即"一、工作内容，二、工作目标，三、执行计划，四、执行效果，五、执行总结，六、转正后工作展望"。由于内容较多，这里没有全部展示出来。

由此可见，该述职报告包括了汇报类的综合报告的大部分内容，如工作进展情况（工作内容、工作目标、执行计划）、成绩或问题（执行效果）、经验或教训（执行总结）以及今后工作的意见或建议（转正后工作展望）。

2. 呈报类——财务报告

呈报类报告主要用于下级向上级报送文件、物件随文呈报，比如，公司内部常提及的财务报告。

范本内容展示

◉资源 |Chapter05| 财务报告 .docx

一、综合概述

截至 2018 年 9 月 30 日，××石油有限公司累计实现主营业务收入××万元；累计发生主营业务成本××万元；税金及附加××万元；管理费用××万元；销售费用××万元；财务费用××万元；营业利润××万元。截止 2018 年 9 月 30 日，××石油公司资产总额××万元，负债总额××万元，所有者权益××万元。截止 2018 年 9 月 30 日，××石油公司货币资金××万元。

二、公司财务报表分析

1）资产负债表分析：

资产负债分析表一（略）

至 2018 年 9 月 30 日，××石油公司资产总额××万元，比期初余额增加××万元，增长率为××。其中：流动资产较年初增加××万元，增长××%（其中：货币资金增加××万元，增加××%；应收账款项因本月刷卡和月末最后一天存款需下月到账增加××万元，增加××%；预付账款减少××万元；其他应收款因本月员工备用金借出增加××万元，增加××%；存货因购买石油储量金额增加××万元，增加××%；非流动资产增加××万元，增加××%，（其中：在建工程因转入固定资产减少××万元，下降××%；固定资产净值增加××万元，无形资产增加××万元，增加××%）。

资产负债分析表二（略）

至 2018 年 9 月 30 日，××石油负债总额××万元，增加××万元，增长××%，其中：流动负债增加××万元，增长××%，其中：应付账款减少××万元，下降××%；预收账款减少××万元，减少××%；应付职工薪酬减少××万元，下降××%；应交税费增加××万元，增加

××%；其他应付款增加××万元，增加××%；所有者权益方面，专项储备增加××万元；所有者权益减少××万元，减少××%，同比期间利润减少××万元，减少××%，其他项目无变动。

2）经营损益表分析：

利润分析表（略）

至 2018 年 9 月 30 日，××石油公司累计实现主营业务收××万元，主营成本××万元，税金及附加××万元，销售费用××万元，管理费用××万元，财务费用××万元，营业利润××万元，各损益项目增减原因详见主要业务分析。

3）现金流量表分析：

现金流量分析表（略）

至 2018 年 9 月 30 日，××石油有限公司经营活动累计产生的现金净流量为××万元，同比增加××万元，增加××%。其中：销售商品(石油)收到的现金累计为××万元,同比增加××万元，增加××%；收到的其他与经营活动相关的现金××万元，同比减少××万元，减少××%；购买石油及工程材料等所支付的现金流量××万元，同比增加××万元，增加××%；支付的与职工相关的现金流量××万元，同比增加××万元，增加××%；支付的各项税费累计××万元，支付的其他与经营活动有关的现金流量××万元，同比减少××万元，减少××%；投资活动累计产生的现金净流量为××万元，同比增加××万元，增加××%；其中为购建固定资产等支付的现金××万元，同比减少××万元，减少××%。

三、主要业务分析

1.石油销售业务

范本内容精讲

范本展示的是财务报告的正文部分，一般来说，财务报告的格式与一般的报告格式不太一样，由于其内容很多，所以会涉及目录页，并且为了将财务报告装订成册，还会附加封面，如图 5-4 所示的是该财务报告的封面页和目录页。

××石油有限公司

财务报告

2018 年 9 月

图 5-4

由范本内容可知，该财务报告的内容包括了 7 个部分，分别是综合概述、财务报表分析、主要业务分析、其他重要事项说明、预算完成情况、管理建议和附件。其中，附件一般是对财务报告中涉及的相关报表内容的补充文件。

各单位必须按照国家统一会计制度规定，定期编制财务报告。财务报告可以分为月度、季度和年度等编制，公开发行股票的股份有限公司还应发布半年编报一次的财务报告。另外，财务报告落款处的发文机关一般为"××公司财务部"。

3. 说明类——市场调查报告

说明类报告类似于情况报告，用于向上级汇报、反映各种社会情况及动态，可为公司领导层做出决策提供依据。而市场调查报告就是根据市场调查、收集、记录、整理和分析市场对商品的需求状况以及与此有关的资料的文书。

范本内容展示

◉资源 |Chapter05| 家庭饮食消费状况调查报告 .docx

××市居民家庭饮食消费状况调查报告

为了深入了解本市居民家庭在酒类市场及餐饮类市场的消费情况，特进行此次调查。调查由本市某大学承担，调查时间是××年×月至×月，调查方式为问卷式访问调查，本次调查选取的样本总数是 2 000 户。各项调查工作结束后，该大学将调查内容予以总结，其调查报告如下：

一、调查对象的基本情况

（一）样本类属情况。在有效样本户中，工人 320 户，占总数比率18.2%；农民 130 户，占总数比率7.4%；教师 200 户，占总数比率11.4%；机关干部 190 户，占总数比率10.8%；个体户 220 户，占总数比率12.5%；经理 150 户，占总数比率 8.52%；科研人员 50 户，占总数比率2.84%；待业户 90 户，占总数比率 5.1%；医生 20 户，占总数比率 1.14%；其他 260 户，占总数比例 14.77%。

（二）家庭收入情况。本次调查结果显示，从本市总的消费水平来看，相当一部分居民还达不到小康水平，大部分的人均收入在 1 000 元左右，样本中只有约 2.3%的消费者收入在 2 000 元以上。因此，可以初步得出结论，本市总的消费水平较低，商家在定价的时候要特别慎重。

二、专门调查部分

（一）酒类产品的消费情况

1. 白酒比红酒消费量大。

分析其原因，一是白酒除了顾客自己消费以外，用于送礼的较多，而红酒主要用于自己消费；二是商家做广告也多数是白酒广告，红酒的广告很少。这直接导致白酒的市场大于红酒的市场。

2. 白酒消费多元化。

（1）从买白酒的用途来看，约 52.84%的消费者用来自己消费，约 27.84%的消费者用来送礼，其余的是随机性很大的消费者。买酒用于自己消费的消费者，其价格大部分在 20 元以下，其中 10 元以下的约占 26.7%，10～20 元的占 22.73%，从品牌上来说，××香、×河、××酒相对者好，尤其是××酒，约占 18.75%，这也许跟消费者的地方情结有关。从红酒的消费情况来看，大部分价格也都集中在 10～20 元的，其中，10 元以下的占 10.23%，价格档次越高，购买力相对越低。从品牌上来说，以××山、×裕、××酒为主。

送礼者所购买的白酒其价格大部分选择在 80～150 元（约 28.4%），约有 15.34%的消费者选择 150 元以上。这样，生产厂商的定价和包装策略就有了依据，定价要合理，又要有好的包装，才能增大销售量。从品牌的选择来看，约 21.59%的消费者选择××液，10.795%的消费者选择×台，另外对红酒的调查显示，约有 10.2%的消费者选择 40～80 元的价位，选择 80 元以上的约 5.11%。总之，从以上的消费情况来看，消费者的消费水平基本上决定了酒类市场的规模。

（2）购买因素比较鲜明，调查资料显示，消费者关注的因素依次为价格、品牌、质量、包装、广告、酒精度，这样就可以得出结论，生产厂商的合理定价是十分重要的，创名

范本内容精讲

该范本展示的是某公司市场部对居民家庭饮食消费状况进行调查并撰写的报告，说明了调查对象的基本情况、专门调查部分以及结论和建议。用市场经济规律进行分析，透过市场现状，揭示居民家庭饮食消费的规律和本质。

标题格式为标准的"事由＋文种"，没有明确说明主送机关，但很显然是公司领导层。正文第一自然段阐述了写作该调查报告的目的和意义，同时简要说明了此次调查的参与者、调查对象和调查方式等内容，最后以"其调查报告如下："的句式引出下文将要提及的调查报告具体事项。

在写作市场调查报告的正文时，为了让调查情况更直观，尽量使用表格、图示来表达各数据之间的关系。图表的视觉效果比纯文字的视觉效果好很多，会让使用市场调查报告的人感觉其更专业。

正文结束后，尽量写明落款处的信息，通常，市场调查报告的发文单位是公司的市场部或者专门负责市场调查的调研部。

在实际工作中，公司领导可根据该市场调查报告中的结论和建议部分，作出有利于公司经营和发展的决策。

4. 例行工作类——工作报告

例行工作类报告是下级因工作需要，定期向上级所写的报告，如费用支出报告、年度工作报告等。

范本内容展示

◎资源 |Chapter05| 分公司 ×× 年工作报告 .docx

分公司××年工作报告

各位董事、各位来宾、各位同事：

下午好！

光阴似箭，岁月如梭，不知不觉间××年又过去了，这不是普通的一年，是公司逆势上扬、快速发展的一年，面对中国经济进入新常态、经济增速放缓、行业产能过剩、市场竞争异常激烈的复杂形势，许多企业停产歇业，而我们公司在各位员工的共同努力下，在众多合作伙伴的支持下，取得了产量增高、品质提升、成本下降、销售增长、利税增加的不菲业绩。

一、主要经营业绩

我想用以下几组数据来说明分公司××年的经营业绩。

第一组数据，产品产量。××年，分公司成品入库量为×吨，与去年同比增长××%，其中×吨，产品×吨，分别比上年增长×%、×%。产量增幅较大的产品有×× 增长×吨、×× 增长×吨、×× 增长×吨、×× 增长×吨。

第二组数据，品质提升。××年产品新料一次合格率为×%，比上年提升××个百分点，与年初制定产品合格率为×%的产品质量目标，提升了××个百分点。其中×× 提升××个百分点、×× 提升××个百分点、×× 提升×个百分点、×× 提升××个百分点、×× 提升×个百分点。

第三组数据，收率提升，成本下降。××年，分公司产品综合收率达到×%，比上年增长×%，其中收率提升非常

明显的有：×× 提升×%，×× 产品提升×%；生产成本全年节约××万元，完成计划的×%，比上年成本节约净增×× 万元。生产成本节约明显的产品主要有×× 节约×× 万元、×× 节约×× 万元、×× 节约×× 万元、×× 节约成本×× 万元、×× 产品节约×× 万元。

第四组数据，销售增长，利税增加。××年，分公司营业收入实现××亿元，比上年增长×%，利税比上年增长×%。

二、成功因子

分公司经营业绩的取得，汇聚了全体员工的辛勤汗水和合作伙伴的鼎力支持。在这里，我向大家道一声，你们辛苦了！我想，公司能够取得这样的经营业绩与以下几个成功因子密切相关。

1.团结合作

单枪匹马的个人英雄主义早已过时，合作才是永远的主流。××年业绩的取得来源于各部门的精诚合作。物管部门的原料采购、产品发送、库存管理等工作量，随着产量的增长而增加，全年原材料入库×吨，比去年增长×%，成品发运×吨，比去年增长××吨，虽然工作量增大，但从来没有怨言。安环部门从安全资质申办、安全监管、污染源控制、三废处理等方面保障了生产的安全稳定与绿色环保。机动车间加强了设备的平时保养维护，提高了设备检修维修的质量与效率，降低了设备故障率，保障生产的正常稳定运行。办公室以真诚、热忱的态度服务于各部门员工，帮助员工解决问题，通过各种方式宣传正能量，增进沟通，打造和谐氛围。

范本内容精讲

范本展示的是某公司旗下分公司的年度工作报告，主送机关为"各位董事、各位来宾、各位同事"。该报告没有采用"现将……报告如下"的句式引出下文，而是在直接交代了公司当年的经营环境和总体发展情况后，直接接报告的具体内容。

该工作报告从主要经营业绩、成功因子以及存在的问题和改善措施（未展示）

这 3 个方面对当年公司的发展情况进行概括，说明工作中存在的不同事项，提出一些经验和应对措施，符合"工作 + 经验 + 问题 + 今后措施"的工作报告一般公式。

5.5 总结

■总结的特点　■适用范围　■一般格式　■注意事项　■范例解析

总结是对过去某一阶段的工作、学习或思想情况进行回顾、分析，并做出客观评价的书面材料。

5.5.1 总结类应用文的特点与适用范围

无论在怎样的工作中，只要涉及对以往工作进行回顾、检查、分析、研究，并从中提炼出规律性的东西，用以指导今后的工作，都可以使用"总结"这一文体。由此可见，其适用范围非常广，这主要是因为其具有如下特点。

- **客观性**：总结是对实际工作再认识的过程，是对前一阶段工作的回顾。其内容必须要完全忠于自身的客观实践，其材料必须以客观事实为依据，不允许东拼西凑，要真实、客观地分析情况、总结经验。

- **指导性**：总结以回顾思考的方式对自身以往实践做理性认识，找出事物本质和发展规律，取得经验，避免失误，以指导未来工作。

- **理论性**：总结是理论的升华，是对前一阶段工作的经验、教训的分析研究，借此上升到理论的高度，并从中提炼出有规律性的东西，从而提高认识，以正确的认识来把握客观事物，从而更好地指导今后的实际工作。

- **自身性**：总结都用第一人称，从自身出发。它是单位或个人自身实践活动的反映，其内容行文来自自身实践，其结论也是指导今后自身实践。

5.5.2 总结的一般格式与注意事项

虽然"总结"在日常工作中使用较多，且因情况不同而发生了各种各样的变化，但其也有一般的写作格式，同时，写作时也有需要注意的问题，不能随意发挥而胡乱写作，导致总结不像总结。

1. 总结的一般格式

总结一般由标题、正文和落款构成，各部分需要写明的内容如下。

◆ 标题

总结的标题分为两大类：公文式标题和非公文式标题。公文式标题一般是单位名称＋时间＋事由＋文种，如"××公司财务部2018年度工作总结""××镇××年党建工作总结"等；非公文式标题比较灵活，又分为两种，一是文章式标题，通常用短句概括揭示总结的内容，如"走活三步棋，选好一把手"；二是结合式标题，也称新闻式标题，通常由公文式标题和文章式标题组合而成，其中文章式标题为正标题，公文式标题为副标题，如"构建农民进入市场的新机制——××市××区2018年发展农村经济的实践与总结"。

◆ 正文

总结的正文包括前言、主体和结尾这3个部分，每个部分应包括的内容如表5-6所示。

表5-6 总结的正文内容

部 分	内 容
前言	也叫引言，是总结的开头部分。这一部分内容一般要求开门见山，是主体内容展开前必要的铺垫，简明扼要地概述基本情况，交代背景，点明主旨或说明成绩。写作时要么概括本单位的基本情况，要么交代总结的客观背景和主观条件，要么说明总结的主要目的和内容，要么通过具体数据的引用来说明取得的成绩，要么用设问方式开头，引起读者的思考或兴趣
主体	该部分是总结的核心部分，内容包括做法和体会、成绩和经验、问题和教训等，这3项内容可根据实际情况决定其先后顺序，但问题和教训一般不放在主体部分的最前面。写作主体部分时，用充足的数据展示从总结事项中取得的所有成绩，并将取得以上成绩而采取的具体措施和方法写清楚；通过具体分析取得成绩的原因，得出具有规律性和指导意义的经验；通过分析总结事项的不足，发现在工作过程中存在的问题，得出具有实际意义的教训。不同类型的总结，内容侧重点不同，全面性总结的主体包括成绩和经验、存在的问题和得到的教训；一般工作总结的重点放在成绩和经验上
结尾	该部分可以概述全文，可以说明好经验带来的效果，可以提出今后努力的方向或改进意见。在实际运用中，该部分内容可视具体情况进行省略

总结的正文结构主要采用逻辑结构形式，全面性总结根据过去一段工作中的成绩和问题，或者经验和教训的内在联系进行写作；专题性总结以经验为轴心写作。

◆ 落款

总结的落款部分与公文的落款部分一样，包括发文单位和成文时间。若标题中已出现过单位名称，那么落款部分就可以省略单位名称。需要注意的是，用于报纸杂志的专题性总结，应在标题下方居中署名。

2. 总结的写作注意事项

总结不仅是进行自我分析，更是向读者展示自己的分析总结的结果，因此内容一定要条理清晰，写作时要注意以下细节。

◆ 坚持实事求是的原则

总结写作的基本原则就是实事求是、一切从实际出发，做到不夸大成绩，不缩小问题和缺点。

◆ 共性与个性都不能忽视

写作过程中，很容易出现按照既定框架去填补总结内容的情况，这样写出来的总结大都千篇一律，没有特点。因此，要从总结事项本身出发，写出独到的发现和体会、新鲜的角度和材料。

◆ 详略得当，突出重点

过多地将成绩或经验等都写进总结，会导致整篇文章臃肿拖沓而没有重点，从而无法给人留下深刻印象。因此，要根据实际情况和总结的目的，把既能显示本单位、本人特点，又有一定普遍性的材料作为重点选用，写得详细、具体。而一般的材料则要学会舍弃或略写。

◆ 语言严谨，叙述和议论结合

要重视内容的逻辑性和文字的准确性，这样的总结才有意义。总结的语言一定要简明，要用第一人称，即从本人、本部门或本单位的角度进行写作。另外，总结并不只是数据和文字的罗列，更要通过发现的问题引发思考，因此在写作过程中应以理论为基础，重点进行观点和体会的论述。

◆ 观点和材料要统一

总结中的观点是从材料中提炼出来的，材料是观点最好的佐证，因此在写作中观点一定要以材料为基础，并统率材料。

5.5.3 总结类应用文的范例解析

按内容不同，总结可分为学习总结、工作总结和思想总结等；按时间不同，可分为年度总结、季度总结和月份总结等；按范围不同，可分为全国性总结、地区性总结、本单位总结和班组总结等。下面我们具体介绍综合性总结和专题性总结。

1. 综合性总结

它是对某一单位、某一部门工作进行全面性总结，既要反映工作的概况、取得的成绩、存在的问题和缺点，也要写经验教训和今后如何改进的意见等。

范本内容展示

◉ 资源 |Chapter05| 综合办公室 × × 年年终总结 .docx

综合办公室××年年终总结

在××年的工作中，办公室作为企业的综合职能部门，在市局党组的领导下，在省局办公室的关心帮助和具体指导下，转变思想观念，强化服务意识，提高自身素质和工作质量，努力围绕中心任务开展工作，较好地发挥了职能作用，为行业的发展做出了应有的贡献。我们的主要做法是：

一、坚持进取的理念和工作方法，做到"实干"与"干实"的统一。

办公室作为一个单位的综合协调部门，在其工作过程中，如何落实"三个代表"的重要思想，坚持以民为本，是我们需要不断探索和掌握的方法论。坚持以民为本，很重要的一点就是在实践中，实现实干与干实的统一。在干实上要提高层次，不仅日常工作要准确到位，而且更主要的应当进一步研究如何把以民为主这一科学的思想方法真正自觉地、全面地贯彻到服务工作和辅助领导抓大事的具体实践当中去，在吃透上情的同时，更加注重深入体察并准确反映全区工作的整体情况和行业的民情民意。基于这种认识，我们在工作中坚持做到四个增强：

一是坚持为领导服务与积极主动关注基层和机关建设的辩证统一，增强工作的创造性。领导决策和推动工作开展的过程，实际上就是一切为基层服务，为群众谋利益的过程。在工作实践中，我们针对行业发展中存在的问题和职工关心的热门话题，有见解的提出建议和意见，通过各种渠道输送

合理化的建议，在尽力协助领导和机关不断丰富和完善决策思想上有所创见、有所作为的同时，最大努力的注重、利用不同方式和渠道，了解基层在想什么、做什么；职工需要什么、反对什么，并根据上级的精神和领导的意图，实事求是地分析情况，进行理性思考，提出意见和建议，在上情与下情的结合和把握上体现求实、务实的工作作风。

二是在提高预见性上下功夫，增强工作的超前性。实践中我们认识到，缺乏超前意识，工作被动应付，是影响办公室工作上质量、求实效的一个重要因素。克服懒惰思想，锐意进取，就必须发挥工作的主动性、创造性，察领导所察、察领导未察，力争在某些情况的把握上能够先于领导、宽于领导，在主动服务上跟上领导决策的节拍，做到与时俱进。

今年以来，我们积极主动地捕捉行业发展中好的经验做法和相关信息，加工整理，及时在全区推广，以促进工作的整体推进。截止到目前，共编发政务信息 53 期。其中，总结编发的在"一价制"试行过程中成功县市的做法，有力地带动了"大访销、大配送"和"一价制"经营运行模式的推广，受到市局领导的充分肯定。

三是在调查研究上求深、求实，增强工作的针对性。工作中，我们坚持将察实情、讲实话、谋实事作为办公室协调领导出主意、当参谋的着力点。对省、市局的重要决策的贯彻落实，我们不满足于在上面等汇报、填报表，而是利用参加会议和下县调查等机会，掌握第一手资料。在系统全面收集材料的基础上，总结出在全区或大部分县（市）公司存在

范本内容精讲

该范本包括了该公司综合办公室的工作成绩、做法、问题和今后工作的努力方向，是一篇比较全面的总结。

标题格式为"单位名称＋时间＋事由＋文种"，其中事由是年终工作总结。正文第一自然段为前言部分，交代了工作背景，说明了工作中的成绩，以"我们的主要做法是"的句式引出正文的主体部分。

而主体部分用"一、二……"的形式分项介绍了综合办公室在工作中的做法，共3项。每项之下又以"一是、二是……"的形式做具体讲解，其中第一项做法阐述了综合办公室在工作中做到了"四个增强"；第二项做法阐述了办公室对各项工作和制度进行了新的定位，共包括3个方面；第三项做法阐述了办公室重点抓了两个方面的教育引导工作和"四个提高"。最后一个自然段说明了当前工作中存在的不足以及以后工作的计划，如图5-5所示。

> 一年来，我们办公室虽然取得了一些成绩，但距离上级要求和与兄弟单位的工作相比，在全面发展上，在争先创优上，都还存在一定差距。在今后的工作中，我们要认真履行办公室职责，开拓创新，把我们的工作提高到一个新的水平。新世纪，新形势赋予了办公室新的历史重任，办公室愿与行业内同行一起奋力拼搏，锐意进取，与时俱进，通过不懈的努力为办公室的建设和行业的发展增砖添瓦。

图 5-5

虽然综合性总结的内容要求全面，但并非面面俱到，而是要突出主要工作和重要经验。写作时，往往选择成绩最显著、经验最突出或对全局最重要的几个方面去总结，从而说明工作的整体情况。

范本展示的总结，详讲了工作中的做法和具体的成绩，略讲了问题和教训。在实际写作中，可以根据具体情况确定侧重点，不需要将所有的做法、成绩、经验、问题和教训等都列入总结中，这样反而会使文章失去逻辑性。

2. 专题性总结

专题性总结是围绕工作中某一方面或某一问题进行的专门性总结，往往偏重于总结某一方面的成绩、经验，其他方面可少些或不写。一般按提出问题、分析问题和解决问题这一思路构思。专题性总结对象明确，针对性较强，内容比较集中。

范本内容展示

◎资源 |Chapter05|2018 年上半年安全生产工作总结 .docx

××公司 2018 年上半年安全生产工作总结

2018 年上半年，我们确立了以"体系管理为载体、安全第一"的安全工作指导思想，坚定了"抓生产从安全入手，抓安全从生产出发"的安全工作管理理念，及时修订完善规章制度，广泛宣传安全知识，不断加大监督检查力度，深入开展风险管理，始终将安全工作列为我们一切工作的重中之重。在加强了各方面安全管理的同时，进行了多频次的安全检查，采取了一系列行之有效的安全措施，开展了形式多样的安全活动，加强了不同层次的安全教育，正确地处理了安全与生产、安全与效益、安全与质量等方面的关系，确保了零事故。

（一）明确安全目标，落实安全责任。

2018 年初，××分公司根据集团公司关于对安全生产工作的要求，由中层科长以上人员参加的安全生产工作会议，会议确定了安全生产的"三无"目标（即：无死亡、无重伤、无一次性直接经济损失 10 000 元以上的生产安全事故），明确了安全生产的八项主要工作任务（提高认识，落实责任，开展活动，搞好教育，完善制度，勤于监督，夯实基础，现场达标）。会后，经理和分管副经理、科长、职工分别签订了《安全生产责任书》，把安全生产工作目标任务层层分解，形成了"横向到边、纵向到底、责任到人、不留死角"的安全工作网络格局。严格落实"一岗双责"和"分工负责制"，

安委会承担了隐患排查治理的义务和责任，各成员结合个人分工情况积极主动的开展隐患排查治理工作，做到了不走过场、不留盲区。

（二）开展各项安全活动，提高全员安全意识。

3 月份，公司主要负责人和安全生产管理员参加了交通中专办的安全生产培训班，4 月上旬，公司对中层副科长以上人员进行了安全知识培训，组织学习了《安全生产法》、《道路交通安全法》、《山东省安全条例》等，4 月下旬，公司组织木材业务客户和仓库租赁户集中学习了安全消防知识，5 月份，公司开展了消防演习，6 月份，根据总公司的要求开展主题为"遵章作业、关注消防、关爱生命"的安全生产月活动。各项活动都做到了有组织、有部署、有检查、有总结、有成效。全公司上下营造了浓厚的安全生产氛围，有力地推动了安全生产工作。

（三）勤于检查监督，杜绝安全隐患。

上半年，公司坚持每月进行一次安全生产大检查，由公司领导带队，中层科长参与。检查覆盖面包括仓库车间、吊车设备、电气线路、办公楼、木材货场、消防器材及设施、上墙制度及安全责任制的分层落实等。对大检查中的安全隐患问题，由专人分类登记，拟订整改措施，专人负责。有的是现场检查，就地指定专人及时整改。上半年总的检查情况是：生产现场秩序良好，生产设备性能完好率 95%以上，消防器材完好有效使用率 100%，主要工种、工作的制度上墙率 100%。"安全生产月"活动推动了公司安全生产工作深入开展。

范本内容精讲

范本所展示的是某公司 2018 年上半年关于安全生产工作的总结，针对的对象就是 2018 年上半年的安全生产工作，其内容比较集中，是典型的专题性总结。

第一自然段对 2018 年上半年的安全生产工作做了概括性的说明，也是对工作成绩的阐述。接着以"（一）、（二）……"的形式总结了上半年安全生产工作的具体内容、做法和取得的成效，共 5 个方面，这里没有全部展示。最后一个自然段以"尽管……但……"的句式承上启下，总结了 2018 年上半年的安全生产工作存在的盲点，并对下半年安全生产工作的执行作出了承诺。由于该总结的标题包含了单位名称，因此落款处只写明了成文时间，如图 5-6 所示。

稳定做出应有的贡献。

2018 年 6 月 23 日

图 5-6

5.6 简报

■简报的特点　■写作格式　■注意事项　■范例解析

简报是传递某方面信息的简短的内部小报,也可称为"简讯""要情""摘报""动态""情况反映""情况交流""内部参考""工作通信"等。

5.6.1 简报的特点

通俗地讲,简报就是简要的调查报告、简要的情况报告、简要的工作报告或简要的消息报道等,它具有简、精、快、新、实、活和连续性等特点,如表 5-7 所示。

表 5-7　简报的特点

特　点	说　明
简	简报的篇幅一般比较简短,一期简报甚至只登一篇文章、几段信息,或者一期几篇文章,但总共就一两千字,长的也不过三五千字
精	简报一般由有关单位、部门主办编写,专业性十分强,一般性的东西少说,无关的东西不说,专业性的东西多说,内容精简干练
快	由于简报的篇幅较短,包含的内容比较精悍,因此写作花费的时间比较短,成文速度相应较快
新	简报具有一般报纸新闻性的特点,因此写入简报中的内容通常是热点、沸点、亮点,无论是题材、观点还是问题,一定要新颖,在篇幅较短的弊端下快速吸引眼球
实	简报用于传递某方面信息,因此必须据实以报,以事实说话,不能因为要写热点、沸点或亮点而进行虚假写作

续表

特　点	说　明
活	简报的形式十分灵活，可定期出，也可不定期出；可上报下发，也可同级交流；每份简报可以刊登一篇报道，也可以刊登多篇
连续	重要会议的简报往往具有连续性的特点，即通过多期简报将会议进程中的情况接连不断地反映出来

要注意，简报一般是在编报机关管辖范围内各单位之间交流的，不宜甚至不能公开传播，特别是关于企事业单位内部的重要信息，如下一步工作计划的具体部署、公司客户的详细资料等。这样的简报具有一定的保密要求，不能随意扩大阅读范围。

5.6.2 简报的写作格式与注意事项

虽然简报的种类繁多，但严格意义上来说，其写作格式均包括报头、报核和报尾这 3 个部分，每个部分包含的内容较多，写作时一定要注意。

1. 报头

简报一般都有固定的报头，包括简报的名称、期号、编发单位、发行日期、保密等级和编号。

◆ **简报名称**：一般在简报第一页上方的正中处，为了醒目，字号宜大，且尽量用红色字体。

◆ **期号**：其位置在简报名称的正下方，一般按年度依次排列期号，有的还可以标出累计的总期号。属于"增刊"的期号要单独编排，不能与"正刊"的期号混编。有特殊内容而又不必另出一期简报时，就在简报名称或期号下方注明"增刊"或"××专刊"字样。

◆ **编发单位**：编写简报的单位或部门，应标明全称，位置在期号的左下方。

◆ **发行日期**：简报的发行日期以领导签发日期为准，应标明具体的年、月、日，位置在期号的右下方。

◆ **保密等级**：简报的密级要求一般在报头的左上角顶格书写，分别标明"秘密""机密""绝密""内部参阅"等字样。没有保密要求的，可不写。

◆ **编号**：编号位于报头右上角，通常只有保密性简报才需要编号，一般简报不用编号。

在报头与报核之间，用一道横线将两个部分隔开。

2. 报核

报核就是简报所刊的一篇或几篇文章，若是几篇文章，则每篇文章都有标题、导语、主体、结果和穿插在叙述中的背景材料。其中，标题类似新闻的标题，要简短醒目地揭示主题；导语通常用一句话或一段话简明地概括全文的主旨或主要内容，给读者一个总的印象，具体有提问式、结论式、描写式和叙述式等写法，交代清楚谁（某人或某单位）、什么时间、干什么（事件）、结果怎样等；主体则是用足够的、典型的、有说服力的材料将导语的内容加以具体化；结果则是指明事情发展趋势或提出希望及今后的打算，若主体部分已说明这些内容，此处可省略；背景材料是对人物、事件起作用的环境条件和历史情况，这部分内容可穿插在简报的任何位置。

3. 报尾

在简报的最后一页下方，用横线将报尾与报核隔开，横线下方左侧写明发送范围，在平行的右侧写明印刷份数。有些简报在写作时省略了报尾部分。

简报写作过程中，除了要注意格式规范外，还应注意以下事项，才能写出效果好且能够发挥作用的简报。

①字体尽量偏大，足够吸引人的目光，使简报内容得以被人知晓。

②切忌在简报中插入表格，尤其是资产负债表之类的财务表格，因为没有人会仔细阅读里面的数据。

③切忌贪心而在每一版中塞入太多内容，一般来说，每一版内最多放四五行，内容太多时可分成多版展示。如果内容超过3版，则表明简报不够简洁，需做删减。

④简报的写作要及时，因为它是单位领导对一些问题作出决策的参考依据之一，也是单位推动工作的一个重要手段。

5.6.3 常见简报的范例解析

常见的简报有3种，一是会议简报，二是情况简报，三是工作简报，每种简报主要反映的内容不同，下面是具体介绍。

1. 会议简报

会议简报是在会议期间反映会议交流和进展情况的简报，是一种临时性的简报，内容包括会议中的情况、发言及会议决定等。

范本内容展示

◉ 资源 |Chapter05| 部门例会会议简报 .docx

部门例会会议简报

2018 年第 13 期

× × 公司综合办   2018 年 7 月 23 日

2018 年 7 月 23 日 8:30，项目经理部召开本周例会，先由朴经理传达公司周例会主要资料，各项目的板块负责人汇报在建、跟踪项目状况，最后制定部门下周重点工作计划。

会议要求：

1. 部门职员针对公司今后发展方向及运行管理提出好的推荐，本周三前上交部门。

2. 针对部门职员提出的推荐，项目经理"责、权、利"现已制定初稿，要求部门职员相互交流、讨论此稿。

3. × × 油田视频会议系统升级改造按照项目组制定项目结算计划，分析项目结算可能存在的风险，并提出应对办法，做好项目结算工作，保证项目和公司利益最大化。

4. × × 钻探 × × 东区监控项目组要严抓现场施工管理，个性是在施工质量、安全、礼貌施工、成本控制等方面必须严格执行公司项目管理制度；按照项目实施节点计划，合理安排项目实施进度，争取缩短工期，提高项目效益。

5. 各在建项目的项目经理应统管项目的安全施工与礼貌施工，进场施工人员要经安全教育合格才可进场作业施工，认真落实施工现场安全检查工作，做到提前发现安装隐患，及时解决安全隐患，保证项目安全实施，项目管理人员及施工人员应统一着工装，做好项目实施的安全礼貌施工工作。

6. 部门职员应严格遵守公司劳动纪律和各项规章制度，遵守公司考勤制度，严格执行人员动态管理制度。

范本内容精讲

范本所展示的是某公司的部门例会会议简报，报头部分有简报名称、期号、编发单位和发行日期，且报头与报核之间用一道横线隔开。

很显然，该简报省去了报尾部分，报核包括的内容写作完毕后，简报写作就结束了。报核的第一自然段概括了会议时间和会议大致事项，然后以"会议要求："单独成段，提请注意接下来展示的会议涉及的具体要求，分项列示，内容简洁。

2. 情况简报

情况简报是反映人们关注的问题，供机关、单位的领导参考的简报，将工作中出现的新情况、新问题和新经验等及时反映给各级决策机关，使其了解下情，为决策机关制定政策、指导工作提供参考。

范本内容展示

◉ 资源 |Chapter05| 情况简报 .docx

情况简报
第二十一期

××公路分局群众工作领导小组办公室编印   ××年×月×日

同心同向，共解难题

为尽快解决××饮水问题，9月29日，××分局寺庙联系人周××带领分局群众工作组成员×××、杜××、杨××、张××等同志前往××寺，与寺庙联系人××等寺庙僧人进行了交谈。

在前两次深入寺庙开展"同心同向"活动中，周××了解到，××寺的饮水问题前几年虽经县水利局安装了自来水管道，但因各种原因，水管早已断水，于是饮水问题便成了困扰寺庙僧人的最大一块心病。所以一到××寺，×局长就迫不及待地同寺庙联系人××协商寺庙饮水的解决办法，并和分局工程人员、寺庙僧人一起深入实地察看水源，共同商讨解决饮水问题的办法。经过实地勘察、测量、计算工程数量及造价，初步制定了××寺饮水工程的实施方案，并决定在适当时候对寺庙饮水工程进行施工。

回到寺庙，××和寺庙僧人不停地感谢××局长对寺庙的帮助。××局长对寺庙僧人说："你们不要感谢我，要感谢就感谢国家、感谢政府。是国家的政策好，让我们赶上了这样一个好的时代，好的政策。州政府决定开展同心同向活动，就是要让单位的领导、'一把手'深入寺庙，与寺庙僧人面对面交流，了解你们的困难，关心你们的生活，倾听你们的心

声，切实为寺庙做一点实事。经济发展了，社会进步了，也要让我们广大的寺庙僧人享受到社会进步的发展成果。经过开展同心同向活动，拉近了我们彼此的距离。希望我们都珍惜这一份珍贵的机会，共同把同心同向活动开展好。"

通过近几次深入寺庙开展"同心同向"活动，了解寺庙的情况，倾听僧人心声，真诚与僧人沟通，我们的工作态度和工作方法已经得到了寺庙僧人的认同，分局的"同心同向"活动将向着既定的目标顺利推进。

签发：×××

抄报：××公路局群众工作领导小组办公室、××书记；××县委、组织部、宣传部、群众工作领导小组办、××乡党委、××副县长

打字：张×   校对：××   共印 8 份

范本内容精讲

该情况简报的报头与报核部分以一道横线隔开，由于报头部分的简报名称只是"情况简报"，为了体现出简报的主题，报核部分又写明了标题"同心同向，共解难题"。

紧接着以 3 个自然段说明群众工作领导小组给当地某寺庙解决饮水问题的事情概况，报核的最后一个自然段是结尾部分，说明了事情的发展趋势和进展效果。由于该页是简报的最后一页，所以要在其下方用横线与报核隔开，横线下方写明了简报的抄送范围和印刷份数等信息。

3. 工作简报

工作简报主要用于报告重大问题的处理情况以及工作动态、经验或问题等，又分为日常工作简报和中心工作简报。日常工作简报又称为业务简报，反映本地区、本系统或本部门日常工作或问题的经常性简报，其内容较广，如工作情况、成绩问题、经验教训或表扬批评等，对上级某些政策或指示执行的步骤、措施等都可以反映，通常在一定范围内定期或不定期地写作。而中心工作简报是一种阶段性的简报，又称为专题简报，往往是针对工作中某一时期的中心工作、某项中心任务制作的简报，中心工作一旦完成，简报就会停办。

范本内容展示

◎资源 |Chapter05| 工作简报 .docx

工作简报

（第 25 期，总第 263 期）

××有限公司	2018 年 10 月 18 日

××（职务）××（姓名）带队检查××工作

　　××月××日，××（职务）××（姓名）带队到××× (地点)检查安全生产情况，×××、×××（单位名称）等部门主要负责陪同。

　　检查组一行认真查看了×××、×××等方面的情况，听取了×××相关负责人关于×××工作的汇报，并对下一步×××工作提出了具体要求，一是要高度重视×××，全面落实领导责任制，明确任务，责任到人，把×××层层分解，形成"横向到边、纵向到底、责任到人、不留死角"的×××网络格局；二是加强法律、法规文件的学习，使大家充分认识到×××的重要性，形成人人重视×××，事事保证×××的良好工作分为；三是要结合自身实际，及时制定切实可行的××隐患排查治理方案，制定×××隐患排查制度，明确×××隐患排查的范围、内容、方式及分工，使隐患排查治理实现制度化、规范化、经常化；四是加强隐患的治理和监控，对排查掌握的事故隐患，按要求进行整改，确保隐患治理工作取得实效。

报送：×××（一般为上级单位或上级领导）	份数：1 份
抄送：×××（一般为平级单位）	份数：3 份
发送：×××（一般为下级单位）	份数：4 份

范本内容精讲

范本内容涉及某公司安全生产情况的检查工作，报头部分的简报名称为"工作简报"，同样没有点明该简报的主题，因此在报核部分另起标题。

报核的第一自然段说明了工作的时间、地点、参与者和大概内容，第二自然段则将工作的内容具体化，并对今后的工作提出了相应的4项要求。报核内容写作完毕后，即在当页最下方用横线将报核与报尾隔开，报尾处写明了该简报的报送、抄送和发送范围，以及印刷份数。

如果某项工作或任务的跨度期较长，则工作简报中要交代具体的工作动态和进展，同时也要将工作中存在的问题进行说明，对已实施的措施也要进行概括性地提及。

5.7 产品说明书

■作用 ■写作格式和要求 ■范例解析

产品说明书是指以文体的方式对某产品进行相对详细的表述，使人们认识、了解某产品。

5.7.1 产品说明书的作用与适用范围

只要涉及实体产品的销售，一般都需要使用到产品说明书，由此可见，其适用范围非常广泛。那么，产品说明书的主要作用如下。

◆ **宣传产品**：宣传产品以引起消费者的购买欲望，从而实现购买，促进商品流通，这是产品说明书的基本属性。

◆ **传播知识**：产品说明书的内容常常涉及知识、科技等的普及、宣传和利用，凝聚着知识的结晶。生产者实现销售是从制作产品说明书开始的，而消费者认识产品往往也是从认识产品说明书开始的。所以，编写产品说明书是创造品牌的必须环节，品牌可借助产品说明书得到推广，使品牌有形象、直观的视觉效果。

◆ **扩大消息**：产品说明书在普及科学文化知识、扩大信息流量，信息传播、复制、交流、利用和反馈等方面，作用十分重要，因为它在社会生产过程中实现了交换和消费两个环节的必然连接。

在写作产品说明时，不得不引起注意的是产品说明书的特点，具体有如下几个。

◆ **真实性**：产品使用涉及千家万户，关系到广大消费者的切身利益，绝不能夸大其词、鼓吹操作，甚至以假冒伪劣产品来谋取自身的经济利益。

◆ **科学性**：产品是科学与生产实践的产物，在一定程度上体现了当代的科技水平，是科技的一种实用型代表。

◆ **条理性**：因文化、地理、生活、环境等的不同，人们对产品说明书的内容存在着认识和理解上的差异，所以产品说明书在陈述产品的各种要素时，要由浅入深、循序渐进。

◆ **通俗性**：很多消费者没有专业知识，所以有必要用通俗浅显和大众喜闻乐见的语言，清楚明白地介绍产品，使消费者使用产品时得心应手。

◆ **实用性**：强调产品的实用性，目的在于突出"我的比你的好用"这个重要指标，利于突出产品优势，促使消费者使用产品。

5.7.2 产品说明书的写作格式和要求

产品说明书一般包括标题、正文和落款这 3 个部分，每个部分应该写明的内容以及相关的写作要求如下。

1. 写作格式

产品说明书的标题格式通常是产品名称或说明对象 + 文种，如"××手机使用说明书""××产品说明书"等，作于说明书的第一行，写作时要注重视觉效果，可以有不同的形体设计。如果是药品类的产品说明书，还会在标题的左上角注明核准日期和修订日期。

产品说明书的正文是主体部分，也是其核心所在，主要介绍产品的特征、性能、使用方法、保养维护和注意事项等内容，对比较特殊的产品还会在该部分说明贮藏条件和有效期等信息。

产品说明书的落款部分与一般的应用文落款部分不同，不是署名和成文日期，而是生产者、经销单位的名称、地址、电话、邮政编码和 E-mail 等内容，目的是为消费者进行必要的联系提供方便。

2. 写作要求

产品说明书制作要实事求是，制作产品说明书时不可为了达到某种目的而夸大产品的作用和性能，这是制作产品说明书的职业操守。产品说明书是生产者向消费者全面、明确地介绍产品名称、用途、性质、性能、原理、构造、规格、使用方法和注意事项等，所以写作时一定要准确、简明。

说明书可根据情况需要，使用图片、图表等多样形式，以期达到最好的说明效果。有些产品说明书涉及了具体的使用方法，内容较多时还会专门制成产品说明手册。

5.7.3 一般产品说明书的范例解析

产品说明书适用范围广，类型多种多样。按对象、行业的不同，可分为工业产品说明书、农产品说明书、金融产品说明书和保险产品说明书等；按形式的不同，可分为条款（条文）式产品说明书、图表式产品说明书、条款和图表结合说明书、网上购物产品说明书、音像类型产品说明书和口述产品说明书等；按说明书的性质不同，可分为特殊产品说明书和一般产品说明书等。

1. 药品说明书

药品说明书是载明药品的重要信息的法定文件，是选用药品的法定指南。新药审批后的说明书，不得自行修改。

范本内容展示

◎资源 |Chapter05| ×× 颗粒说明书 .docx

核准日期：××年×月×日
修订日期：××年×月×日

×× 颗粒说明书
请仔细阅读说明书并在医师指导下使用

【药品名称】
　通用名称：××颗粒　　　　　汉语拼音：××KeLi
【成　　分】浙贝母、蜜桑白皮、前胡、麦冬、天冬、天花粉、地黄、
　玄参、石斛、桔梗、蜜枇杷叶、炒苦杏仁、金果榄、金银花、大青叶、
　栀子、黄芩、板蓝根……
【形　　状】本品为棕黄色至棕褐色的颗粒；味甜、微苦.
【功能主治】清肺利咽，清瘟止咳。用于肺胃热盛，感受时邪，身热
　头晕，四肢酸懒，咳嗽痰盛，咽喉肿痛……
【规　　格】每袋装×g
【用法用量】开水冲服。一次1袋，一日3次.
【不良反应】尚不明确.
【禁　　忌】尚不明确.
【注意事项】尚不明确.
【贮　　藏】密封，置干燥处.
【包　　装】镀铝膜袋，每盒装×袋.
【有 效 期】24个月
【执行标准】《中国药典》××年版×部
【批准文号】国药准字×××
【生产企业】
　企业名称：××制药有限公司
　生产地址：××省××县城××大道×号
　邮政编号：×××
　电话号码：0797-×××××××
　传真号码：0797-×××××××
　注册地址：××省××县城××大道×号
　网　　址：www.×××.net

由范本内容可知，这是一种药品的说明书，在标题的左上角写明了核准日期和修订日期，需要着重强调的内容都做了醒目的标记，如这里将文字颜色进行了加深。

该产品说明书包含了药品名称、成分、形状、功能主治、规格、用法用量、不良反应、禁忌、注意事项以及生产者的名称、地址、邮政编码和传真号码等内容。从"贮藏"条款可知该药品有储藏环境的要求，"有效期"条款表明该药品还有有效期的限制。

2. 使用说明书

使用说明书也可叫使用手册，是向人们介绍具体的关于某产品的使用方法和步骤的说明书。

◎资源 |Chapter05| 设备使用说明书 .docx

1 概述

××是适用于基站/机房使用的多功能综合监控系统，集节能、动力环境、智能门禁、××传输四大功能于一体，可以灵活实现节能、门禁、环境动力监控等多项功能的全部或者任意一项或者多项功能组合，并可以通过××、××、××、××、××任一种方式将数据传输到监控中心。系统采用通信电源−48V/+24V 直流电源作为动力，即使市电停电的情况下，也能保证各项监控功能的正常进行，大大提高了通信机房设备的安全性、可靠性。

××综合监控系统是一种满足基站门禁、环境动力监控的新产品。系统有×路模拟量、数字量兼容的采集输入通道，足以满足大部分机房、基站的动力环境监控要求：系统有×路继电器输出，可联动告警，适用于钢板房、土地建房、承租房、共站（二网合一、三网合一）、单站等多种类型基站。

本系统采用 LED 显示，操作简便，运行稳定、可靠，符合基站内对环境的规范要求，对改善运维模式，提高网络运行安全性具有显著效果，是一款成功解决基站综合监控的高效设备。

1.1 产品特点

①32 位×核高效处理器。

②组网方式灵活：同时支持××和串口模式组网。

③采集通道灵活：可以根据需要任意定义输入通道属性，而不是一个通道对应一个采集属性（如电压）。

④采集通道支持全面：支持温度、湿度、市电、烟雾、水浸、门禁、蓄电池电压、蓄电池电流、空调、油机等监控量的采集。

⑤输出通道支持全面：提供×路带常开、常闭接口的输出通道。

×路集电极开路输出的光耦输出信号。

⑥告警联动定义灵活：可将任意一个输入的告警输出定义到任意的输出通道实现告警联动功能。

⑦端口支持全面：×个输入通道支持模拟量和数字量输入采样。

⑧全端口防雷技术：所有的输入、输出通道、串行接口、电源接口均经过防雷抗浪涌处理。

⑨稳定可靠的升级功能：提供设备在线升级和远程升级功能。

1.2 主要用途及适用范围

①智能门禁系统。

②动力环境监控系统。

③动力环境及职能门禁系统。

1.3 型号的组成及代表意义

×××

×××

×××

1.4 使用环境条件

①环境温度：−10~+50℃。

②相对湿度：0%~95%，无冷凝。

③环境：无振动、无尘埃、腐蚀性气体、可燃性气体、油雾、水蒸气、滴水或盐分等。

④大气压力：70~106KPa。

⑤存储温度：−40~+70℃。

⑥冷却方式：自然冷却。

…………

由于该范本展示的是某设备的使用说明书，其内容较多，一般成册，因此说明书的标题会标示在封面，在里页中直接写作说明书的正文。由此可见，这种类型的说明书还有目录，指导使用者快速定位所需了解的使用说明内容。

使用说明书多种多样，写作格式也不拘一格，不可一概而论。就该范本来说，其说明内容包括 12 个大项：概述、结构特征及工作原理、技术特性、尺寸和重量、安装与调试、使用与操作、故障分析及排除、安全保护装置及事故处理、保养与维修、运输和储存、其他以及图表和照片。具体写作时，根据实际需要而定。

5.8 倡议书

■倡议书的特点 ■适用范围 ■写作格式与注意事项 ■范例解析

倡议书是由某一组织或社团拟定、就某事向社会提出建议或提议社会成员共同去做某事的书面文章，属于号召性的公开提议性文书。

5.8.1 倡议书的特点与适用范围

倡议书作为日常应用写作中的一种常用文体，在当今社会中有着较广泛的使用。任何行业、任何组织都可能因为某事而发出倡议书，但对于单个的企业，使用倡议书的情况较少。根据倡议书的适用范围，其具有的特点如表 5-8 所示。

表 5-8　倡议书的特点

特　点	说　明
公开性	倡议书是一种广而告之的文书，它要让广大的群众或成员知道并了解相关事宜，从而激起更多人的响应，以期在最大的范围内引起共鸣
广泛的群众性	倡议书不是对某个人或某一小集体发的，它的受众往往是广大群众，或是部门的所有人，或是一个地区的所有人，甚至是全国人民，对象十分广泛
响应者不确定性	倡议书的对象范围广泛，相应地就具有不确定性，即使文种明确了倡议的具体对象，而实际上有关人员可以表示响应，也可以不表示响应，因为它本身不具有很强的约束力。同理，与倡议书无关的其他群众、团体也可以有所响应

5.8.2 倡议书的写作格式与注意事项

倡议书一般由标题、称呼、正文、结尾和落款这 5 部分构成。

1. 标题

倡议书的标题一般由文种名称单独组成，即在第一行正中用较大的字体写"倡议书"三个字。个别特殊情况会以"倡议内容 + 文种"的形式作为标题，如"保护野生动物倡议书""爱心捐款倡议书"等。

2. 称呼

由于倡议书一般都有指定的受文对象，因此需要有抬头，即在标题下方顶格书写受文对象，具体可以依据倡议的对象而选用适当的称呼，如"广大的青少年朋友们："广大的妇女同胞们："等。但是，有的倡议书也可以不用写称呼，而直接在正文中指出即可。

3. 正文

倡议书的正文要么在称呼的下一行，要么在标题的下一行，一般空两格开始写作。该部分需要包括倡议书的具体内容，比如下列所示的内容。

倡议书的背景原因和目的。 倡议书的发出贵在引起广泛的响应，只有交代清楚倡议活动的原因以及当时的各种背景事实，并申明发布倡议的目的，人们才会理解和信服，才会自觉行动，否则会使人觉得莫名其妙、难以响应。

倡议的具体内容和要求。 这是正文的重点部分，所以一定要具体化，如开展怎样的活动？要做哪些事情？具体要求是什么？它的价值和意义都有哪些？均需要一一写明。倡议书的具体内容一般是分条列示的，保证清晰明确、一目了然。

4. 结尾

倡议书的结尾要表示倡议者的决心和希望，或者写出某种建议。但要注意，倡议书一般不在结尾部分写表示敬意或祝愿的话语。

5. 落款

倡议书的落款位置与大部分的应用文落款位置一样，在正文结束后的右下方，主要写明倡议者单位、集体的名称或个人的姓名，同时署上提出倡议的日期。

总的来说，倡议书在写作时要注意这些事项：背景目的要写清楚，理由要充分；受文对象要具有普遍性、大众性，体现倡议的作用；内容要符合时代精神，切实可行，不违背国家的方针政策；措辞要贴切，情感要真挚，同时要富于鼓动性，切忌不可用强制性的口吻；篇幅不宜过长。

5.8.3 常见倡议书的范例解析

倡议书没有明确的类型划分，真要分类可以根据受文对象的范围大小进行划分，比如，大众倡议书和企业内部倡议书。

1. 大众倡议书

该类倡议书的发文机关一般是国家或地区的行政管理机关，受文对象往往是广大群众。

范本内容展示

◎资源 |Chapter05| "文明餐桌行动"倡议书.docx

文明用餐　以俭养德
"文明餐桌行动"
倡议书

尊敬的广大市民朋友们：

为践行文明和谐的发展理念，提升城市文明程度和市民文明素质，推进全国文明城市创建工作，市文明委在全市宾馆、学校食堂、机关食堂开展文明餐桌行动。文明用餐，以俭养德，是利国利民的大事，为此，市文明办等10个部门向广大市民发出倡议：

一、传承传统美德。每位市民都要从自我做起，积极参与文明餐桌行动，争做传承"礼仪之邦和勤俭节约"传统美德的宣传者、实践者、监督者，塑造文明市民形象。

二、做到合理消费。绿色消费、理性消费，按需点菜，厉行节约，反对浪费，做到不剩饭、剩菜，吃不完打包带走。

三、倡导文明用餐。遵守公共道德规范，爱护用餐环境，不在餐饮场所肆意喧哗、吸烟。注意餐饮礼仪，文明礼让他人，不劝酒、不酗酒，开车不喝酒，酒后不驾车。

四、养成科学饮食习惯。学习文明科学的饮食新理念，荤素合理搭配，摒弃不良饮食习惯，提倡少油、少盐、少糖、低脂食品，吃出安全、理性、低碳、健康的生活方式。

五、树立环保意识。坚持低碳环保生活，自觉做到使用合格餐具、食用油，拒绝使用一次性筷子。对生活垃圾做到分类收集，主管部门收运、处理，不私自出售或交给个人，

避免二次污染，树立绿色环保的生活意识。

餐桌文明是社会文明的重要体现，小餐桌、大文明，传承了中华民族的优秀文化和尊重劳动、珍惜粮食、勤俭节约的传统美德，让我们与文明握手，向陋习告别。文明的餐桌，健康的生活。

××市文明办	××市食品药品监督管理局
××市教育局	中共××市直属机关工委
××市旅游局	××市工商局
××市卫生局	××市环保局
××市商务局	××市餐饮协会

××年×月×日

范本内容精讲

　　该范本展示的是某市文明办等 10 个部门向广大市民发出的倡议，乍一看就可以发现，该倡议书的标题比较复杂，可将其归类为"倡议内容 + 文种"的形式。这里的倡议书标题中的倡议内容是"文明用餐，以俭养德"和"文明餐桌行动"，实际写作时，倡议书的标题应尽量简洁。

　　从本倡议书的称呼部分可以看出，受文对象是广大市民，属于典型的大众倡议书。根据事情的轻重缓急，有些倡议书的标题会使用红色字体，突出事情或行动的重要性。称呼部分之后的第一自然段以"为……"句式明确阐述了倡议书的背景原因和目的，然后以"为此，……发出倡议。"的句式引出倡议书的正文内容。而且，该倡议书的正文内容用了"一、二……"形式列出了倡议的具体内容。最后一个自然段则说明了倡议内容的意义和作用以及倡议者的希望。

　　另外，该倡议书的落款部分与一般的落款格式稍有区别。这里的发文机关全部在正文之后统一罗列，而没有署在右下角，这是因为该倡议书是市级 10 个部门联合发文，其右下角位置不适合落款。写作时若遇到相同的情况，可参考该样式。

　　虽然大众倡议书一般由国家或地区的行政管理机关发文，但也有些大众倡议书可以由某公司或某学校发文。如图 5-7 所示的是某旅行社发起的关于整治市内"零团费"现象的倡议书部分内容。

关于整治市内"零团费"现象的倡议书

各位旅行社的同志们：

　　近年来，我国旅游业在加入 WTO 后，有了飞速的发展。但当不少旅游企业看准这一市场并加入市场竞争中时，一个负面的"新名词"出现了，那就是"零团费"。由于"零团费"的"优惠"背后潜藏的是旅游产品的"低质化"，越来越多的游客一提到"零团费"就直摇头。在很多人眼里，旅行社的"零团费"旅游都异化为了"上当游"、"吃苦游"，这给我国旅游事业的发展造成了极坏的影响。为保护我们旅游行业的美誉度，避免一些违规企业败坏旅游行业的信誉，请大家一齐来共同抵制"零团费"这类违规操作。为此，我们作如下倡议。

　　（一）以国家行政部门颁发的有关法规为最高准则，各旅行社和游客务必签署有关的书面旅游合同。同时，各旅行社的广告用语及经营项目名称不能含虚假成分，不使用不实之词诱导消费者；旅游期间应实行一次性收费，使旅游价格"透明化"，杜绝强迫交易。
　　…………
　　新的时代已经到来，旅游行业正面临着巨大的机遇与挑战。在过去，旅游业作为我国新兴的"朝阳产业"在经历了 20 多年的快速发展之后，目前已经形成了相当的市场规模。

图 5-7

2. 企业内部倡议书

该类倡议书的发文机关一般是企业、组织或集体，受文对象通常是企业、组织或集体中的某个或某几个部门、小集体等。

范本内容展示

◎ 资源 |Chapter05| 捐书活动倡议书 .docx

"阅读文化经典共建书香企业"捐书活动倡议书

亲爱的各位同事：

为了培养广大员工良好的阅读习惯，创造深厚的企业文化氛围，建设学习型企业，组建高素质员工队伍。最近，公司建立了职工图书阅览室。公司领导也予以高度重视。

为了使图书室的建设更有意义和赢得广大员工的关注，现向全体员工倡议开展"阅读文化经典，共建书香企业"捐书活动。

读书是我们掌握知识的法宝，英国哲学家培根说："读书使人明智，读诗使人聪慧，数学使人严谨，物理学使人深刻，伦理学使人庄严，逻辑修辞使人善辩。凡有所学，皆成性格。"这段话精辟地说出了读书对提高个人修养的益处。

您只需举手之劳，就能让您手中的一本书发挥更大的价值，同时，也为丰富图书室的文献资源，做出自己的贡献。您的踊跃参与和支持，定可汇成一片知识的海洋。

授人玫瑰，手留余香，您的慷慨捐赠会让他人受益，也使书的价值和您的精神境界同时得到升华。

这次捐书活动，我们将登记捐书者姓名和所捐书籍名称及数量，并在公告栏定期公布，对捐赠积极者予以奖励。

"阅读文化经典，共建书香企业"捐书活动将会长期举办，从一个侧面不断创新，丰富和活跃企业员工的文化生活，为构建优秀的企业文化氛围共同努力！

捐赠要求如下：

---

1. 捐献的图书必须是思想健康、内容完整、外观完好、无缺页、涂页，适合群众阅读的正版图书。

2. 图书不要太旧，内容（尤其是技术）不能过时（勿捐过期杂志、刊物、学生课本及教辅类参考资料）。电子、音像出版物要求是 201× 年后的出版光盘。

3. 连续出版物：多卷书，要求系统、完整、成套，不缺卷册。

4. 捐书地点在 A 座二楼图书吧，中午开放时间。以部门为单位或以个人为单位均可。

企划部
××年×月×日

范本内容精讲

该范本展示的是某公司关于捐书活动的倡议书，标题部分将捐书活动的名称以引号的形式进行详细说明，即"阅读文化经典共建书香企业"捐书活动。

很明显，从称呼部分可知该倡议书的受文对象是公司内部的所有员工。接着正文部分阐明倡议书的制作目的、背景和原因，以及倡议书的作用和意义。由于该倡议书的目的明确且单一，所以写作者只用简单的文字描述进行说明，这就使本倡议书在结构上与前述提到的标题、称呼、正文、结尾、落款的格式有些许区别，该范本中的结尾部分，即表明决心或提出希望与建议的内容，其后还紧接着写了捐书活动的要求，而"要求"通常属于倡议书的正文部分，应写在结尾部分之前。由此可知，企业内部发起的倡议书格式没有那么严格，只要表达清楚倡议的目的、内容即可。

5.9 申请书

■一般格式 ■范例解析

申请书是个人或集体向组织、机关、企事业单位或社会团体表述愿望、提出请求时使用的一种应用文。其适用范围广泛,它与书信一样,也是表情达意的有力工具。

5.9.1 申请书的一般格式

申请书要求一事一议,内容要单一。不同的对象有不同的申请书,如入团申请书、调职申请书、加薪申请书和退休申请书等。但无论是哪种申请书,其大致格式都是一样的,均由标题、称谓、正文、结尾、落款这5部分构成。

◆ **标题:** 申请书的标题一般采用"事由 + 文种"的格式写作,如"调换工作申请书""退学申请书"等。偶尔也会直接用"申请书"3个字作为标题。

◆ **称谓:** 该部分的写法和作用与倡议书的"称呼"部分一样,一般被称为抬头。顶格写明接受申请书的单位、组织或具体的领导,如"尊敬的校领导:""尊敬的总经理:""××派出所:"等。

◆ **正文:** 该部分是申请书的主体部分,首先提出要求,其次说明理由。写作时,理由要写得客观、充分,涉及的事项要写得清楚、简洁。

◆ **结尾:** 申请书的结尾部分通常用一些惯用语来结束写作,如"特此申请""恳请领导帮助解决""希望领导研究批准"等,也可用"此致""敬礼"等礼貌用语,如图 5-8 所示。

我会努力克服自己的缺点,弥补不足。争取早日在思想上进而在组织上入党,请党组织在实践中考验我!

　　此致

敬礼!

图 5-8

◆ **落款:** 申请书的落款部分要写明个人申请者的姓名或单位申请者的单位名称并加盖公章,同时注明申请书的成文时间。

无论是哪种申请书,写作时都要注意以下几点事项。

◆ 申请的事项要清楚、具体,涉及的数据要准确、无误。

◆ 理由要充分合理、实事求是，不能虚夸和杜撰，否则难以得到上级领导的批准。

◆ 语言要准确、简洁，态度要诚恳、朴实。

5.9.2 常见申请书的范例解析

申请书没有明显的类别划分，根据涉及的内容不同，其定义为"××申请书"。

1. 加薪申请书

加薪申请书是公司员工向公司领导提出涨工资的请求时使用的申请书类型，比如，工资的增长数额、更改工资组成结构、改变提升工资的提成比例等，具体正文内容的写作由申请人根据自身情况做详细说明。

`范本内容展示`

◉ 资源 |Chapter05| 加薪申请书.docx

加薪申请书

尊敬的总经理：

您好！怀着十分复杂的心情提交此次申请报告，我是201×年6月进入公司的，即将为公司工作满5年整，首先感谢您对我的关心和帮助，为我提供这么好的工作环境和氛围，使我迅速地融入工作中去，自从加入公司以来，始终以快乐和饱满的情绪投入工作中去，一直以认真真真，力求把工作做得尽善尽美，并没有因为一点点工作上的挫折而影响工作积极性。

近两年以来，受大环境的影响，公司出现了一些困难，业务量下降了不少，在此期间非常感谢您对我的关怀，在共同成长的岁月里我对公司、同事以及这份工作都产生了深厚的感情，所以没有对公司提出任何要求，但是现在随着物价的飙升，结合目前的薪金来看，就我个人而言实在无法承受来自生活和家庭的压力，年前发的薪金实在不堪重负，对于此次提交申请，还希望您能多多谅解.现在工厂业务主管、车间主管薪金4000~4300元，外加保险.车间生产班长、品管员薪金3500元左右，外加保险.车间生产职工薪金3200元左右外加工龄补贴200元左右.参照工厂的薪金水平结合现在的工作，希望您能将我的薪金上调至××元以上.

如果您认为我现在的工作内容及质量还未能达到加薪的要求，我诚恳地希望您能提出宝贵意见或建议，让我今后有一个努力的方向和目标，在提升自己能力的同时将工作做得更好，向更高的目标迈进.

也请您放心，如果公司不予考虑，我仍然会像以前一样，用积极的、认真负责的态度去做好每一件事，不会因此怠慢工作，这不是我唯一的追求，这是我的学识和修养要求我必须做到的.

此致

敬礼！

申请员工：×××

××年×月×日

`范本内容精讲`

该范本展示的是某公司的某位员工向公司总经理提出"加薪"请求的申请书，书中主要内容是"参照工厂的薪金水平结合现在的工作，希望您能将我的薪金上调

至 ×× 元以上。"

标题下方写明称谓"尊敬的总经理："，接着正文以两个自然段说明提出加薪申请的背景和原因是"我是 201× 年 6 月进入公司的……"（个人工作年限和工作态度）和"近两年以来，受大环境的影响……"（客观环境）。

提出申请后，申请人还对领导可能认为自己不符合加薪要求的情况做了相关的处理说明，即"我诚恳地希望您能提出宝贵意见或建议……"，同时申请人自己对公司不予考虑给自己加薪的情况进行了表态，即"也请您放心，如果公司不予考虑……"，给领导一个谦恭、尽职的好印象，这两项内容对于加薪申请书的写作来说是至关重要的。最后，结尾部分以礼貌用语结束申请书的写作，并在其右下角署名申请人的姓名和申请书的成文时间。

2. 调换工作申请书

顾名思义，调换工作申请书是国家机关、企事业单位以及其他组织或社会团体中的个别成员或员工，向上级领导申请调离现在的岗位而从事其他工作的申请书。

范本内容展示

◎资源 |Chapter05| 调换工作申请书 .docx

范本内容精讲

范本展示了某公司金属二车间后道工序组组长×××向公司领导申请调到天津工作的调换工作申请书，从大结构上看结构完整，包括了申请书的标题、称谓、正文、结尾和落款这五大部分。

由于员工向公司上级申请调换工作岗位时可能无法确定具体是哪位领导进行审批，因此称谓可以笼统化，如这里的"尊敬的领导"；一般申请书的正文一开始都应该说明申请人的基本信息，如姓名、岗位、职位和工作年限等。

为了能够更快地让领导了解到申请书的写作目的，可以在说明了申请人的基本信息后就写明申请事项，如这里的正文第二自然段内容"现申请调到××管业分公司工作"。然后再接着写明工作中的优点和提出申请的原因，如这里的第三、四、五自然段，分别说明了自己在以往工作中的具体表现、对领导和工友的感谢以及提出调换工作的原因。

由于调换工作申请书需要得到公司领导的批准，因此在结尾之前还专门用一个自然段来写明申请人对领导的期望，即"恳请上级领导考虑……请给予批准，谢谢！"。写作完毕后以"此致"结语作为结尾，注意，有些时候结语部分可以省掉"敬礼"二字而只书写"此致"即可。最后在正文右下角写明申请人姓名和成书时间。

——计划类应用文写作要点——
与范例解析

　　计划类应用文不外乎计划、安排、规划和方案等，行文时间一般是事前，具有很明显的指导性，常用于对某件事或某项工程等开始前进行预计，或者提出具体的解决办法和操作规范。

6.1 计划

■计划的特点 ■适用范围 ■写作格式 ■范例解析

计划即计划书，是党政机关、企事业单位、社会团体等对今后一段时间的工作、活动做出预想和安排的一种事务性文书。为了避免工作的盲目性，必须前有计划、后有总结，或者在总结之余做好下一步计划。

6.1.1 计划的特点与适用范围

无论是怎样的计划，其特点都是共通的，但不同的计划，其适用范围不同。下面就来具体了解计划的特点和适用范围。

1. 特点

计划的特点主要是针对性、预见性、可行性和约束性，具体描述如表6-1所示。

表6-1 计划的特点

特　点	概　述
针对性	计划要么是根据党和国家的方针政策、上级部门的工作安排和指示精神而定，要么是针对本单位的工作任务、主客观条件和相应能力而定，总之，从实际出发制订出来的计划才有意义、有价值
预见性	计划是在行动之前对行动的任务、目标、方法和措施等所做出的预见性确认，它不是盲目的、空想的，而是以上级部门的规定和指示为指导，以本单位的实际条件为基础，以过去的成绩和问题为依据，对今后的发展趋势进行科学预测后做出的
可行性	与针对性和预见性的联系非常密切，针对性强、预见准确的计划，在实践中才真正可行。若目标定得过高，措施无力实施，则计划就是纸上谈兵；若目标定得过低，措施方法没有创见性，虽容易实现，但并不能因此取得有价值的成就，也就算不上有可行性
约束性	计划一经通过、批准或认定，在其所指向的范围内就具有了约束作用，无论是集体还是个人，都必须按计划的内容开展工作和活动，不得违背、拖延甚至随意更改

2. 适用范围

根据不同的划分标准，计划类型有很多，不同类型的计划有其特定的适用范围，具体如表 6-2 所示。

表 6-2　计划的类型和适用范围

分类依据	具体类型	适用范围
范围大小	国家计划	适用于计划作用的对象为国家各级机关的情况
	单位计划	适用于计划作用的对象为企事业单位及部门的情况
	个人计划	适用于计划作用的对象为个人的情况
时间长短	长期计划	适用于计划的实施时间在 3 年或 3 年以上的情况
	中期计划	适用于计划的实施时间在一年以上的情况
	短期计划	适用于计划的实施时间在 1 年或 1 年以内的情况，又可划分为年度计划、季度计划和月度计划
指挥性强弱	指令性计划	也叫命令型计划，适用于上级要求下级部门或个人必须完成任务目标的情况
	指导性计划	适用于上级给下级部门、社会企业或个人下达计划的情况
涉及面大小	综合性计划	适用于需要同时对多个事项做出安排的情况
	专题性计划	适用于一个计划只对一个事项做出安排的情况，是最常用的计划类型，一般根据工作、活动的不同领域，具体分为工作计划、生产计划、销售计划、学习计划和科研计划等
表达方式	条文式计划	适用于计划内容由前言、主体和结语组成的情况
	表格式计划	适用于计划内容由标题、表格和文字说明组成的情况
	文表结合式计划	适用于计划内容由标题、文字和表格组成的情况，如财务计划、销售计划

6.1.2　计划的写作格式

从大方向看，计划由标题、正文和落款构成，每个部分包含的内容如下。

1. 标题

计划的标题结构一般是制订计划单位的名称＋适用时间＋事由＋文种,如"××建筑工程安装公司××年工作计划"。在写作时,单位名称和适用时间可以省略,如"××年工作计划""××建筑工程安装公司工作计划""工作计划",省略后应在计划书的落款处写明。一般来说,发文单位权力或规模越大,计划内容涉及范围就越广,在拟订标题时越不能省略标题要素。

2. 正文

计划的正文部分包括前言、计划事项和结尾,其中,前言是计划的开头部分,简明扼要地说明制订计划的背景原因、目的或依据,提出工作的总任务或总目标,文字最多应不超过两个自然段,并常用"为此,今年(或某一时期)要抓好以下几项工作""具体××计划制订如下:"等句式作结,并引起下文的计划事项。

计划事项是计划正文的主体部分、核心部分,是总的计划下面的各个分计划项目,因此要分项写作,具体如何分层递进,依内容的多少和其内在的逻辑性而定。这部分内容不仅要包括计划事项的内容,还要写明计划事项的具体实施步骤、实施要求、实施目的、措施以及注意事项等。而结尾部分可以用来提出希望、发出号召、展望前景、明确执行要求等,也可以强调计划中的重点内容,或者是对实施过程中可能出现的问题的分析。具体写作时,可在计划事项之后就结束全文,不写专门的结尾部分。

3. 落款

计划正文结束后,要署名单位名称和制订计划的具体时间。如果文件要进行外发,还需要加盖发文单位的公章,而内部发文一般不加盖公章。

计划的撰写者在写作时,要理解计划书的写作目的与核心内容,不能抄袭拼凑、华而不实、胡乱应付。

6.1.3 常见的计划类应用文的范例解析

计划类应用文中,工作计划是比较普遍的,一个工作计划中通常包括多个事项,是典型的综合性计划。还有一些是针对某个项目或某件事所作的专题性计划。

1. 商业计划书

商业计划书是公司、企业或项目单位为了达到招商融资或其他发展目标，根据一定的格式和内容要求而编辑整理的一个向受众全面展示公司和项目当前状况、未来发展潜力的书面材料。

范本内容展示

◎资源 |Chapter06| 商业计划书 .docx

一、企业概况

1.企业名称：手艺饰品有限公司

2.法律形式：有限责任公司

3.运营模式：公司以实体店经营。

4.商业计划简述（旨在突出优势与可行性）

经营范围：【✓】制造业【 】服务业【 】批发商【 】零售商

产品或服务：手工制作物品

目标顾客：试图寻找更漂亮、更时尚的饰品来装扮自己广大女性及追求个性化饰品赠送给亲朋好友的有需求的人群等。

市场简析：在中国的 13 多亿人口中，其中将近一半是女性，按每 10 人有一件饰品计算，就需要 6000 多万件，这意味着一个巨大的市场空间。然而目前各种饰品店的饰品都存在着设计款式雷同的缺陷，远远无法满足当代年轻人追求独一无二的需求。所以要在饰品行业中找到立足之地，找对特色项目永远是最关键的一步。因此手工饰品的市场空间很大，可以发展的机会也很多。

5.所有者信息：（姓名、资质、相关经历、在企业中的作用等）

主要管理者：

6.资本情况：

启动资本 14 000 元，投资 0 元，营运资本 6000 元，总计 20 000 元。资本来源为合伙人集资，其中，业主的储蓄

20 000 元，合伙人出资 0 万元，民间借贷 0 万元，银行贷款 0 万元。

7.联系方式

地址：××大学××学院

电话：183×××××× 181×××××

E-mail：92××@qq.com

二、企业组织结构

1.岗位设置：总经理、副总经理、行政部、客服部、财务部、技术部、市场部。

2.组织结构图：（略）

3.经营场所示意图：（略）

三、商业构想和市场分析

1.商业构想描述：（如确定的需求、谁是顾客、满足顾客需求的产品或服务的种类、如何接近顾客等）

试图寻找更漂亮、更时尚的饰品来装扮自己是女人的天性，因而对个性化饰品的需求更是有增无减。而现在节日送礼更是流行之所趋，虽然节日送礼的商品各不相同、种类繁多，但是送礼追求个性化更是年轻一代的一道亮丽风景线。而我们手工饰品公司正好利用到了个性化这一点，既满足女性爱美的需求，更满足年轻一代人对送礼个性、时尚的需求，这就形成了良好的供需关系。

客源：（1）追求时尚、个性的广大女性

（2）追求独一无二的年轻一代人

（3）各个节日送礼人群

范本内容精讲

商业计划书的主要意图是递交给投资者，以便于他们能对企业或项目做出评判，从而使企业获得融资。由于商业计划书是一份全方位的项目计划，所以涉及的内容很多，如企业成长经历、产品服务、市场营销、管理团队、股权结构、组织人事和财务等，因此，通常会将标题部分单独写在封面页，同时注明撰写人和成文时间，这样，计划书正文结束后的落款位置可不注明成文时间。同时，还会在正文之前附上目录页，便于阅读者快速找到计划书的相关内容，如图 6-1 所示。

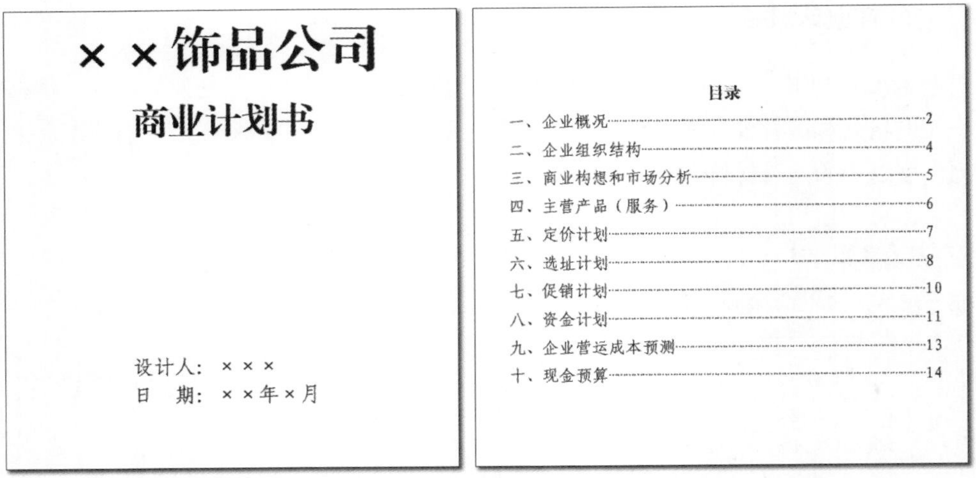

××饰品公司
商业计划书

设计人：×××
日　期：××年×月

图 6-1

虽然此处没有将该商业计划书的全部内容展示出来，但从目录可以看出，商业计划书包含了 10 项内容，全面翔实、数据丰富、体系完整。这样的商业计划书才能吸引投资者，让他们看懂公司的项目商业运作计划，才能使公司的融资需求成为现实。从实践经验中可知，商业计划书的要素有这样 6 个：执行摘要、公司简介、产品服务、策略推行、管理团队和财务分析。那么，该如何写好商业计划书呢？

◆ **关注产品和竞争对手**：在商业计划书中，应提供所有与企业产品或服务有关的细节，如产品正处于什么样的发展阶段？它的独特性怎样？谁会使用企业的产品，为什么？同时，要对竞争对手的情况进行细致的分析，如对手是谁？有什么相同点和不同点？其采用的营销策略是什么等。

◆ **了解市场**：商业计划书要向投资者提供企业对目标市场的深入分析和理解，如企业是使用外面的销售代表还是内部职员？是使用转卖商、分销商还是特许商等。

◆ **表明行动方针**：如企业如何把产品推向市场？企业拥有哪些生产资源，还需要哪些生产资源？企业是买设备还是租设备等。

◆ **展示管理团队**：描述整个管理队伍和其职责，分别介绍每位管理人员的特殊才能、造诣以及将对公司所做的贡献等，让投资者信任一个风险企业。

◆ **写好计划摘要**：计划摘要必须能让读者有兴趣并渴望得到更多信息。

◆ **写明周详的退身之路**：每个风险投资者的既定目标都是把原投资变为可周

转的银行现金，因此企业必须明确指出它们的退身之路，如公司股票上市、股权转让、回购等退身措施。

与商业计划书的内容相似的是创业计划书，两者写作的目的都是为了吸引投资者注资，进而成功融资。

2. 销售计划书

销售计划书是企业在某一时期对商品销售活动制定的具体安排，从时限上看分为长期销售计划和短期销售计划，从内容上看分为综合销售计划和专项销售计划。

范本内容展示

◎资源 |Chapter06| 销售计划书 .docx

××公司2019年销售计划书

销售工作已给我公司带来了宝贵的经验与财富，2019年，我部门将继续负责××地区的销售工作。随着××地区市场逐渐发展成熟，竞争日益激烈，机遇与考验并存。2019年，销售工作仍将是我们公司的工作重点，保障先期投入，正视现有市场。作为××区销售主管，带领团队成员在此做出下一年度的销售计划说明。

一、计划概要

1. 年度销售目标600万元。

2. 经销商网点50个。

3. 公司在自控产品市场有必须知名度。

二、营销状况

空调自控产品属于中央空调等行业配套产品，受上游产品消费市场牵制，但需求总量还是比较可观。随着城市建设和人民生活水平的不断提高以及产品更新换代时期的到来，带动了市场的持续增长幅度，从而带动了整体市场容量的扩张。××地处中国的中部，空调自控产品需求量较大：1. 夏秋炎热，春冬寒冷；2. 近两年××房地产业发展迅速，特点是中高档商品楼、别墅群的兴建；3. ××纳入西部开发，将增加各种基础工程的建设；4. ×州、×阳等地超多兴建工业园和开发区；5. 人们对自身生活要求的提高。综上所述，空调自控产品在××的发展潜力很大。

营销方式总体来说，空调自控产品销售的方式不外乎3种：工程招标、房产团购和私人项目。工程招标渠道占据的份额

很大，但是房产团购和私人项目两种渠道发展迅速，已经呈现出多元发展局面。

从各企业的销售渠道来看，大部分公司采用办事处+经销商的模式，国内空调自控产品企业××年都加大力度进行全国营销网络的部署和传统渠道的巩固，加强与设计院以及管理部门的公关合作。对于进入时间相对较晚的空调自控产品企业来说，由于市场积累时间相对较短，而又急于快速打开市场，因此基本上都采用了办事处+经销商的渠道模式。为了快速对市场进行反应，凡进入××市场的自控产品在××都有库存。××空调自控产品市场容量较大且还有很大的潜力，发展趋势普遍看好，因此对还未进入××市场的品牌存在很大的市场机会，只要采用比较得当的市场策略，就能够挤进××市场。目前××在××空调自控产品市场上的基础比较薄弱，团队还比较年轻，品牌影响力还需要巩固与拓展。在销售过程中务必要十分清楚我公司的优势，并加以发挥使之到达极致；并要找出我公司的弱项及时做出，以此克服，实现最大价值；提高服务水平和质量，将服务意识渗透到与客户交流的每个环节中，注重售前售中售后回访等各项服务。

三、营销目标

1. 空调自控产品应以长远发展为目的，力求扎根××。2019年以建立完善的销售网络和样板工程为主，销售目标为600万元。

2. 跻身一流的空调自控产品供应商；成为快速成长的成功品牌。

范本内容精讲

销售计划书是企业战略管理的最终体现，好的销售计划书可以使企业的目标有条不紊地顺利实现。通俗地说，要写好销售计划书，内容方面必然要包括：要卖什

么（商品计划）？卖到何处（销售路径或顾客计划）？以什么价格卖（售价计划）？由谁去卖（组织的计划）？怎么卖出去（销售方法计划或营销方案）？

范本展示的销售计划包括了 5 项内容，分别是计划概要、营销状况、营销目标、营销策略和营销方案。其中，计划概要总结了 2019 年的销售计划，营销状况阐明了产品具有的市场前景和销售渠道，营销目标从品牌形象、销售额和市场份额等方面进行阐述，营销策略中也包含了市场、产品、价格和渠道等的策略，最后营销方案是对整个销售计划做概述性的说明，明确企业下一步应进行的与销售相关的工作。

3. 工作计划

机关、团体、企事业单位的各级机构，对一定时期的工作预先做出安排和打算时，都要制订工作计划，有助于提高工作效率。

范本内容展示

◎资源 |Chapter06| 公司年度工作计划 .docx

公司年度工作计划

今年以来，公司在董事会的领导下，经过全体员工的努力，各项工作进行了全面铺开，"××"品牌得到了社会的初步认同。总体上说，成绩较为喜人。

一、切实完成年营销任务，力保工程进度不脱节

1. 实行置业任务分解，确保策划代理合同兑现 ××年公司各类楼盘的销售任务是 1.5 亿元，其中一季度 1 500 万元、二季度 4 500 万元、三季度 4 500 万元、四季度 4 500 万元。按××所签协议书，该任务的承载体是策划代理公司。经双方商议后，1 月份应签订新的年度任务包干合同。为完成年度营销任务，我们建议：策划代理公司可实行置业任务分解，到人次片，而不是单纯依靠招商大厅或中心活动。可采取更为灵活的销售方式，全面完成年销任务，在根本上保证工程款的跟进。

2. 合理运用广告形式，塑造品牌扩大营销

新的一年，公司在××年的基础上，将进一步扩大广告投入。其目的一是塑造"××"品牌，二是扩大楼盘营销。

3. 努力培养营销队伍，逐步完善激励机制

策划代理公司的置业顾问以及公司营销部的营销人员，是一个有机的合作群体。新的一年，公司将充分运用此部分资源。策划代理公司首先应抓好营销人员基本知识培训工作，使营销人员成为一支能吃苦、有技巧、善推介的队伍。

二、全面启动招商程序，注重成效开展工作

1. 结合医药市场现状，制定可行的招商政策

按照公司与策划代理公司所签合同规定，××应于去年出台《招商计划书》及《招商手册》，但目前该工作已经滞后。公司要求，上述两书在一季度由策划代理公司编制出台。

2. 组建招商队伍，良性循环运作

从过去的一年招商工作得失分析，一个重要的原因是招商队伍的缺失，人员不足。

3. 明确招商任务，打好运营基础

××项目一期工程拟在今年底建成，明年 1 月将投入运营。因而，厂家、总经销商、总代理商的入驻则是运营的基础。我们不能等米下锅，而应军马未到，粮草先行。今年招商入驻生产企业、总经销商、总代理商、医药商业代理机构等任务为 300 家。

4. 做好物流营运准备，合理有效适时投入

医药物流不同于传统医药商业，它要求医药物流企业不单在医药交易平台的搭建、运输配送能力的提高、医药物流体系的配置上有别于传统医药，更主要的是在信息功能的交换适时、快捷等方面完全实行电子化管理。因此，新的年度，公司将与物流研究所进行合作，签订合作协议并按合同协议履行职责。为使公司营运走向市场化，公司拟成立物流部，拟制定××医药物流系统的营运方案，确定设施、设备构成因素、运营流程、管理机制等。

三、以能开发员工潜能为前提，不断充实企业发展基础

××的企业精神"×××"决定了××品牌的打造，××集团的建立，必须充实基础工作、充实各类人才、充实企

业文化、充实综合素质。

1. 充实基础工作，改善经营环境

公司所指充实基础工作，主要是指各部门各岗位的工作要做到位，做得细微，做得符合工作标准。小事做细，细事做透。务实不求虚，务真不浮夸。规范行为，细致入微。通过做好基础工作，改善内部工作环境和外部经营环境。该工作的主要标准，由办公室制定的公司《工作手册》确定，要求员工对照严格执行。

2. 充实各类人才，改善员工结构

企业的竞争，归根结蒂是人才的竞争。我们应该充分认识到，目前公司员工岗位适合率与现代标准对照是有距离的。

3. 充实企业文化，改善人文精神

企业文化的厚实，同样是竞争力强的表现。新的一年，××策划代理公司在进行营销策划的同时，对于××文化的宣传等方面，亦应有新的举措，对外是××品牌的需要，对内是建立和谐企业的特定要求。

4. 充实综合素质，提高业务技能

××集团注册后，有着不同专业的子公司，也有不同的工作岗位。员工能否胜任工作，来源于个人的综合素质、业务技能的提高，亦与整体素质相关。

四、以强化企业管理的手段，全面推行公司各项制度

现代企业的一个重要特征，就是制度完善、齐全，执行有据，行之有效。企业靠制度管人，而不是"老板"管人。为使公司管理有序进行，员工自觉成为真正"××人"，公司

将推行绩效考核制、责任追溯制、末尾淘汰制、绩效工资制、各级责任制。

1. 推行绩效考核制，以日常工作为考核内容

绩效考核是国际流行的企业管理形式，公司要求每个员工坚持登记《绩效考核手册》，公司定期对员工考核手册进行检查。考核等级的评定，主要以如期如质地完成本职工作，遵守纪律等为主要考核内容。方法为领导考核、交叉考核、员工考核等，以客观评定每个员工工作的优劣。

2. 推行责任追溯制，以提高员工的荣誉感和责任心

责任追溯是落实岗位责任制的重要方法，也是对事故根源防漏堵缺的可行良策。公司将制定责任追溯制（包括奖励赔偿制度等）。强化措施，分明奖罚。

3. 推行末尾淘汰制，以提高企业市场竞争力

企业的生存发展，除市场客观环境外，很大程度取决于员工的个人竞争力。只有把员工打造为特别能工作，特别富于创造力、特别富于团队精神的群体，才能在市场竞争中立于不败之地。因此，要符合这一要求，公司必然推行员工末尾淘汰制。其方法以考绩为依据，综合考评员工的工作能力、工作表现。

4. 推行绩效工资制，充分保障员工权益

对绩优效高的员工给予增资奖励，对绩劣效低的员工给予降级，这是绩效工资制的核心要素。公司在新的年度将制定绩效工资标准，实行绩效工资制。

范本内容精讲

范本展示的是某公司的年度工作计划，以"一、二……"的形式对工作计划的项目进行罗列，包括完成年营销任务、启动招商程序、开发员工潜能以及强化企业管理手段并全面推行各项制度。

无论是年度工作计划还是月度工作计划，写作中都必须注意掌握以下5条原则。

◆ **对上负责**：要坚决贯彻执行党和国家的有关方针政策或企业上级的指示精神，反对本位主义。

◆ **切实可行**：要从实际情况出发定目标、定任务、定标准，既不因循守旧，也不盲目冒进，要保证计划能基本做到，目标明确，措施可行。

◆ **集思广益**：要深入调查研究，广泛听取员工意见，博采众长，反对主观主义。

◆ **突出重点**：要分清轻重缓急，突出重点，以点带面，不能眉毛胡子一把抓。

◆ **防患未然**：要预先想到实行中可能发生的偏差，可能出现的故障，进而给出必要的防范措施或补救办法。

6.2 安排

■特点 ■适用范围 ■写作格式 ■范例解析

安排是针对某一内容单一的活动或工作所制订的临时性、时间较短且比较具体的计划。根据内容的不同,有学习安排、生产活动安排和会议日程安排等。

6.2.1 安排的特点与适用范围

安排的适用范围很广,任何涉及对某一内容单一的活动或工作做出计划的书面材料,都可作为"安排"。比如,以下两种情况就可用"安排"行文。

①某项计划缺乏完整的内容,只是对同项工作做一些打算,简单地安排一下,此时可用"安排"行文。

②某项计划未经详细的论证研究,也未经一定程序讨论通过,可用"安排"行文。

但是,"安排"通常适用于近期工作的计划,有时也会涉及长期计划。因其属于计划类文体,所以不仅具有计划类应用文的共性,还有自己的一些特点,如表 6-3 所示。

表 6-3 安排的特点

特　点	概　述
事项单一	安排的事项仅局限于某一项工作内容或活动,即使是周安排、月安排等可以同时讲几项不同事情的综合性安排,也一般围绕的是同一中心工作进行,且所安排事项的内容在表达上都是单一的,只提及要点,很少详细阐述
时间较短	常见的安排有日安排、周安排、月安排和一段时间的安排,由于安排通常是临时性决定的,因此涉及的事务也都是短时间内要做的,不会跨长时期
形式简要	安排在形式上要简明扼要,开宗点题,通常不写前言,也不写目标要求、实施措施和完成任务的步骤等,而是把所要安排的工作列清,把要求和措施概括叙述清楚即可
措施具体	安排的措施虽然不要求写明步骤,但就措施本身而言一定要具体,要切合实际,且在实施过程中一般不能有大的变动

6.2.2 安排的写作格式与注意事项

安排涉及的工作都比较确切、单一，通常是范围较小或单位内部的工作，所以内容要写得详细一些，一般有两种发文形式。

①上级对下级安排工作，即使涉及面较小，也要用"文件头"形式下发，包括标题和正文两部分，有时会有结尾，但并不要求一定要写。

②如果是单位内部的工作安排，也可直接下发文件，格式由标题、正文和落款这3个部分构成。

无论是哪种形式，安排本身都不该有受文单位，如果必须有，要么以文件头形式下发，要么以"关于……安排的通知"名义下发。

1. 标题

安排的标题有两种写法，一是"三要素"，即机关或单位名称＋事由＋文种，如"××公司面试资格复审（体能测评）工作安排"；二是"两要素"，即事由＋安排，省略机关或单位名称，如"新生杯主持人大赛决赛工作安排"。另外，安排中还可加上具体的时间，比如，"××公司财务部11月工作安排"。

2. 正文

安排的正文，一般由开头和主体构成，有些还带有结尾。开头部分与计划的开头类似，要么概述安排事项，要么阐述所安排事项的具体依据。主体部分是正文的核心，一般包括总的目标任务、具体要求、实施步骤和措施这几个方面，有时会将任务和要求合写，步骤与措施合写；有时会先写总任务，然后按时间的先后顺序逐项写明具体任务，每项有各自的要求和措施。

无论是哪种写法，任务都要具体，要求都要明确，措施都要得当，开宗明义，不要大谈其意义，要直截了当进入正文。注意内容的合理性和前后的逻辑关系，切忌出现主次不分和杂乱无序的情况。

6.2.3 常见的安排类应用文范例解析

工作中常见的安排有会议日程安排和活动安排，下面分别对这两种"安排"做详细的介绍。

1. 会议日程安排

会议日程安排是对某次会议从开始到结束的所有事务做出的安排，通常以时间先后顺序进行写作。

范本内容展示

◉ 资源 |Chapter06| 会议日程安排 .docx

"全国职工基本职业素质培训"座谈会会议日程安排表

2018 年 10 月 20 日（星期六）

时间	地点	内容
20 日全天	酒店前台	会议代表报到，入住
7：30 ~ 8：30	酒店二楼宴会厅	早餐（自助）
12：00 ~ 13：30	酒店二楼宴会厅	午餐（桌餐）
17：50 ~ 19：30	酒店二楼宴会厅	晚餐（自助）

2018 年 10 月 21 日（星期日）

时间	地点	内容
7：00 ~ 8：00	酒店二楼宴会厅	早餐（自助）
8：20 ~ 11：00	一号楼 5 楼第七会议室	1. 主持人介绍会议的议题、议程； 2. 全总领导讲话； 3. ××网负责人介绍 "全国职工基本职业素质培训" 项目基本情况； 4. "全国职工基本职业素质培训" 运营中心主任介绍全国职工基本职业素质培训推广实施方案，交与会各方研究讨论； 5. 各方代表对方案进行研讨； 6. 主持人总结发言
11：00 ~ 11：10	酒店门口	与会代表合影
11：10 ~ 12：00	房间	休息
12：00 ~ 13：30	酒店二楼宴会厅	午餐：×× 欢迎午宴
13：30 ~ 17：50		与会人员自由安排
17：50 ~ 19：30	酒店二楼宴会厅	晚餐：×× 欢迎晚宴

2018 年 10 月 22 日（星期一）

时间	地点	内容
7：00 ~ 8：00	酒店二楼宴会厅	早餐（自助）
8：00 ~ 12：00	酒店大堂集合	8：00 准时出发 文化考察活动：游览 × 江
12：00 ~ 13：30		午餐：旅行社就近安排
13：30 ~ 18：00	× 朔	文化考察活动：游览 × 朔
18：00 ~ 19：30		晚餐：旅行社就近安排
19：30 ~ 21：00	× 朔	文化考察活动：观摩《印象 · ×× 姐》
21：20 ~ 22：30	停车场集合	21：20 准时出发，随车返回酒店

2018 年 10 月 23 日（星期二）

时间	地点	内容
7：30 ~ 8：30	酒店二楼宴会厅	早餐（自助）
25 日全天	酒店前台	代表自行安排退房，返程

范本内容精讲

日程安排要体现时间的先后性，最好的办法就是制定表格，如范本展示的会议日程安排。无论是会议日程安排，还是其他商务活动的日程安排，为了让参与者和执行者更准确地处理事务，可用表格进行逐条展示，不仅清楚明了，而且条理性较强。

以表格形式做出的安排，其正文就是整个表格中的内容，表格样式如何设计则根据具体情况自行确定。

2. 活动安排

活动安排就是对某项活动的程序和日程等事项做事前准备和计划，比如，各类比赛安排、户外活动安排等。

范本内容展示

◎资源 |Chapter06| 主持人大赛决赛工作安排 .docx

××杯主持人大赛决赛工作安排

一、前期工作（于本周五前完成）

（1）前期准备工作

①场地与舞台布置策划及准备工作

A. 工作人员：杜×× 李×× 潘××

B. 工作内容：负责做出整体舞台与场地布置策划方案；安排决赛当天（周日上午）场地布置工作人员及工作内容；购买及联系场地与舞台布置所需物品。

②宣传工作

A. 工作人员：莫×× 姚×× 李××

B. 工作内容：做出对比赛的宣传方案与策划；购买及联系宣传所需各类物品（海报、展板、传单、横幅的制作与张贴）；安排决赛当天的座位分布，制作座位分布图（打印版、与张贴版）。

③联系工作

A. 工作人员：李×× 韦× 陈×× 杜×× 王×

B. 工作内容：李××联系嘉宾（老师）与评委以及和校团委的沟通；杜××联系场地及音响设备的使用；韦×联系决赛选手；王×联系主持人，说明相关比赛流程等；陈××联系商家，发放请柬到各学院。

④材料准备工作

A. 工作人员：王× 韦× 陈××

B. 工作内容：王×准备比赛所需各类资料（评分细则、专业试题）；韦×和陈××收集比赛当天所需资料，制作幻灯

片（试题、短片等）

（2）前期组织工作

①现场调动氛围活动策划方案与组织工作

A. 工作人员：张×× 赖××

B. 工作内容：做出活跃现场气氛的策划方案（主要是亲友团加油、呐喊的积极性调动）；安排决赛当天对亲友团的组织工作。

②开场舞与走秀环节组织工作

A. 工作人员：廖×× 王×

B. 工作内容：组织排练开场舞与走秀展示。

③才艺展示环节组织工作

A. 工作人员：罗× 韦×

B. 工作内容：组织排练才艺展示环节。

④模仿主持秀环节组织工作

A. 工作人员：陈××

B. 工作内容：收集选手所需的此部分资料。

⑤专业测试材料

A. 工作人员：郭×× 韦× 王×

B. 工作内容：韦×收集互动空间测试环节所需 4 个短片的资料；郭××和王×负责情景主持试题的准备与安排工作。

⑥观众互动环节

A. 工作人员：李×× 余×

B. 工作内容：观众互动一，有奖问答的题目设置（包括两道评建问题的问答）；观众互动二，游戏环节（游戏策划方案）

范本内容精讲

活动常常涉及复杂的人和事，且在时间上没有太严格的要求，因此不需要用表格来进行活动安排。

范本展示的是某次主持人大赛决赛的工作安排，每一具体事项均由"工作人员"和"工作内容"构成，形式上非常工整。而且，该工作安排的层级关系非常明显，以"一、二、"的小标题形式写明两大工作方向"前期工作"和"决赛现场工作安排"；以"（1）、①和 A"的小标题形式写明具体事项的安排情况，使得该"安排"更显条理性。

6.3 方案

■与策划书的关系　■与安排的区别　■写作格式　■范例解析

方案是对目的、要求、方法和进度等方面进行了部署、周密，且是有很强可操作性的计划。由于一些具有某种职能的具体工作比较复杂，不做全面部署不足以说明问题，因而方案内容构成较烦琐，一般有指导思想、主要目标、工作重点、实施步骤、政策措施和具体要求等。

6.3.1 方案与策划书、安排的关系

对于方案、策划书、安排等，写作时涉及的内容范围差异并不大，但还是存在些微差异。

1. 方案与策划书的关系

策划书是对某个未来的活动或事件进行策划，并展现给读者的文本。它是目标规划的文字书，是实现目标的指路灯。

实际上，方案与策划书区别不大，它们互为载体，也互相表现。一个具体的方案可以用一份策划书来体现，而一份策划书也体现了一个或多个方案。从范围来看，方案小于策划书，一个方案对应一份策划书，但一份策划书里可能提及多个方案。

从某种角度来看，策划书就是计划书。只不过，在对具有个性化的项目做出计划时，常称为策划书，如广告策划书、网站策划书、营销策划书、婚礼策划书和活动策划书等；而一般的工作项目称为计划书，比如，创业计划书、商业计划书等。因此，策划书的格式与计划书的格式大同小异，"异"在对一些创意性的内容的展示上。

在实际运用中，若涉及的活动或事件是单一的，对其做出计划就用方案；若活动或事件是复杂的，对其做出详细的计划就可以使用策划书。

2. 方案与安排的关系

方案与安排有共同之处，即写作题材都是单项的工作，只对一项工作做出部署

和安排。但是，两者在不同的方面也存在差异。

◆ **内容范围上有大小之分**：方案的内容范围适合于上级对下级或涉及面比较广的工作，如"公司 2019 年第一季度销售方案"；安排的内容范围适合于单位内部或涉及面较小的工作，如"××月销售活动安排"。方案中可包含对某一事项的具体安排，但安排中几乎不涉及具体的方案。

◆ **其他写法不同**：方案与安排还有一种概要写法，以便于下级具体实施时灵活掌握，即"意见"。方案大多称为"实施意见"；安排大多称为"安排意见"。

6.3.2 方案的写作格式与注意事项

方案是计划类应用文中内容最复杂的一种，多是上级对下级或涉及面较广的工作，一般都用带"文件头"形式下发，所以不用落款，只有标题、成文时间和正文这 3 个部分。

1. 标题

方案的标题有两种写法，一是全称式，使用居多，单位名称 + 事由 + 文种，如"××公司 5 年发展规划总体方案"；二是简明式，事由 + 文种，如"治理采掘工业危机，实现良性循环方案"，省略发文机关，但发文机关必须在领头的"批示性通知"（文件头）的标题中体现出来。

2. 成文时间

方案既不需要在标题中表明时间，也不一定必须将成文时间放在文末，多数情况下将其列在标题之下、正文之上的特定位置。

3. 正文

方案的正文一般包括导言或引语、方案的基本内容这两个部分，每个部分应写明的内容有如表 6-4 所示。

表 6-4　方案的正文内容

部　　分	内　　容
导言或引语	引言要求简明扼要地交代预案或方案的制定目的、意义和依据，一般以"为了……根据……特制定本方案"的常用形式表述。这是方案、预案生成的基础，一定要有，否则就会失去制定的意义和依据

续表

部　分	内　容
方案的基本内容	这部分主要包括 3 个方面的内容： 1. 基本情况的交代。如重要活动的时间、地点、内容、方式、主题以及主办、承办单位等。其中，时间、地点和方式等应具体明确，内容要概括、精当，主题不等于标题，也不等于主要内容或活动本身，而是活动的目的、意义和价值的集中概括表述。如果是重要工作的方案，基本情况的交代也可以是工作的时限、范围、对象、内容和重点等； 2. 对于相关活动、工作等按阶段或进程做具体的部署安排。包括各阶段工作的内容、基本任务目标、主要措施手段、步骤做法和相应的安排与要求，即要写明在什么时间、多大范围内由哪些人做哪些工作，采取什么方式，在何时做到何种程度。这是方案的核心所在，也是方案价值、功用的集中体现，是方案制定者素质、能力和水平的充分展示，要求具体详尽又严密可靠，既可行又便于操作，主次分明、张弛有度、得体自然； 3. 对相关问题的处理与解决办法。重大活动的开展、重要工作的推进等，涉及的问题必然是多方面的，如组织领导、人员经费、财力物力的安排，有关矛盾和问题的解决等，是实现目标、完成任务的重要保障

方案的正文写作一般有两种写法，一是常规写法，即按"指导方针""主要目标（重点）""实施步骤""政策措施"及"要求"这几个部分来写，适合于一般常规性单项工作；二是变项写法，即根据实际需要加项或减项的写法，适合于特殊性的单项工作。但无论是哪种写法，"主要目标（重点）""实施步骤"和"政策措施"这 3 项不可缺少。

实际写作时，对这几项内容的称呼可能不同，如把"主要目标"称为"目标和任务"或"目标和对策"等；把"政策措施"称为"实施办法"或"组织措施"等。在"主要目标"一项中，一般还要分总体目标和具体目标；"实施步骤"一般还要分基本步骤或阶段、关键步骤，关键步骤中还有重点工作项目；"政策措施"一般还要分"政策保证""组织保证"和"具体措施"等。除此之外，撰稿人在写作方案时还需注意以下几点。

①确定目标是制定工作方案的重要环节，应结合调查研究和预测技术这两种科学方法来确定目标。

②在拟定工作方案的过程中，必须依靠专业人士和专业技术，通过多种方法尽

可能地避免可能发生的问题，使方案更完善。

③起草多种可供选择的工作方案时，要广泛收集资料和依据，进行质与量、点与面的分析，做好可行性研究，提出建议方案。或通过对各种草案的分析、比较、鉴别和评估，在多种方案的基础上集众志于一身，重新组合出一个新方案作为最佳方案，以供领导裁决。

6.3.3 常见的方案 / 策划书的范例解析

日常工作中，常常会遇到方案、策划书的创建，为了更快了解它们的写作格式，下面来看几个具体的方案 / 策划书范本。

1. 合作方案

合作方案是指合作双方针对"合作"这一事项做出的具体安排和部署。

范本内容展示

◉资源 |Chapter06| 产品销售合作方案 .docx

产品销售合作方案

制造商：（以下简称甲方）　　销售商：（以下简称乙方）

甲乙双方经友好协商，就乙方全国范围内与甲方合作销售甲方产品达成以下协议。

一、合作形式

甲方委托乙方在全国范围内销售甲方产品。合作形式有如下两种情况：

1. 由乙方按照不低于甲方规定的设备价格与客户进行洽谈，甲方只在技术和设备售后方面进行配合。

2. 由乙方给甲方提供用户需求信息，然后由甲方严格按照需求信息进行生产，发货并做好售前调试工作。

二、质量及技术保证

甲方销售给乙方的产品为符合国家规定的行业技术规范的合格产品。如甲方销售给乙方的产品达不到以上承诺，一切责任由甲方负责。

三、产品价格

1. 产品的价格为甲方给代理商或业务员的最优惠的统一价格。甲方承诺提供给乙方的产品，其价格具有市场竞争力，即与其他同类产品比较具有较高的性价比。由于甲方产品的最终销售是以贸易系统的方式来实现，甲方将根据乙方及乙方用户的要求，针对每一项业务的具体要求，及时提供给乙方指导或参考性价格。乙方与用户商谈的合同价格，原则上不应低于甲方报出的最低价格线（甲方同意的除外）。

2. 在本协议签字之日起，甲方须提交乙方一份详细的产

品价格清单，该清单包括甲方与乙方结算的最低价格及市场用户参考价格。

四、费用支出

费用支出按照合作形式进行负担，具体如下：

1. 甲方提供发票，符合本协议第一款第一条的情况，甲方承担乙方及客户到达甲方后的实地考察、设备初验、终验等费用，其余如乙方在销售甲方产品时产生的招标投标、广告费用、商务运作等费用成本和支出由乙方承担。

2. 符合本协议第一款第二条的情况，费用由甲方负担。

五、设备采购与费用结算

1. 客户对甲方产品有意向订货时，乙方应及时和甲方签订书面订货合同，订货合同应有乙方法人代表（或授权办事处代表）签字盖章，并加盖乙方合同章，此订货合同构成一份独立的有效合同，本协议的所有条款均可视为对该独立合同的有效补充。

2. 乙方须在和甲方书面订货合同签订后，同时支付甲方出厂价的×%，作为预定金（或甲方同乙方办事处协商），甲方在确定订货合同及货款后，将准时为乙方交货。

3. 货款以到达甲方指定账户之日为准，甲方在货款到账后应及时开具相应的增值税发票。

4. 运输：乙方承担运输费用，甲方负责配合乙方装货，派遣调试工现场调试。

5. 价格和价格保护

①乙方向甲方订货的价格为甲方制定的特殊合作价，具

范本内容精讲

合作方案要写清楚合作双方的基本情况，如单位名称、法定代表人、电话、传真、地址和邮编等，最主要的是写清楚双方合作的项目名称，如这里通过方案的标题说明合作项目是"产品销售"。通常，在撰写合作双方的基本情况时，只在开头处写明双方单位的名称，其他基本信息可在合作内容结束后书写，如图 6-2 所示。

```
甲 方：                    乙 方：
法人代表：                  法人代表：
电 话：                    电 话：
传 真：                    传 真：
地 址：                    地 址：
邮 编：                    邮 编：


                          签署日期：  年 月 日
```

图 6-2

合作方案要写明双方的合作形式、质量及技术保证、项目的价值、费用问题、双方应提供的支持与服务、合作期限以及违约责任等内容，目的是规范和约束合作双方的行为，保障双方的利益不受损害。如果标题下方没有成文日期，则需在正文之后落款处标明。该范本展示的合作方案更像是一份合作协议，但具体内容还不能达到协议的内容标准。

2. 公关策划书

公关策划也称"公共关系策划"，是公共关系人员根据企业形象的现状和目标要求，分析现有条件，策划并设计公关战略、专题活动和具体公关活动的最佳行动方案。公关策划的核心就是解决这 3 个问题：如何寻求传播沟通的内容和公众易于接受的方式、如何提高传播沟通的效能以及如何完备公关工作体系。以下是具体范本。

范本内容展示

◉ 资源 |Chapter06| 公关策划书 .docx

××宾馆开业庆典公关策划书

一、背景

××宾馆是××集团在厦门开办的一家四星级宾馆，××集团为餐饮服务类企业，主要经济活动范围：厦门、福州等的较大城市。厦门××集团在厦门开办的首家宾馆，也是厦门首家四星级宾馆。对于厦门这样的城市，××集团看中的是厦门的交通枢纽的重要性，所以××集团想以这几个城市为基础，抢占福建的整个市场。作为一个新进入厦门的企业，知名度不是很高，而且厦门还有如××宾馆、××宾馆、××宾馆等一些已有一定名声的竞争对手，所以要想在厦门站稳脚跟，开业庆典是公关的第一炮，因此这次机会一定要抓住。活动总主题：

1. 温馨——您梦想的家园！
2. 给您回家的感觉——××宾馆
3. 你我共建美好家园
4. 您的家园由我们来建设

二、活动目标

通过本次活动，让厦门人了解××、认识××，对××有一个感性的认识。

三、活动程序活动方案

1. 前期指示牌宣传

（1）设置地点：以××宾馆为中心，2km范围内的主要道路上。

（2）设置形式：重新报建，如不允许，则租用现有合适

的位于道路两旁的户外媒介（如公共汽车候车亭广告位）。

（3）数量：每个不同文案至少要求设置5个指示牌，总共至少10个。

（4）大小、高度：视实际情况而定，文字能大就大，力求醒目。

（5）设计要求：要求使用××宾馆标准的标识及字体。

（6）时间要求：于开张前10天设好。

（7）目的：提升知名度，引发好奇心，树立一定美誉度。

2. 开业公关活动策划方案

（1）主题：××宾馆为您过生日！

（2）活动时间：开业当天。

（3）活动地点：××宾馆。

（4）活动概况：给××宾馆开业当天过生日的30位顾客每人赠送一间包间，可以邀请亲朋好友前来包间聚餐消费，所有费用最后由××宾馆代为支付。

（5）活动细则、注意事项：

①刊登活动广告：

A.时间：开业前10天

B.媒介：《××日报》《新文化报》

C.版面：1/4版

D.文案内容：标题（××宾馆为您过生日！），正文第一自然段（××宾馆介绍），正文第二自然段（为您过生日活动介绍——××宾馆将于××年×月×日正式开张营业，为庆祝××宾馆的开业，特举办××宾馆为您过生日活动，免费

范本内容精讲

公关策划书的正文要包括的内容有：前言、市场状况与形象分析、目标体系、创意说明、媒体策略、活动方案、公共关系预算方案以及效果展望，详细介绍如下。

◆ **前言**：简要介绍策划书项目的由来、公共关系活动主题思想的社会背景等。

◆ **市场状况与形象分析**：略微详尽地介绍公共关系调查分析的结论，即公共关系宣传的信息内容和市场特性、竞争对手和公众需求比较后的优势、问题点与机会。

◆ **目标体系**：概括性地介绍公共关系活动的目标设想，包括总体目标（如企业在未来某一较长时期内追求的形象特性、品牌忠诚度指标等）和具体目标（明确企业通过某一公共关系活动希望实现的具体指标）。

◆ **创意说明**：主要介绍公共关系活动的主题思想、宣传文案，涉及的内容一般是指导思想、活动主题、活动总名称、项目活动名称、宣传作品、标语和饰物等。

◆ **媒体策略**：主要介绍宣传媒体的分配规划和组合方式，包括地理分配、时

间分配和内容分配等内容，一般用表格形式陈述。

◆ **活动方案**：这是策划书的重点内容，介绍公共关系的整体运作方案，包括日程安排和活动布置两个方面。日程安排即介绍公共关系项目从承接任务到完成活动所涉及的工作进度安排；活动布置即介绍公共关系各个主体活动与后援活动的项目名称、实施时间、地点、运作步骤和程序方案，其中运作步骤和程序方案一般表现为"节目单"，采用表格形式表述。

◆ **公共关系预算方案**：主要介绍公关活动的预算情况，常以表格形式表达。

◆ **效果展望**：简明介绍公共关系活动的理想化效果。

这些内容可根据实际情况进行删减或合并写作，并不是每一项都要写。

3. 专题活动策划书

社会组织为了某一明确目的，在某一特定时机围绕某一特定主题而精心策划的大众活动安排情况，即专题活动策划书。

范本内容展示

◎资源 |Chapter06|2019 年公司年会活动方案策划书 .docx

2019 年公司年会活动方案策划

一、年会主题

"胸怀世界，领动 2019!"

二、年会目的

1. 庆祝公司 2018 年度硕果有成，制定 2019 年度公司总体发展规划与经营目标。

2. 调动员工积极性，使其充分感受到公司的关怀和关爱，增加员工认同感和归属感。

3. 表彰和奖励先进团队和优秀个人，让我们为荣誉共同举杯!

三、年会时间

待定（2019 年 1 月 31 日）

四、年会地点

待定

五、参会人数

32 人（截至 2018 年 12 月 29 日）。

六、年会安排

1. 年会形式

终年总结大会、领导致辞、表彰优秀员工、节目表演、活动抽奖、聚餐。

2. 年会人员安排及职责

①策划会场总负责：侯×

主要工作：年会方案制作、奖状制作、礼品奖金准备、节目安排、人员调配、现场协调等。

②主持人:（ ）要选择一个? 或者其他人?（我的普通话不好，上不了台面）。

主要工作：根据活动流程进行活动主持。

③会场负责人：钱×＝

主要工作：年会场地寻找、会场布置、酒水菜品确认、车辆安排、人员接待。

④会场音乐、照相、录像：宋×＝

主要工作：现在活动音响设备调试、音乐播放、拍照与录制。

七、优秀员工奖

以下是今年优秀员工所设置奖金、名额和奖金。费用合计：6000 元。（现金大奖，红包发送。奖项费用可调，可从年终奖中出，毕竟该奖项面上既可以满足个人荣誉感，同时得到全公司的认同。）

序号	奖项名称	评奖依据	奖励金额（元）	备注
1	×之光	具有全局观、能将公司的战略规划认真贯彻执行，推动公司发展起到积极作用；具有丰富的领导经验和管理技能，具有很强的事业心和高度的责任心和忠诚度	1000	管理层
2	××之光	2017 年度新入职员工，工作主动认真、任劳任怨，勇挑重担，领导和同事满意度高	1000	新进人员
3	××之光	遵守公司各项规章制度，工作积极主动、爱岗敬业、有团队精神和集体荣誉感，能较好的完成公司或领导交办的各项任务	1000	车间人员
4	××之光	在公司重要阶段、重要活动、重要项目做出较大贡献者	1000	技术人员
5	××之光	长期驻外拓业务，有一种无坚不摧的激情和勇争先锋的霸气，南征北战，开拓一片片新战场	1000	工程人员

| 6 | ××之光 | 公司年度产品销售总冠军 | 1 000 | 市场人员 |

奖状制作：××公司，如："优秀员工——销售之光"。

八、员工活动节目

1.目前暂且分为 6 组。节目自行准备，提倡全员参与，以上是公司人员名单及分组情况。

2.节目评选小组及奖励

①评委小组：

②节目评定细则：

A.打分制，0～100 分，节目结束当场打分。

B.去掉一个最高分和一个最低分，然后算平均，平均得分即为最终得分。

C.打分表由人事部负责发放、收集统计。

D.节目结束公布获奖名单，并发放奖金。

E.如得分一样者，再进行第二轮 PK（PK 方式可由团队指定人员进行才艺表演），获胜者获得该奖项等级，失败者依次顺延。

F.奖金作为团队过年活动费用，费用可自行分配。（因为目前人员不确定，获奖名次不确定。奖品不好分配，也不好准备）。

③奖金、奖品设置：

序号	获奖等级	奖金（元）	备注
1	一等奖	1200	
2	二等奖	1000	
3	三等奖	800	

| 4 | ××奖 | 500 | 3个队 |

④费用统计：4 500 元（平均每人不到 150 元）。

3.评分表

节目名称		参赛队名		团队人数	
参与得分		节目得分		总得分	

备注：

1. 参与得分，总分 20 分；全团队参与记 20 分；指派人员记 10 分；

2. 节目得分，总分 80 分：根据节目表演情况，自行评分。

九、幸运大抽奖

幸运之光抽奖活动，穿插在员工活动中，预计活动经费：2 600 元。

序号	奖项名称	奖金（元）	备注
1	××之光（1 名）	1 000	物品
2	幸运星（2 名）	500	物品
3	幸运儿（3 名）	200	物品

十、年会流程

1.方案一（穿插型），耗时：2 小时 25 分钟，预计时间可能会延长。

时间安排	活动内容	负责人	备注
16：00～16：30	入场、签到	侯×	员工拿号（抽幸运大奖）
16：30～16：40	主持人开场词	待定	简单介绍本次年会流程
16：40～17：10	年终工作总结大会	×经理	年度工作总结和新年工作计划、目标
17：10～17：20	领导致新年贺词	×总	发生日费用（2017.9～2019.2）
17：20～17：25	年会活动	主持人	简单介绍接下来活动细则

范本内容精讲

范本展示的是某公司 2019 年的年会活动策划书，对 2018 年的工作情况和 2019 年的目标与计划等做出总结和安排，同时表彰工作成绩突出的员工。

该年会活动策划方案包括 11 项内容，分别为年会主题、年会目的、年会时间、年会地点、参会人数、年会安排、优秀员工奖、员工活动节目、幸运大抽奖、年会流程及年会预算费用。大多数内容用表格的形式展示，效果更直观清晰。在实际写作过程中，可根据实际需要将部分内容进行整合，如把年会主题、年会目的、年会时间、年会地点和参会人数等用一张表格概括说明，表标题为"年会基本情况"。

专题活动的策划方案可按照这样的流程创作：综合分析信息→确定活动目标→确定目标公众→确定活动主题→选择活动模式→选择活动时机→确定时间、空间→活动经费预算→形成策划书。

6.4 规划

■规划的特点　■写作格式与要领　■范例解析

规划是计划类应用文中另一种常用的文体类型，也是计划类应用文中最宏大的文体类型。它是一种时间跨度长（3年以上）、范围广、内容比较概括的计划，是对未来整体性、长期性和基本性的问题的思考和考量，是对设计未来整套行动的方案。

6.4.1 规划的特点

规划的基本结构与写作要求等与计划相同，但具有其自身的特点，主要表现在如表6-5所示的几个方面。

表6-5　规划的特点

特　点	概　述
时间跨度长	一般的工作计划大都以"年"为计；而规划的时间界限一般在3年以上，大多在5～10年，如"淮河生态经济带发展规划（2019～2023）"
全局性	规划的内容属全局性的部署，定方案、定规模，富于理想、展望远景；而计划是实施"规划"的具体方案，定指标、定时限、定任务、定措施，富于现实性，具有强烈的约束力与紧迫感。"计划"既服从于"规划"，又对"规划"起到修改、补充和完善的作用
前瞻性和预见性	规划涉及的任务和措施都在3年以上，因此其制定者必须提高调查研究、科学预测和决策的质量，并在此基础上提出规划的具体内容。若没有高瞻远瞩的目光和深谋远虑、洞察未来的能力，规划的内容就会脱离实际，就会与客观环境的发展变化相背离，这样的规划就会失去其指导工作的价值
对应性	规划是一种纲领性文件，提出的目标时间长且范围广，必须有与之匹配的年度计划和专项规划，才能充分发挥其作用。比如"淮河生态经济带发展规划（2019～2023）"出台后，具体的部门还要形成2019、2020、2021、2022和2023年等各年的计划，以及5年来淮河生态经济带的发展规划与计划，形成相互配合、相互补充、滚动管理、综合生效的体系，确保规划任务的落实

6.4.2 规划的写作格式与要领

规划与计划、安排、方案等一样，同样具有自身的写作格式，并且写作时需要掌握一些要领，才能更好地完成规划的创作。

1. 写作格式

规划一般由标题、正文和结尾部分构成，每个部分应包含以下内容。

◆ 标题

规划的标题格式主要是制作单位＋规划内容＋规划时限＋文种，如"××市2019～2025年经济发展规划"。写作时，规划时限可以根据具体情况决定是否省略。

◆ 正文

规划的正文内容比较多，一般包括制定依据、目标任务要求、具体实施措施等。因此，为了便于翻阅规划的内容，写作者通常会在正文之前附加目录页，标注说明各部分内容对应的起始页码。如表6-6所示为规划的正文内容。

表6-6　规划的正文内容

部　分	内　容
制定依据	制定规划的原因、背景和指导思想等，该部分内容应通过大量资料的分析和总结，得出有利和不利条件，并提出相应的指导意见，使规划言之有理，而不是简单地罗列事实
目标任务要求	解决规划中"要做什么"的问题，即具体的任务或目标。如果涉及的任务、目标很多，需要将每项任务的目标进行单独列举
具体实施措施	解决规划中"怎么做"的问题，所有措施都要针对目标任务而言。对于目标任务和实施措施的写作，主要有两种方式：一是针对全面规划或目标项目较多的，采用一项任务对应一个措施的方式；二是针对任务较单一的规划，采用先总写任务，后总写措施的方式

◆ 结尾

规划的结尾常用来进行远景展望和号召。这部分要写得简短、有力且富有号召力。另外，规划不必再落款，也不用写成文时间。

2. 写作要领

规划是具有全局指导意义的应用文，要想写好一份规划，就要掌握必要的注意事项和写作技巧。

◆ **注意规划内容的科学性**：规划的拟定在写作前应进行深入的调查和周密的测算，以掌握的大量可靠资料和国家相关政策为基础，对多种方案经过反复比较、研究和选择，确定各项指标和措施。

◆ **规划内容应集中多数人的意见**：规划涉及的事项重大且范围广，因此在正式起草之前应组织相关人员进行多次讨论，广泛听取大家的意见，不断进行修改和补充，使规划内容更完善、科学。

◆ **规划的内容不用事无巨细**：规划是全局性的部署，它只需要从宏观的角度制订具体的计划安排，无须规定事务实施的具体细节。

◆ **规划的制定要分时间段**：制定规划要从时间上分阶段，使行动目标更清晰，行动方案更具可行性，数据更具精确性，经济运作更具可控性，收支更具合理性。一般8年以上为远期规划。

◆ **规划讲究空间布局的合理性**：一是特定领域规划应与土地开发规划、城市发展规划和区域发展规划协调统一，二是局部区域规划、区域规划、国家规划势必重叠，但应相互包容。

◆ **要以当前有效、准确及翔实的信息和数据为基础**：合理的规划要根据所要规划的内容，整理出当前有效、准确及翔实的信息和数据，并以此为基础进行定性与定量的预测，再根据结果制定目标和行动方案。

6.4.3 常见的规划类应用文范例解析

根据规划的目的不同，可将其分为多种类型。下面就来认识常见的工作规划、发展规划和建设规划。

1. 工作规划

工作规划与工作计划是相同的，不同的只是时间长短。工作规划是指个人或部门对工作做的一个长期的打算，并制定目标。工作规划的达成，是通过工作计划的达成来实现的。

范本内容展示

◎资源 |Chapter06| 个人岗位工作规划书.docx

个人岗位工作规划书

一、近期目标

今年是在新的工作岗位工作的第一年，是熟悉工作、积极参与、认真履职、探索方法、积累经验的一年，这一年中必须做到"一个转变，一个明确"，即转变工作角色，明确工作职责。

转变工作角色：参加工作近10年了，但是自己从事的工作一直都相对单一，以至于对其他行业的工作所知甚少，甚至陌生，县政府办公室作为全县的核心机构，工作涉及全县各行各业，对此，在思考问题、处理事情时，必须跳出以前的部门的思维方式，摆正自己的位置，树立全局意识，切实转变工作角色。

明确工作职责：按照办公室对自己的工作安排，尽快熟悉自己的工作和职责，一是熟悉县政府办公室的各项规章制度，明确工作要求；二是熟悉县政府办公室总体工作及相关业务年初工作目标，明确工作任务；三是虚心听取办公室其他同志的指导，善于学习，勤于思考，在干中学、学中干，明确工作的运行和处理问题的程序；四是要认真与科室其他同志总结前期工作，明确工作努力方向。

二、中期目标

在明确工作职责、工作任务，熟悉工作方法的前提下，明年必须进一步加强自身锤炼，做到政治素质、业务能力、工作绩效"三个提升"。

提升政治素质：一是要善于从政治角度看问题。无论面临的情况多么复杂，要坚持从政治角度分析判断问题，保持清醒头脑。二是要保持政治敏锐性。密切关注时事、了解时事，通过网络、报刊、电视等，敏锐把握各项方针政策动向，保持工作的主动性。三是要树立高尚的政治品格。做到眼界宽广、胸襟广阔、淡泊名利、甘于奉献、坚持原则。

提升业务能力：一是提升写作能力。加强理论学习，注重平时公文写作中的锻炼，注意办公室其他同志撰写材料的学习，能较好完成交办的新文件拟稿任务。二是提升语言表达能力。加强说话训练，做到汇报工作准确、简洁、清楚。三是提升办事能力。准确领会工作内容，勤于思考，能按照工作职责或领导交办事项要求，较好地完成任务。

提升工作绩效：虚心听取领导、同志、部门等对自己工作的意见和建议，总结经验教训，提高工作效率，优质地完成各项工作。认真做好调研、信息报送等工作，能超额完成办公室下达的工作目标。

三、远期目标

加强学习，确保思想上的先进和作风上的优良；加强锻炼，促进服务意识和业务水平进一步的提高。服从组织、领导安排，善于思考、积极创新，能独立且出色完成各项工作。

四、工作措施

1.加强学习。学习是历史使命，选择学习就是选择进步，忽视学习就是忽视进步，放弃学习就是放弃进步，要把学习作为终身任务和长期实践的行为，要通过学习达到"身强体健"。一方面要加强马列主义、毛泽东思想、邓小平理论和"三

范本内容精讲

范本展示的工作规划是一种结构非常简单的规划，标题下方直接写明对以后工作的规划。实际上，在近期目标的第一自然段，说明了制作该工作规划书的原因和背景，即"今年是在新的工作岗位工作的第一年，是熟悉工作、积极参与、认真履职、探索方法、积累经验的一年"。

在该工作规划中，写作者将工作规划分为近期目标、中期目标和远期目标，明确区分了不同时间段的工作任务和目标。第四点总结整个工作规划过程中的措施，大致有4条。最后一个自然段说明对未来工作的愿景和希望。这篇工作规划将目标任务和要求穿插在一起写作，使内容衔接得更好。

2. 发展规划

发展规划是一种战略性、前瞻性、导向性的公共政策，而企业发展规划是对企业战略的规划，属于商业管理范畴，其作用是为了更好地发展企业。

范本内容展示

◉资源 |Chapter06| 发展规划 .docx

××公司企业发展规划

苏州××设备有限公司（以下简称"××"）是内地独资企业，成立于 2016 年 8 月，现有员工约 100 人，主要从事××设备研发、设计、生产及销售。公司成立至今两年多，已实现年产值 2500 万元，在美丽的苏州拥有近 20 000 平米的厂房和办公面积。

公司具有不断创新的鲜明特点，在行业中产生了巨大反响，很多创新发明都被同行同业的一些企业借鉴和模仿。目前我司在××游乐设备、××游乐设备、××水上游乐设备等多领域不断进行积极的尝试，加大研发强度和力度，这些尝试也正在为公司的发展源源不断地输入新鲜血液。为了应对企业的发展，总经理携公司各部门干部及总经办所有成员特别制定如下发展规划。

一、指导思想

公司以不断创新为基础，保证包平直遵守市场规律，根据企业实际……，在企业广大员工的艰苦奋斗下，将经过×年的努力，团结一致，……达到一个……水平。

二、企业定位

公司将立足……，以经营主业为基础，同时做好……，在此基础上，争取有所扩张……

企业市场的打算……

质量将达到……

技术实力上……

三、企业优势

企业的竞争优势体现在以下几个方面。

1. 市场优势

……（有什么长处和独到的方面，市场占有量有多大，达到什么占有率等，主要拿头业绩）

2. 质量、品牌、技术等优势

……（取得的质量成果，在市场上有影响力的工程产品，取得的质量荣誉、科技进步优势等）

3. 人才优势

……（具有多少高技术技能人才，在同行业中处于什么位置）

4. 强大的市场化运作能力和独特的服务模式

……（社会、人脉关系、人力资源等）

四、发展战略概要

企业发展总体规划和发展目标概括为：

1. 产值完成

2. 质量水平

……

五、战略实施要点

发展战略的实施需要的是高精尖人才，因此，提高各方面管理人才的水平是当务之急，加强干部、员工培训是重点。

1. 综合管理人才（高、中、基层领导）

2. 工程管理人才（项目上各类人员，如：几大员等）

3. 技术人才（培养自己的技术权威等）

4. 经济人才（预算、财务、经营等）

范本内容精讲

范本展示的是某公司的发展规划，内容较多，这里没有全部展示。很明显，该发展规划的正文第一自然段说明公司的基本情况，第二自然段说明编写该规划的背景和目的是"公司具有……为了应对企业的发展……"，并在段末以"……特别制定如下发展规划"的句式引出规划的主体内容。

该公司的发展规划主体内容有 8 项，每项内容都有其需要说明的具体内容，详细介绍如下。

◆ **指导思想**：一般只确定一个指导思想。

◆ **企业定位**：给企业一个准确的自我评定，有自我评价和设想。

◆ **企业优势**：掂准企业自身的分量，要客观，不扩大、不缩小。

◆ **发展战略概要**：这是规划中最重要的一部分，一定要科学，有合理目标，激励奋斗，定高了够不着，定低了太省劲。

◆ **战略实施要点**：阐述清楚各类人员的工作责任，加强培训。

◆ **战略实施步骤**：几年达到一个什么目标，每一步都做什么工作，达到一个什么目标或目的。

◆ **主要工作措施**：为了完成工作的必备手段。

◆ **发展前景**：美好的展望，写作时尽量简洁，有常用的结束语，如"在……下，我们的目的一定要实现，我们的目的一定能够实现！"

3. 建设规划

建设规划即基本建设长远规划，通常是项目建设过程中比较长远的分阶段实现的计划。它是制订年度基本建设计划的依据，为实现一定的战略目标而服务，是国家有效地组织和实现大规模建设任务的必要手段。

范本内容展示

◉资源 |Chapter06| 城市道路交通规划 .docx

城市道路交通规划

随着我国国民经济的快速发展和城市化进程的加快，如何解决城市交通问题已经成为城市可持续发展的一个重要课题，城市道路交通管理工作也面临着严峻的挑战。为了保证城市交通合理、有序地可持续性发展，就必须从城市交通系统的内在机制及其与外部环境条件之间的相互作用关系出发来进行合理的交通管理规划。具体而言，应从城市结构与土地利用、城市交通结构、城市交通网络的完善与充分利用 3 个层次，从供给和需求量方面解决问题。因此，道路交通管理工作是城市总体规划中重要的环节，制定城市道路交通管理规划也就显得十分必要而迫切。而城市道路交通管理规划的编制与实施，有利于提高我国城市整体管理与文明水平，适应国民经济和整个社会可持续发展。

一、城市道路交通规划的目的

城市道路交通管理规划以城市总体规划、城市道路交通规划和城市用地规划为基础，协调、平衡和满足人们对道路交通的需要，为人和物的流动提供经济、安全、有效的服务，充分发挥城市道路交通的潜力，以促进城市经济发展。制订城市道路交通管理规划要以如下 3 个方面为目的。

（1）以城市总体规划、城市交通规划和城市用地规划为依托，科学、系统地掌握城市交通各项基础信息，分析影响城市交通的各项要素，全面认识城市交通问题演变的内在规律，预测和把握未来可能出现的城市交通问题，通过充分挖掘道路交通基础设施容量潜力，合理引导和控制交通需求，缓解

城市交通拥堵局面。

（2）明确今后城市交通管理的发展方向，决策当前、规划长远。

（3）明确提出城市开发改造和道路规划建设的要求，合理组织和渠化交通，充分发挥各类道路的交通功能，综合协调道路——交通流——管理者三者之间的关系，建立城市道路交通的技术保障和社会保障体系，完善交通管理措施，提高交通管理的法制化和科学化水平，建立安全畅通、秩序良好和环境污染小的城市交通系统。

二、我国城市道路交通的现状

当前我国大部分城市的道路交通管理工作基本上还处于"头痛医头，脚痛医脚"的经验型管理模式，交通管理部门疲于应付不断出现的各种交通问题，缺少前瞻性和整体性。因此缺乏对未来总体交通管理工作的把握，工作经常处于被动局面。所以公安交通管理部门面临的紧迫任务和重要课题是从战略高度超前研究交通管理对策，也就是制定相应的道路交通管理规划，实现长效管理。

进入 21 世纪，随着我国城市经济高速发展，城市化进程加快，城市（镇）人口的集聚，城市（建设）用地的扩大，以及小汽车进入家庭的客观事实，我国现有城市都面临着现状道路的容量不足、道路功能不分明、路网布局不合理、各类车辆与人流混行、城市公共停车场缺乏、高峰时段车辆拥堵等问题，已经严重影响到城市经济社会发展，引起社会各界人士的强烈反响，因此编制好城市道路系统规划已成为各

范本内容精讲

建设规划的内容一般包括：确定新建、改建和扩建项目，规定新建企业的规模、产品方案、生产技术水平与内外协作关系，项目地址、开工日期和投产日期，以及投资额等。

在范本所示的城市道路交通规划中，正文第一自然段为规划的制定依据部分，阐明制定规划的原因和背景为"随着我国国民经济的快速发展……为了保证城市交通合理……"；然后分项说明制定该建设规划的目的、城市道路交通的现状、道路交通规划的内容和层次、道路交通管理规划的原则以及道路交通组织规划，阐明道路交通规划的目的、任务和要求。

由于该规划在写作目的、任务和要求的过程中，已经穿插了对未来发展的展望，因此正文末尾不再单独写"结尾"部分来说明远景展望或号召。由于该规划的标题没有体现制作单位，因此需要在落款处署名并标注成文时间。另外，规划时限在对应的规划层次中做了详细的说明，所以标题中并没有体现。

契约协议类应用文写作
要点与范例解析

契约协议类应用文是指社会团体或个人处理各种社会关系、事务时常用到的文书，包括合同、协议书、条约、意向书、招标书和投标书等。写好契约协议类应用文，可有效避免在商业活动中受骗。

7.1 聘书和解聘书

■聘书/解聘书的作用 ■适用范围 ■规范格式 ■范例解析

聘书是聘请书、聘任书的简称，用于聘请某些有专业特长或名望权威的人完成某项任务或担任某种职务时的应用文。而解聘书与聘书对应，是解除与某人或团队的劳动关系时使用的应用文。

7.1.1 聘书／解聘书的作用与适用范围

聘书和解聘书有各自的作用和适用范围，但由于聘书和解聘书是对应关系，因此两者的适用范围一致。一般来说，聘书适用于以下几种情况。

- ◆ 学校、工矿企业等在需要某方面有特长或有专业技能的人才时，发出聘书。这种情况下，通常是用人单位承担了某项工作，靠本单位或现有的人才资源无法顺利完成任务。

- ◆ 由于企业的发展，事业的扩大，需要重新聘用一些有专长、在工作中起重大作用的人。

- ◆ 社会团体或某些重要的活动为了提高自身的知名度，扩大影响力，也会通过"聘书"聘请一些有名望的人加盟或参与，以期更好地开展活动。比如，聘请名人作为公司顾问，负责指导；或者作为某项比赛的评委等。

由上述内容可知，聘书是一种对专业人才所发的应用文文书，其作用如下。

- ◆ **是加强协作的纽带**：聘书把人才和用人单位很好地联系起来，同时还加强了不同单位之间的合作，使之可以互通有无，互相支援。

- ◆ **加强应聘者的责任感和荣誉感**：应聘者接到聘书就等于必须为自己所聘的职务、工作负有责任，且尽力做好自己的工作。因为聘书是出于对受聘人极大的信任和尊重才发出的，无形中就加强了受聘人的责任感。同时，受聘人往往是在某方面确有专长或能做出特殊贡献的人，这会让受聘人在无形中感受到荣誉感。

- ◆ **表示郑重其事、信任和守约**：聘书带有"请"的意味，表示单位对受聘人的重视与信任，同时，聘书比口头承诺更有据可依，表明单位是守约的。

而解聘书在辞退或解雇某一岗位的员工时使用，其作用就是解除劳务双方的合作关系。通常，解聘书用在聘请书还没有到期，由于各种原因企业要中途解约的情况中。它有着说明性（说明解聘原因）和时间性（从何时开始解聘）的特点。

7.1.2 聘书 / 解聘书的规范格式和要求

聘书和解聘书的格式基本相同，但写作要求却有区别。具体内容如下。

1. 聘书 / 解聘书的规范格式

一份完整的聘书格式一般包括标题、称谓、正文、结尾和落款这 5 个部分，而一份完整的解聘书格式包括了除"结尾"以外的 4 个部分。有些企业的聘书或解聘书已经按照书信格式印制好，相关工作人员只需填写中心内容即可。

◆ 标题

聘书或解聘书一般在页面正中写上"聘书"或"解聘书"字样，有的聘书或解聘书也可以不写标题。已印制好的聘书或解聘书的标题常用烫金的"聘书""解聘书"字样标明标题。

◆ 称谓

称谓有两种写法，一是聘书上被聘者的姓名称呼或解聘书上被解聘者的姓名称呼可以在开头顶格书写，然后加冒号；二是可以在正文中写明受聘者或被解聘者的姓名称呼。常见的印制好的聘书或解聘书大都在第一行空两格的位置写"兹聘请×× 为……""今解聘 ×× 岗位上 ××"这样的内容。

◆ 正文

由于聘书和解聘书是对应关系，因此正文内容恰好相反。对聘书来说，正文一般要包括以下内容。

①交代聘请单位、聘请的原因和聘请的职位或聘请去干什么事情，有些聘书不会写明聘请的原因，只说明聘请的单位和聘请的职位。

②写明聘任期限，如"聘期两年""聘期自 ×× 年 × 月 × 日至 ×× 年 × 月 × 日"等。

③写明聘任待遇，可以直接写在聘书上，也可另附详尽的、写明具体待遇的聘约或公函，视情况而定。

④写明聘请单位对受聘者的希望，有时也可不写，而是通过其他途径使受聘者切实明白自己的职责。

但对于解聘书来说，其正文内容一般要包括以下几点。

①要对被解聘者在奉职期间所做的工作或表现进行实事求是的评估。

②说明解聘的原因和解聘日期，要求被解聘者做好工作移交、所借公款和公物的退还等事务。

③对被解聘者表示应有的关心和祝愿。

◆ 结尾

聘书的结尾部分一般写上表示敬意和祝颂的结束语，如"此致 敬礼""此聘"等。但解聘书没有该部分内容。

◆ 落款

聘书或解聘书的落款处要写明聘请／解聘单位名称或单位领导的姓名、职务，并署上发文日期，同时还要加盖公章。

2. 聘书／解聘书的写作要求和注意事项

聘书或解聘书都有各自的写作要求和注意事项，掌握这些内容才能写好聘书或解聘书。

①聘书要郑重严肃，对有关招聘的内容要交代清楚，书写要整洁、大方、美观。

②聘书一般要短小精悍，篇幅不能太长，语言简洁明了、准确流畅，态度要谦虚诚恳。

③聘书是以单位名义发出的，所以一定要加盖公章，这样才视为有效。

④解聘书要把解聘的原因和日期说清楚。

⑤解聘书的语言要含蓄委婉，在陈述解聘原因和对被解聘者提出要求时，语言要委婉得体，使被解聘者易于理解和接受。

⑥解聘书的感情要真切诚挚，在表示关切和祝愿时要迎合被解聘者的需求，使之能够欣然接受，毕竟解聘对被解聘者来说是一件不愉快的事情。

7.1.3 常见聘书/解聘书的范例解析

聘任书或解聘书没有明显的分类界限，大多数企业或岗位在聘请或解聘员工时，都可采用常见的聘书或聘任书样式。

1. 岗位聘任书

岗位聘任书不是劳动合同，因此它的内容不会像劳动合同一样复杂，许多企业都将岗位聘任书作为劳动合同的附件。

范本内容展示

◉ 资源 |Chapter07| 岗位聘任书 .docx

范本内容精讲

由范本内容可知，岗位聘任书的写作并不复杂，只需写明聘请谁到哪个单位从事什么职务即可。当然，根据不同的情况，岗位聘任书的正文还有其他一些写法，如图 7-1 所示的几种。

聘 任 书

××先生/女士：

根据我单位专业技术职务岗位的设置及您本人具备的专业技术职务任职资格和综合考核结果，聘任您为______部门______________职务。任期自____年____月____日起，至____年____月____日止。

此聘

××公司（盖章）

××年×月×日

聘 任 书

兹委任××先生/女士：

担任××集团________部______职位。自___年__月__日起全权负责本部门相关工作并严格履行岗位职责。委任期间望再接再厉并出色完成本岗位工作。

特此颁发公司委任书！

此任

总裁（盖章）：×××

××年×月×日

聘 任 书

为提高我公司的科研水平，本公司成立了科研项目评估委员会，特聘请×××教授为该委员会学术顾问，指导我公司的科研工作。

此聘

××公司（盖章）

××年×月×日

聘 任 书

兹聘请______先生/女士为__________公司维修部总工程师，聘期自____年___月___日至____年___月___日，聘任期间享受公司高级工程师全额工资待遇。

此聘

××公司（盖章）

××年×月×日

图 7–1

由于聘书是颁发给特定的专业人才的，为表示信任、尊敬并体现聘书的价值，有时会用封皮对聘书进行包装。封皮尺寸的大小与聘书的大小要一致，常见的有 16K（展开尺寸 27.2cm×18.3cm，合上尺寸 13.3cm×18.3cm）、12K（展开尺寸 30cm×21cm，合上尺寸 15cm×21cm）、8K（展开尺寸 36cm×25cm，合上尺寸 18cm×25cm）和 6K（展开尺寸 43cm×29cm，合上尺寸 21.5cm×29cm）。一般来说，市场上出售的聘书封皮都配有内页，只需在内页中填写聘书的中心内容即可。

有时，为表达对聘任单位的尊重和任职意愿，受聘者还会向聘用单位发送应聘保证书，如图 7–2 所示。

应聘保证书

××公司负责人×××：

贵公司于____年_____月____日，所发录用通知已经收到，本人肯定按贵公司要求的时间报道，保证如约到贵公司就职。上述保证由本人亲属提供担保。

姓名：×××　　　　现住址：×××××

亲属担保人：×××　　　　现住址：×××××

××年×月×日

图 7–2

应聘保证书是保证书的一种，它具有承诺性和誓言性的特点。由上述应聘保证书可以看出，应聘保证书的主要内容是表明受聘人的态度，即会按公司要求按时就岗；标题一般仅写"应聘保证书"几个字；称谓在标题下空一行顶格写作，写明保证书送达的单位、领导或个人姓名。应聘保证书中可以委托亲友作为担保人，当受聘人未按时到岗且又联系不到受聘人本人时，公司可通过联系担保人了解原因。

2. 岗位解聘书

当用人单位经过各方面考虑认为员工不适合其工作岗位，或员工在其工作岗位上犯了重大错误时，公司就可以通过解聘书解聘员工。

范本内容展示

◎资源 |Chapter07| 岗位解聘书 .docx

解 聘 书

甲方：_____（企业名称）

注册地址：_____

法定代表人（负责人）：_____

乙方：_____（姓名）

身份证号码_____

性别：_____ 民族：_____

出生年月：_____ 籍贯：_____

职称/资格：_____

　　乙方自___年___月至___年___月于甲方担任___职务，现因_____原因，甲方与乙方解除劳动聘用关系，签订本解聘协议书，自___年___月___日起生效。本解聘书一式两份，双方各持一份，保存备用。

甲方：（企业公章） 乙方签字：

法定代表人（负责人）：

×× 年 × 月 × 日

范本内容精讲

解聘是用人单位和被解聘者之间解除聘约的行为，因此解聘书中应包括用人单位和受聘人两方的基本信息。从范本可以看出，该岗位解聘书的甲方是用人单位，乙方是被解聘者。

在书写解聘书时，一定要把解聘的原因和解聘日期表述明确。在陈述解聘原因时要实事求是，含蓄委婉，感情要真切诚挚，使被解聘人能够理解和接受。通常，解聘的原因包括：公司业务的调整；员工工作能力或技能达不到要求；违反了公司的规章制度；员工做出了违法的行为等。

7.2 意向书

■特点与作用　■写作格式与要求　■范例解析

意向书是国家、单位、企业、经济实体以及个人之间，对某项事务在正式签订合同、达成协议之前，由一方向另一方表明基本态度或提出初步设想的一种具有协商性的应用文书。它是合同或协议的先导，不具有法律效力。

7.2.1 意向书的特点和作用

在实际运用中，意向书的作用有两个：一是能作为当事人进行下一步谈判的依据；二是有助于当事人之间进行沟通，进一步发展合作关系。在对外贸易、招商引资以及公司经营合作之间，都广泛使用意向书。在正式订立合同前，意向书的内容都是可以变更和补充的，它具有如表 7-1 所示的几个特点。

表 7-1　意向书的特点

特　点	概　　述
临时性	意向书只表示当事人各方初步谈判的结果，反映了当事人的设想、打算和意愿，并不能表明当事人已经达成了合作关系。它的主要作用是表达"意向"，在当事人之间订立正式合同后，意向书便不再使用
协商性	当事人订立意向书同样需要协商一致，写作时多用商量的语气，不带任何强制性，有时还用假设或询问的语气。意向书签订后，当事人还可以就其中的内容进行协商修改，提出多个方案，以便在订立正式合同时，当事人可以进行选择。如果反悔，也不承担法律责任
简略性	意向书往往是粗线条的，它只涉及合作方向这一基本信息，不会很详细地约定过多内容

续表

特　点	概　述
灵活性	意向书在协商过程中，当事人各方均可按各自的意图和目的提出意见，在正式签订协议、合同前都可随时变更或补充。它不是正式的协议，所以它的签署方式也比较随便，一般有两种：一是单独签署，即只由出具意向书的一方签署，但文件一式两份，由合作的另一方在其副本上签章认可，交还对方，就算签署完成；二是联合签署，虽然它只是一种意向的表达，但形式上仍然保持协议的形式，即在书面上出具合作双方的职衔及代表人姓名，由双方分别签署，各执一份为凭

7.2.2 意向书的写作格式和要求

虽然意向书的内容在达成协议之前都可以变化，但其格式不会变，一般包括标题、正文和落款这 3 个部分。

1. 标题

意向书的标题格式有 4 种类型，一是双方单位名称 + 事由 + 文种，如"××有限公司与 × × 有限公司合资意向书"；二是事由 + 文种，如"战略合作意向书"；三是双方单位名称 + 文种，如"× × 厂与 × × 公司意向书"；四是直接用"意向书"3个字作为标题。

签订意向书的双方名称一般要写明全称，为了叙述方便，正文中可分别确定为"甲方""乙方"或"丙方"；也可简称为"双方"。

2. 正文

意向书的正文是主体和核心部分，通常由开头、主体和结尾这 3 个部分构成，每个部分有其应写明的内容。

开头主要书写合作各方的单位名称和合作事项，同时简要阐述订立意向书的依据、原因和意义，或各方在何时何地因何事进行了洽谈由此达成了一致，常用"双方就有关事宜，达成如下意向""兹宣告如下意向"或"初步意向如下"等句式引出主体内容。

主体是意向书正文的重点内容，一般包括合作各方的意图和初步协商一致的各个事项，如合作的项目、方式、程序及各方的义务等。可以使用合同条款排列的方式来表述，如按照实现意向的条件、可行性、风险因素和达成意向的相应措施来进行内容排列。

结尾处可写明"未尽事宜，在签订正式合同时予以补充"的说明性文字，同时写明意向书的总份数和各方当事人各持有的份数以及报送单位等情况。

3. 落款

意向书的落款与一般的应用文落款部分的内容有所不同，这里落款处应包括意向书各方单位的名称、各方代表的名称、签订日期、通信地址、电子邮箱和联系电话等内容，同时各方还需盖章。

在书写意向书时，不要认为它不具有法律效力就随意订立，或在意向书中作出不符合实际的承诺，且应该重视这样一些细节。

①如实表述各方协商的事项，各条款的内容要合理、合法，且内容要留有余地。

②坚持平等互利的原则，使用富有弹性、较笼统的语言。

③结构要完整，标题、正文和落款这 3 个部分缺一不可。

7.2.3 常见的意向书范例解析

意向书形式多样，包括签单式（单独签署）、联签式（联合签署）和换文式。其中，换文式意向书指以交换信件的形式表达意向的意向书。而在实际工作中，意向书的类型主要由签订目的决定，下面来了解一下不同类型的意向书的具体内容。

1. 采购意向书

采购意向书是对某一材料或货物在正式签订采购合同前，表达购买方初步采购计划的意向性文书。

范本内容展示

◎资源 |Chapter07| 采购意向书 .docx

采购意向书

本意向书是供方自愿向需方提出申请参加供货，并同意遵守以下意向条款。

一、采购的基本内容

1.价格明细

此项目所需产品如下：

商品名称	规格	数量（件）	单价（元）	金额（元）

2.供货周期

供货周期为＿＿＿＿＿＿天。

3.付款方式

材料到达甲方（需方）指定施工地点后，先支付合同总价的50%，待甲方抽检合格后再付合同总价剩余的50%。需方按双方约定的质量技术标准进行抽检，若检测不合格，双方共同进行复检，若确认不合格，供方负责调换货物，直至合格为止。未经检测，需方不得使用，若使用，则视为抽检合格，抽检合格后按以上付款方式支付剩余货款。

二、采购意向条款

1.供方签订本意向书后，需方将在主合同签订之后，正式通知供方签订正式的供销合同（以下简称"供销合同"）。

2.供方同意在接到需方正式通知时签订供销合同。

3.双方签订供销合同时，共同遵守以下约定：

（1）供销合同应包括本意向书第一条所载明的内容以及符合本意向书的双方均同意的其他条款。

（2）供销合同的核心内容（标的、价格、供货周期、付款方式等条款）必须与本意向书一致，否则视为无效。

三、供方的声明和承诺

1.本意向书所有的内容和条款，都经过了需方的明确解释和说明，供方已全部知悉和理解，并承诺予以遵守。

2.本意向书系双方自愿签订。

3.供方同意需方拥有本意向书的最终解释权并同意履行需方的解释。

四、其他

本意向书一式两份，供方和需方各执一份。双方在签字盖章后开始生效。供销合同签订后，本意向书自动作废。

需方：　　　　　　　　　　供方：

授权代表：　　　　　　　　授权代表：
联系电话：　　　　　　　　联系电话：
联系地址：　　　　　　　　联系地址：
签约日期：　　　　　　　　签约日期：

范本内容精讲

从该意向书的落款内容可以看出，它是一份联签式意向书，其所表达的意向是供方自愿向需方申请参加供货。

由于该意向书与采购有关，因此意向书中必须说明与采购和供货相关的事宜，如各商品的价目明细、供货周期、付款方式以及采购意向条款等内容。如果采购意向书中涉及的产品比较单一，则可直接以文字描述的形式进行说明，如图7-3所示。

一、采购的基本内容

1.　产品名称及单价:产品名称＿＿＿＿＿＿＿＿＿＿

（产品类型）＿＿＿＿＿＿单价为＿＿＿＿元/块，面积共约＿＿＿＿＿＿＿m²。

　　（面积数以双方签订的实际供货合同为准）。

（以上单价含普通税票含运费）

图 7-3

供需双方签订采购意向书的目的是为订立供销合同提供基础，因此在意向书中可以看到"采购意向条款"这样的内容，它在一定程度上说明了供货合同应包含的内容，如意向书第一条所载明的内容。对于供销合同会涉及的核心内容，该意向书中也进行了简要的说明。通过这样的约定，为供销合同的订立提供了依据。该意向书的正文结尾部分用"四、其他"来进行说明，阐述了意向书的总份数、各方当事人各持有的份数以及供销合同签订后本意向书自动作废等事项。

还有一些表达购买意向的意向确认书类似于签单式意向书，由出具意向书的一方将意向书送达给购买方，由购买方签字确认意向，如图 7-4 所示。

购买意向确认书

尊敬的客户：

您好，感谢您信赖我们公司的产品，我公司将以优质的服务给您满意的回报！祝贺您拥有了一份时尚、安全、稳定的保险产品。

同时，为了保证您的切身利益，请务必在相关的保险资料（投保书等）上亲笔签名。

投保信息：

客户姓名	性别	身份证号码
缴费期限	保险金额	年缴保费

投保人：

代理人：

××保险有限公司×× 支公司敬上

_____年____月____日

图 7-4

2. 合作意向书

许多公司在签订正式合作协议前，会就合作的相关事宜订立合作意向书，以表达双方的合作意向。

范本内容展示

◎资源 |Chapter07| 合作意向书 .docx

合作意向书

_____公司（以下简称甲方）与_____集团有限公司（以下简称乙方）就在_____建立_____项目（以下简称项目）的实施事宜进行了友好协商，达成如下合作意向。

一、总则概要

甲乙双方在互惠互利、优势互补的基础上就上述市场的开发及签约后的实施进行排他性合作。任何一方（包括各自的分公司、子公司、股份公司以及隶属单位）不得以其他任何方式就该项目与其他任何第三方进行合作。

双方的共同目标是：长期合作、持续改进产品，使之符合当地的标准，能够在_____和周边国家销售。

甲方主要负责与本国政府部门、银行、商会等相关单位的总体协调和联系工作，并对项目开发进行总体管理；乙方主要负责技术文件编制、供货、技术服务和技术支持等工作，并提供周边国家的市场支持。

本意向书所涉及的产品为乙方生产的___、___和3种规格的_____。

二、双方工作

1. 在正式的合作协议签订前

（1）甲方的责任和义务

a. 编制该项目在____的可行性报告，及时就技术和商务问题与乙方进行澄清。

b. 负责项目融资事宜并承担相应工作，在必要时与乙方

协作为该项目争取优惠的信贷条件。

c. 审核乙方编制的商务、技术文件并汇总，提出修改意见、组织谈判。

d. 负责组织乙方以及相关人员在____的考察工作。

e. 负责在合作过程中及时向当地的商会和政府部门汇报项目情况，并获得有关政府部门的支持。

（2）乙方的责任和义务

a. 在充分考虑甲方要求的前提下编写目标产品的技术文件，保证技术的完整性、可靠性和先进性。

b. 充分考虑甲方要求与乙方习惯的差异，并针对差异项尽可能提出备选方案以供甲方选择。

c. 负责人员考察的接待，并负责安排参观生产工厂、会谈，组织技术交流。

d. 及时安排有关人员参加国内外的考察和谈判工作，并根据甲方的意见对有关技术文件、商务文件进行补充和修改。

2. 在正式的合作协议签订后

（1）甲乙双方将根据合作协议的规定和要求，另行签订具体的采购合同，明确各自在合同执行过程中的责任和义务。

（2）乙方根据自身的业务特点，特授权其全资子公司"_____国际经济贸易有限公司"作为乙方的全权代表，与甲方签订采购合同、技术协议及服务协议等各种文件，并负责整个项目的操作过程。

三、费用分担

1. 在正式协议签订前，甲乙双方分别承担各自为获得该项目所发生的所有费用。

2. 在正式协议生效后的执行过程中，双方根据签订的合同或意向书支付相关货款或费用。

四、保密原则

在本意向书有效期内，甲乙双方对有关合作信息及资料负有保密责任。未经双方书面同意，任何一方不得将合作有关信息及资料向第三方泄露或用于其他非双方合作的项目。

五、违约责任

甲乙双方中的一方违反本意向书明确的责任和义务而使对方蒙受损失，受损方有权向责任方提出索赔要求，责任方应予以经济赔偿，赔偿的额度以造成直接或间接经济损失为据进行计算。

六、意向书的补充修改

1. 此意向书为双方合作的依据，未尽事宜甲乙双方另行协商解决。

2. 任何修改、变更和补充的条款和内容，一方应提前两个月向另一方以书面形式提出，经双方确认签字盖章后，将被视为本意向书不可分割的组成部分，与本意向书具有同等法律效力。

七、意向书的生效及期限

1. 本意向书自甲乙双方代表签字盖章之日起生效，有效期一年。

2. 双方在此前签订的供货合同不受本意向书的约束。

3. 若任何一方不履行或未按本意向书约定履行任何权利义务的，则守约方要求违约方的赔偿权利或要求违约方承担违约责任的权利不以本意向书的终止而终止。

八、其他

意向书一式两份，双方各持一份，具有同等法律效力。

甲方（盖章）：   乙方（盖章）：

_____有限公司   _____有限公司

代表（签字）：_____   代表（签字）：_____

地址：_____   地址：_____

电话：_____   电话：_____

传真：_____   传真：_____

签订时间：_____   签订时间：_____

范本内容精讲

范本展示的是两个公司之间就在某地建立某项目的实施事宜达成合作意向的意向书。标题采用"事由＋文种"的格式，简单明了，而第一自然段阐明了合作意向书中涉及的双方单位名称和具体的合作项目。

除此之外，撰稿人可以将该合作意向书的标题写为"××公司与××公司合作意向书"。在实际运用中，可以将合作的具体内容通过标题展示出来，如战略合作意向书、研究开发项目合作意向书或公司融资项目合作意向书等。

范本展示的合作意向书中，开头部分没有提及合作双方的具体情况，而只是以一个自然段的文字描述进行了简单说明，相应地，在意向书落款部分详细写明了合作双方的基本情况，如代表人、地址、电话、传真和签订时间等。开头部分以"……就……进行了友好协商，达成如下合作意向"的句式引出正文主体内容：总则概要、双方工作、费用分担、保密原则、违约责任、意向书的补充修改、意向书的生效及期限等。由于合作意向可能涉及双方的商业秘密，因此意向书中有必要约定相关保密事项。"意向书的补充修改""意向书的生效及期限"这两个部分的内容充分体现了意向书的灵活性，同时也明确了正式合同的重要性。

7.3 合同

■特点与适用范围　■与意向书的区别　■种类　■规范格式　■经济合同　■范例解析

合同是平等主体的自然人、法人和其他组织之间设立、变更和终止民事权利义务关系的协议，能很好地维护订立合同双方各自的合法权益，因此在商务活动和商务办公中经常使用到。

7.3.1 合同的特点与适用范围

合同又称为契约、协议，是当事人协商一致的产物，依法订立的合同受法律保护。一切需要设立、变更和终止民事权利义务关系的情况，都可以订立合同来约束当事人的行为。下面是合同具有的特点，如图 7-5 所示。

合法性

合同当事人必须具备法律规定的合法资格，即具有签订合同的权利和行为能力；合同的内容、具体条款等必须符合有关法律法规；签订合同的程序也要合法，即需要反复协商、一致同意后才能签订

平等性

合同双方或多方当事人的法律地位是平等的，任何一方不得把自己的意志强加给对方，任何组织或个人不得非法干预。采取胁迫手段签订的合同是无效的。另外，当事人双方或多方的权利义务也是对等的，不但都享有权利，而且都需要承担义务

约束性

合同的签订是一种法律行为，一旦依法成立，即具有法律效力，各方的权利和义务都将受到国家法律的保护，任何一方违约都要承担相应的经济和法律责任。当事人双方或多方必须全面履行合同规定的义务，任何一方不得擅自变更或解除合同，否则必须承担违约责任

图 7-5

7.3.2 合同的作用以及与意向书的区别

由于合同一般是在意向书之后签订的正式文件，两者有一定的区别，因此作用也会有差异。相关知识点如下。

1. 合同的作用

合同的作用首先是要保护当事人的正当权利，其次还要维护社会稳定并促进经济发展。另外，合同还能约束当事人，规范当事人在履行合同过程中的相关行为，防止一方当事人做出损害另一方当事人利益的行为。

通常，合同在约束和规范当事人的行为时，都会按照这样的表达方式写作相应的约束性内容：当事人要按照合同约定的内容履行各自的权利与义务，如果当事人没有按照合同约定的内容履行合同义务，那么就要承担违约责任，给另一方当事人造成损失的，还要赔偿另一方当事人的损失。

而且，合同类型的不同，其作用也有差别。如劳动合同具有确立劳动关系、增强劳动者竞争意识以及改变劳动关系管理制度弊端的作用；买卖合同具有建立双方当事人买卖关系、保证双方诚信交易和保障交易顺利进行的作用。

2. 合同与意向书的区别

意向书是订立正式合同的前奏与基础，而正式合同是意向书的后续与补充，两者是不同的，具体区别如表 7-2 所示。

表 7-2　合同与意向书的区别

区　别	合　同	意向书
法律效力不同	合同的签订是一种法律行为，一旦依法成立，即具有法律效力	是记载合作双方的合作意向，作为进一步洽谈活动的基础和凭证，不具有法律效力
违约责任不同	任何一方违约，都要承担法律责任	任何一方变更或反悔，都不承担违约责任
履行方式不同	带有明显的强制性和约束性，当事人双方或多方必须全面履行合同中规定的义务，任何一方不得擅自变更或解除合同，否则，必须承担法律责任	不带任何强制性，一方或双方可以随时改变自己的主张，部分改变甚至全盘改变均有可能，有时同一份意向书中可以提出多种方案供对方选择，任何一方变更或反悔都不承担法律责任

7.3.3　合同的种类

合同的订立形式通常分为两种：书面和口头。法律、行政法规规定采用书面形式的，应当采用书面形式。当事人约定采用书面形式的，应当采用书面形式。在实际运用中，还有其他形式可根据实际情况按规定使用。而合同的种类会因为分类依据不同，可以分为不同的类型。

1. 按合同是否涉及报酬分类

通过该依据可将合同分为有偿合同和无偿合同，有偿合同指一方通过履行合同规定的义务而给付对方某种利益，对方必须为得到该利益支付相应代价的合同；无偿合同指一方给付某种利益，对方取得该利益时无须支付任何报酬的合同。

2. 按是否采取特殊形式分类

通过该依据可将合同分为要式合同和不要式合同，要式合同指法律或当事人约定必须采取特殊形式订立的合同；不要式合同指依法无须采取特定形式订立的合同。

3. 按是否独立存在分类

通过该依据可将合同分为主合同和从合同，主合同指不依赖其他合同而独立存在的合同；从合同指以其他合同的存在为存在前提的合同，又称为附属合同。

4. 按经济行为分类

当前市场中，公司、个人和组织之间订立的合同大多是经济合同和劳务合同。其中，根据经济行为的不同，又可将经济合同分为十大类，如表7-3所示。

表7-3　按经济行为划分的合同类型

类　型	简　述
购销合同	包括供应、预购、采购、购销、结合与协作、调剂等合同
加工承揽合同	包括加工、定做、修缮、修理、印刷、广告、测绘、测试等合同
建设工程勘察设计合同	包括勘察、设计合同
建筑安装工程承包合同	包括建筑、安装工程承包等合同
财产租赁合同	包括租赁房屋、船舶、飞机、机动车辆、机械、器具和设备等合同
货物运输合同	包括民用航空运输、铁路运输、海上运输和联运等合同
仓储保管合同	包括仓储、保管等合同
借款合同	银行及其他金融组织和借款人之间发生的借款合同
财产保险合同	包括财产、责任、保证、信用等保险合同
技术合同	包括技术开发、转让、咨询、服务等合同

7.3.4 合同的规范格式与写作要求

由于合同具有法律效力，因此制作时要注意写作要求和规范格式，使合同成立后可以受到国家法律的保护。

1. 合同的规范格式

合同一般由标题、立约单位、正文和落款这4个部分构成，各部分具体内容如下。

◆ 标题

合同的标题一般直接标明合同的性质，即事由＋文种，如"采购合同""产品购销合同""财产保险合同"等。

◆ 立约单位

立约单位即合同当事人双方或多方，位于标题下方、正文之前，通常在标题下方另起一行并排写明当事人双方的单位或个人名称、地址、邮编、电话、法定代表人的姓名和职务等信息。若单位名称在合同中第一次出现，必须写全称，同时说明以下行文用"××"简称，也可直接简写为"甲方、乙方""买方、卖方""出租方、承租方"或"供方、需方"等。

◆ 正文

合同的正文有三大部分：引言、主体和结尾，引言部分阐述签订合同的目的、意义或依据，可用"为了……，根据……规定，经双方协商，签订本合同，以便双方共同遵守。"的句式概括表示。而合同正文的主体部分是其核心，它包括合同应具备的必要条款（具体的货物、劳务和工程项目等标的，标的的数量、质量、价款或报酬，合同的履行期限、交货地点以及交货方式，违约责任和解决争议的办法等）和其他条款（根据实际需要自行确定）。合同正文的结尾部分包括合同的生效日期和有效期限、合同的正副本及件数、保存及其效力、合同附件名称及件数等说明。

◆ 落款

合同的落款内容会因为合同性质与涉及的事项不同而有所差异，但大致上要包括如下内容。

①合同当事人的签字、盖章，主要包括单位名称、法定代表人或个人签字。

②合同各方的电话号码、开户银行及账号、E-mail 和签订日期等。

2. 写作要求

要写出尽可能完美的合同，明确一定的写作要求是很有必要的，具体内容如图 7-6 所示。

严格遵循合同的写作步骤

按照严格的写作步骤撰写合同，可以让撰写工作更轻松。一般来说，相关人员在撰写合同时，首先要明确写作目的和当事人，即合同类型、当事人数量及各方当事人的具体情况；其次是审查当事人的身份，看其是否有资格或能力订立合同，是否有履行合同的能力和信用；再次确定合同的体例和重点，即合同的简繁、合同各条内容的排列形式（如主合同 + 附件、章 + 款 + 条、款 + 条 + 项等）以及合同中的重点事项；然后选择合同的模板，注意基本条款和基本格式要与所记载的合同内容相适应；接着审查合同的主要内容，从合法性、实用性、语言表达和权利义务等方面入手；最后制作合同的立约单位和落款部分

内容要合法

合同的全部内容都要符合国家有关法律法规的要求和有关职能部门或行业的管理规定，否则合同无效

条款要完备且明确

合同中所有条款要完整齐备，并且明确具体，不能有任何歧义，也不要有任何疏漏和欠缺，避免后期发生不必要的经济纠纷

语言表达要科学、准确

合同中的各项条款是当事人执行义务和维护权利的依据，所以语言要科学、严谨且准确，不能含糊其辞、模棱两可，以免合同各方发生争执和纠纷

内容不得随意更改

合同一经签订，立即生效，任何一方不得随意改动。若需修改、补充或更正，须经各方协商，同意后将改动意见作为合同附件，正式签署后生效

区别定金与订金

定金与订金是不同的，定金有担保的性质，订金却没有担保性质。另外，定金在交付后，若交付定金的一方没有履行合同，则无权要求返还定金，而收受定金的一方没有履行合同，则要偿还双倍定金。订金是预付款的一种，若双方没有对订金有特别的约定，若合同没有履行时，订金要退回

图 7-6

7.3.5 常见合同的范例解析

由 7.3.3 节的内容可知，合同的种类很多，不同的合同其包含的内容大同小异，下面来认识一些常见的合同类型。

1. 采购合同

采购合同是企业（供方）与分供方经过双方谈判协商、一致同意而签订的反映"供需关系"的法律性文件，它属于经济合同，受《经济合同法》的保护。

范本内容展示

◎ 资源 |Chapter07| 采购合同 .docx

采购合同

甲方： _____

乙方： _____

为了促进生猪、鲜蛋、菜牛、菜羊、家禽的商品生产，满足城乡人民生活对肉、蛋、禽商品的需要，根据相关部门颁发的《××实施办法》的规定，经甲乙双方充分协商，特订立本合同，以便双方共同遵守。

第一条　产品的名称、品种和数量

1. 产品的名称和品种： _____。

2. 产品的数量： _____。

（必须明确规定产品的计量单位和计量方法）

第二条　产品的等级、质量和检疫办法

1. 产品的等级和质量： _____。

（产品的等级和质量，国家有关部门有明确规定的，按规定标准确定产品的等级和质量；国家有关部门无明文规定的，由双方当事人协商确定。）

2. 产品的检疫办法： _____。

（国家或地方主管部门有卫生检疫规定的，按国家或地方主管部门规定进行检疫；国家或地方主管部门没有检疫规定的，由双方当事人协商检疫办法。）

第三条　产品的价格、货款结算与奖售办法

1. 产品的价格按下列第（_____）项执行：

（1）派购任务或派购基数内的产品，执行国家规定的收购牌价。在合同执行期内遇有价格调整时，按新价格执行。

（2）不属派购任务或派购基数的产品，收购价格由当事人协商议定。

2. 货款结算办法按下列第（_____）项执行：

（1）对村民、专业户、个体经营户一般采取现金结算，钱货两清。

（2）对按有关规定必须采取银行结算的，按银行的统一规定办理结算。

3. 奖售办法： _____。

第四条　交货期限、地点和方式

1. 规定供方的交货期限为_____。

2. 供方履行合同将货物运往_____。

3. 供需双方采用_____交货方式完成交货。

第五条　甲方的违约责任

1. 甲方未按合同收购或在合同期中退货的，应按未收或退货部分货款总值的_____%（5%～25%的幅度），向乙方偿付违约金。

2. 甲方若需提前收购，商得乙方同意变更合同的，甲方应给乙方提前收购货款总值的_____%的补偿，甲方因特殊原因必须逾期收购的，除比照中国人民银行有关延期付款的规定，按逾期收购部分货款总值计算向乙方偿付违约金外，还应承担供方在此期间所支付的保管费或饲养费，并承担因此造成的其他实际损失。

3. 对通过银行结算而未按期付款的，应按中国人民银行

范本内容精讲

范本只展示了采购合同的部分内容，一般来说，采购合同的正文要包括产品的名称、品种、数量、质量、价格、货款结算方式、交货期限、交货地点和方式、双方违约责任、不可抗力因素的说明以及解决合同纠纷的方式等内容。

除此之外，采购合同的标题下方要写明立约单位，如这里的甲方、乙方。如果该位置处只注明了立约单位的名称，则合同落款部分还要补充说明立约单位各方的具体情况，如单位名称、法定代表人或个人签字、联系电话、传真和联系地址等。若立约单位的部分已经很详细地列明了合同当事人各方的具体情况，则落款可省略。

2. 劳动合同

劳动合同是劳动者与用人单位之间确立劳动关系、明确双方权利和义务的协议。

范本内容展示

◎ 资源 |Chapter07| 劳动合同 .docx

劳动合同

甲方（用人单位）：＿＿＿＿＿＿＿＿＿

乙方（劳动者）：＿＿＿＿ 身份证号：＿＿＿＿

根据《劳动法》、《××省劳动合同条例》，经双方平等协商，自愿签订本合同。

一、甲方义务

1. 遵守国家及省、市的法律、法规和政策，保障乙方的合法权益。

2. 按时足额为乙方缴纳社会保险费。

3. 按时支付乙方的工资，不得克扣和无故拖欠。

4. 为乙方提供符合国家规定的劳动安全卫生条件和必要的劳动防护用品。

5. 依法对女职工和未成年工实行特殊保护。

6. 依法支持乙方参加合法的社会活动。

7. 保证乙方依法享受国家规定的有关休假待遇。

8. 乙方因工或非因工死亡，按国家规定支付丧葬费、抚恤费等。

9. 乙方因工负伤或患职业病，按国家有关规定办理。

二、乙方义务

1. 遵守国家及省、市的法律、法规和政策，维护甲方的合法权益。

2. 遵守甲方的不违反法律、法规的规章制度，服从甲方的领导、教育和工作安排。

3. 认真履行岗位职责，严格遵守安全操作规程，完成甲

方规定的生产（工作）数量、质量指标（要求）。

4. 自愿委托甲方代为扣缴国家规定本人应缴纳的社会保险费。

5. 在本合同期内，保守甲方的商业秘密。

三、本合同期限、工时制度、工作内容、工资给付

1、本合同期限选用＿＿＿＿：A（固定期限）；B（无固定期限）；C（以完成一定的工作为期限）。

A：本合同自＿＿年＿＿月＿＿日起生效，至＿＿年＿＿月＿＿日终止。其中生效后的前＿＿个月为试用期。

B：本合同自＿＿年＿＿月＿＿日起生效，至下列条件出现时终止。其中生效后的前＿＿个月为试用期。

（略）

C：本合同自＿＿年＿＿月＿＿日起生效，至＿＿工作（任务）完成日终止，其中生效后的前＿＿个月为试用期。

2、本合同期内，工时制度采用＿＿：A（定时工作制）；B（不定时工作制）；C（综合计算工时工作制）。

A.乙方每天为甲方工作不超过 8 小时，平均每周工作不超过 40 小时，每周至少休息 1 天。甲方因生产经营需要，经与工会和乙方协商后可适当安排乙方延长工作时间或在休息日、法定节假日加班。但延长工作时间每日不得超过 3 小时，每月不得超过 36 小时。

B.不定时工作制（按劳动保障行政部门批准的办法执行）。

C.综合计算工时工作制（按劳动保障行政部门批准的办

范本内容精讲

按照合同期限来分，可分为固定期限的劳动合同、无固定期限的劳动合同和以完成一定工作为期限的劳动合同；按照合同的形式来分，可分为要式劳动合同和非要式劳动合同；按照合同的产生方式来分，可分为录用合同、聘用合同和借调合同。

由于劳动合同涉及的内容较多，这里只展示部分。通过上述劳动合同范本我们可以看出，劳动合同应包括的基本条款内容如下。

◆ 用人单位的名称、住所和法定代表人或者主要负责人。

◆ 劳动者的姓名、住址和居民身份证或者其他有效证件号码。

◆ 劳动合同期限、工作内容、工作地点、工作时间和休息休假。

◆ 劳动报酬、社会保险。

◆ 劳动保护、劳动条件和职业危害防护以及违约责任等其他事项。

从范本展示的"三、本合同期限、工时制度、工作内容、工资给付"内容可知，本合同可以对合同期限、工时制度进行选择，适用于各类劳动合同的订立。

劳动期限不同，劳动合同的试用期也会不同，具体根据劳动期限的长短来规定合适的试用期限。需要注意的是，同一用人单位与同一劳动者只能约定一次试用期；以完成一定工作任务为期限的劳动合同或者劳动合同期限不满3个月的，不得约定试用期。

在劳动合同中，劳动报酬有试用期工资和正式入职后的工资两种。在约定试用期工资时，要注意劳动者试用期的工资不得低于本单位相同岗位最低档工资或者劳动合同约定工资的80%，并不得低于用人单位所在地的最低工资标准。

当用人单位与劳动者连续订立了两次固定期限劳动合同，且劳动者没有发生《劳动合同法》第三十九条和第四十条第一项、第二项规定的情形的，续订劳动合同时应当订立无固定期限劳动合同。除此之外，有下列情形之一的，劳动者提出或者同意续订、订立劳动合同的，除劳动者提出订立固定期限劳动合同外，应当订立无固定期限劳动合同。

◆ 劳动者在用人单位连续工作满10年的。

◆ 用人单位初次实行劳动合同制度或者国有企业改制重新订立劳动合同时，劳动者在该用人单位连续工作满10年且距法定退休年龄不足10年的。

另外，用人单位自用工之日起满一年不与劳动者订立书面劳动合同的，视为用人单位与劳动者已订立无固定期限劳动合同。

无论合同的形式怎样，所有合同在订立时都要遵循一定的原则。如自愿原则，当事人依法享有自愿订立合同的权利，任何单位和个人不得非法干预；公平原则，要根据公平原则确定双方当事人的权利和义务、风险的合理分配和违约责任；诚信原则，履行通知、协助、保密和防止损失扩大等义务，不得有欺诈或其他违背诚实信用的行为；不得损害社会公共利益原则等。

7.4 协议书

■适用范围 ■写作格式 ■范例解析

协议书是社会生活中协作的双方或数方为保障各自的合法权益，经双方或数方共同协商达成一致意见后，签订的书面材料。

7.4.1 协议书的法律效应与适用范围

协议书是契约文书的一种，是当事人双方或多方为了解决或预防纠纷，或确立某种法律关系，以实现一定的共同利益、愿望，经过协商而达成一致后，签署的具有法律效力的记录性应用文。

1. 法律效应

订立协议书的目的是更好地从制度上甚至法律上，把双方协议要承担的责任确定下来。作为一种能够明确彼此权利与义务、具有约束力的凭证性文书，协议书对当事人双方或多方都具有制约性，它能监督双方信守诺言、约束轻率反悔行为，作用与合同的作用基本相同。

从法律效应的角度看，口头协议一律无效，书面协议分 3 种形式：合同中的条款，独立的协议，以及信函、电报、传真、电子邮件等其他书面形式。协议是签订合同的基础，从这一点来看，协议书的作用又与意向书的作用相似。

2. 适用范围

从逻辑学原理来看，所有的合同都是协议，但并非所有的协议都是合同。由此可见，合同的适用范围同样是协议的适用范围，但协议的适用范围比合同大，有些不能使用合同来约束当事人各方行为的情况，很可能可以用协议书来达到约束目的。

7.4.2 协议书的写作格式

协议书与合同类似，但又不完全相同。与合同相比，协议书的格式少了"立约单位"，只由标题、正文和落款组成。

1. 标题

协议书的标题格式有 3 种形式，一是各方单位名称＋事由＋文种，如"××公司与××公司的合作协议书"；二是事由＋文种，如"安全协议书""出资协议书""保密协议书"等；三是直接用"协议书"3 个字作为标题。

2. 正文

协议书的正文主要写明条款内容，而这些内容通常包括：协商目的、协商责任、协议的时间和期限、协商的目的条款和酬金（价格明确、总额大写、必须明确货币种类）、履行条款期限和违反条款的责任处理等。

3. 落款

协议书的落款与合同的落款一样，须写明协议各方的基本情况，如单位名称、法定代表人签字、个人身份证号、联系地址、传真和签订日期等。

7.4.3 常见协议书的范例解析

协议书的种类可以根据订立目的或事务性质的不同进行分类，具体的正文条款需要根据相应的协议书类型合理商定。下面就来了解常见的协议范文。

1. 转让协议书

转让协议是指产权交易双方通过洽谈、协商，以协议成交的交易方式签订的类似合同的文书。

范本内容展示

◎资源 |Chapter07| 转让协议书 .docx

固定资产转让协议书

出让方（甲方）：＿＿＿＿＿＿＿＿
受让方（乙方）：＿＿＿＿＿＿＿＿

　　鉴于甲方为更新设备，决定对公司的部分固定资产进行转让；乙方同意依照本协议规定的条件受让甲方上述资产。

　　为进一步明确转让双方的权利义务，经充分协商，就转让的具体事宜，达成协议如下。

第一条　转让资产的范围

　　甲方本次向乙方转让的资产为甲方拥有的＿＿＿＿＿。

第二条　转让对价

　　经双方同意，本次甲方向乙方转让资产的总价款以双方协商价为准确定，即人民币＿＿＿＿元（不含税价）。

第三条　转让交易日

　　经双方同意，甲方向乙方转让固定资产，其交易日确定为＿＿＿年＿＿＿月＿＿＿日。

第四条　付款方式和期限

　　经双方同意，在本协议生效后并于＿＿＿年＿＿＿月＿＿＿日前，乙方以＿＿＿＿＿方式向甲方支付转让对价。

第五条　转让资产的交付

　　甲方应当自本协议生效之日起＿＿＿＿日内，将本协议项下转让的资产交付乙方，双方应当办理相关交接手续。

第六条　承诺与保证

　　1.协议内双方的声明以及叙文的内容均是真实、准确、完整且无误导性的。

　　2.甲方在本协议签署日之前没有在本协议项下转让的资产上设置任何抵押、质押、留置、保证或任何第三方权益。

　　3.本协议项下的资产转让事宜将根据甲方《公司章程》规定，报甲方管理层审批；乙方受让也需相关人授权同意。

　　4.自本协议第四条规定的资产交付之日起，本协议项下转让的资产的所有权即属于乙方，转让资产的风险也同时转由乙方承担。

　　5.在需要时，双方将签署并做出一切文件及行为，以使本协议规定的资产转让行为在法律上生效。

第八条　税费

　　因本次资产转让而发生的相关税费，按照有关法律规定，由双方各自承担。

第九条　违约责任

　　1.甲方若不按本协议规定的日期向乙方交付资产，每逾期一日按未交付资产价值的万分之＿＿＿＿向乙方支付违约金。逾期3个月的，乙方有权解除本协议，甲方应当返还乙方已支付的转让价款。

　　2.乙方不按照本协议第四条规定的日期给付价款的，每逾期一日，乙方应按逾期支付金额的万分之＿＿＿向甲方支付违约金。逾期3个月的，甲方有权解除本协议。

　　3.任何一方违反本协议的约定给另一方造成损失的，应当由违约方负责对另一方进行赔偿。

第十条　协议的生效

　　本协议经由双方授权代表签字并加盖公章后生效。

范本内容精讲

采取协议转让方式的，转让方应与受让方进行充分协商，依法妥善处理转让中涉及的相关事宜，然后签订转让协议书或转让合同。

范本展示的是某公司固定资产的转让协议书，可以看出，该协议的标题格式为"事由＋文种"，事由是"固定资产转让"。标题下方是立约单位，转让协议中的立约单位通常写为"转让方"和"受让方"，第一次出现时，要写单位全称。正文第一、二自然段是引言，阐明了签订该协议的背景、依据和目的，常用句式为"为……，经双方协商，就……，达成协议如下"。

正文的主体部分分条款列示转让事宜的具体内容，包括转让资产的范围、对价、交易日、付款方式和期限、交付事宜、承诺与保证、税费、违约责任以及协议的生效、变更和其他事项，其中，其他事项说明了本协议的总份数、各方所执份数和协议附件的法律效力。在落款部分注明转让方和受让方的具体情况，如公司盖章、授权代表签字以及签订日期等。

2. 代理协议书

代理协议也称为代理合同，它是用来明确委托人和代理人之间权利与义务关系的法律文件。

范本内容展示

◎资源 |Chapter07| 酒类代理销售协议书 .docx

酒类代理销售协议书

甲方：_____

乙方：_____

根据《中华人民共和国合同法》及其他相关法律、法规，甲、乙双方本着自愿、公平、互利、互惠的原则，经共同协商一致，签订本协议书。

第一条　甲方的权利与义务

1. 甲方授权乙方在范围内代理销售甲方的 ×× 白酒系列产品，代理销售限为_____年，协议期满后，乙方需继续代理销售的，需另行签订协议。

2. 甲方为确保产品质量，在乙方代理期内，甲方向乙方提供生产许可证、酒类销售许可证、食品经营许可证、营业执照及相关产品的检测报告。

3. 甲方为使乙方零风险开创市场，甲方按代理商级别首批供货可先不支付货款，其中，一级代理首批供货_____万元，二级代理商首批供货_____万元，三级代理商首批供货_____万元（均按出厂价计算）。

4. 甲方供给乙方的首批货物，在 6 个月至一年内销不出的，乙方可退还甲方或更换其他产品，产生的退货费用由乙方负责。

5. 甲方向乙方收取首批货款 50% 的信誉保证金，代理商交纳的信誉保证金在终止代理时甲方全额退还代理商（如乙方欠有甲方货款，甲方可从乙方的信誉保证金中扣除）。

6. 为确保乙方的市场资源，甲方不得在乙方的销售网点

内进行销售，不利用乙方的销售人员销售甲方的产品。

7. 甲方根据乙方的销售要求，甲方可向乙方组织非甲方的产品（只限 ×× 酒以及 ×× 镇的其他中级酒）。

8. 甲方向乙方供货后，乙方在半年内未产生效益或销售金额不足 3 万元的，甲方有权终止协议，进行甲、乙双方终止协议财务结算。

第二条　乙方的权利与义务

1. 乙方收到甲方的首批供货后，应立即组织和策划销售。市场销售区域及网点建立，不能在有代理商的区域内进行。

2. 乙方销售人员在市场销售过程中，应遵循甲方的市场指导价，不得任意过分抬高价格或低于代理价销售。

3. 乙方与甲方签订代理销售协议时务必向甲方提供有效的相关证件（如营业执照、身份证等）。

4. 乙方需要甲方带给第二批货物时，乙方按甲方出厂价支付货款，乙方如遇团购的，甲方可根据乙方的需求与乙方签订供货协议，严格按销售条款履行职责。

5. 乙方在市场销售过程中，不得有损甲方名誉的言论和行为。

6. 乙方年销售额超过 30 万元以上的，甲方给乙方超出部分进行奖励，奖励比率为：超出金额在 10 万元以内的按 5% 奖励；10 万元以上 30 万元以下的给予 8% 奖励，30 万元以上的给予 10% 奖励。

第三条　供货结算方式

1. 甲方供给乙方的首批货物作为乙方代理期间的周转

范本内容精讲

范本展示了某酒类代理销售协议书的部分内容，同样，在标题下方要列明立约单位。正文开头部分要写明签订协议的依据和原则，然后再书写协议的主体部分。

代理协议的主体部分通常应包括代理事项、代理费用和结算方式、甲乙双方的权利和义务、违约责任等内容。若有需要，还应包括协议的生效、变更和终止等事项的说明。为了避免协议内容不完善，还可以在协议的结尾部分用"本协议若有未尽事宜，可……"的句式作简要说明。与其他协议一样，代理协议依旧不能少了落款。

7.5 招标书和投标书

■招标书/投标书的特点 ■适用范围 ■规范格式 ■范例解析

　　招标书与投标书是两个作用相对的文件。招标书又称招标通告、招标启事、招标广告，它将招标主要事项和要求公告于世，吸引众多的投资者前来投标。投标书是投标单位按照招标书的条件和要求，向招标单位提交的报价并填具标单的文书。

7.5.1 招标书/投标书的特点与适用范围

　　招标书和投标书的特点相似，适用范围相同，有招标书的情况就会有投标书。

1. 招标书

　　招标书一般通过报刊、广播和电视等公开传播媒介发表，在整个招标过程中，它属于首个使用的公开性文件，也是唯一具有周知性的文件。有招标投标活动的情况，就需要招标书。根据《中华人民共和国招标投标法（2017 年修正本）》的相关规定可知，在中华人民共和国境内进行下列工程建设项目包括项目的勘察、设计、施工、监理以及与工程建设有关的重要设备、材料等的采购，必须进行招标。

◆　大型基础设施、公用事业等关系社会公共利益、公众安全的项目。

◆　全部或部分使用国有资金投资或者国家融资的项目。

◆　使用国际组织或者国外政府贷款、援助资金的项目。

　　这些项目的具体范围和规模标准，由国务院发展计划部门会同国务院有关部门制定，报国务院批准。法律或者国务院对必须进行招标的其他项目的范围有规定的，依照其规定。任何单位和个人不得将依法必须进行招标的项目化整为零或者以其他任何方式规避招标。

　　招标人采用公开招标方式的，应发布招标公告，并载明招标人的名称和地址、招标项目的性质、数量、实施地点和时间以及获取招标文件的办法等事项。招标人采用邀请招标方式的，应向 3 个以上具备承担招标项目的能力、资信良好的特定法人或者其他组织发出投标邀请书。

由此可看出，招标书具有告知性，告知众多投资者招标的主要事项和要求；具有广告性，通过大众传媒公开；具有竞争性，它用来吸引竞争者加入竞标；具有时间紧迫性，它需要在短时间内获得反响结果。

2. 投标书

投标书是对招标书提出的要求的响应和承诺，同时提出具体的标价和有关事项来竞争中标。因此，投标书的适用范围与招标书的适用范围相对应。它是投标单位在充分领会招标文件，进行现场实地考察和调查的基础上所编制的投标文书，另外，投标书要求密封后邮寄或派专人送到招标单位，故又称标函。

投标书是招标工作中甲乙双方都要承认并遵守的具有法律效应的文件，因此逻辑性要强，不能前后矛盾、模棱两可，用语要精练、简短，因此具有如下 3 个明显的特点。

◆ **针对性**：一份投标书只针对某一个招标项目提出具体标价和有关事项，从而竞争中标，不对相应的某个招标项目以外的其他事项作说明。

◆ **求实性**：投标书提出的标价和有关事项必须与事实相符，因为它是采购双方订立正式合同的重要依据。

◆ **合约性**：投标书是重要采购活动在正式签订采购合同或协议之前的凭证类文件，是采购双方约定货物价格、数量和质量等的说明性文件，作用与合同类似，因此具有合约性。

7.5.2 招标书 / 投标书的规范格式

招标书和投标书都有自身规范的写作格式，按照格式要求来填充具体的内容，就可形成一份完整的招标书或投标书。

1. 招标书的格式

招标书一般由标题、正文和结尾这 3 个部分构成（有些招标书还有附件），每个部分分别写明如下内容。

◆ 标题

招标书的标题有 4 种常见写法：一是招标单位名称 + 招标性质和内容 + 招标形

式＋文种，如"××学校修建图书馆的公开招标通告"；二是招标单位名称＋招标性质和内容＋文种，如"××集团××工厂招标公告"；三是招标单位名称＋文种，如"××公司招标公告"；四是只写文种，如"招标公告""招标书"。另外还有一种广告性标题，如"谁来承包××工厂"，但这种标题很少见。

◆ 正文

招标书正文由引言和主体构成，一般用条文式写法，有时也可使用表格式。引言部分应写明招标目的、依据以及招标项目的名称，如"本公司负责组织建设的××里住宅小区工程的施工任务，经××市城乡建设委员会批准，实行公开招标，择优选定承包单位，现将招标有关事项通告如下："。

主体部分是招标书正文的核心，要详细写明招标的内容、要求和有关事项，如招标方式（公开招标、内部招标、邀请招标）、招标范围、招标程序、招标内容的具体要求、双方签订合同的原则、招标过程中的权利和义务、组织领导和其他注意事项等。写作时一般采用横式并列结构，将有关要求逐项说明，有些还需要使用表格。

◆ 结尾

招标书的结尾应签具招标单位的名称、地址、电话、电报挂号和邮政编码等，以便投标者与招标单位取得联系并参与竞标。

因为招标书是签订合同的依据，是一种具有法律效应的文件，所以写作时内容和措辞要周密严谨，简洁清晰，突出重点即可；要遵守平等、诚恳的原则，切忌盛气凌人，但也不要低声下气。

2. 投标书的格式

投标书有表格式、说明式和综合式等写法，但无论采用哪种写法，其结构都要由标题、招标单位名称、正文、附件和落款等部分构成。

◆ 标题

投标书的标题有3种常见格式：一是投标方名称＋投标项目＋文种，如"××公司承包××大学新校区工程投标书"；二是投标方名称＋文种，如"××建筑工程公司投标书"；三是直接用文种作标题，即"投标书"，这种标题使用较多。

◆ 招标单位名称

投标书的招标单位名称部分即投标书的主送机关，一般在标题下方顶格书写招标单位的全称，与书信的称谓和写法相同，也称为"抬头"。

◆ 正文

有些投标书的正文只需用简短的文字直接表明态度，写明保证事项即可；而有些投标书则要根据需要介绍一下投标单位的情况或写明其他应标条件及要求招标单位提供的配合条件等，必要时还会附上标价明细表、施工流程图等附件。这样的投标书正文就会进一步细分为引言、主体和结尾3个部分。

投标书正文的引言部分应简明扼要地写明投标方的名称、投标方针、目标以及中标后的承诺等内容。主体部分是核心，要依照招标书的要求，认真仔细地写好投标的具体指标（大宗货物贸易投标要写明投标方对应招标书提出的责任义务所做出的承诺，建筑工程项目投标要写明工程的总报价、价格组成分析、计划开工和竣工日期、主要材料指标、施工组织和进度安排、达到工程质量标准的保证、拟派出的项目负责人与主要技术人员的简历和业绩等，承包企业的投标要写明生产指标、税金指标、费用率、利润率和周转资金等经济指标）、完成指标的措施和投标书的有效期限。结尾部分通常以提出建议结束，即对招标单位提出予以支持和配合的要求，或者说明对招标单位不一定接受最低价和可能接受其他投标书表示理解。

◆ 附件

投标书一般都有附件。以建筑工程投标书为例，附件会包括工程量清单、单位工程主要部分的标价明细表、单位工程的主要材料或者重要大型工程的保证书。

◆ 落款

投标书的落款部分要写明投标单位的名称、地址、电话、电报挂号、传真和邮政编码等内容，以便招标单位进行联系。

表格式投标书一般由招标单位编制，投标方只需按要求填具即可。有些投标书有封面，此时需要在封面上填写招标单位名称、招标项目名称、投标单位名称和负责人姓名或法人代表姓名，并在封面的右下角写明标书的投送日期。在写作投标书时，自我介绍要真实，提出的措施和办法要切实可行，内容表述要规范。

7.5.3 招标 / 投标书的范例解析

招标书和投标书合称标书，一般分为经济标（商务标）、设计标和技术标。不同类型的标书，其应写明的内容是不同的。下面分别通过招标书和投标书范本，深入了解招标书和投标书的格式与内容。

1. 工程建设招标书

工程建设招标书属于技术标，是招标书的一个大类。它包括建筑工程、线路管道和设备安装工程、建筑装饰装修工程和其他建设工作等工程项目的新建、扩建和改建涉及的招标书，如矿山、铁路、隧道、桥梁、堤坝、电站、码头、飞机场、运动场、厂房、剧院、商店、学校和住宅等建筑工程项目；电力、通信线路、石油、燃气、给水、排水和供热等管道系统和各类机械设备、装置的安装工程。

范本内容展示

◎资源 |Chapter07| 土建工程招标文件 .docx

投标邀请书

××有限公司技术改造项目，目前已具备施工条件，经业主委托××有限责任公司，作为本工程的招标人，负责本工程的招标工作，现对本项目的土建工程施工进行邀请招标，欢迎具有相应资质和类似施工经验的公司参与。

一、项目位置和自然条件

1. 位于中国＿＿＿＿＿＿＿＿＿＿＿＿＿＿＿＿＿＿。

2. 属北温带半干旱大陆季风气候，由于地貌复杂，高山丘陵交错起伏，川谷纵横，形成许多小气候区域。总的特点是寒冷周期长，山谷风大，雨水集中，日照充足，昼夜温差较大，四季分明。多年平均气温7.9℃，多年平均降雨量655mm。

二、招标范围和施工内容

1. 本次招标范围为××有限公司技改项目土建工程，主要包括＿＿＿＿＿＿＿＿＿等。

2. 土建工程施工内容包括施工范围内的地基和基础（包含设备或钢结构螺栓的预埋、预留）、砌筑工程、混凝土及钢筋混凝土工程以及甲方或管理公司安排的其他工作。

3. 具体施工范围以经甲方批准，管理公司正式下发的施工图和施工指令为准。

三、工期要求

1. 本工程业主要求工期为2018年＿＿＿月＿＿＿日前具备投料试车条件，按此进度计划，需要在2018年＿＿月＿＿日前完成＿＿＿＿＿＿＿＿等主要车间的土建工程，具备后续钢结构安装条件。

2. 投标人需根据此进度要求，结合企业自身实力、类似工程施工经验和工程所在地施工、气候条件，编制各主要车间的详细进度计划，并采取必要的冬季施工和赶工措施，确保按期完工。

3. 各车间进度计划的编制要求应达到二级进度计划，每周至少有一个里程碑节点，进度计划经业主批准后，将作为后续奖罚依据，严格实施。

四、冬季施工和抢工措施

1. 为实现业主要求的工期目标，本工程将进行冬季施工，请投标单位单独编制具体的冬季施工措施方案，例如暖棚搭设、砼外加剂、供暖系统安装及拆除、燃煤、电消耗、照明系统安装及拆除、人工、机械的降效影响等，冬季施方案应针对本工程实际情况和特点，方案内容具有可操作性。

2. 为保证工期目标的实现，本工程将要求增加施工人员和作业面、增加施工机械、采取加班、倒班和夜间施工等抢工措施，请投标单位结合自身实力和经验，编制具体可执行的措施方案。

五、投标报价要求：

1. 本项目土建工程采用"约定定额+竞争性费率"的报价模式。

2. 各投标人应结合现场实际情况、企业自身实力和类似工程经验，以约定的工程定额为基准，采用竞争性费率进行报价。

…………

范本内容精讲

范本只展示了该工程建设招标书的部分内容，由于招标书的内容一般较多，因此一般会形成统一的文件，添加相应的封面和目录页，方便使用者快速查找。在实际写作工程建设招标书时，撰稿人可借鉴范本展示的目录页中列明的各项内容。

如果招标书有附件，应附在招标书正文后面。有封面页的招标书，因为封面右下角会写明发布招标书的日期，因此正文之后可省略招标书的发文日期。在实际工作中，征用土地、工程勘察设计和工程监理等项目也会用到工程建设招标书。

2. 材料供应投标书

材料供应是相对于材料采购而言的，而材料供应投标书是对材料采购招标书的响应，作为投标方，需要制作的是材料供应投标书。

范本内容展示

◎资源 |Chapter07| 材料供应投标书.docx

目录

一、投标函

致：××油田股份有限公司××采油厂

××公司授权为全权代表，参加贵方组织的××采油厂××年物资材料采购项目 10 标包的投标，为此：

1.我方已详细审查了全部招标文件，并完全响应招标文件的全部内容。提供投标文件（正本 1 份，副本 1 份）。

2.我方愿以（大写）_____人民币（RMB￥____元）的投标报价承包上述所投标包招标文件中规定的投标报价的全部内容，并承担任何质量缺陷保修责任。我方上述投标报价不含 16%（税率）增值税（税种类别）。

3.我方保证上述投标报价不低于我单位对上述标包承包的成本价。

4.若我方中标，我方保证按招标人要求供货。

5.若我方中标，我方保证设备（材料）质量等级达到合格标准。

6.在合同协议书正式签署生效之前，你方的招标文件、中标通知书和本投标文件将构成我们约束双方之间共同遵守的文件，对双方具有约束力。

7.我方已提交了_壹_万元人民币作为投标担保。

8.若我方中标，我方保证按招标文件规定向招标代理机构缴纳招标代理服务费。

9.本投标有效期为自开标之日起 90 个日历日。

10.我方愿意向贵方提供任何与该项投标有关的数据、情况和技术资料。

12.我方理解你方不负担我们的任何投标费用，我方不要求你方对未中标原因作任何解释，也不退回投标文件。

投标人：××公司（盖章）

单位地址：

法定代表人或其授权人：（签字或盖章）

邮政编码：××××× 电话：××× 传真：×××

日期：××年×月×日

二、法定代表人身份证明书

单位名称：××公司

单位性质：有限责任公司

地址：××省××市××区××路××号

成立时间：2010 年 6 月 9 日

经营期限：2020 年 6 月 8 日止

姓名：×××，性别：男，年龄：45 岁，职务：总经理，系××公司的法定代表人。

特此证明。

投标人：××公司（盖公章）

日期：××年×月×日

三、法定代表人授权委托证明书

本授权书声明：注册于中华人民共和国的_____公司，在下面签字的_____总经理（身份证号：_____）代表本公司授权在下面签字的_____业务经理（身份证号：____）为本公司的合法代理人，就××采油厂××年物资材料采购项目进行投标，以本公司名义处理一切与之有关的事务。

本授权书于××年×月×日签字生效，特此声明。

请粘贴法定代表人及被授权人的身份证复印件

（法定代表人） （被授权人）

投标人名称：××公司（盖章）

法定代表人：_____（签字或盖章）

被授权人：_____（签字或盖章）

··········

范本内容精讲

范本只展示了某投标公司针对 ×× 采油厂 ×× 年物资材料采购项目做的投标文件的部分内容,由于内容较多,因此会形成统一的文件,添加相应的封面和目录页,方便使用者快速查找。在实际写作材料供应投标书时,撰稿人可借鉴范本展示的目录页中列明的各项内容。

范本目录页中列出的投标函、法定代表人资格证明书、法定代表人身份证、投标人资格声明、投标保证金缴款凭证、投标报价表、投标人认为需要提供的其他资料以及投标技术方案这八大项内容,是任何材料供应投标书中都必须具备的,至于每项内容中的具体事项如何规定,需根据投标单位的实际情况而定。其中,有些内容如果不方便用正文进行描述,可以用附件的形式附在投标书正文之后。

如果投标书是以文件的形式制作,且带有封面,则封面右下角会写明投标时间,此时投标书的正文后面可省略落款处的成文时间。若投标书没有封面,则需要在正文之后的落款位置写明投标时间。

— 社交礼仪类应用文写作 —
要点与范例解析

　　社交礼仪是指人们在人际交往过程中所具备的基本素质和交际能力，如迎来送往、节日庆典、婚丧贺寿、致谢慰问等。礼仪的得当与否，除了可以通过言语、姿态来表现外，还可以从一些应用文的写作能力来衡量和体现。本章着重介绍请柬、唁电和讣告等应用文。

8.1 社交礼仪类应用文概述

■社交礼仪类应用文特点 ■分类 ■作用 ■写作要求

　　社交礼仪类应用文是国家、单位、集体或个人在喜庆、哀丧、欢迎、送别以及其他社交场合用以表示礼节、抒发感情，具有较规范固定格式的文书。

8.1.1 社交礼仪类应用文的特点和适用范围

　　社交礼仪类应用文的适用范围比较广，当人们在社交场合、人际交往等礼仪活动中，需要用书面形式表达恭敬之情、礼貌之意时，都可以使用各种符合场景和氛围的社交礼仪类应用文。由此可见，社交礼仪类应用文具有如下特点。

◆ **应酬性**：社交礼仪类应用文是一种应酬文字，不但要通过多种途径了解和揣摩各种礼仪，而且还要区分各种礼仪文书的写法。

◆ **严肃性**：由于社交礼仪类应用文是人与人之间的沟通方式，为了维护好人际关系，在写作该类应用文时，通常基调要严肃、正式，不随意，让受文方感受到发文方的恭敬之情和礼貌之意。

◆ **情感性**：社交礼仪类应用文实际上是人们进行情感交流的一种书面形式，因此，在严肃性之外还添加了情感性。写作时，不只是写作技巧问题，还应先考虑它们需要表达一种什么样的感情，感情的深度如何，然后再考虑采用哪种格式，如何遣词造句。

◆ **真实性**：社交礼仪类应用文大至国家、单位，小到集体、个人，在悲、欢、离、合或者祝贺场合中用来表示礼节、抒发情感。它是写作者的真情流露，内容和语气要真诚、亲切、热情，不得虚假矫情、敷衍应酬。

◆ **传统性**：现下的社交礼仪类应用文是在过去的礼仪文书的基础上发展起来的，有其承传关系。

8.1.2 社交礼仪类应用文的分类和作用

　　根据不同的需要，在不同的场合，针对不同的对象，运用适当的文字处理各种人际关系，已成为社会生活的必然要求。社交礼仪类应用文恰好满足了这种要求，迎来送往、节日庆典、婚丧贺寿、致谢慰问等各种礼仪和仪式中，都必然要使用各种社交礼仪类应用文。下面来看看这类应用文都有哪些种类，以及对应的作用是什么，如表 8-1 所示。

表 8-1 社交礼仪类应用文的种类和作用

种 类	作用说明
请柬	又称为请帖、简帖，是为了邀请客人参加某项活动而发出的一种文书。虽然它的外表类似于书信，但在写作具体的内容时属于应用文写作范畴
祝词	也称作祝辞，泛指在各种喜庆场合中对事情表示祝贺的言辞或文章，是日常应用文写作的重要文体之一，其作用与贺信的作用类似
悼词	它是对死者表示哀悼、缅怀与敬意的悼念性话或文章，当今的悼词是从古代的诔辞、哀辞、吊文和祭文一步步演化而来的
祭文	它是祭祀或祭奠时表示哀悼或祷祝的文章，内容主要为哀悼、祷祝、追念死者生前主要经历，颂扬其品德业绩，寄托哀思，激励生者，一般在祭祀时诵读，是由古时的祝文演变而来的，其作用与悼词类似，但多了"激励生者"的作用
唁电	因吊唁者与丧家相距较远或因故不能亲临吊唁，而向丧家发出的表示哀悼、慰问的吊唁电话、短信、电报或传真文字，多用于官方等正式场合
讣告	也叫讣文或讣闻，是人死后报丧的凶讯。"讣"原指报丧、告丧，也指死者亲属向亲友及有关方面报告丧事所用的文书，"告"是让人知晓，所以讣告就是告知某人去世消息的一种丧葬应用文文体
欢迎词	它指客人光临时，主人为表示热烈的欢迎，在座谈会、宴会和酒会等场合发表的热情友好的讲话，通常会事先准备专门的文章，同时它还属于发言类应用文
欢送词	它是客人应邀参加了活动，主人为表达对客人的欢送之意，在一些会议或重大庆典活动、参观访问等结束时的讲话，有时需要写作相应的应用文，其与欢迎词是一对作用对立的应用文
答谢词	它指特定的公共礼仪场合，主人致欢迎词或欢送词后，客人所发表的对主人的热情接待和关照表示谢意的讲话，比较正式的场合会涉及该应用文写作
开幕词	它是党政机关、社会团体、企事业单位的领导人，在会议开幕时所作的讲话，旨在阐明会议的指导思想、宗旨、重要意义，向与会者提出开好会议的中心任务和要求
闭幕词	与开幕词相对立，是在一些大型会议结束时由有关领导人或德高望重者向会议所作的讲话

注意，上表所列的一些应用文文体都属于社交礼仪类，但其中有些文体还归属于发言类应用文或书信类应用文，因此这些应用文会在接下来的第8、9、10章进行分章学习，而本章只对其中的请柬、唁电和讣告做详细介绍。

8.1.3 社交礼仪类应用文的写作要求

社交礼仪类应用文是人们在日常工作、生活中进行文明交往、密切人际关系、增强友好氛围、彰显礼貌风范的一种重要工具，因此，了解其写作要求是很有必要的。

1. 真诚

这是社交礼仪类应用文写作成功的关键，不能把情感完全公式化，而应感情真挚、态度诚恳、大方有礼、不卑不亢，做到善辞令而不做作，讲礼貌而非应付。切忌言不由衷、虚情假意。

2. 得体

社交礼仪类应用文的措辞一定要切合情景和双方的关系，根据不同的场合、不同的事由、不同的对象（如身份、年龄、时令等），采用不同的方式。

3. 审时度势，注意分寸

大至国际交往，小至私人应酬，各类社交礼仪类应用文都用得上，写作时务必审时度势，充分了解对方，用字谨慎，讲究与场景气氛和谐融洽，才能增进友谊、促进友好合作。

4. 简洁

社交礼仪类应用文的内容要明确，具体针对什么事情要一目了然；表达要准确，不可故弄玄虚、刻意渲染；篇幅短小，字数一般在几十字至百字左右。

5. 规范

各种类型的社交礼仪类应用文要遵循各自的规范，做到结构标准、布局合理、风格质朴，切记不要把格式弄混，否则会闹笑话，甚至导致双方产生矛盾。

6. 及时

由于社交礼仪类应用文针对的是各种特定的场合和事项，因此需要发送及时，否则时机不对，就会使应用文失去该有的作用，甚至起到反效果。比如，婚丧贺寿等特殊事项，如果相关的祝词、贺信、祭文等没有送达及时，就发挥不了作用。

8.2 请柬

■特点与适用范围 ■写作格式 ■范例解析

请柬是以书面形式表示的请人出席或参加的卡或帖，它与我们的日常生活息息相关，每个人或多或少都与之有过接触。

8.2.1 请柬的特点与适用范围

凡是召开各种会议，举行各种典礼、仪式和活动等，都可以使用请柬，所以请柬在款式和装帧设计上应美观、大方且精致，使被邀请者体会到主人的热情与诚意，感到喜悦和亲切。因此，请柬具有以下特点。

◆ **必须送到被邀请者的手中**：请柬不同于一般书信，一般书信是因为双方交流不方便而采用的一种交流方式，而请柬就不同了，即使是面对面，也必须将请柬送到被邀请者的手中，一是表达对宾客的尊重，二是表明邀请者对会议、典礼、仪式或活动的态度。

◆ **请柬的内容简洁**：请柬的主题明确，除了说明邀请事项外，不会涉及其他冗杂的内容，所以篇幅短小，文字简明。

◆ **样式精美且个性化**：不同事项需要使用不同风格的请柬样式，来凸显会议、典礼、仪式或活动的氛围与主题，如图8-1所示的是不同风格的请柬外观。

图8-1

◆ **艺术性**：请柬从内容到形式都极富礼仪特征，因而就具有浓重的传统文化色彩，且精工制作，很有艺术性。

◆ **语言书面化**：为了体现请柬的庄重性，写作时必须用规范的书面语，忌口语。

请柬的篇幅有限，书写时要认真措辞，行文应达、雅兼具，即既要准确，又要讲究文字美。而且，请柬的尺寸也有讲究，具体视情况而定，如正方形的，尺寸在130cm×130mm 至 150cm×150mm 范围内；长方形的，尺寸在 170cm×115mm 至 190cm×128mm 范围内，大小随比例改变，符合黄金分割即可；长条形的，尺寸在210cm×110mm 至 250cm×110mm 范围内，大小随比例改变，这种请柬的打开方式只适合横向和单边打开。实际制作时，对于尺寸在具体大小上没有明确的规定，很多都是约定俗成的，只要看起来美观、大方即可。

8.2.2 请柬的写作格式

使用请柬既可以表示对被邀请者的尊重，又可以表示邀请者对所涉及的事情的郑重态度。当今社会，除了纸质请柬外，还有电子请柬，但无论是哪种请柬，都需要遵循相应的写作格式和要求，大致包括以下 5 个部分。

1. 标题

请柬的标题通常以"请柬"二字为准，如果是单面的，即单柬帖，则"请柬"二字写在顶端第一行，字体较正文稍大；如果是双面的，即折叠式的双柬帖，则"请柬"二字印在封面上，一般还应做一些艺术加工，比如，采用名家书法、字面烫金或加以图案装饰等。

2. 称谓

称谓也称为请柬的抬头，一般在标题下方或者封里（双柬帖）第一行顶格写明被邀请单位的名称或个人姓名，其后加冒号。注意，个人姓名后面要注明职务、职称或者性别，如"××先生""××女士""××公司总经理"等。

3. 正文

在称谓下方另起行，空两格，开始书写会议、典礼、仪式或活动的内容、时间、地点及其他应知事项。

4. 敬语

请柬的敬语部分一般以"敬请（恭请）光临""此致敬礼"等常用语作结。如果是类似于"敬请（恭请）光临"的常用语，可直接紧接正文书写；但如果是"此致敬礼"，则有特定格式，即在正文结束后另起行，空两格书写"此致"二字，再另起行，顶格书写"敬礼"二字。

5. 落款

请柬的落款部分要写明邀请单位名称或个人姓名，同时写明请柬的制作日期或发送日期。注意，请柬涉及的相关会议、典礼、仪式或活动的时间应在正文中书写，它不是落款处的日期。

提示：请柬与邀请函的区别

请柬与邀请函都属于邀请客人参加会议、典礼、仪式或活动的礼仪性文书，其区别有两点：一是适用场合不同。举行各类较为隆重的仪式和交际活动，如开幕式、闭幕式、签字仪式、开工典礼和宴会等，应使用请柬；而邀请函多用于以口头交流为主要方式的会议活动，如有关邀请专家出席资历询会、论证会、研讨，邀请记者参加发布会或记者招待会等，这些情况不用请柬。二是规格不同。有的会议、活动可能同时使用邀请函和请柬，这时，一般的专家和客人发邀请函，作为特邀嘉宾的上级领导、兄弟单位代表和社会名流等，应使用请柬。

8.2.3 常见请柬的范例解析

根据会议、典礼、仪式和活动的不同内容，请柬有很多种类，如结婚请柬、参加活动请柬和开业请柬等。下面就来了解会议请柬和开业请柬。

1. 会议请柬

会议请柬一般用于邀请某单位或者某人参加某会议，内容较少的可用单柬帖，内容较多的可用双柬帖。

范本内容展示

◉ 资源 |Chapter08| 会议请柬 .docx

请柬

尊敬的××先生/女士:

敝公司定于××年 8 月 15 日至 8 月 17 日，每天上午 8:00 至下午 17:00 在××市××酒店展览大厅举办现代家具贸易洽谈会，为期 3 天。恭候光临。

××公司

××年×月×日

范本内容精讲

这是一份邀请对方参加贸易洽谈会的请柬，时间、地点和贸易洽谈会名称等具体明确，内容简洁，语言谦恭得体。敬语部分的"恭候光临"直接在正文之后书写，没有另起行写作。

有些会议请柬的内容较多，不仅包括举办会议的时间和地点，还会写明举办会议的单位基本情况和举办会议的目的等信息，如图8-2所示的是某双柬帖的封里内容。

尊敬的××医生:

您好！

××医疗器械有限公司是相关产品研究、开发、生产和经营的综合性制药企业，拥有一百多年的药品生产历史。为广大临床医生提供最高水准的专业学术支持，为人类的健康做出贡献是公司一直努力的目标。

为了更好地把相关疾病诊治进展和相关产品特性传递给临床医师，我们将于××年×月×日下午在×××××举办"××经验性治疗，咳嗽指南解读"会议。我们非常诚挚地邀请您参加本次会议，并希望能聆听您的宝贵见解。诚挚地期待着您的光临！

此致

敬礼！

××年×月×日

图 8-2

2. 开业请柬

开业请柬的使用情况比较明显，任何公司、店铺和超市等举办开业活动之前都可对外发送请柬，邀请相关人员参加开业典礼。

范本内容展示

◎资源 |Chapter08| 开业请柬 .docx

请柬

尊敬的××先生/女士：

_____店，谨定于___年___月___日___午___时___分，

在_____举行开业庆典活动。届时期待您的光临和指教。

××店

××年×月×日

范本内容精讲

这是一份邀请对方参加××店铺的开业典礼的请柬，时间、地点等信息非常明确，没有多余的内容。该请柬省去了敬语部分，但正文最后"届时……"这一句话已经明确表达了发送请柬方的诚意和对被邀请者的尊重，因此，省去敬语也可以。

无论是哪种请柬，制作时都要注意以下几种事项。

◆ **托人转递请柬是不礼貌的**：请柬的递送方式很有讲究，最好是邀请人亲自登门递送，以表示真诚邀请之意，如果时间、距离上受限，可采用邮寄方式递送，但绝不能转递。如果请柬是放入信封当面递送，则信封不能封口，否则会造成又邀客又拒客的误会。

◆ **请柬的发出时间要提前**：对于大部分请柬来说，应在会议、典礼、仪式或活动举行前两周发出，规模较大或较重要的，应提前更长时间发出，以便给被邀请人以充裕时间安排行程。

◆ **请柬中避免出现"准时"二字**：在一些请柬上我们可以看到"请届时光临"的字样，"届时"是"到时候"的意思，表示出邀请者的诚意。但有些请柬将"届"字改成了"准"字，这样就成了命令式，会让受邀方感觉邀请者高高在上，这是对受邀者不尊敬的表现，因此在写作时要尽量避免。

对于一些舞会、音乐会或大型招待会的请柬，还会写各种附启语，如"每柬一人""凭柬入场"和"请着正装"等，一般写于请柬正文的左下方处。

8.3 唁电

■含义　■写作格式　■常用语　■范例解析

　　唁电主要用于丧事，可以是电话、短信，也可以是电报或者传真文字。当吊唁者不能亲临丧事现场时，就会使用唁电表示哀悼、慰问。

8.3.1 唁电的写作格式

　　唁电大致可分为 3 类，个人唁电、单位唁电和国与国之间的唁电。个人唁电是指唁电的发送者与逝者生前是认识的人，甚至是有过密切交往或深受其教诲、关怀和帮助的志同道合的朋友。单位唁电是领导机关、单位团体向丧家发送的唁电，其致哀对象往往是原机关或单位、团体的重要领导人或在建设中曾做出较大贡献的人物。国与国之间的唁电，涉及的逝世者一般为重要的国家领导人或是为两国之间的和睦关系、经济发展做出过巨大贡献的重要人物。

　　国与国之间的唁电格式最为严格，这里我们只介绍一般的唁电写作格式，主要包括标题、称谓、正文、结尾和落款这 5 个部分，每个部分应写明的内容如表 8-2 所示。

表 8-2　唁电的结构内容

部　分	内　　　　容
标题	一般就写"唁电"二字
称谓	顶格书写收唁电的单位或逝世者家属的称呼，称呼根据收唁电者的身份而定，比如"先生""女士""同志""夫人"等
正文	主要写对死者的哀悼之情和对死者家属表示问候，也可写上是否前往参加遗体告别或代送花圈等事宜。从结构上来说，先以两三句直抒噩耗传来后的悲恸之情，然后以沉痛的心情简述逝世者生前的品德、功绩，激起人们的缅怀、思念之情，并表达致哀者继承逝世者遗志的决心和行动，最后向丧家表示亲切的问候和安慰
结尾	正文结束后另起行书写结尾，常用"特此慰问""肃此电达""顺致敬礼""××同志千古"和"××同志永垂不朽"等语句，后两个语句一般用于高级领导或重要人物的逝世

续表

部　　分	内　　容
落款	写明拍发唁电的单位名称或个人姓名，以及发电日期，有些唁电为了方便逝世者家属联系，还会写明发电者的地址和电话

8.3.2 唁电的常用语

唁电的内容应高度凝练，不宜拖沓，它与唁函的作用是相同的，但比唁函更迅速、更庄重。因此，唁电有一些特别的常用语。

- ◆ 倾接讣告，不胜伤悼。

- ◆ 闻悉令堂逝去，大出意外，望节哀释念。

- ◆ 尊翁逝去，深致哀悼，尚望节哀顺变。

- ◆ 良友云逝，伤感自多，尚望珍重。

- ◆ 惊悉尊夫人不幸逝世，不胜哀悼。

- ◆ 惊承讣告，悲悼不已，专电致唁，并慰哀衷。

- ◆ 某某仙逝，实足哀伤，有志者入泉，思之黯然。

- ◆ 接某某长逝之耗，凡在相好，无不同深惋惜。

- ◆ 死者已矣，生者恳请多保重。

- ◆ 近闻某某逝去，甚哀悼之，足下遇此大故伤感必甚。

- ◆ 恳请宽辟哀情，善自珍重。

提示：唁函

唁函是亲朋好友的家庭有丧事，因无法亲往吊唁而发去的唁慰函。它一般分两种：一是为自己亲属、亲戚发去的唁函；二是为朋友、同事发去的唁函。其写作格式与唁电的格式类似。

8.3.3 一般唁电的范例解析

日常生活中，常见的唁电是个人唁电和单位唁电。下面就来看看这两种唁电的一般样式。

1. 个人唁电

个人唁电一般用于个人对个人或个人对家庭的情况，关键在于拍发唁电的一方是以个人的名义发出的。

范本内容展示

◎资源 |Chapter08| 个人唁电 .docx

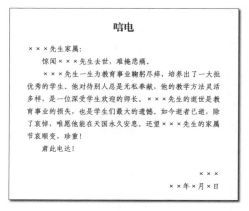

范本内容精讲

这是一份以个人名义向逝世者家属拍发的唁电，标题、称谓、正文、结尾和落款等部分都具备。显然，从内容上看，在称谓的下一行以单独的一段文字表达了听到噩耗后的悲恸之情，醒目的同时更体现了发文者对逝者的深厚感情。

正文第二自然段写明了逝世者在世时的功绩和奉献、逝世者的离世对生者的影响以及唁电发文者对逝世者家属表示的慰问。结尾部分用"肃此电达"作结，落款处写明唁电发文者的姓名和发文时间。个人唁电在写作时要注意只表达自己的心情，不要随意代表其他人、组织或单位表示慰问，以免造成不必要的误会。

2. 单位唁电

单位唁电即企事业单位、机关、团体和组织等以整个机构的名义向丧家拍发的唁电，因此，这类唁电在拍发之前，企事业单位、机关、团体和组织能会开会决定唁电的发送事宜，有些甚至还会在落款处加盖公章。

范本内容展示

◉资源 |Chapter08| 单位唁电 .docx

唁电

××同志家属：

惊闻××公司离休老领导××同志不幸逝世，我公司深表哀悼！

我党失去了一位优秀的共产主义革命战士，我单位失去了一位英明的老领导、一位和蔼可亲的老前辈。××同志为党和国家的事业奋斗了一生，做出了不可磨灭的贡献。我们要化悲痛为力量，继承××同志的遗志，为党和国家的事业奋斗不息。在此悲痛之际，特向××同志家属表示慰问，望节哀！

特此电达！

　　　　　　　　　　　　　　　　　　　　××有限公司
　　　　　　　　　　　　　　　　　　　　××年×月×日

范本内容精讲

这是一份以公司的名义向逝世者家属拍发的唁电，结构符合要求，且与个人唁电结构基本相同。

这份单位唁电与前一个个人唁电范例不同的是，正文第二自然段除了写明了逝世者在世时的贡献、逝世对再生者的影响以及对逝世者家属表达的慰问外，还表达了继承逝世者遗志的态度，即"我们要化悲痛为力量，继承……"。写此内容的目的，一方面可以侧面突出逝世者对单位所做出的贡献，另一方面还让社会大众感受到公司是一个可以虚心受教、善于听取员工意见的民主单位。由此可见，单位唁电的语言风格和表达手法比个人唁电更讲究方式。

8.4 讣告

■含义 ■形式 ■写作要求 ■范例解析

讣告是用来告知某人逝世消息的文书，一般由死者所属单位的治丧委员会或者亲属进行写作。通常，讣告发出后，得知消息的人、单位、组织或团体就会向死者亲属或所属单位发出唁电，因此，讣告和唁电是对应存在的。

8.4.1 讣告的形式与写作要求

我国现代讣告的形式主要有 3 种：一般式、公告式和简便式。不同的讣告形式在写作结构和要求上有些许差异，具体介绍如下。

1. 一般式讣告

一般式讣告是人们常用的讣告形式，其写法如表 8-3 所示。

表 8-3　一般式讣告的写作要求

部　分	内　容
标题	在第一行中间位置以较大的字体（大于正文的字体）书写"讣告"二字，或在"讣告"二字前冠上逝世者的姓名，如"×××讣告"
正文	写明逝世者的姓名、身份、因何逝世、逝世日期、地点以及终（享）年岁数等信息，同时还要写明通知吊唁、开追悼会的时间和地点等内容。有些讣告还会简略介绍逝世者生前具有代表性的经历
结尾	通常用"特此讣告""仅此讣告"等语句作为结尾
落款	落款名称以讣告发出者而定，若发出者是公司，则落款名称为公司全称；若发出者为个人，则以"××哀告"为落款名称；若发出者为治丧委员会，则落款名称为"××治丧委员会"

2. 公告式讣告

公告式讣告也可称为宣告式讣告，这种讣告隆重、庄严，一般用于党和国家领导人、国内的重要人物或影响大的人物逝世。它是由党和国家机关、团体作出决定后发出的，篇幅较长，一般由 3 个密切相关的文告组成，内容如表 8-4 所示。

表 8-4　公告式讣告的结构

结　构	内　容
第一文告	由有关领导机关发布的公告（讣告），其标题须写明发布机关的名称，此时文种将升级到"公告"或"宣告"。正文一般以发布机关"沉重宣告"领起，写明逝世者的职务、姓名、逝世原因、时间、地点、终年岁数以及生平业绩，并作出简要精当的评价以及对逝世者表示哀悼之词。结尾一般是"××永垂不朽"的抒情句，最后注明发布公告（讣告）的时间

续表

结　　构	内　　容
第二文告	是治丧委员会公告，宣布丧葬礼仪的具体安排与要求
第三文告	是治丧委员会名单

3. 简便式讣告

这种形式的讣告常作为一则消息在传播媒体上公布，旨在晓喻社会。农村中的讣告一般也可以通过网络媒体发布。因此，该种讣告也被称为新闻报道式讣告。其形式比较简单，但也有内容比较详细的情况。简便式讣告的写法可参考一般式讣告的写法，其结构基本相同。

无论是哪种形式的讣告，写作时都要遵循以下要求。

◆ 讣告必须在遗体告别仪式之前发出，以便逝世者亲友与有关方面人士及时地做出必要的准备，如送花圈和挽联、进行行程安排等。

◆ 讣告只能使用黄、白两色纸，长辈之丧用白色，晚辈之丧用黄色。

◆ 讣告文字必须使用黑色字体，讣告文章的四周要加黑框，以示哀悼。

◆ 讣告的语言要准确、简练、沉痛和严肃。

◆ 若发出者为公司或治丧委员会，则讣告内容中应直接指明逝世者的全名；若发出者为个人，则讣告内容应先指出发文者与逝世者的关系，然后再指出逝世者的全名。

8.4.2 常见讣告的范例解析

我们在工作生活中常见到的讣告都是一般式的，包括农村讣告同样如此。下面来看看治丧委员会发出的讣告和个人发出的讣告样式。

1. 治丧委员会发出的讣告

治丧委员会是治理已故人丧后有关事宜的组织机构，高层领导的，称治丧委员会，一般的可称为治丧小组、治丧办公室。无论是哪种，其组成人员一般是已故人的单位主要领导、党组或工会的相关人员。

范本内容展示

◎资源 |Chapter08| 农村讣告 .docx

> ## 讣告
>
> 　　今有我村村民××之父×××因病久治无效，不幸痛于农历××年×月×日下午×点寿终正寝，享年×岁。经本村治丧委员会研究，定于农历××年×月×日上午 10:00 举行追悼仪式，并葬于祖茔之侧，望各位亲友届时参加。
>
> 　　免带菜祭。
>
> 　　谨此告！
>
> ××村村治丧委员会
农历××年×月×日

范本内容精讲

　　这是一份典型的以农村治丧委员会为发出者的讣告，可以看出，讣告没有称谓部分，而是直接书写正文，写明逝世者的全名、身份、逝世原因、日期、地点和终年岁数等内容。同时说明治丧委员会对丧事相关事宜的安排事项，以及期望各亲友届时参加的意愿。

　　结尾部分的用语"免带菜祭"，充分体现了农村讣告的特点。如果是企事业单位、机构、团体或组织等成立的治丧委员会或相关部门发出的讣告，一般不会有此措辞，如图 8-3 所示为某企业某部门发出的讣告。

> ## 讣告
>
> 　　我部门同事××因病医治无效，于公历××年×月×日上午×时在××医院逝世，享年×岁。有意表示哀悼的同事，请与××联系（电话：028-8772×××，传真：028-8772×××）。
>
> 　　谨此告！
>
> ××公司××部门
××年×月×日

图 8-3

2. 个人发出的讣告

个人发出的讣告一般是逝世者家人向自家亲戚、逝世者好友和所属单位发出的讣告，与治丧委员会或相关单位、部门发出的讣告不同在于，其落款处会写明与逝世者的主要亲属关系。

范本内容展示

◎资源 |Chapter08| 讣告 .docx

讣告

父亲大人×××于××年×月×日×时仙逝，享年×岁。尊其遗愿，后事一切从简，特告知各位亲戚朋友，万望节哀！

家父一生简朴大度，福泽恩惠家人好友，不施回报，故此福慧双得，享尽儿女天伦之乐。回首音容笑貌，诲教之言，唏嘘不已，不啻依稀如昨。愿家父的精神永垂于世，嘉惠后人。

长子：×××　长媳：×××
长女：×××　长婿：×××
幺女：×××　幺婿：×××

泣告
××年×月×日

范本内容精讲

这是一份逝世者家属发出的讣告，正文一开始以"父亲大人×××"的形式说明了发文者与逝世者的关系，符合讣告的写作要求。紧接着写明逝世者的逝世原因、时间和地点，这里还以"尊其遗愿，后事……"的写作方式，引出逝世者家属对后事的大致安排，同时以"万望节哀"的句式与亲朋好友进行互相安慰。

正文第二自然段主要写明逝世者在世时的品德、修养和为家庭、单位、组织等做出的奉献，还有家人对逝世者的缅怀，以及希望逝世者安息等内容。

由逝世者家属发出的讣告，其落款与其他讣告有很明显的不同，如范本展示。落款处列明了逝世者的子女及其妻、夫的姓名，同时另起行靠右书写"泣告"二字，有时也可用"哀告"二字，这是个人发出的讣告的一大特点。同理，如果逝世者的只有一个儿子或女儿，甚至只有妻子没有儿女，则落款处很显然只需要写明单一的发出者即可，此时的落款格式与一般的讣告落款格式一样，如图 8-4 所示。

讣告

先母××于公历××年×月×日×时病故，享年×岁。
兹定于×月×日×时，在××火葬场火化，并举行追悼会。

×× 哀告

××年×月×日

图 8-4

另外还要注意，由家属个人发出的讣告，结尾部分通常被省略，因为其广而告知性不是特别强，一般只需要逝世者的亲朋好友得知即可。

讣告中，现代的书面语与 20 世纪 50 年代前的书面语存在一定差异。比如，在讣告中常用的"先考（已去世的父亲）""先妣（已去世的母亲）"等，早已经被现在的"先父""先母"所代替。

— 发言类应用文写作要点 —
与范例解析

这里所说的发言类应用文，是指一些需要在公开场合进行讲话、朗读或演讲的预先拟制的文字底稿，如开幕词、闭幕词、欢迎词、欢送词、主持词、演讲稿、祝词、悼词或祭文等。

9.1 讲话稿

■特点 ■适用范围 ■写作格式 ■一般分类 ■范例解析

讲话稿有广义和狭义之分，广义的讲话稿是人们在特定场合发表讲话的文稿；狭义的讲话稿即一般所说的领导讲话稿，是各级领导在各种会议上发表带有宣传、指示和总结性质讲话的文稿。

9.1.1 讲话稿的特点与适用范围

由讲话稿的定义可知，其适用范围是在一些特定场合发表讲话的情况，如在各种公务活动中使用的欢迎词、答谢词、欢送词、主持词、祝酒词、贺词、悼词、祝寿词以及会议的开幕词和闭幕词等。

这类应用文具有特殊性，突出表现为它的运行不像其他文种那样终结于送达或张贴过程的结束，而是终结于讲话或演说过程的结束。因此，其具有如表 9-1 所示的几种特点。

表 9-1　讲话稿的特点

特　点	说　明
媒介的声音性	讲话稿主要依靠有声语言向受众传递信息
反馈的直接性	由于讲话稿是当着受文对象进行面对面传达的应用文，因此受众可以当面向讲话者提出问题、意见和建议，并且可以从现场氛围的热烈程度来衡量讲话稿的反响，受文对象对讲话稿的反馈可以直接传达给讲话者
特定的对象性	一般来说，讲话稿的受文对象就是在讲话现场听讲的人群
适度的情感性	由于讲话稿是当面对着受文对象进行发表，因此，为了带动现场的氛围，讲话稿需要具备一定的情感性，以激起受文对象的共鸣，进而活跃气氛
撰稿的集体性	为了提高行政效率，领导讲话稿一般由秘书代笔，然后经领导审核是否采用。有的部门还会专设起草小组，领导将写作目的、背景和要求等交代清楚后，由起草小组分工协作、集体撰稿，并在起草的过程中反复讨论和修改，最后提交给领导使用

续表

特　点	说　明
篇幅的限制性	讲话稿的篇幅有时间限制，其篇幅视讲话时间长短而定，不能一味追求讲话稿的文字数量，更注重质量。讲话稿一般不宜长篇大论，尤其是表彰、通报和庆典类的讲话稿篇幅不宜过长，以免喧宾夺主
语言通俗且规范	为了便于讲话者表达，使听众易于理解和接受，讲话稿的语言既要准确简洁，又要通俗生动
交流互动性	由于讲话具有现场性，因此撰写讲话稿时必须提前考虑和把握场合与现场气氛，不能咬文嚼字，要符合口语习惯，这样有助于讲话者与听众形成良好的互动，把抽象的道理具体化
内容的针对性	讲话稿的内容受会议或活动主题、讲话者身份和素质以及受众等因素影响，因此，撰写前必须充分了解会议或活动的主题、性质、议题、讲话场合、背景、领导者的指示和要求以及听众的身份、背景情况、心理需求和接受习惯等要素

9.1.2　讲话稿的写作格式

讲话稿由标题和正文两大部分组成，其中正文部分又分为不同的小部分，各个部分都有其应写明的内容。

1. 标题

讲话稿的标题有两种形式，一种比较一般，由讲话人姓名＋职务＋事由＋文种构成，如"××总经理在全体职工大会上的讲话"；另一种比较特殊，由一个主标题和一个副标题组成，主标题用来概括讲话的主旨或主要内容，副标题与第一种形式的结构相同，如"进一步学习和发扬踏实肯干的精神——在公司 ×× 年年会上的讲话"。

由上述两种标题形式可以看出，讲话稿标题中的"文种"一般不写成"讲话稿"，而直接写成"讲话"二字。

2. 正文

讲话稿的正文包括开头、主体和结尾这 3 个部分，每个部分有其写作重点，如

图 9-1 所示。

讲话稿的正文结构

开头	分 3 个层次，首先是称谓，要求庄重、严肃且得体，应根据与会人员的情况和会议或活动的性质来确定，如"同志们""各位专家学者"和"全体职工"等；然后是内容概述，用非常简洁的文字说明讲话的缘由或所讲内容重点；最后是承上启下的内容，转入主体部分
主体	会议或活动的内容与发表讲话的目的等不同，决定主体部分的内容侧重点和写法不同。可以重点阐述如何领会文件、指示或会议精神；可以通过分析形式和明确任务，提出搞好工作的几点意见；可以结合活动目的，介绍活动的具体实施细节等
结尾	总结全篇，照应开头，发出号召，或者征询听众对讲话内容的意见或建议等

图 9-1

在讲话稿的实际运用过程中，撰写人和发言人都需要把握它与演讲稿和发言稿的区别。

◆ **讲话稿与演讲稿的区别**：演讲稿比讲话稿正式。演讲稿是在较隆重的仪式上和某些公众场合所发表的讲话文稿，有针对性、可讲性和鼓动性；而讲话稿稍显随意，一些产品宣传活动、员工会议等日常商务办公活动中作出的讲话可以准备讲话稿。

◆ **讲话稿与发言稿的区别**：不作为公务文书时，讲话稿和发言稿可以通用。一旦作为公务文书，就应严格区分使用，讲话稿是从整体出发，一般体现主办方或上级领导的意见，具有一定的原则性、政策性和权威性；而发言稿则是从自身的实际出发，一般体现参与方平级或下级领导的意见，具有畅所欲言、务实性和灵活性的特点。

9.1.3 讲话稿的一般分类

根据不同的分类依据，可以将讲话稿分为不同的种类。比如，根据讲话者身份不同分类，或者根据会议、活动的内容不同分类。

1. 根据讲话者身份不同进行分类

在这种分类依据下，可分为领导讲话稿和一般讲话稿。显然，领导讲话稿的发言人是机关、企事业单位、团体或组织的上级领导；一般讲话稿的发言人是这些机构中的职员、员工或成员等。其中，领导讲话稿又可进行更详细的分类，包括总结性讲话稿、指导性讲话稿和号召性讲话稿。

2. 根据会议或活动的内容不同进行分类

在这种分类依据下，可分为工作会议类讲话稿、表彰类讲话稿以及庆祝、纪念类讲话稿。工作会议类讲话稿主要是对机关、企事业单位、团体或组织中前期、当期或后期工作涉及的相关事项作说明的文稿；表彰类讲话稿是对某部门、某员工个人等做出表彰的文稿；庆祝、纪念类讲话稿一般是在一些开业、周年庆等活动中用于发言的文稿。

上述两种分类依据中的某些讲话稿种类是包含与被包含关系，比如，领导讲话稿中，可以是工作会议类讲话稿，也可以是表彰类讲话稿，还可以是领导做出的开幕词、闭幕词、欢迎词和欢送词等；一般讲话稿中，可以是员工做出的工作会议类的讲话稿，也可以是活动负责人做出的庆祝、纪念类讲话稿。

9.1.4 常见的讲话稿范例解析

在实际工作中，比较常用的讲话稿主要有领导讲话稿、开幕词、闭幕词、欢迎词、欢送词和答谢词等。下面逐一讲解。

1. 领导讲话稿

领导讲话稿是讲话稿中最常见的类型之一，也就是狭义的讲话稿。这类文稿大多涉及工作内容，因此也可作为工作类讲话稿来认识。一般来说，它是领导人在会议上对重要工作加以阐述、评价或鼓动的议论性讲话文稿，能起到表达会议主题、促进工作开展的作用，是一种重要的会议材料。

范本内容展示

◉ 资源 |Chapter09| 公司领导在就职会议上的讲话 .docx

××领导在就职会议上的讲话

同志们：

首先祝贺各位经过竞争演讲答辩和综合考察，被聘任为公司及各厂的领导。我将与大家一道担负起完成董事会交给我们的任务，行使公司章程赋予我们的权力，履行管理职责。

大家已经感到肩上担子的分量。是的，集团公司的几千名职工和几千名股东的希望都寄托在各位身上，集团的发展也寄托在各位身上。在我们感到荣幸而奋发努力的同时，也应感到责任之大，压力之大，实属空前。当前市场竞争异常激烈，以我们的学识和能力很难说有把握承担起如此之重任。好在有团结如一、一腔情实干的董、监两会，有积极向上、令他人羡慕的职工群体素质，这些足以使我们有变压力为动力、与全体职工共同努力、再创辉煌的胆量和豪情。

我们一定不要辜负全体职工对我们的期望，不要忘记我们在演讲答辩过程中的承诺，把公司长期发展目标和优秀超群的经营能力，严以律己待人的模范品德，实施人性化管理和广纳人才，将集团持续、健康、快速发展作为我们追求的目标。做到在日常工作中处处做表率，与职工同舟共济，谨慎行使公司章程赋予我们的权力，保证遵纪守法，公平公正，维护公司和股东利益，认真执著为公司发展，为职工创造工作机会、提供生活保障、为股东谋取最大利益而倾其力、尽其能，争取把公司建成国际知名企业。

在这里也要对大家提出承诺：公司对董、监两会成员和高级管理成员的要求，同样实用于各厂级领导，那就是各位在任职期间，只能在公司内投资，不能在其他经营实体投资或从业，更不能在与公司有竞争或业务关系的企业任职或投

资。否则，将解除劳动合同，并将持有公司的股份全额按公司统一定价转让给公司，其风险金全部没收。

我们一定的任务是以完成××年公司经营目标为先决条件，必须千方百计、全力以赴确保圆满完成全年目标。不论什么原因，凡3个月完不成计划的都予以解职，对属于故意行为，将随时予以解职，并予以解除劳动合同。

××年是我们公司十年一遇的大好机遇，我们必须好好把握这一机遇，把机遇变成现实。同时××年是公司全面提升管理的一年，各位公司领导和各厂都要把学习和推行现代化管理方法作为自己的重要工作，并且必须做好。

为了全面完成××年的经营目标，我们必须注重方针目标的展开，注重过程管理，每月都要有计划、有检查、有考核，按照上级考核下级的要求认真做。××年在公司内部全面实施绩效考核，并要制度化、规范化，并以此作为晋级和任职的依据。

通过竞岗演讲，发现了一批非常有管理潜能的人才，我们要给予保护和培养，可以建立特殊档案，定期或不定期地对他们的工作和学习情况加以了解，可以多为他们提供外出学习的机会，使之尽快成为公司的管理骨干。通过演讲答辩，我们当中的许多人应该发现自己学识水平已经难以胜任管理工作，因此要抓紧学习，尽快具备：（1）欢迎并能应对调整变化的个人精力；（2）创造能够提高激励他人的环境能力；（3）进行困难决断的决断力；（4）坚持不懈进行实施的能力，并把这些能力传授给自己的下部。

同志们，让我们集思广益，发挥聪明才智，带领全体职工，通过我们的努力奋斗，把集团建设得更加美好，更加强大，更加富裕。

范本内容精讲

这是一篇公司领导在其就职会议上讲话时所用到的讲话稿，其标题的命名形式是"讲话人姓名＋职务＋事由＋文种"。而讲话的主体部分内容是以"代表"的角度来展开，代表所有即将就职的领导人讲话，表现在"首先祝贺各位经过竞争演讲答辩和综合考察，被聘任为公司及各厂的领导。我将与大家一道担负起……"

讲话稿的主体内容层次分明，重点突出，先说明公司、职工和股东对各位领导的期望，然后向全体职工表态，接着对各位领导在今后的在职期间的工作任务提出要求，最后说明领导在培养人才和提高自我管理能力方面应具备的能力。这里的结尾部分紧跟主体内容，对与会者和相关责任人发起号召，总结全篇。

另外，撰稿人写作领导讲话稿的过程中，可以用如下5个方面的技巧，使讲话稿更完善、得体。

◆ **问**：一要问领导，通过征询领导意见提前了解领导意图、讲话思路和重点内容；二要问相关者，通过主动上门找讲话稿涉及的相关部门和人员问政

策、情况和数据；三要问自己，写作讲话稿已经有什么，还缺什么，找出缺漏，再去有针对性地写作。

◆ **炼**：对"问"的结果进行提炼和总结，主要是确定讲话稿的大纲、目录和要点。其中，大纲内容应有侧重，且相互统一，形式要工整对称，语句要朗朗上口；大纲下的目录不应过多，避免降低讲话效果；要点应明确需要填充哪些材料、事实和数据，做到言之有物，这是写讲话稿的重点。

◆ **写**：正式写作讲话稿时要注重内容和形式的统一，篇章结构要匀称，用词要准确，可通过巧用典故、比喻和引用，多用一手数据、新鲜实例和感召性话语，来增强说服力、号召力和吸引力。

◆ **待**：讲话稿的初稿完成后，不要急着将其递交给领导审阅，先放一放、等一等，通过短暂的停歇和冷处理，再完善初稿。

◆ **改**：在初稿得到充分的完善后，及时将讲话稿送交给领导审阅修改。一般来说，先是起草部门的领导进行修改，然后再递交给用稿领导修改。

2. 开幕词

开幕词是党政机关、社会团体及企事业单位的领导人，在会议或活动开幕时所作的讲话，旨在阐明会议或活动的指导思想、宗旨与重要意义，向参与者提出开好会议、办好活动的中心任务和要求。

开幕词是讲话稿中的一类，其结构遵循讲话稿的大致结构，即标题和正文。其中，标题的形式在讲话稿的两种形式的基础上还衍生出另外两种，共 4 种形式：①事由 + 文种，如"校运动会开幕词"；②致词人 + 事由 + 文种，如"公司总经理在 ×× 年年会上的开幕词"；③复式标题，如"我们的工作应站在行业的前列——×× 公司 ×× 年工作动员大会上的开幕词"；④直接用"开幕词"3 个字作为标题。

开幕词的正文也包括开头、主体和结尾，开头部分包括称谓、宣布会议或活动开幕以及对会议的召开或活动的开办、参与者等表示祝贺，即使开头部分只有一句话，也要单独列为一个自然段，将其与主体内容区分开来；主体部分是开幕词的核心，要阐明会议或活动的意义、指导思想，提出会议或活动的任务，说明会议或活动的主要议程和安排，并向参与者提出会议或活动的要求；结尾部分提出会议或活动的任务与希望，大多数时候与主体内容融为一体。除此之外，开幕词还有一个比较特殊的部分，即结束语，写法上常用呼告语结束，如"预祝 ×× 店开业大吉"。

范本内容展示

◎资源 |Chapter09| 公司年会开幕词 .docx

××年度公司年会开幕词及领导致词

各位同仁：

大家好！

今天，我们××全体同仁欢聚一堂，在××酒店如期举行××公司××年度优秀员工颁奖典礼暨××年新春欢乐会。总结和回顾我们企业××年发展中的经验与心得，展望未来发展中的目标，喜庆昨日辉煌业绩，共勉未来美好希望。在这里，我仅代表公司向各位参会人员表示热烈的欢迎，向全体员工在过去的一年里的辛勤工作致以深深的谢意！

××年是公司大跨步发展的一年，也是充满挑战的一年。回顾过去，是我们激情创业、蓬勃发展的10年，在这10年时间里，公司承接了数个建工项目，项目涉及区域遍布××省多个县市地区，乃至外省地区。机遇和挑战是并存的，尤其是在近几年整个市场经济处于一种物价飞涨的时期，致使建工市场局势也变得紧张，从而给我们的日常工作带来了很大的挑战。但是，我们××本着用心做事、追求卓越的理念，通过公司全体员工的不断拼搏进取与开拓创新，共同打造出×××××，公司也获得了健康、稳步和持续的发展，做到了稳健运营，实现了持续发展的目标。如此荣耀、如此辉煌，是我们全体××的较好，更是我们今后发展的不竭动力！

在××年，公司总经历了办公场所的搬迁和工作人员的扩编，由原先的狭小办公场所变成现在正规、宽敞且专业的商业写字楼，公司各职位也逐渐达到齐全的人员配备状态。这些方方面面都是公司在不断发展壮大的实际体现，当然，

公司的发展是伴随着全体员工的辛勤劳作和不断努力的，也凝聚着每位员工在各自岗位上的自我突破和无私奉献。因此，我谨代表公司向全体员工表示衷心的感谢，并通过你们向你们的家人表示由衷的感谢！

展望××年，我们将面临新的机遇和挑战，希望大家继续努力，开拓创新，与时俱进，以新的姿态和补发，谱写出公司全新的篇章！我相信××年，在公司的正确决策和我们全体员工的共同努力下，通过强化管理，提升效率，我们的员工和企业一定能够携手共同进步，在激烈的市场竞争中求得新的发展，公司一定会有更美好的未来！

公司借年会之机为大家设下了丰盛的宴席，以示对大家一年来的努力工作与辛勤付出表示慰问。在此，我谨代表公司向××的全体员工致以新春的问候和吉祥的祝福，祝大家新春愉快、身体健康、工作顺利、阖家幸福。最后，也祝我们的年会圆满成功！谢谢大家！

范本内容精讲

范本展示的是某公司××年度举办年会的开幕词及领导致词，一般来说，公司的年会开幕词都由领导发言，因此有些开幕词的标题就会像范本展示的一样，写成"……开幕词及领导致词"，还有些开幕词的标题不提及"开幕词"3个字，直接写成"……领导致词"。

公司的年会属于一个活动，而非工作会议，因此开幕词的主旨并不是阐明会议的指导思想和宗旨，而是对公司过去的经营成果进行总结，对公司未来的发展目标进行明确并提出要求和希望，最重要的是对公司全体员工在即将过去的一年里所做出的努力和付出的辛劳表达感谢和慰问。同时，还起到巩固同事之间的友好关系的作用，让公司的凝聚力更强。因此，年会的开幕词要尽量做到结果实事求是、展望量力而行、感情真挚诚恳，并且发言有激情，能带动全场氛围。

3. 闭幕词

闭幕词与开幕词相对应，它是一些大型会议或活动结束时，由领导人或德高望重者向会议或活动所作的讲话。其写作结构与开幕词一样，只不过在用词方面要体现闭幕词的总结性、评估性和号召性等特点。

范本内容展示

◎资源 |Chapter09| 职工代表大会闭幕词 .docx

××公司第×届职工代表大会会议闭幕词

尊敬的各位代表，同志们：

第×届职工代表大会暨工会会员代表大会经过全体代表的共同努力，历时一天，圆满地完成了大会预定的各项任务，现在就要结束了。

会议期间，代表们认真地听取并审议通过了《劳动合同管理办法》《员工劳动纪律与退出机制管理办法》和劳动定额与工时问题，为构建和谐的劳资关系，共创和谐企业打下了坚实的基础。大会还选举了职代会常务委员会，选举了工委委员和职工监事，这些都为我公司的民主管理奠定了坚实的基础。

会议期间，代表们各抒己见，畅所欲言，会议始终充满了民主、团结的浓厚气氛，收到了预期的效果，取得了圆满的成功。这次大会得到了公司股东的高度重视，股东会代表就贯彻好这次会议精神，号召全公司广大员工群众要立足本职，发挥作用，为完成公司领导层提出的各项工作任务而努力奋斗。

各位代表、同志们，在这充满希望的一年里，不管我们会遇到多大的困难，我们都要抓住给予，务实创新，开拓进取，迎接考验。大会闭幕后，希望代表们要认真贯彻落实会议精神，为全面完成会议确定的各项工作任务而努力。

现在我宣布：××市××集团有限公司第×届职工代表大会暨工会会员代表大会会议胜利闭幕。祝各位代表身体健康，工作顺利，万事如意！

范本内容精讲

这是一份某公司第 × 届职工代表大会会议使用的闭幕词，可从范本内容看出，闭幕词的大致结构与开幕词一样，但在各个部分的具体内容上，两者有本质的区别。

闭幕词的标题与开幕词的相似，共 4 种形式。但正文部分的具体内容就与开幕词有明显的区别，闭幕词的正文开头的重点是说明会议或活动已经完成预定任务，现在就要闭幕了，如文中的"……圆满地完成了大会预定的各项任务，现在就要结束了。"正文主体主要是概述会议或活动的进行情况,恰当地评价会议或活动的收获、意义及影响,其中核心内容是会议或活动通过的主要事项和基本精神、会议或活动的重要性和深远意义以及向与会人员提出贯彻会议精神的基本要求等。正文结尾与开幕词的一样,都是发出号召或提出希望,但使用的语言不同,闭幕词的结尾用"大会闭幕后……"的类似语句作结。闭幕词的结束语是用来郑重宣布会议或者活动闭幕的语句,如文中的"现在我宣布:××市××集团有限公司第×届职工代表大会暨工会会员代表大会会议胜利闭幕……"

4. 欢迎词

欢迎词是在座谈会、宴会或酒会等场合发表的,对到来的客人表示热烈欢迎的讲话。

范本内容展示

◎资源 |Chapter09| 图书交易博览会欢迎词 .docx

欢迎词

女士们,先生们,朋友们:

在百花争艳、春风和煦的美好时节,我们迎来了第×届全国书市(全国图书交易博览会)在我市的隆重召开。我谨代表市政府和全市 3100 万人民,向光临书市的各级领导、各位嘉宾和海内外各界朋友表示热烈的欢迎和诚挚的感谢!

我市是著名的历史文化名城,是巴渝文化和××精神的发祥地。在浩荡的历史长河中,她以其明显的区位优势和突出的辐射功能,成为区域性的政治中心和商业物资集散地,历千载而不衰。中央直辖、三峡工程建设、西部大开发三大历史性机遇,为我市开启了快速发展的新篇章,成为长江上游和西南地区最大的工商业重镇,成为西部最具活力的城市之一。未来十几年,我们将以更高的标准、更大的气魄、更实的作风,推动物质文明、政治文明、精神文明与和谐社会建设,努力把我市建设成为长江上游的经济中心。

作为国家重点支持的重要文化会展、全国出版界的著名文化品牌、广大读书人的文化盛宴的全国书市首次在我市举办,充分体现了国家新闻出版总署等中央部委对我市的关心和厚爱,必将对我市的文化建设起到积极的推动作用。我们将珍惜这次难得的机会,坚持"突出主题,强化特色,着力创新,拓展内涵,扩大影响"的宗旨,努力把第×届全国书市办成一次检阅全国出版成果、促进出版业繁荣发展的盛会;一次加强全国业界沟通联系、扩大交流合作的盛会,让××人民满意,让全国出版界满意。

各位嘉宾,女士们、先生们,为期 7 天的第×届全国书市已经拉开序幕,恭请各位在我市多走走、看看,尽情领略山城的旖旎风光,为我市的改革发展,特别是文化建设多提宝贵意见!

现在我提议,为第十七届全国书市(全国图书交易博览会)的圆满成功,为各位领导、嘉宾、朋友的身体健康、工作顺利,干杯!

谢谢!

范本内容精讲

这是一篇关于图书交易博览会活动的欢迎词，从范本展示的内容可看出，该活动是一场典型的宴会或者酒会，表现在正文结尾部分的"干杯！"句式。

欢迎词是针对会议或活动的内容而写作的，因此感谢之词要与会议或活动的内容密切相关，比如，范本所展示的感谢之词，既表达了欢迎和感谢之意，也加深了主办方与参会者之间的关系。

除此之外，欢迎词的结构与其他讲话稿的结构类似，其核心部分是正文部分，所以是欢迎词的写作重点。欢迎词的正文开头应对宾客的光临表示热烈的欢迎，如范本中所展示的正文第一自然段；正文主体应根据会议或者活动的主办方与参会方双方的关系，回顾相互交往的历程或者主办方的基本情况与优势，阐明宾客来访的意义，展望美好的未来，如范本所展示的正文第二、三自然段；正文结尾应再次表示欢迎，并预祝来宾做客愉快，或者恭请来宾参观、游览并提出意见。

5. 欢送词

欢送词与欢迎词相对应，除了应用时间和场合不同外，并无实质性区别，写作要求也大致一样。欢送词具有惜别性和口语性，要表达依依惜别之情，尤其是公共事务的交往中，更应把握好分别时所用言辞的分寸，所以不要像欢迎词那样热情洋溢，但格调也不要太低沉，力求营造一个友好、亲切和轻松的氛围。

范本内容展示

◎资源 |Chapter09| 访问活动的欢送词 .docx

欢送词

尊敬的女士们、先生们：

首先，我代表××公司，对你们访问的圆满成功表示热烈的祝贺。

明天，你们就要离开××了，在即将分别的时刻，我们的心情依依不舍。大家相处的时间是短暂的，但我们之间的友好情谊是长久的。我国有句古语："来日方长，后会有期。"我们欢迎各位女士、先生在方便的时候再次来××做客，相信我们的友好合作会日益加强。

祝大家一路顺风，万事如意！

范本内容精讲

范本展示的是一篇欢送来公司进行访问的人员的欢送词，篇幅短小精悍，但也包含了讲话稿所有必备的结构，标题、称谓、正文（开头、主体、结尾）和结束语。

正文第一自然段表达了对来访者的来访活动圆满成功的祝贺，第二自然段表达了对对方的离开感到依依不舍的心情，同时说明了双方之间的友好合作关系会日益加强，其间还引用古语"来日方长，后会有期"，加强了欢送词的趣味性，使欢送词的基调不至于太低沉。最后一个自然段以一句话作结，祝愿来访者一路顺风，这是欢送词的惯用语，也算是"标配"。

这是对合作伙伴所作的欢送词，因为双方的相处并不是每时每刻，且之间的感情只停留在合作关系层面，没有上升到朋友，因此欢送词的篇幅也不宜过长。但有的欢送词的欢送对象是在公司朝夕相处的同事，且之间的感情非常深厚，甚至可以说大家是朋友关系，因此欢送词的篇幅可能会稍长，如图9-2所示。

欢送词

亲爱的同事们：

大家晚上好！今天是一个令人欣喜而又值得纪念的日子，因为经过公司的决定，××同志将要出国发展学习。这既让我们为××能有这样的机会而感到高兴，也使我们对多年共事相处的同事即将离开而感到难舍难分。

多年来，××同志作为公司的一名员工，他为人忠厚，思想作风正派；忠诚企业，爱岗敬业，遵守公司各项规章制度；服从分配，尊重领导，与同事之间关系和睦融洽。

俗话说，没有什么人是不可缺少的，这话通常是对的，但是对于我们来说，没有谁能够取代××的位置。尽管我们将会非常想念他，但我们祝愿他在未来的日子里得到他应有的最大幸福。

在这里，我代表公司的领导和全体人员对××所做出的努力表示衷心感谢。同时公司也希望全体人员学习××同志这种敬业勤业精神，努力做好各自的工作。

在此，我们也希望××继续关心我们的企业，并与同事之间多多联系。

最后，让我们举杯，祝××同志旅途顺利，早日学成归来，干杯！

图9-2

6. 答谢词

答谢词是指特定的公共礼仪场合，在主人致欢迎词或欢送词后，客人发表的对主人的热情接待和关照表示谢意的讲话，也指客人在举行必要的答谢活动中所发表的感谢主人的盛情款待的讲话。

范本内容展示

◎资源 |Chapter09| 公司年终答谢词 .docx

答谢词

尊敬的各位来宾、各位同仁、各位家属、女士们、先生们：

大家上午好！

今天，我们欢聚一堂，共庆丰收的喜悦！首先我谨代表××市××公司的全体同仁，向在座的各位来宾表示衷心的感谢与热烈的欢迎！正式因为您们的大力支持和帮助，才会有我们的今天；同时，向敢争敢拼、锐意进取的全体同仁及长期在幕后为我们的发展事业默默奉献的所有家属致以崇高的敬意和由衷的感谢！

回顾××，对于我们公司来说，是疾风骤雨的一年，是惊心动魄的一年，古人云："路漫漫其修远兮，吾将上下而求索"，我们不怕挫折，但是我们最怕遇难而退，沧海横流方显英雄本色，跨越困难，证明我们是一支同心同德、能征善战、优秀的队伍，我相信，今天的挫折必将成为未来更加辉煌的基础，我们公司在这种形式下顶风冒雨，怀着一股豪情，披荆斩棘，坚定地迈过了××年。因此，我在这里怀着感恩的心，衷心地感谢给我们雪中送炭、大力支持的朋友们，感谢全体同仁们，是你们的不离不弃，才有企业的今天。将来我们无论做到多么强大，我们都不会忘记一路相随的全体员工和各位朋友们。

人生难免有冬天，"祸兮福之所倚，福兮祸之所伏"，失意的时候不必过于悲观，得意的时候也不必过于张扬，冬天会不会来临并不重要，重要的是我们有没有准备好棉袄和食物，只有未雨绸缪，做好过冬粮食和棉袄的准备，这才是最

重要的，才不至于被动，危机里面有挑战，更有机遇。

××年来临了，在冬天里，对春天的向往也渐渐清晰起来，要从重重风险迷雾中看到其中给我们蕴藏的机遇，战略性转折机会，抓住它并利用它，危机与机遇是同行的。让我们在新的一年里，紧紧抓住盛世良机，顺应市场经济发展的大潮，以海纳百川的气魄，风雨同舟，一路前行，创造更加辉煌的明天！

最后，在春节即将来临之际，借此机会给大家拜个早年，衷心祝愿各位朋友、同仁和家属们一切顺利、身体健康、阖家幸福！祝愿我们的明天更加美好！谢谢大家！

××年×月×日

范本内容精讲

范本展示的答谢词同样遵循了讲话稿的基本结构，只是落款处多了致词日期，一般来说，在正式致词时会忽略该部分。

当被感谢的人较多时，答谢词的称谓就会比较多，如范本这里所展示。与其他讲话稿不同的是，答谢词的正文部分几乎都在对被感谢人表示感谢，中间穿插一些公司经营成果或者活动举办后的效果。在表示感谢时，首先对被感谢人的盛情和支持表示感谢，并对对方的优越性予以肯定，表达出自己的荣幸与激动，这是写作重点；如果被感谢人是比较单一的宴会主人，则还要对对方的情况做比较详细的介绍，以示尊重；然后应提出希望与之进一步发展关系或进行合作的强烈愿望；最后，再

一次用简短的语言表示感谢和祝愿。

从范本内容可看出，这是一份用来答谢别人的帮助的致词。而根据不同的致谢缘由和致谢内容，答谢词可划分为两个基本类型：谢恩型和谢遇型。

◆ **谢恩型：**"恩"，受到的好处，即别人的帮助。谢恩型答谢词即用来答谢别人的帮助的致词，常用于捐赠仪式、某种送别仪式或者公司年会等。

◆ **谢遇型：**"遇"，招待、款待。谢遇型答谢词即用来答谢别人的招待的致词，常用于宾主之间，既可用于欢迎仪式、会见仪式上，与"欢迎词"相似，也可用于欢送仪式、告别仪式上，与"欢送词"相似。

撰稿人在写作答谢词时，要注意这些细节：感情要真挚、坦诚而热烈，评价要适度，篇幅简短、语言精练，内容为主、客套为辅，充分表达友好之情但不丧失原则立场，谈及过去与未来，谢恩型答谢词的文字表达应直来直去，谢遇型答谢词的文字表达应婉言曲语。

9.2 主持词

■特点 ■适用范围 ■写作格式与注意事项 ■范例解析

主持词是由各种演出活动、集会和工作会议中的主持人在节目、会议进行过程中串联节目或会议议项的串联词，是主持人用于说明活动或会议的主旨，引导、推动活动或会议展开，串联和衔接前后内容，总结和概括活动或会议情况的文稿。

9.2.1 主持词的特点与适用范围

由主持词的概念可知，其适用范围非常广泛，无论是演出活动、集会，还是各种会议，只要有"主持人"，就会有主持词。比如，一些单位或部门在举行各种会议、联欢会或竞赛活动时，大都采用节目主持人的形式。恰当的主持词是发挥主持人主持水平的关键。

主持词没有固定格式，它的最大特点就是富有个性。主持词按照主持的场合划

分,可以分为活动主持词和会议主持词两大类,不同类别的主持词有其特点,如表9-2
所示。

表9-2 不同类别的主持词的特点

类 别	特 点	概 述
活动主持词	紧扣主题,兼顾全体	无论主持词的类型是哪种,都必须紧扣活动、仪式或者会议的主题,兼顾全局,力求选择与活动内容风格一致的主持词
	工于开场,巧于连接	良好的开场白对于确定主题基调、表明宗旨、营造气氛和沟通情感等十分重要,同时要起到承前启后的作用,为即将推出的节目、议项或环节等做好铺垫,使其前后融为一体
	注重结尾,留下余韵	结尾要调动各种技巧和手段,或掀起高潮,给人以鼓舞和欢笑;或波澜不惊,给人留下回味和思考,但切忌粗疏草率
	把握分寸,表现适度	不能喧宾夺主,不能随意增减活动、仪式或者会议的议程,因为主持词只是起到把握节奏、控制程序、穿针引线和拾遗补缺的作用
会议主持词	地位附属	主持词是为领导讲话或其他重要文件服务的,结构和内容由会议议程决定,内容由会议的内容决定,因此主持词从结构到内容都要服从并服务于整个会议
	篇幅短小	篇幅不宜过长,要抓住重点,提纲挈领,主次分明
	语言平实	与严肃的会议气氛相适应,在语言运用上应平实、庄重、简明、确切。要开门见山、直入主题,尽量不用修饰和曲笔,切忌含糊其辞、模棱两可
	重在头尾	开头的会议背景介绍和结尾的会议总结与任务布置是会议主持词的重点,中间部分分量相对较轻,只要简单介绍一下会议议程即可

9.2.2 主持词的写作格式与注意事项

虽然主持词没有固定的写作格式,不同内容的活动或者节目,主持词所采用的
形式和风格都不相同,但是,一般会有开场白、中间部分和结束语。

◆ **开场白**：演出、仪式或者会议等开场时引入主题的道白，类似于文章、介绍或者讲话等开头的部分。

◆ **中间部分**：演出、仪式或者会议进行过程中，用于串联和承上启下的文字内容，根据具体情况，一份主持词的中间部分可能包含多个小段。

◆ **结束语**：是演出、仪式或者会议在结束时带有总结性的一段话。

由于主持词富有个性，写作时就相对比较随意，因此写作时要注意以下一些问题，以免主持词喧宾夺主，引起与会者或来宾的反感。

◆ 突出互动主旨并贯穿始终，使会议或者活动的主题步步深化、丝丝入扣，不断将活动或会议推向高潮。

◆ 写好开场白，把握好吸引观众、创设情境、导入主题这3个环节。如何开始才能吸引观众的视线（问候所有来宾或与会者），如何把握观众的心理（对现场和当时情境加以描述，让其感到熟悉和亲切），怎样导入主题（迅速进入主题或节目的欣赏）等。

◆ 要增加主持词的文化内涵，寓教于乐，不断提高观众的文化知识和素养。

◆ 要注意对象，增强艺术表现力。比如，主持人是少年儿童的，其主持词应尽量采用具有少年儿童特征的语言，过于成人化反而不好。

◆ 借鉴诗词和散文诗，提高主持词的艺术感染力。比如，主持词写作中，运用诗词写作中的对仗、押韵等技巧，可以让主持人读起来朗朗上口，听众听起来具有音乐的节奏美。

9.2.3 常见主持词的范例解析

通过对前面知识内容的学习，我们已经知道主持词分为活动主持词和会议主持词两大类。其中，活动主持词又可分为重大庆典活动主持词、节庆活动主持词、赛事活动主持词和礼仪主持词；会议主持词又可分为工作性会议主持词、纪念性会议主持词、学术性会议主持词、总结表彰会主持词以及其他会议主持词。下面对一些具体的主持词进行详细介绍。

1. 公司年会主持词

顾名思义，公司年会主持词就是公司年会活动上主持人使用的主持词，起到介绍年会开展目的、介绍年会表演节目以及总结公司过去一年的经营成果的作用。

范本内容展示

◎资源 |Chapter09| 公司年会主持词 .docx

×× 公司 ×× 年年会主持词

尊敬的各位领导、各位来宾：

合：大家晚上好！

男：我是主持人 ××。

女：我是主持人 ×××。

男：新年的钟声即将敲响，时光的车轮又留下了一道深深的印痕。伴随着春天的脚步，满怀着喜悦的心情，×× 年如约而至。

女：新年拉近了我们成长的距离，新年染红了我们快乐的生活。

男：新年让我们截取下了四季的片段。

女：×× 年是 ×× 精密仪器股份公司经营的关键年，战略调整、品牌运营、团队锤炼、服务营销……我们一同走来，无论是成功的喜悦，还是痛苦的泪水，我们都认真铭记，因为我们是 ×× 人！

男：当我们跨过时间的门槛，我们走向春天的怀抱！

女：迎着崭新的一年，我们走向新的辉煌和创造！

男：今天，我们相聚在这里，享受 ×× 精密仪器股份公司成立带给我们的欢乐。

女：今天，我们相聚在这里，一起用心来感受真情，用爱来融化冰雪。

男：今天，我们相聚在这里，敞开你的心扉，释放你的激情。

女：今天，我们相聚在这里，这里将成为欢乐的海洋，让快乐响彻云霄。

男：今天，我们欢聚一堂、载歌载舞。

女：今天，我们激情满怀、心潮澎湃。

男：今天，我们相约在这里，欢声笑语谱写着青春的旋律。

女：今天，让我们带着祝愿、带着嘱托，共同追求明天的辉煌。

男：埋藏已久的期盼，化作今日的喜悦。

女：看，烟花四射，那是新年绚丽的色彩。

男：听，金钟朗朗，这是新年动人的旋律。

女：在诗和画流动的佳节里，我们一起庆贺快乐的节日。

合：×× 年年会文艺活动现在开始。

……（串联词略）

男：快乐的时光总是如此短暂，我们无法阻拦时间的流逝，但我们可以主宰自己的心情。

女：衷心的祝福却是永远陪伴，妍丽的鲜花祝您节日愉快；闪动的烛光祝您平安如意。

男：愿我们的祝福如朵朵小花开放在温馨的季节里，为你点缀欢乐四溢的佳节。

女：愿你以微笑迎接青春的岁月和火一般的年华。

男：在这里，有我们对生活的激情。

女：在这里，有我们对未来的期许。

男：告别今天，我们将站在新的起点。

女：展望明天，我们将用奋斗塑造更加壮美的七彩画卷。

男：我们用有力的臂膀，助公司展翅飞翔。

女：我们用炽热的豪情，让 ×× 凯歌嘹亮。

男：因为，我们相信，公司的发展会更好，×× 的明天会更好！

女：今天的文艺表演到此结束，再次祝大家。

合：新年快乐，万事如意，心想事成！

范本内容精讲

从范本所展示内容可看出，主持词与讲话稿最大的不同就是结构。主持词的结构一般以主持人交替发言的形式进行编写，可以是多个主持人交替发言，也可以是一位主持人在会议议程或表演节目的过程中穿插发言。该年会主持词显然是多个主持人交替发言的类型。

多个主持人的情况一般出现在活动、仪式等场合，此时用"男""女"或"男1""女 1""男 2""女 2"等区别主持人身份，以便顺利朗读各自对应的主持词。而只有一位主持人的情况一般出现在会议场合，此时用"主持人"来表示朗读主持词的人的身份即可。需要注意的是，主持词的中间部分由于其可塑性较强，一般只根据会议或者活动的大致情况列出一个初步的衔接语，具体如何表达，将在会议或者活动的进行当中根据实际情况灵活变动、临场发挥。

2. 表彰大会主持词

显然，表彰大会主持词是在对某人或者某些人进行表彰的会议上所作的主持词。其内容虽然与表彰大会有关，但并不涉及表彰的核心内容，核心内容由特定的领导或者颁奖人发言。

范本内容展示

◎资源 |Chapter09| 企业员工表彰大会主持词.docx

企业员工表彰大会主持词

尊敬的各位领导，亲爱的各位同仁们：

大家下午好！

不航行不知江海之浩大，不飞翔不知天空之高远，大浪淘沙方知真金璀璨，沧海横流更显英雄本色。今天，我们乘着第一季度胜利的航船，扬起树新星、领榜样的风帆，在此隆重召开北京××大饭店××年第一季度优秀员工表彰大会。首先，请允许我介绍参加本次大会的各位领导，他们是北京××大饭店总经理××先生，北京××大饭店副总经理××女士，北京××大饭店餐饮总监××先生，北京××大饭店营业总监××女士，北京××大饭店总经理助理××女士，饭店各部门的经理也来到了现场参加此次表彰大会。下面让我们再次以热烈的掌声对各位领导的到来表示衷心的感谢。

现在我宣布，北京××大饭店××年第一季度优秀员工表彰大会现在开始，首先有请副总经理××女士致词。

……（由领导各自手持讲话稿进行致词）

1. 餐饮宴会部服务员××××于××年×月×日入职，在本次评选中荣获"栋梁之才"荣誉称号，下面有请××上台发表获奖感言。

……（由获奖员工手持讲话稿进行发言）

2. 客房部楼面卫生工××××于××年×月×日入职、客房楼面客服务员×××、×××分别于××年×月日和××年×月×日入职，在本次评选中均被授予"栋梁之才"荣誉称号。此外，客房部楼面卫生工××××于今年×月×日入职，在本次评选当中被评选为"最佳新人"荣誉称号，那么她们几位在日常工作中是如

何对客人提供优质服务呢？下面她们将为大家带来一段情景模拟剧，掌声欢迎！

……（由获奖员工集体表演）

3. 餐饮管事部洗碗工×××于××年×月×日入职，在本次评选当中，被评选为"栋梁之才"荣誉称号，下面有请×××上台发表获奖感言。

……（由获奖员工各自手持讲话稿进行发言）

以上所有获奖选手有的是入职已久的老员工，有的则是今年刚加入我们团队的新员工，他们用自己良好的表现，为酒店赢得了各项荣誉，给予我们更好的模范带头作用，希望我们全体员工在今后的工作中以他们为榜样，更加出色努力地做好自己的本职工作，共同携手将饭店的服务水平遥层提高，最终赢得顾客满意。接下来，有请饭店总经理××先生上台为大会做总结讲话，有请×总！

……（由总经理作总结讲话）

感谢×总的精彩讲话，我们的表彰大会到这里已经进入了尾声。相信此次各类先进称号的评选和表彰大会的举行，给广大同事树立了典范作用，能够有效地激励我们工作积极性，展现自我，以高层次的服务水平赢得宾客的称誉，保证酒店质量管理工作的有效性，共同提升饭店的综合竞争力，以优质的服务创造卓越的企业效益。

最后真诚祝愿蒸蒸日上的××大饭店再创新的佳绩，急流勇进的××集团再铸新的辉煌！尊敬的各位领导，亲爱的各位同仁，北京××大饭店××年第一季度优秀员工表彰大会到此结束！请饭店领导先行退场，其他部门有序出场。

范本内容精讲

企业员工表彰大会的主持人一般只有一位，因此无须像前一个范本一样以"男""女"或者"男1""女1"来进行区分，格式自然也就不是对话的形式。

这种类型的主持词一般先要说明大会的主题，即"在此隆重召开北京××大饭店××年第一季度优秀员工表彰大会"，然后介绍到会的重要领导人或者嘉宾，如"首先，请允许我介绍参加本次大会的各位领导，他们是……"。接着要宣布会

议正式开始，同时邀请某位公司领导人致开幕词，领导致词完毕后，主持人就要通过主持词的中间部分请出获表彰的员工上台领奖和发表感言。所有员工领奖和发言完毕后，主持人要对获表彰的员工作总结性的评价，并顺势鼓励企业其他员工向获表彰的同事学习，然后请公司领导人致闭幕词，闭幕致词完毕后，主持人要提醒大家大会即将结束，并对企业日后的工作目标和任务做简要概括，然后指导参会者有序退出会场。

简要概括流程为：说明大会主题→介绍与会的重要领导人或嘉宾→宣布会议正式开始，邀请领导人讲话→陆续请出获表彰员工上台领奖和发表感言→对获表彰的员工作总结性评价，鼓励其他员工→请领导人做总结讲话→宣布大会结束，退场。

9.3 演讲稿

■特点 ■适用范围 ■一般格式与要求 ■范例解析

演讲稿也叫演讲词，是在较隆重的仪式上和某些公众场合发表的讲话文稿。它是进行演讲的依据，是对演讲内容和形式的规范和提示，体现着演讲的目的和手段。

9.3.1 演讲稿的特点与适用范围

演讲稿的适用范围是一些隆重的仪式和某些特殊的公众场合，可以用来交流思想、感情，表达主张、见解；也可以用来介绍自己的学习、工作情况和经验等。演讲稿具有宣传、鼓动、教育和欣赏等作用，它可以把演讲者的观点、主张和思想感情传达给听众和读者，使他们信服，并在思想感情上产生共鸣。所以，为讲演准备的演讲稿具有如表9-3所示的6个特点。

表9-3 演讲稿的特点

特 点	概 述
针对性	演讲是一种社会活动，是用于公众场合的宣传形式。所以作者提出的问题应是听众关心的问题，评论和论辩要有雄辩的逻辑力量，要能被听众接受并心悦诚服，为不同的听众设计不同的演讲内容

续表

特 点	概 述
可讲性	演讲的本质在于"讲",而不在于"演",以"讲"为主,以"演"为辅。由于演讲要诉诸口头,拟稿时必须以"易说"为前提,凡是讲不顺口或听不清楚的地方(如句式过长),均应修改与调整,具体判断方法是试讲
临场性	演讲活动是演讲者与听众面对面的一种交流和沟通,听众会对演讲内容及时做出反应,或赞同,或反对,或饶有兴致,或无动于衷。因此,要想演讲活动顺利进行,就不能对听众的各种反应置之不理,为了应对演讲过程中可能出现的各种情况,演讲者要充分考虑临场性,在保证内容完整的前提下,注意留有伸缩的余地,做出各种情况的应付对策,展示出必要的控场技巧
口语性	这是演讲稿的显著特点,由于演讲很多都是即兴发挥,不可能事先印好演讲稿发给听众,因此演讲稿讲起来要通达流利,听起来要非常顺畅,没有语言障碍,不会发生曲解。比如,把长句改成适听的短句,把倒装句改为常规句,把生僻词换成常用词,把容易误听的词换成不易误听的词等
整体性	演讲稿并不能独立地完成演讲任务,它只是演讲的一个文字依据,是整个演讲活动的一个组成部分,因此,撰写时应注意,一要根据听众的文化层次、工作性质、生存环境、品味修养和爱好愿望等来确立选题,选择表达方式,以便更好地沟通;二要充分体现演讲者独到、深刻的观点和见解,要对声调的高低、语速的快慢、体态语的运用等进行设计并加以诠释,还要考虑演讲的时间、空间和现场氛围等因素,以强化演讲的现场效果
鼓动性	演讲是一门艺术,丰富的演讲具有一种激发听众情绪、赢得好感的鼓动性。对此,首先要依靠丰富、深刻的演讲稿思想内容和精辟的见解发人深思,然后是语言表达要形象、生动,富有感染力

提示:演讲稿与讲话稿的区别

演讲稿的重点是要表达演讲者的某些观点、想法、主张、见解和思想感情等;而讲话稿是一个统称,涵盖面比演讲稿大,所以又称"发言稿"。演讲稿主要从个人主观的角度进行演讲,而讲话稿一般从大众客观的角度进行讲话。

9.3.2 演讲稿的一般格式与要求

演讲稿的结构一般分开头、主体和结尾这3个部分,每个部分的具体内容如下。

1. 开头

演讲稿的开头也叫开场白,处于演讲稿的显要地位,通常有如图9-2所示的几种形式。

开门见山，揭示主题

一般是政治性或学术性的演讲稿。必须先明确把握演讲的中心，把要向听众揭示的论点摆出来，使听众一听就知道讲的是什么

说明情况，介绍背景

对事情发生的时间、地点和人物作出必要的说明，为进一步向听众揭示论题做准备。比如，恩格斯《在马克思墓前的讲话》的开头："三月十四日两点三刻，当代最伟大的思想家停止了思想……"这类开头形式一定要从演讲的中心论点出发，不能信口开河、离题万里，更要防止套话、空话败坏听者的情

提出问题，引起关注

可根据听众的特点和演讲的内容，提出一些激发听众思考的问题，以引起听众的兴趣，注意，问题要新颖、独特，要确实能促使听众去思考

图 9-2

2. 主体

演讲稿的开头之后要迅速转入主体，即演讲的正文核心部分，它直接关系到演讲的质量和效果。内容安排上，要注意如图 9-3 所示的几个细节。

确定结构形式	演讲稿的形式比较活泼，或旁征博引、剖析事理，或引经据典、挥洒自如，或层层深入，或就事论事。但无论形式如何变化，都要求内容突出、问题说透、推理严密、层次清晰、情理交融
认真组织材料	演讲稿的理论依据和事实论据的组织安排要恰当，必须保证例证的真实性、典型性。另外，内容要言简意赅，篇幅不能太长，一般在 30 分钟左右最好
构筑演讲高潮	一是思想深刻、态度明确，最集中体现演讲者的思想观点；二是感情强烈，演讲者的爱恶、喜怒都在此处尽情宣泄；三是语句精练，要起到画龙点睛的作用

图 9-3

3. 结尾

演讲稿的结尾往往代表着整个演讲给听众的印象，简明扼要、余音绕梁的结尾

能够使听众精神振奋，并促使听众不断思考和回味。但在日常工作中，写结尾时常犯的毛病就是草草结尾或者画蛇添足，或者套用陈词滥调，甚至有些人在本来已经讲完后，又唠叨几句"我讲得不好，请大家批评指正"之类的话，反而容易让人反感。演讲稿的结尾或是对整个演讲全文要点进行简单小结，或以号召性、鼓动性的话收尾，或以诗文名言以及幽默俏皮的话结尾，一般原则是要给听众留下深刻印象。

9.3.3 常见的演讲稿范例解析

按照演讲稿的内容不同，可以将其分为政治演讲稿、学术演讲稿、思想教育类演讲稿和课堂演讲稿。下面对其中部分类型的演讲稿进行介绍。

1. 学术演讲稿

这类演讲稿是传播、交流科学知识、学术见解及研究成果的演讲文稿，具有广泛的应用范围，专业科学技术工作者和一些机关、企事业单位的领导等都会涉及。

范本内容展示

◎资源 |Chapter09| 教育学术演讲稿 .docx

关于探索高效教研教学模式的演讲稿

尊敬的各位领导、老师：

下午好！在各级领导的关怀帮助下，在同事们的大力支持下，我们数学学科组在团队建设，探索高效教研教学模式，提高课堂教学效率方面做出了一点成绩。今天，我能代表数学学科组向大家汇报，是对我们数学组以往工作的极大肯定和鼓励，又是对我们今后工作的极大期待和鞭策。下面，我从两大方面作简单汇报，切望各位批评指教。

一、抓教学常规工作，促课堂教学效率的提高

我们历来重视教研组常规建设，工作中注重计划性、目的性、针对性和实效性。常规工作中我们着重抓好两个要点。

1. 集体备课的实效性：为发挥备课组的集体智慧，确保教学能够高效、有序地运行，我们3个年级数学备课组几年来始终坚持做到"四定"、"四统一"、"一交流"。集体课活动做到定时间、定地点、定内容、定主讲人；统一进度、统一资料、统一作业、统一考试；交流好的教法和学法。同时各年级数学备课组的教学研究及任务又各有侧重，形成系统合理、操作性强、实效性高的教学模式体系。

高一夯实基础。几年来，高一数学组分在袁××、刘××、朱××几位备课组长领导下，每周集体备课时，关于下周课的重难点先由一位教师作中心发言，对知识点如何把握、练习如何处理等提出教学建议与要求，其他教师积极补充发言。而且，统一纠正课堂作业上出现的典型错误，统一某些习题的处理意见，总结上一周讲课的得与失等，研讨教材内容、把握重难点。教师轮流每周出一

张检测卷，试题注重针对性、滚动训练，及时巩固纠正学生出现的问题。统一测验时间，并进行评议，使学生逐步掌握"听一遍不如看一遍，看一遍不如做一遍，做一遍不如讲一遍，讲一遍不如辩一辩"的数学学习诀窍。几年来，在各种类型考试检测中，高一数学组都取得优异成绩，得到学生家长和领导的一致认可。

高二拓展提升。几年来，高二数学备课组在朱××、李××、同××几位备课组长领导下，集体备课教学研究重点放在如何培养尖子生拓展，同时帮助后进生提升，注意分层推进。每周检测试卷中的习题安排有层次，及时巩固和落实每周所学的知识，进一步强化落实，注重培养学生学习数学的兴趣，加强学法的指导和学习心理的辅导，尤其对后进生，从精神上多鼓励，帮助他们树立信心，提高其学习能力。几年来，在各种类型考试检测中，高二数学组都取得优异成绩，得到学生家长和领导的一致认可。今年李××老师担任高二备课组长，她将××届高三数学组的优秀管理经验和做法等进一步发扬光大，精益求精。

高三冲刺拼搏。高三教学是我校所有工作的重中之重，在各级领导的指导和大力帮助下，全组教师顽强拼搏、团结协作，高效备考复习，连续4年高三数学成绩捷报频传！

2. 课堂教学的高效性：坚持贯彻《××区中小学课堂教学基本要求》，要求每位教师熟悉本学科课堂教学基本要求，在教师教法、课堂氛围、学生学法、师生互动等方面，更多地融入以学生为本、全面发展、可持续发展的理念。用《课程标准》和《××区中小学课堂教学基本要求》指导日常教学行为。几年来，各年级数学备课组都已取得优异的成绩，得到各级领导和同事的一致认可和好评。

范本内容精讲

范本展示的是某高中教师在某学术论坛上所作的学术演讲的部分内容，该学术演讲的主题是"探索高效教研教学模式，提高课堂教学效率"。由该范本内容可知，演讲稿的大体结构与讲话稿类似，包括标题、称谓、正文和结束语。

正文部分有开头、主体和结尾，这里正文第一自然段为开头，对本校数学学科组的工作成效做简要说明，然后以过渡句"下面，我从两大方面……"引出正文主体，即"抓教学常规工作，促课堂教学效率的提高"和"抓理论学习，促教师专业发展"（这里未展示），接着以"回顾过去……我们会把取得的成绩作为继续奋进的起点和加油站……"的句式结尾，概括演讲的主旨，使听众了解该校数学学科组过去的工作成果和未来的目标。最后书写结束语，如"我的汇报完毕、谢谢大家！"

2. 课堂演讲稿

这类演讲稿一般分为两种，一是教师在传授知识时使用的，二是学生为培养自己演讲能力而写作的。

范本内容展示

◉资源 |Chapter09| 大学生课堂演讲稿 .docx

失败得越多越早，成功就越快来临

尊敬的各位老师、亲爱的同学们：

大家上午好！下面我将开始我的演讲。

大三的时候，身边很多朋友包括我自己，不时地感到心情浮躁，未来前景迷茫，学的时候不用心学，玩的时候又感到慌张、负罪。

转眼到大四了，大家忙于考研、考公、找工作，看上去是没时间迷茫了，打心底里仔细问问自己，害怕失败吗？如果失败了，我下一步怎么办？

你看看过这样的毒鸡汤吗，"寒冬酷暑，披星戴月，自习室从一楼到 4 楼 96 级台阶，我背着沉甸甸的梦想，走过了 300 多个日夜……"，"人生的路有起有落，只不过现在低谷，未来是明朗。"我今天的演讲主题很老套，跟上述的毒鸡汤并没有什么本质区别，"失败与成功"，失败乃成功之母，题目来源于著名的设计公司××现任的首席执行官××说过的一句话："失败得越多越早，成功就越快来临。"

再来询问下自己，"我为什么想要成功？"答案是，考研成功了学历更高，工作仿佛更好找，工资水准仿佛更高，又或者，我现在很迷茫，为了逃避找工作，因此想继续升学，再或者，我找到了更感兴趣的专业，我是为了梦想。有很多很多的答案，它们有一个共

性，那就是，我觉得，我认为，考上了，与我的现状相比更美好。那为什么担心失败呢？因为我害怕，付出了精力没有回报，害怕落榜了还要去找工作等。

回到××的这句话，××为了开拓它的员工的头脑，收纳更多的创新点子，传递了这条理念。同时，为了他的员工不害怕失败，对失败的设计产品给予了不亚于最终设计成功所获得的回报。他提倡有效率的失败，失败得越快越多，反过来讲，就是越快诞生出相比较上一次失败更有所进步的点子，在这个过程中，员工所收获的经验甚至思维训练，比一次偶然的巧合的成功要多得多。从它的这条理念看，最后的结果不再重要，大家追随的不再是结果成功与否，而是我怎么改进现在的产品，让它比上次更好。

放到考研、考公上来讲，我们这场旅程无疑是漫长的、艰苦的，让人觉得仿佛回到了高三，你觉得高三精彩吗？难忘吗？那么为什么还要在意最后的结果呢？不管怎样，人生的路像是河流，一直在流淌而不停滞，20 年后，你大概只记得，我曾经水了大学 3 年，在大四时终于又奋斗一把，终于把英语水平提高到了高考时的巅峰状态。转过头拍拍你孩子的肩膀，深有感触地说："努力学呀，结果不重要。"因为奋斗了之后，绝对不是白费精力，你得到的更高的价值是这个过程。

范本内容精讲

从范本展示的演讲稿标题来看，这是一份关于成功与失败话题的演讲稿。正文开头向听众问好，使用的是"说明情况，介绍背景"和"提出问题，引起关注"相结合的形式，以引起听众的兴趣，促使听众开始思考；接着以引用名言的方式引出此次演讲的主题，即"失败得越多越早，成功就越快来临"。

演讲稿中举了两个例子，一是大学生考研、考公，二是 ×× 公司对于员工设计产品失败的处理办法，以具体且贴切的实例论证主题，有理有据，这就是该演讲稿的主体部分。最后一个自然段，再次回到大学生考研、考公问题，解决大部分学生对考研、考公既追求又害怕落榜的纠结与疑惑，即"奋斗了之后，绝对不是白费精力，你得到的更高的价值是这个过程"。

一般来说，演讲人可根据具体情况决定是否写结束语，如"谢谢！""我的演讲到这里就结束了。"等，有时也可省略结束语。

9.4 祝词

■与贺词的异同　■写作要求　■范例解析

祝词是在各种喜庆场合中对事情表示祝贺的言辞或文章，一般是在婚嫁、乔迁、升学参军、延年长寿和房屋落成等喜事中使用。

9.4.1 祝词与贺词的异同

祝词与贺词有时被合称为祝贺词，泛指对人、对事表示祝贺的言辞和文章，都富于强烈的感情色彩，针对性、场合性都很强。因此，祝词与贺词在某些场合可以互用，如祝寿也可以说成贺寿，祝事业的祝词也常常有贺词之意。虽然如此，但二者还是有区别的。

祝词的对象一般是事情尚未成功而表示祝愿、希望的意思，比如，有些情况人们常说"预祝"，而不是"贺祝"；而贺词的一般对象是事情已成而表示庆贺、道喜的意思，比如，祝贺生日诞辰、结婚纪念、竣工庆典和荣升任职等。也就是说，比如，就好友结婚这件事情来说，在还没有决定什么时候结婚时，对恋人送出的应该是祝词，即预祝其喜结连理；在决定要结婚时，或者正式举办婚礼时，送出的就应该是贺词，祝贺两人喜结连理、百年好合。

另外，贺词的适用范围比较广，如贺信、贺电等。以函件形式送达的贺词称作贺信，借助电报发出的贺词称作贺电。注意，贺年卡也属于贺词的范畴。

9.4.2 祝词的写作要求

祝词的写作格式一般由标题、称呼、正文、结束语和落款这 5 个部分组成，每个部分应写明的内容如表 9-4 所示。祝词的写作应感情真挚，语言精练，篇幅不宜过长，讲明具体的祝贺事项和祝福之词即可。

表 9-4　祝词的各部分内容

结　构	内　容
标题	写在一页的第一行居中位置，通常有两种写法：一是具体祝贺的内容 + 文种，如"××市长在××市××晚宴上的祝词"；二是直接写"祝词"二字
称呼	在标题之下第一行顶格书写，以示尊重。对人的称呼按照写信的写作要求来写即可，比如祝事业的，直呼单位或部门名称，但要注意称呼的先后顺序和亲切感
正文	是祝词的核心，该部分的写法比较灵活，针对不同的祝贺对象、不同的祝贺动机，编写相应的祝词内容。但总的来说应包含这几层意思：首先向受祝的单位或者个人表示祝贺、感谢或问候，或者说明写祝词的理由或原因；其次对已做出的成就进行适当评价或指出其意义；最后写表示祝愿、希望和祝贺之词，也可以给被祝者以鼓励
结束语	正文结束后常用一句礼节性的祝颂语结束全文，如《为庆祝朱总司令六十大寿的祝辞》，最后的结束语是"人民祝你长寿！全党祝你长寿！"
落款	在正文的右下方署祝者的名称（单位）或姓名（个人），以及发祝词的日期。如果标题部分已注明时间，此处可省略

9.4.3 常见祝词的范例解析

根据祝贺的内容不同，祝词可划分为祝事业、祝酒、祝寿、祝婚和祝节日等类型。下面来看看常见的祝事业和祝节日的祝词写作。

1. 祝事业

这类祝词多用于重大会议开幕、工厂开工、商店开业、展览剪彩以及其他纪念活动等，祝愿此事业顺利进行，早日成功。

范本内容展示

◎资源 |Chapter09| 给好友的事业有成祝词 .docx

祝词

亲爱的朋友×××：

　　最近听闻你即将升职，在这里我先预祝你升职成功。

　　成功没有秘诀，贵在坚持不懈。任何伟大事业，成于毫不松懈；任何未竟工作，毁于半途退却。只有矢志不渝，才有成功喜悦。一直以来，你在工作中都尽职尽责、尽善尽美，给你们公司创造了可观的价值，升职只在朝夕。

　　最后，祝君升迁，好运连连，奖金多多，步步高升，万事顺意，勇攀高峰。

　　　　　　　　　　　　　　　　　　你的好友：×××

　　　　　　　　　　　　　　　　　　××年×月×日

范本内容精讲

这份祝词是写给好友的关于升职的祝词，严格遵循了标题、称呼、正文、结束语和落款的结构。

正文第一自然段写明了发出祝词的原因和背景；第二自然段对好友过去的工作结果作了简要的评价，同时以"升职只在朝夕"这句话鼓励好友。第三自然段是该祝词的结束语部分，总结性地对好友升职发出祝愿。最后落款处写明发祝词的人的姓名和发出日期。

2. 祝节日

这类祝词多用于节假日，如元旦节、春节、妇女节、五一劳动节、中秋节、国庆节和情人节等，以祝愿节日快乐。

范本内容展示

◎资源 |Chapter09| 给客户的中秋节祝词 .docx

祝词

尊敬的客户：

　　您好！相识相知是缘分，合作日久见真诚。

　　中秋将至，带着同一个目标，同一个中秋，同一轮圆月，同样的祝福，真诚的心情，愿您中秋快乐，家庭和美，身体健康。愿我们合作永久，合作愉快！

××有限公司

××年×月×日

范本内容精讲

　　范本展示的中秋祝词属于典型的祝节日类型，整个篇幅短小精悍。称呼过后，首先向受祝的客户表示问候，然后以"中秋将至……"的句型点名写此祝词的背景和原因，以"愿您……"的句式向受祝者表示祝愿。

　　这篇祝词的结束语就是正文部分表示祝愿的"愿您中秋快乐，……合作愉快！"这两句话。由于该篇祝词的受祝对象是客户，相应地，应以公司的名义落款。

　　除了这两类祝词之外，祝酒则用于在宴会、酒会上传达祝酒者美好的愿望；祝寿一般是对祝寿对象表示良好的愿望，希望他们健康长寿；祝婚一般是祝愿新婚夫妇幸福美满。

9.5 悼词和祭文

■悼词/祭文的写作格式 ■注意事项 ■范例解析

　　悼词是对死者表示哀悼、缅怀与敬意的话或文章；而祭文是祭祀或祭奠时表示哀悼或祷祝的文章，其内容主要是哀悼、祷祝、追念死者生前主要经历，颂扬他的品德业绩，寄托哀思，以激励生者。

9.5.1 悼词与祭文的区别

　　从表面上看，两者差别不大，但具体还是有区别的，主要有以下几个方面。

◆ **产生的时代不同**：祭文在古时候就已经有了，而悼词脱胎于祭文，出现于近代。

◆ **范围不同**：祭文是在祭奠时唱读的文章，祭奠的对象既可以是死者，也可以是神仙；而悼词只为死者宣读。比如，封建帝王举行封禅大典时唱读祭文就与悼念亡灵无关。

◆ **对象不同**：祭文一般用于普通人（亲人或朋友）的死亡；而悼词往往用于德高望重的、对革命有杰出贡献的人。

◆ **场合不同**：唱读祭文可以在墓地、灵堂，也可以在死者的"正寝"，可以在宗庙、家祠，也可以在名山大川等，范围极广，且不仅举行葬礼时要唱，而且逢祭即唱；而宣读悼词一般在公墓、死者单位、牺牲的地点或者追悼会场等公众场合，且只能在葬礼上宣读。

◆ **表达不同**：祭文无所不谈，可叙琐事，但侧重叙死者往事，抒哀悼之情，多带唯心色彩，比较主观；而悼词除此之外，还要阐述事理，且不叙琐事，尤其是不涉及死者缺点，体现唯物主义，比较客观。

◆ **表演方式不同**：祭文是唱读，一般由作者"长歌"唱读，即哭、哭诉，也可由他人代读；而悼词是朗读，可有他人代写，但不可随便由他人代读。

9.5.2 悼词 / 祭文的写作格式和注意事项

悼词和祭文是同属性的应用文，因此其大致结构是相同的，只是在具体的写法和写作风格上有不同，还有一些注意事项也需要牢记。

1. 悼词 / 祭文的写作格式

悼词和祭文的结构大致都分为标题、正文和落款，每个部分各自应写作的内容如表 9-5 所示。

表 9-5　悼词 / 祭文的各个组成部分

结　构	悼　词	祭　文
标题	有两种写法，一是死者姓名＋文种，如"在××同志追悼会上的悼词"；二是直接由文种名称"悼词"承担标题。另外，追悼会主持人在追悼会上要用"××同志致悼词"这一用法	一般写成"祭××文"，这里的"××"表示死者的辈分或与生者的关系，如"祭祖父文""祭妹文"；或者写成时间＋文种，如"明太祖洪武四年祭文""明穆宗隆庆四年祭文"等

续表

结　构	悼　词	祭　文
正文	开头、中段和结尾，开头写用什么心情悼念什么人、去世者生前的身份或担任的各种职务名称（注意称呼之间的先后顺序）及何种原因在何年何月何日几时几分不幸去世，终年岁数等；中段是主体，写明去世者的生平事迹，对人民和社会的贡献，对死者的思想、精神、作风、品质和修养等做出综合评价；结尾主要写明生者对死者的悼念及向去世者学习什么，继承其未竟的事业，化悲痛为力量，为国家和社会做出更大的贡献等内容，重要的是，最后要写上"永垂不朽""精神长存"等话。悼词的结尾一般要积极向上，因此最后的结尾尽量不用"安息吧"	也分开头、中段和结尾，开头以"维"字或"哀维"二字起；中段写明吊祭文的时间、祭谁（去世者的情况）、谁来祭（祭奠人）、去世者生平事迹、表示哀痛之情；结尾用特定的结束语，如"伏惟尚飨""尚飨"，意为（伏在地上恭敬地请去世者品尝贡品），表达请去世者领生者祭奠之情
落款	悼词的开头一般已经介绍了参加追悼会的人员情况，所以最后的落款一般只署成文日期	由于祭文的中段部分会写明祭文的时间，因此落款处不再署成文日期，但要署祭奠人，如"愚孙×××泣奠"

2. 写作注意事项

对于悼词来说，写作时应注意的事项有如下几点。

① 明确写悼词的目的主要是介绍去世者的生平事迹，歌颂去世者生前在革命或建设中的功绩，让人们从中学习去世者优良的思想作风，继承去世者的遗志。这种歌颂是严肃的、不夸大、不粉饰，根据事实做合理评价。

② 要生者化悲痛为力量，勉励生者节哀奋进。

③ 语言要简朴、严肃，且概括性要强。

对于祭文来说，写作时应注意的事项有如下几点。

① 内容必须简短，语言必须精练，要以简明扼要之词表达悲哀况痛之情。一般祭文以两三百字为宜，切忌拖泥带水。

② 由于祭文用来唱读，因此语言尽量押韵，可一韵到底，也可变韵，即押两个以上韵。

9.5.3 一般悼词 / 祭文的范例解析

根据不同的分类依据，悼词和祭文可以分为不同的类型，下面具体介绍记叙类悼词和丧葬祭祀祭文的写作。

1. 记叙类悼词

记叙类悼词以记叙去世者的生平业绩为主，并适当地结合抒情或议论，这是现代悼词最常见的类型。

<u>范本内容展示</u>

◎资源 |Chapter09| 公司领导人悼词 .docx

悼词

敬爱的××总经理：

今天我们全体员工怀着悲痛的心情向您告别，表示哀悼！

××总经理，您在领导××公司的40多年来，一贯勤勤恳恳，兢兢业业，任劳任您，以超前的意识和锐意改革的精神，带领全体员工，为公司走向新的增长发起一次又一次冲击，克服了一个个困难，取得了巨大的胜利，得到了全体员工的尊重和爱戴。

××总经理，您在改革开放的大潮中，发挥了自己的智慧，根据市场经济的理论规律，利用新技术，开发新产品，倡导"开发竞争"精神，在市场竞争中，使公司步入了全市利税千万元效益企业的行列，受到了政府的表彰和奖励，为同行业树立了光辉榜样。

但是，正在我××公司走向一个崭新地点的时刻，敬爱的××总经理，您先我们而去，与世长辞了。我们失去了一位好领导，经济战线上失去了一名好先锋，企业界失去了一位好朋友。

在这悲痛的日子里，惜别了，您的精神永远鼓舞着××公司奋发腾飞。

敬爱的××总经理，您的精神永垂不朽！

××年×月×日

<u>范本内容精讲</u>

这是一份追悼企业领导人的悼词，是典型的记叙类悼词，记叙去世者的生平业绩，还适当地抒发了对去世者去世的哀痛之情，如这里的"今天我们全体员工怀着悲痛的心情向您告别，表示哀悼！"

中间的 3 个自然段叙述了去世者生平的业绩以及其逝世带给生者的影响，如"一贯勤勤恳恳……得到了全体员工的尊重和爱戴""您在改革开放的大潮中，发挥了……为同行业树立了光辉榜样""在这悲痛的日子里，惜别了……"等。最后一个自然段运用结语"您的精神永垂不朽！"作结尾，结束悼词的正文写作，落款处署名悼词的成文日期。

除了记叙类悼词外，根据表现手段分类还有议论类悼词和抒情类悼词。议论类悼词以议论为主，抒情和叙事为辅，重在评价去世者对社会的贡献，是社会意义较强的一种悼词；抒情类悼词以抒发对去世者的悼念之情为主，并适当结合叙事或议论，常以抒情散文的形式展现，文学色彩浓厚，抒发的感情崇高而真挚、质朴而自然。

另外，根据用途分类，可分为宣读体悼词和艺术散文类悼词。宣读体悼词专用于追悼大会，由具有一定身份的人进行宣读，它是对在场参加追悼的同志讲话，而不是对死者讲话，以表达出全体在场的人对去世者的敬意与哀思，同时勉励群众化悲痛为力量，这类悼词以记叙或议论去世者的生平功绩为主，不以个人抒情为主，因其受追悼大会本身的时间、地点和条件的限制，在形式上相对来说比较稳定；艺术散文类悼词的内容广泛，包括所有的向去世者表示哀悼、缅怀和敬意的情文并茂的文章，这类文章大都发表在报纸杂志上，通过对去世者过去的回忆，展现去世者的品质和精神，虽志在怀念，但却落脚在去世者的精神对活着的人的鼓舞和激励上。

2. 丧葬祭祀祭文

现代祭文大多数均属于丧葬祭祀祭文，祭奠对象是普通人。

范本内容展示

⊙ 资源 |Chapter09| 祭奠亲戚的祭文 .docx

祭祖父祭文

维：

××年×月×日，齐期孙××等，虔具清酌庶馐之奠，致祭于先祖先××老大人之灵前而哀曰：祖父去世，年仅（年龄）七旬。奔波劳碌，终生耕耘。风雨无阻，不避艰辛。勤俭持家，生活平稳。教育吾辈，克己恭人。对待敌友，爱憎分明。维护集体，不讲私情。祖父之德，足启后人。老当益壮，宜寿长奉。无奈不测，急病缠身。一卧不起，迅速辞尘。呜呼祖父，百喊不闻。肝肠断绝，血泪沾巾。哀号祭奠，悲痛难陈。黄泉有觉，来晶来尝。呜呼哀哉！

尚飨！

愚孙 ××× 等 泣奠

范本内容精讲

范本展示的是祭奠祖父的祭文，主要以记叙的形式讲述去世者的终年岁数，如"祖父去世，年仅（年龄）七旬"，一生的工作与生活状态，如"奔波劳碌……克己恭人"，作风与精神，如"对待敌友……足启后人"，以及对去世者的哀思之情，如"无奈不测……呜呼哀哉！"

从这篇祭文的内容看，对仗工整且变韵，符合祭文的唱读习惯。比如"碌"与"阻"押韵，"明"与"情"押韵，"身""尘"和"闻"押韵等。最后，使用结束语"尚飨"作为结尾，正文右下角以规范的格式"愚×××× 泣奠"落款。

祭文写作中，要注意对亲戚的称呼是有考究的。比如，下列所示的称呼。

◆ **对父亲的称呼：** 故显考（姓氏）公讳（名）老大人，男自称孝男，女自称孝女。

◆ **对母亲的称呼：** 故先妣（本姓）母（母姓）氏老孺人，男自称不孝男，女自称不孝女。

◆ **对岳父的称呼：** 故岳考（岳父姓）公讳（岳父名）老大人，男自称孝婿。

◆ **对岳母的称呼：** 故岳妣（妻姓）母（岳母姓）氏老孺人，自称孝婿。

其余各类祭文都要灵活应用，文前两奠三献可不必写出，由颂文之人念过即可。所谓的两奠三献是指上香、奠嚼（酒）、献馔（肉）、献羹（饭）和献帛（钱）。祭文唱读完毕后，祭奠之人要叩首。

——书信类应用文写作要点——
与范例解析

　　书信类应用文一般用书信的形式展现应用文的内容，如求职信、介绍信、公开信、证明信、感谢信、慰问信以及贺信等。它是用于某些特定场合，针对某种特定事务或需要所作的具有专门用途的应用文。

10.1 求职信

■与求职简历的区别 ■一般写作格式 ■范例解析

求职信是求职者写给用人单位的信，目的是让招聘单位了解自己、相信自己并录用自己，是一种私人对公并有求于公的信函。

10.1.1 求职信与求职简历的区别

求职信的英文翻译是 Cover Letter，作用是吸引公司阅读简历，因此，求职信和简历同时投递时，求职信应放在前面，简历随后。那么，两者之间的区别在哪儿呢？如表 10-1 所示。

表 10-1　求职信与简历的区别

区　别	求职信	简　历
内容重点不同	除了需要大致介绍简历内容外，重点介绍个人想做什么（包括个人职业规划、价值追求）、能做什么（包括学习能力、工作能力、沟通能力和社交能力等）、能做成什么（以往业绩、岗位职责等）	是求职者给招聘单位发的一份简要介绍，重点介绍求职者做过什么、取得过哪些业绩
针对对象不同	针对特定的个人来写作	针对特定的工作职位来写作
内容详略不同	提炼简历中的亮点，直接将自己的竞争力表达给 HR，集中突出个人特征和求职意向，是对简历的概述和补充	主要叙述求职者的客观情况
用法不同	是商业信函，与向"客户"（这里指招聘单位）发出的合作邀请一样，需规范、专业，且必须量身定做	属于推销个人的广告文稿，就像产品介绍一样，要能激起"客户"的购买欲望，可以一稿多投
形式不同	是书信的一种，表现形式要遵循书信的基本格式，如前有称谓，后有落款，前有问候句，后有祝颂语等	简历是对自己的学习、生活、工作和实践经验等做的一个简单介绍，形式比较灵活，有些以表格形式分栏呈现

求职实践中，二者的实际运用既可以各自为战、独立使用，也可以合二为一、相互补充。

二者独立使用的情况一般有两种：一是根据招聘单位的要求，要求投寄求职信就写求职信，要求投寄求职简历就制作求职简历；二是根据求职的形式确定，通常，参加招聘会的多以求职简历为主，而通过关系介绍推荐的多以求职（自荐）信为主。

二者合二为一使用时，必须一主一附，也有两种形式：一是以求职信为主，个人简历作为附件附于求职信正文之后；二是以求职简历为主，将求职信作为简历中的一个栏目纳入其中。

提示：求职信与其他同类文件的区别

求职信与自荐信的内容基本等同，自荐信的说法多见于应届毕业生，有些应届毕业生还把简历当作自荐书。而履历表注重的是以时间为线索的求职者的职务变迁，其内容比求职信更详细，篇幅也更长。

10.1.2 求职信的一般写作格式

求职信的格式有一定要求，一般包括标题、称谓、正文、结尾、落款和附件。各部分需要写明的内容如表 10-2 所示。

表 10-2 求职信的结构与内容

结 构	内 容
标题	通常只有文种名称这一种写法，即在第一行中间位置写"求职信"3个字
称谓	是对受信人的称呼，在标题的下一行顶格书写受信者单位名称或个人姓名，单位名称后加"负责同志"，个人姓名后可加"先生""女士""同志"等。由于求职信不同于私人书信，受信人未曾见过，所以称谓要恰当、郑重其事

续表

结　构	内　容
正文	称谓书写完毕后另起行，空两格开始书写求职信的具体内容，内容较多时需分段。这里的内容包括3个层面，一是求职者的有关情况，如姓名、年龄、性别、从何渠道得到招聘信息和所求职务等，简明扼要、态度明朗；二是对谋求的职务的看法和对自己的能力的客观公允评价，这是求职信的关键，语言中肯、恰到好处，态度谦恭诚恳、不卑不亢，着重介绍应聘的有利条件和自己的"闪光点"；三是向受信者提出希望和要求，如"希望您能为我安排一个与您见面的机会""盼望您的答复"等，要适可而止，不要啰唆，甚至苛求对方
结尾	正文书写完毕后另起行，空两格写表示敬祝的话，如"此致"之类的词，然后换行顶格书写"敬礼""祝工作顺利、事业发达"等相应词语。这两行文字之后均不使用标点符号，不必过多寒暄，以免画蛇添足
落款	署写信人的姓名和成文日期，姓名前面不必加任何谦称的限定语，以免有阿谀之感，或让对方轻看你的能力
附件	求职信的附件是不可忽视的组成部分，它是用人单位对求职者进行鉴定的凭证，有说服力的附件可以提高面试可能性。附件可在求职信的结尾处注明，如附件1.×××附件2.×××……然后将附件的复印件单独订在一起随信寄出。附件不需太多，但必须要有分量，要足以证明自己的才华和能力

求职信是求职者和用人单位之间的沟通桥梁，通过一定的沟通，在相互认识、交流的基础上，实现相互交往是求职信的基本功能。因此，求职信的自我表现力非常明显，带有相当的公关要素和公关特色。

在写作求职信时，内容要简练、明确，切忌模糊、笼统或面面俱到。在重点介绍个人想做什么时，要尽可能与具体信件的投递单位的核心价值、职业要求相吻合；在介绍能做成什么时，要与以往的业绩和招聘岗位相结合进行写作。另外，求职信最好能手写，以表现求职的诚意，字数在100字以内为佳。

10.1.3　求职信的注意事项和3个误区

了解求职信的写作注意事项和误区，可以更好地指导我们写作规范的求职信。

1. 注意事项

不要过于关注工作职责。求职信中最普遍的错误就是将其变成一份枯燥乏味的职责清单，为了避免这样的错误，求职者在彰显自己的成就时，可以问自己这些问题：你或你的团队所面临的是怎样的问题或挑战？你或者你们是怎样克服困难的？你或你们努力的结果怎样？公司怎样从你或你们的表现中获利？

目标叙述不要太华丽。比如，"一个具有挑战性的职位不仅让我有机会为公司做贡献，而且也给我成长和进步的机会"这样的叙述太平常、空洞，无法吸引用人单位的眼球，最好能说说自己以前的工作或专长领域。

求职信与求职简历合用时要摆正二者的关系。二者必须一主一附、主次分明，不可喧宾夺主；内容上相互补充、力避重复，不可啰唆累赘。

写完之后要校对。求职信写好后不要急着发送给招聘人员，要做好检查，看有没有不满意的地方甚至错别字，检查该有的资料是否齐全。

2. 3 个误区

求职者在写作求职信时，可通过避免以下 3 种失误来提高求职命中率。

不够自信、过于谦虚。过于谦虚会让用人单位看轻自己，所以求职者应在求职信中强调自己的强项，即使不可避免地涉及说明自己的弱项，也没有必要过分坦率。

主观意愿、推理不当。很多求职者为了取悦于用人单位，再三强调自己的成绩，忽视有关经验与能力对职位的重要性。所以应适当介绍个人成绩，重点说明日常工作经验和具备的具体能力。另外，待人处世比较客观和实际的人，用人单位比较喜欢，因此求职信中尽量避免用"我认为""我觉得""我看"和"我想"等字眼。

措辞不当、造成反感。求职信最忌用词不当，如"有我这样的人才前来应聘，你们定会大喜过望"，用人单位看到这样的语句后，会觉得应聘者很自大，容易引起招聘负责人的反感。

10.1.4 求职信的范例解析

根据不同的分类依据，求职信可分为不同的类型。常见的是从内容或者行业进行分类，主要有技术型求职信、销售型求职信、生产型求职信、演绎型求职信和医疗型求职信等。下面介绍技术型求职信和销售型求职信的写作。

1. 技术型求职信

技术型求职信的内容通常涉及的岗位是技术类，所以几乎都需要附带附件，根据岗位的不同，附件有所区别，如软件工程师证书复印件、会计职称证书复印件或者教师资格证书复印件等。

范本内容展示

◎资源 |Chapter10| 网络维护工程师求职信 .docx

求职信

尊敬的领导：

您好！本人欲申请贵公司网站上招聘的网络维护工程师职位。我自信符合贵公司的要求，在这里，衷心地感谢您在百忙之中翻阅我的求职信。

十几年的寒窗苦读，铸就了我的学识与自信。大学阶段的学习与成长更加磨练了我的意志，提高了我的修养！一分耕耘、一分收获！我会尽自己最大的努力，辛勤劳作，实现自己的人生价值。大学 3 年的培养和自己勤奋刻苦的努力，各门功课尤其是专业课成绩都很优秀，我想这是 3 年来自己勤奋、好学并刻苦努力的结果。在今后的工作和学习中，我将以自己对教育事业的无限热爱和执着，勇于创新，以合作的工作意识为基石，不断学习进取，成为造价工程师，将自己的工作个性渗透于工程管理工作中。

我是××大学造价工程师专业的一名××级应届高职毕业生，通过 3 年的学习尤其是两年的专业课学习，我认为自己已基本掌握了土建概预算和安装预算的一些基本知识，相信在工作岗位上的一段时间实践后能胜任单位安排给我的工作。

社会实践中的学习让我认识到工作中团队精神的重要性，同事之间的协同能力是一个公司发展的必要条件。乐观、积极向上，良好的心态会让我在工作中很快就可以找到自身价值，找到归属感！工作是自己以后人生的很大组成部分，所以我很珍惜工作！我希望可以得到工作！我热爱贵单位从

事的事业，殷切地期望能够在您的领导下，为这一光荣的事业添砖加瓦。如果贵单位能为我提供一份就业机会，我将深表感谢，并以实际行动来证明自己不负您的选择。我真的希望得到网络维护工程师这个职位，在贵公司工作！

我坚信无悔于贵公司的选择，希望您能给我一个机会，我有信心、有能力证明：您将无悔于对我的选择！祝愿贵单位事业欣欣向荣，蒸蒸日上！

随信附上个人求职简历和以往的工作项目成果文件，期待与您的面谈！

此致

敬礼

求职人：×××

××年×月×日

范本内容精讲

范本展示的是该求职信除附件以外的所有内容，从正文第一自然段说明的求职岗位"网络维护工程师"来看，这是一份技术型求职信，相应地，在正文结尾"祝愿贵单位事业欣欣向荣……"之后以"随信附上个人求职简历和……"的说明性文字注明随该求职信一起寄出的附件"求职简历"和"以往的工作项目成果文件"。

正文中以"十几年的寒窗苦读"和"我是 ×× 大学造价工程师专业"这两个自然段表明了求职者的学习经历和学习成果，同时以"社会实践中的学习让我认识

到……"这个自然段的内容说明了自己在以往的工作中获取的经验和能力，最后以"我坚信无悔于贵公司的选择……"为正文第三层，提出希望和要求。该范本的结尾部分紧跟正文之后书写，没有另起行，实际运用中是可取的。

如果是面试财务会计类岗位，可以将会计职称证书（初、中、高级和注会）、会计电算化证书等的复印件作为求职信的附件；面试工程师方面的岗位时，可将UI设计师、电子工程师、设备工程师和硬件工程师等相关证件复印件作为附件。总之，与所求岗位相匹配且分量和含金量较高的证件都可作为附件随求职信寄出。

2. 销售型求职信

这类求职信的内容通常涉及的岗位是销售岗位，如销售人员和销售管理者。一般来说，这样的岗位不需要专门的证书，只要销售能力足够，均能胜任，因此求职信一般不带附件。

范本内容展示

◎ 资源 |Chapter10| 应届毕业生应聘销售岗位求职信 .docx

求职信

尊敬的领导：

　　您好！

　　我是一名市场营销专业的应届毕业生，很感谢您在百忙之中来审阅我的材料！

　　作为一名渴求有所作为的年轻人，贵单位良好的公众形象和发展前景深深吸引了我，促使我决定应聘贵公司的销售助理岗位。

　　大学 4 年，我系统地学习并掌握了营销管理、营销策划、营销战略、广告学等相关专业知识，并不断地通过自学来拓宽自己的知识层面，广泛涉猎金融、会计、法律、计算机等领域的知识。一份耕耘、一份收获，我先后获得 3 次"系三好"、一次"院三好"和"优秀学生干部"等荣誉称号，英语通过四级，计算机通过二级。

　　"纸上得来终觉浅，绝知此事须躬行."我积极参加学生会工作和各种社会实践活动，在担任院学生会编辑部长期间，我全面负责院刊《××青年》、《××工作反映》的编辑工作。并结合本专业的要求，抓住各种机会，赴各地进行调研、帮助企业、商家进行营销策划或产品推广，使自己的组织协调能力和专业能力有了实质性的提高。

　　"会当击水三千里，直挂云帆济沧海."背负着沉甸甸的责任和期望，我真诚地等待着您的检阅，期盼着能为贵单位贡献自己的绵薄之力！

　　祝您和贵单位事业兴旺发达、蒸蒸日上！热切期盼您的回音！

　　此致

敬礼！

求职人：×××

××年×月×日

范本内容精讲

从该求职信的内容可知，求职者是一名大学应届毕业生，因此，求职信的大部分内容都是在说明在校期间的学习成果和社会实践经历。

其中，学习成果包括 3 次"系三好"一次"院三好"和"优秀学生干部"等荣誉称号，英语通过四级，计算机通过二级；社会实践经历包括在校期间担任院学生会编辑部部长，全面负责院刊编辑工作，以及赴各地进行调研，帮助企业、商家进行营销策划或产品推广，最终提高了自己的组织协调能力和专业能力。

称谓之后，先以"您好"以示慰问，再另起行简要概括自己的基本情况"我是一名市场营销专业的应届毕业生……"然后表明所应聘的职位，接着就是求职信的学习成果和社会实践经历等内容。该求职信最后两个自然段"会当击水三千里……"和"祝您和贵单位……"向用人单位提出了希望并表明自己的态度。

10.2 介绍信

■适用范围 ■写作格式 ■规范和要求 ■范例解析

介绍信是用来介绍、联系接洽事宜的一种应用文体，是机关团体、企事业单位派人到其他单位联系工作、了解情况或参加各种社会活动时用的函件，具有介绍、证明的双重作用。

10.2.1 介绍信的适用范围和写作格式

使用介绍信，可以使对方了解来人的身份和目的，以便得到对方的信任和支持。根据介绍信具有的介绍和证明两个作用，可推断其适用范围很广，大部分需要作介绍或者作证明的情况，都可以使用介绍信。介绍信的形式不同，其写作格式也有区别。

1. 便函式

便函式的介绍信一般用公文信纸书写，其结构包括标题、称谓、正文、结尾、附注和落款，具体内容如表 10-3 所示。

表 10-3　便函式介绍信的结构

结　构	内　容
标题	在第一行居中书写"介绍信"3 个字
称谓	另起行，顶格书写收信单位名称或个人姓名，姓名后加"同志""先生"或"女士"等称呼
正文	另起行，空两格开始书写正文，一般不分段，写清楚派遣人员的姓名、人数、身份、职务、职称，说明所要联系的工作、接洽的事宜等，提出对收信单位或个人的希望和要求等，如"请接洽"
结尾	写表示致敬或者祝愿的话，如"此致敬礼"
附注	注明介绍信的有效期限
落款	在正文的右下方写明派遣单位的名称和介绍信的开出日期，并加盖公章

2. 存根式

带存根的介绍信有固定的格式，一般由存根、间缝和本文这 3 部分组成，如表 10-4 所示的是这 3 个部分应写明的内容和具体作用。

表 10-4　存根式介绍信的结构

结　构	内　容
存根	该部分由标题、介绍信编号、正文、开出时间等组成，存根由介绍信的出具单位留存备查
间缝	该部分写介绍信的编号，应与存根部分的编号一致，同时还要加盖出具单位的公章
本文	该部分基本与便函式介绍信相同，只是还需要在标题下方注明介绍信编号

10.2.2　介绍信的写作规范和要求

不同形式的介绍信有其特定的写作规范，因此，在具体撰写介绍信时除了要分清楚形式外，还要切实掌握各自的写作规范。同时，一些写作要求和注意事项也要牢记。

1. 写作规范

便函式介绍信也称为普通介绍信，通常用公文纸书写；存根式介绍信也称填表式介绍信。两种介绍信的写作规范如表 10-5 所示。

表 10-5　两种介绍信的写作规范

种　类	写作规范
便函式介绍信	1. 用公文纸书写，在公文纸正中位置写"介绍信"3 个字，字体要比正文的字体大； 2. 要有联系单位或个人的称呼； 3. 要说明被介绍人的姓名、身份和人数等信息（派出人数较多时，可以写成"×××等×人"）； 4. 要说明具体的接洽事宜并向接洽单位或个人提出希望，最后可写上"请接洽""请予协助"和"此致敬礼"等结束语； 5. 落款处要加盖出具单位的公章
存根式介绍信	1. 要制作格式规范的介绍信，然后填写有关内容； 2. 存根部分简填，以便日后查考； 3. 本文部分要详细填写； 4. 涉及派人联系办理重要或保密事情的介绍信，要注明被派人员的政治面貌和职务； 5. 重要的介绍信要经领导过目或在存根上签字，有些还需限制有效期； 6. 除了本文部分需要加盖公章外，存根与本文的虚线正中也要加盖公章

2. 写作要求和注意事项

从写作要求的角度看，介绍信的接洽事宜要书写具体、简明；要注明使用介绍信的有效期限；字迹要工整，不能随意涂改。

从写作注意事项的角度看，介绍信的写作要坚持实事求是的原则，优点要突出，缺点不避讳，最好是用成就和事实替代华而不实的修饰语，恰当地介绍自己；态度要诚恳，措辞要得当，用语应委婉而不隐晦，自信而不自大；篇幅不宜过长，要在有限的篇幅中言简意赅地突出重点，表述要顺畅。

10.2.3 常见介绍信的范例解析

由于根据介绍信的内容和目的划分类型比较困难，这里就从介绍信的形式出发，介绍便函式介绍信和存根式介绍信。

1. 便函式介绍信

便函式介绍信一般用公文纸手写，结构比较简单，内容较少时如同一张便签。

范本内容展示

◎资源 |Chapter10| 联系事宜的介绍信 .docx

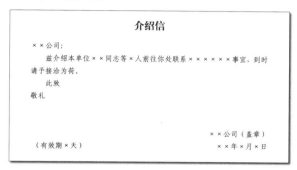

范本内容精讲

由范本展示的介绍信内容可看出，便函式介绍信的篇幅较短，称谓后直接简明扼要地写清楚谁派谁前往某处干什么等内容即可，最后向收信单位提出要求，如"请予接洽为荷"。

需要注意的是，为了展现介绍信的正规性和严肃性，一般正文以"兹……"开头，结尾时用礼貌性语句。有有效期限制的情况，需要在介绍信正文结束后写明，没有限制的则可不用写。

2. 存根式介绍信

存根式介绍信要特别注意格式，与便函式介绍信相比，其多了存根和间缝，因此，从篇幅来看，一般都比便函式介绍信的篇幅长。

范本内容展示

◎资源 |Chapter10| 联系工作的介绍信 .docx

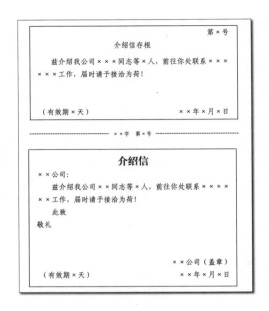

范本内容精讲

由范本展示的介绍信结构可知，这是典型的存根式介绍信。存根没有称谓部分，但有标题、介绍信编号、正文、开出时间等。

存根下方是间缝，通常以虚线将存根和介绍信本文隔开。间缝处写介绍信的编号，与存根右上角的编号一致，同时加盖出具单位的公章。本文部分的写作格式可参考便函式介绍信。写作完毕后，存根保留在出具单位以备日后查考，本文部分送至收信单位或个人处。在实际运用中，有些存根式介绍信是左右结构，如图 10-1 所示。

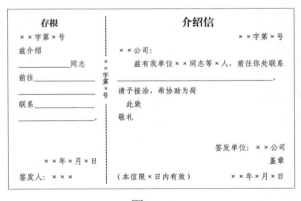

图 10-1

10.3 公开信

■写作格式 ■注意事项 ■范例解析

　　公开信是将内容公布于众的信件，可以笔写，也可以印刷、张贴、刊登和广播。其适用对象可以很广泛，如"三八"妇女节写给全国妇女的公开信、"五四"青年节写给全体青年的公开信；也可以写给个人。但无论是写给社会中的某一部分人还是写给个人，从写信者的角度看，都希望有更多人阅读、了解，甚至讨论信中的问题。

　　公开信的内容一般涉及比较重大的问题，具有普遍的指导作用、教育作用和宣传作用。它是将不必保密的全部内容公之于众，让大家周知和讨论的信件。一封好的公开信，在宣传中会产生较大的影响，能促使人们积极参与，树立良好社会风气，指导工作广泛开展和推动活动顺利进行。

10.3.1 公开信的写作格式和注意事项

　　公开信的写法主要有 4 种，每种写法对应的写作格式都有所不同。

◆ 以领导机关、群众团体的名义，在重大事件、纪念活动、传统节日里给有关单位、集体发出的书信。这种信有问候、表扬和鼓励的效果，如"五四"青年节给青年的公开信。其格式与普通书信格式基本相同，如表 10-6 所示。

表 10-6　公开信写作格式

结　　构	内　　容
标题	第一行居中书写"公开信"3 个字，或者以"××致××公开信"为标题
称谓	针对发信的对象和发信方式的不同，有的写集体或企业的名称，有的写个人姓名。在称呼之前，根据不同对象的身份特点，加"尊敬的""敬爱的"等字样
正文	称谓后另起行，空两格开始书写具体内容，可以先写关怀、问候和祝愿的话，给人亲切、温暖之感；然后热情赞颂收信人的品德、贡献及其影响，或者相关事宜的具体情况；接着根据收信对象的共同特征，提出要求、希望，并给予鼓励；最后以饱满、热烈的感情发出号召
落款	写发信单位名称或个人姓名，注明成文日期

◆ 领导机关、群众团体或个人针对某一个问题给有关对象发出的公开信。这类公开信的基调多种多样，有批评，有表扬，有倡导新风，有提出建议。具体格式如表 10-7 所示。

表 10-7 公开信写作格式

结　构	内　容
标题	第一行居中书写"公开信"3 个字，或者以"×× 致 ×× 公开信"为标题
称谓	收信人的称呼，多用"同志们""朋友们"和"同学们"等，有的直接写姓名或者职称
正文	称谓后另起行，空两格开始书写具体内容，包括问题的背景和原因，时间的经过和结果，同时还要表明自己对人物或事件的态度，或赞扬，或批评，或提出某种主张、建议等
落款	写发信单位名称或个人姓名，注明成文日期

◆ 有的公开信本来属于私人信件，但由于某种原因找不到收信人的地址，而信的内容又非常急切，非发给本人不可。这种情况时，信就需要通过媒介刊登在报纸上，或者在电台上广播，以此与收信人取得联系。这类公开信的格式基本上与普通书信格式相同。但由于要寄给报刊编辑部或广播电台、电视台，因此要注意信封书写的规范。

◆ 群众反映某人或相关部门在从事某种工作时涉嫌不合法操作，某人或相关部门进行澄清时使用的公开信。这类公开信的写法与普通书信相同，但由于要寄给报刊编辑部或广播电台、电视台，因此信封书写要规范。

无论是哪种类型的公开信，在正文结束后，可根据实际情况使用一些结束语，通常是表示祝愿的话，如"此致敬礼""祝开心"等。

实际运用公开信时，要注意以下几个问题。

◆ 考虑需要与可能，的确有写公开信的必要的，或者的确有实现公开信所说目标的可能的，采用公开信。

◆ 既要诚心诚意地将发表公开信的理由告诉受众，又要向受众阐述公开信的基本思想和大致事件情况，切忌夸夸其谈、不切实际。

◆ 把握好发表公开信的角度和事件，使其能够取得很好的社会效果。对于重大事件、纪念活动和传统节日等发出的公开信，一定要及时，甚至提前。

10.3.2 常见公开信的范例解析

从上述介绍的 4 种公开信类型中，我们选取其中常见的两种公开信作为范例，进行详细解析。

1. 针对某一个问题的公开信

这种公开信的收信人既不是单一的个人，也不是社会大众，只是社会大众中与涉及的问题有关系的某一类群体。

范本内容展示

◉ 资源 |Chapter10| 致农民朋友的公开信 .docx

> **禁烧秸秆，让蓝天常在!**
> **——致农民朋友的一封公开信**
>
> 广大农民朋友:
>
> 首先对您们辛勤耕耘在农业生产第一线，为农村经济社会发展做出的贡献致以亲切的慰问和崇高的敬意! 收获在即，我们为您的丰收感到欣慰的同时，也希望您不要焚烧秸秆，自觉投身到秸秆禁烧和收储利用工作中来。
>
> 秸秆焚烧的危害已广为人知，不仅会造成严重的大气污染，还很容易引发交通事故和影响航空安全。此外，还可能引发火灾，破坏土壤结构，导致土壤有机质下降和增产潜力降低。
>
> 农作物秸秆是一种重要的生物资源，具有很高的综合利用价值，可以培育食用菌、制取沼气和作为木炭、建筑加工的原材料，可用于生物质发电，还可以通过秸秆还田、秸秆沤肥、秸秆气化等实用技术进行综合利用，变废为宝。
>
> 禁烧秸秆是保护环境的重要举措。《中华人民共和国大气污染治法》明确规定，露天燃烧秸秆属违法行为。我们将进一步加大对焚烧秸秆行为尤其是"第一把火"的依法查处力度，并处罚款; 对造成重大大气污染事故、烧毁树木，导致公私财产重大损失或者人身伤亡严重后果的，将由公安部门依法追究有关责任人员的刑事责任。
>
> 清新的空气和蔚蓝的天空是我们共同的渴望! 又到一年收获季，广大农民朋友在享受丰收喜悦的同时，应按照"不燃一把火，不冒一处烟"的禁烧目标和要求，自觉抵制和及时劝阻焚烧秸秆行为，不在田间地头、交通干线两侧以及其他敏感场所露天焚烧秸秆和生活垃圾，让秸秆禁烧成为常态，共同维护美丽、绿色×城形象，共同保护我们赖以生存的生态环境，为建设生态文明新家园做出积极贡献。
>
> 秸秆焚烧举报电话: 12369
>
> ×× 街道办事处
> ×× 年 × 月 × 日

范本内容精讲

该公开信的标题采用了复式标题的写法，主标题写明公开信涉及的问题"禁烧秸秆"，副标题写明公开信的收信对象"农民朋友"，其整体格式类似于"事由 +

发文对象 + 文种"的格式。由于全国各地的农民是一个大群体，因此称谓部分用"广大农民朋友"比较恰当。

正文第一自然段在说明问题之前先对农民朋友在农村经济发展中做出的贡献做出慰问和感谢，然后直奔主题"不要焚烧秸秆"，欲抑先扬，避免农民产生反感情绪；第二自然段介绍焚烧秸秆的危害；第三自然段介绍秸秆的作用；第四自然段说明焚烧秸秆的处理办法；接着对广大农民朋友提出希望和要求。因为针对某一问题的公开信往往是希望该问题得到解决，因此常常会在正文之后给出相应的联系方式，便于收信人进行举报、联系或咨询。

2. 做出澄清的公开信

这类公开信一般是涉事人或者单位、集体等针对之前的不实报道或传言等进行澄清和事实说明，是一种维护名誉的行为。

范本内容展示

◎资源 |Chapter10| 致电影观众的公开信 .docx

致电影观众的一封公开信

各位媒体和观众：

由我司出品的动画电影《×××》于××年×月×日在国内院线上映，同时也引发了一些误会，为澄清事实，我公司特向各媒体及电影观众发表本次公开信。

1.《×××》是由我公司独立出品的动画电影，影片讲述了×××××××的传奇的故事。

2. 我公司必须澄清，作为一部国产动画电影，《×××》与迪士尼、××动画的《×××》、《×××2》(影评)，以及××有限公司（包括××旗下有关公司）的任何动画形象或商标等无任何关系。并且，自始至终，我公司在主观以及行动上均未表明《×××》与这些影片有任何关系，或者与这些影片的出品方有任何关系。

3. 对于市场上引起的一些争论，以及因此给迪士尼、××动画、××有限公司（包括××旗下有关公司）造成的误解，我公司深表歉意。

我公司真诚感谢各位观众对《×××》提出的各种批评意见，对于各种批评意见，我公司将虚心接受。

厦门××影视动漫有限公司

××年×月×日

范本内容精讲

该公开信的标题格式较简单，也是使用最多的一种写法。正文第一自然段说明了发布此公开信的原因和背景"由我司出品的动画电影《×××》于××年×月×日在国内院线上映，同时也引发了一些误会"，并以"为澄清事实……发表本次公开信"的句式突出该公开信的目的是澄清事实，也确定了公开信的类型。

在公开信中做出澄清时，最好分点列明，这样不仅醒目而有条理，更便于把事实说清楚，能更好地纠正他人对自己的误解。若有必要，可以在最后针对他人向自己提出的合理批评和建议进行感谢，同时表明态度，如"虚心接受"。

10.4 证明信

■特点 ■适用范围 ■规范格式 ■范例解析

证明信是以行政机关、社会团体、企事业单位或个人的名义凭借确凿的证据证明某人的身份、经历或某件事情的真实情况时所使用的一种专用书信，一般也直接称作"证明"。

10.4.1 证明信的特点与适用范围

由证明信的定义可知，其适用范围从对象上看可以是行政机关、社会团体、企事业单位和个人，从用途上看可以是证明某人的身份、经历和某件事情的真实情况等，其范围较广。根据证明信的形式和内容可知，其具有如表 10-8 所示的几个特点。

表 10-8　证明信的特点

特　点	概　述
凭证性	证明信的作用贵在证明，是持有者用来证明自己身份、经历或某事真实性的一种凭证
书信格式	证明信是一种专用书信，尽管有好几种形式，但写法都与书信的写法基本一致，即大部分采用书信体的格式
内容简洁	证明信只要把需要证明的事实描述清楚即可，如被证明人的信息和证明事项，一般篇幅较短

10.4.2 证明信的规范格式

尽管证明信的内容简洁，但该有的结构也必须具备，主要包括标题、称谓、正文、结尾和落款。

- ◆ **标题**：一般用"证明"二字或者"证明信"3个字直接作为标题，又或者写成事由＋文种的格式，如"员工身份证明""个人收入证明"等。
- ◆ **称谓**：标题之后另起行，顶格书写单位名称或者个人姓名，有的证明信可以省掉称谓，直接书写正文。
- ◆ **正文**：主要描写被证明的人物身份或事件事实。
- ◆ **结尾**：一般写"特此证明"。
- ◆ **落款**：标明出具证明的单位名称或证明人姓名，以及出具证明信的日期，若是单位，还要加盖公章。还有些证明信，因为情况需要，会在落款之后进行备注说明，如图10-2所示。

辞职证明书

第 号

_____

兹有_____（单位）_____同志，于_____年___月___日，向该单位申请辞职。根据《全民所有制事业单位专业技术人员和管理人员辞职暂行规定》第___条第___款和《关于执行〈全民所有制事业单位专业技术人员和管理人员辞职暂行规定〉中有关问题的通知》第___条第___款，经_____（单位或人才流动服务机构）审核（审批），该同志从_____年___月___日起辞职。

特此证明

（人才流动服务机构盖章）

年 月 日

注：此证明书一式三份：1. 人才流动服务机构留存；2. 个人留存；3. 存入本人档案。

图10-2

10.4.3 常见的证明信范例解析

根据其内容不同，证明信分为不同类型，如收入证明、离职证明等。

1. 收入证明

收入证明是人们在日常生产生活经营活动中，所需要的对经济收入的一种证明，一般在办理签证、银行贷款和信用卡时会要求由当事人单位出具。

范本内容展示

◎资源 |Chapter10| 个人收入证明 .docx

收入证明

兹证明×××系我单位正式员工，并且该员工：

1. 现任职务为×××××××.

2. 已与我单位签订×年劳动合同，期限自××年×月×日起至××年×月×日止。

3. 月均收入总计人民币××元。其中，工资收入为人民币××元，奖金及津贴收入为人民币××元。

本单位谨此承诺上述证明是正确、真实的，如因上述证明与事实不符导致贵单位经济损失，本单位保证承担赔偿等一切法律责任。

特此证明.

××公司（单位公章）

××年×月×日

范本内容精讲

范本展示的是常用的个人收入证明，出具单位一般是员工工作所在的公司。从内容上看，一般将被证明人的姓名、身份证号码、职位和月收入等详细列出，然后承诺责任归属即可。

由于证明信具有凭证性的特点，所以必须要加盖出具证明信的单位或组织的公章。有时，为了约束证明信的用途，证明人或公司还可在证明信中约定免责事项，如"本证明仅用于证明我公司员工的工作及在我公司的工资收入，不作为我公司对该员工任何形式的担保文件"。结尾部分遵循了证明信的规范格式，即写"特此证明"。

2. 离职证明

离职证明是用人单位与劳动者解除劳动关系的书面证明，是用人单位与劳动者解除劳动关系后必须出具的一份书面材料。当员工到另一家公司上班时，往往被要求提供该证明。

范本内容展示

◎资源 |Chapter10| 离职证明 .docx

离职证明

××公司：

　　兹有××同志于××年×月×日入职我公司担任人力资源部人力资源助理职务，至××年×月×日因个人原因申请离职，在此期间无不良表现。经公司研究决定，同意其离职，已办理离职手续。

　　因未签订相关保密协议，遵从择业自由。

　　特此证明。

××公司（盖公章）

××年×月×日

范本内容精讲

　　该离职证明有称谓部分，一般是某人从原来的公司离职，到另一家公司工作而被该家公司要求提供从原公司离职的证明，所以原公司在出具离职证明时会在抬头部分写出员工即将进入的公司的称谓。

　　通常，离职证明的内容要包括被证明人何时入职原来的公司、担任何种职务、于何时因何种原因离职、其间有无不良表现、原公司同意其离职以及是否已经办理离职手续等。应注意，对于是否与原公司签订保密协议、员工是否可以遵从择业自由等问题进行说明，如本离职证明所写的"因未签订相关保密协议，遵从择业自由"。这些内容均写作完成后，再写结尾部分，最后落款盖章。

　　除了收入证明和离职证明外，生活和工作中还常常使用到财产证明、身份证明等证明信。

10.5 感谢信

■特点　■规范格式　■范例解析

　　感谢信是集体单位或个人向帮助、关心和支持过自己的集体（党政机关、企事业单位、社会团体等）或个人表示感谢的专业书信，有感谢和表扬的双重意义，但重点还是在感谢上。在日常生活和工作中，得到对方的帮助、支持和关心，均可用这种文体表示感谢。

一般来说，感谢信具有 3 个特点：一是公开感谢或表扬，二是感情真挚，三是表达方式多样。写作感谢信之前，要将其与表扬信进行区分，表扬信一般用于长辈受到小辈的帮助而表示赞扬夸奖，顺带感谢之意；而感谢信不分年龄辈分，重在感谢。

10.5.1 感谢信的写作格式

感谢信的结构一般由标题、称谓、正文、结尾和落款构成，相关内容如表 10-9 所示。

表 10-9　感谢信的结构

结构	内容
标题	感谢信的标题形式有这样几种：①只写"感谢信"3 个字；②感谢对象 + 文种，如"致 ××× 的感谢信"；③感谢者 + 感谢对象 + 文种，如"×× 全家致 ×× 的感谢信"；④事由 + 文种，如"学院助学金感谢信"
称谓	顶格书写感谢对象的单位名称或者个人姓名，如"×× 公司""×× 先生""×× 同志"等，如果感谢对象较多，可以将感谢对象放在正文中提出
正文	主要表达两层意思，一是感谢对方的理由，二是直接表达感谢之意。写感谢理由时，先准确、具体地叙述对方带给自己的帮助，清楚交代人物、时间、地点、事件、过程和结果等基本信息，然后对对方给予的帮助作恰当且诚恳的评价，肯定对方的行为；在表达感谢之情时，在前述叙事和评论的基础上直接向对方表达感谢之意，有需要时，还可在表达感谢之意后表示会以实际行动向对方学习的态度
结尾	书写结语，如"此致敬礼""再次表示诚挚的感谢"之类的话，也可以将该部分紧跟正文，自然结束正文
落款	注明发出感谢信的单位名称或个人姓名，以及写信的时间

在实际写作感谢信时一定要注意，表示谢意的话要得体，既要符合被感谢者的身份，也要符合感谢者的身份；感谢信以说明事实为主，切忌不着边际地大发议论。

10.5.2 常见的感谢信范例解析

根据不同的标准，感谢信可以分为不同的类型。按感谢对象的特点区分，有写给集体的感谢信和写给个人的感谢信；按感谢信的存在形式区分，有公开张贴的感谢信和寄给单位、集体或个人的感谢信。下面介绍两种常见的感谢信。

1. 公开张贴的感谢信

这种感谢信包括可在报刊登报、电台广播或电视台播报的感谢信，是一种可以公开张贴的感谢信。

> **范本内容展示**

◎ 资源 |Chapter10| 公司对外感谢信 .docx

感谢信

  ××电缆有限公司于××年×月×日在南京举行隆重开业典礼，此间收到全国各地许多同行、用户以及外国公司的贺电、贺函和贺礼。上级机关及全国各地单位的领导，世界各地的贵宾，国内最著名的电缆线路专家等亲临参加庆典，寄予我公司极大的希望，谨此一并致谢，并愿一如既往与各方加强联系，进行更广泛、更友好的合作。

××电缆有限公司

××年×月×日

> **范本内容精讲**

由范本内容可知，该感谢信涉及的感谢对象比较多，因此直接在正文中提出，即"此间收到全国各地许多同行……谨此一并致谢"，省去了相应地称谓结构。

在该感谢信中，感谢理由是"××电缆有限公司于……寄予我公司极大的希望"，其中包括人物"同行、用户、外国公司、上级机关、单位领导、贵宾、著名电缆线路专家"、时间"××年×月×日"、地点"南京"和事件"举行隆重开业典礼"。然后表达感谢之情，即"谨此一并致谢，并愿……更友好的合作"，结构非常清晰。在实际运用中，有些感谢信的落款处除了署单位名称外，还会署董事长或总经理的姓名。

2. 写给集体的感谢信

这类感谢信一般是个人或者集体处于困境时，得到了集体的帮助，并在集体的关心和支持下，使自己最终克服了困难、渡过了难关、摆脱了困境，所以要用感谢信的方式表达自己的感激之情。

> **范本内容展示**

◎ 资源 |Chapter10| 写给公司的感谢信 .docx

感谢信

尊敬的××股份有限公司陕西分公司：

　　首先感谢贵公司长期以来对××互联的关心与支持。作为××的互联网基础设施服务提供商，××互联一直致力于为客户提供高品质的服务，其中，网络质量是保证客户感知的重要基础，响应速度是提升客户感知的关键环节。在过去×年中，贵公司给了××互联非常有力的支撑和保障，尤其是贵公司集团客户部，作为具体业务接口部门，扎扎实实做工作、勤勤恳恳保质量，集中展现出高度的敬业和专业精神，针对我司一些专线客户，不断优化网络质量，全年网络故障由××年的 50 余次减少为 9 次，网络品质大幅改善。同时，响应效率也得到极大提升，针对一些突发状况，曾连续两天奋战到凌晨两点，各级领导亲自过问抢修进度，让我们十分感动，也获得了客户普遍的认可和好评。

　　在此，我们由衷地感谢贵公司对××互联的关心和爱护，同时向那些曾经帮助过××互联的一线人员、各级领导表示最真挚的敬意，我们真切地感受到双方合作日益紧密、发展环境越来越好。

　　在新的一年里，我们有信心与贵公司一起抓住机遇，合作共赢，不断开拓市场，创造更好成绩。再次感谢。

　　此致

敬礼

××互联

××年×月×日

范本内容精讲

　　由于该感谢信的感谢对象比较单一，即"××股份有限公司陕西分公司"，所以利用称谓结构表明。同时，感谢信的全文称呼都将感谢对象定位于"集体"，即"贵公司"。

　　首先，正文第一自然段写了感谢对方的理由，其中涉及时间、人物和事件的过程与结果，然后另起行表达感谢之意，最后表明双方日后会合作共赢的态度并再次感谢对方的帮助。

10.6 慰问信

■适用范围 ■写作格式与要求 ■范例解析

　　慰问信是表示向对方（一般是同级或上级对下级单位、个人）关怀、慰问的信函，是有关机关单位或个人，以组织或个人的名义在他人处于特殊情况（如战争、自然灾害或事故等）时，或在节假日，向对方表示问候、关心的应用公文。

也就是说，当某集体或个人由于某种原因而面临暂时困难和遭受严重损失时，或者某集体或个人需要得到安慰和鼓励时，都可以用慰问信对其表示同情、安慰和慰问。显然，慰问信的作用就是充分表达这些情感。

10.6.1 慰问信的写作格式与要求

慰问信的大致格式与感谢信的格式基本相同，如表 10-10 所示。

表 10-10　慰问信的结构

结　构	内　容
标题	①直接写"慰问信"3 个字；②慰问对象 + 文种，如"致 ××× 的慰问信"；③慰问者 + 慰问对象 + 文种，如"××× 致 ××× 的慰问信"等
称谓	一般来说，称谓是不可少的，但有些慰问信在标题中已经提到了受信方的名称，如"给全校教职工的新年慰问信"，则可省略专门的称谓结构
正文	首先写明慰问的原因、事件的情况或他人的事迹等，其次可以叙述对方的模范事迹或者遇到困难时表现出来的高尚品德，最后向对方表示慰问、同情或安慰
结尾	写祝福语或鼓励语，如"祝愉快""祝身体健康""祝阖家幸福"等
落款	署名单位名称或个人姓名，以及写信时间，署组织名称时应写全称，个人姓名前可加职衔

在书写慰问信时，对象要明确，重点要突出，感情要真挚且使人欣慰，期待要殷切，语言要亲切、精练而质朴，具体还应注意以下细节。

◆ 如果标题写成"××× 致 ××× 的慰问信"，则"慰问信"3 个字可移至第二行居中书写。

◆ 具体的称谓之前应带有"尊敬的""亲爱的"和"敬爱的"等礼貌用语。

◆ 如果写慰问信的单位或个人不止一个，落款处都要一一写明。

10.6.2 常见的慰问信范例解析

慰问信包括两种，一种是表示同情安慰，另一种是在节假日表示问候。不同类型的慰问信，表达的感情会有不同。

1. 节假日慰问信

节假日慰问信就是在节假日向对方发去表示关心和问候的信件，重在"问"。

范本内容展示

◎资源 |Chapter10| 新春慰问信 .docx

慰问信

公司全体职工、离退休老同志及家属同志们：

猪年猪贺春，弯弯钱满园，圆圆看福篇。值此新春佳节即将来临之际，公司党委、行政、工会向全体职工及其家属，以及为公司发展付出过艰辛与汗水的离退休职工致以亲切的问候和新年的祝福！向春节期间继续奋战在国内外各个工作岗位的职工致以崇高的敬意！

过去的××年是公司实施改革创新、转型升级发展战略的关键一年。面对外部市场环境不利影响，公司在××七局及公司董事会的正确领导下，经过全体员工的共同努力与奋斗，以改革创新的精神着力解决好制约公司发展的困难和问题，逆境突围，超前谋划，苦练"内功"，多管齐下，向"专业+综合"的发展模式转型迈出了新的步伐，为实现新的发展打下了坚实的基础。

新年新气象，团结谱华章。新的一年里，公司将深入贯彻落实党的××会议精神，认真落实××七局及公司董事会工作部署，继续推进思想解放，坚持科学发展，在业务转型上想办法，在深化改革上做文章，在强化执行上下功夫，狠抓"两场"，提升"两效"，奋力推进公司平稳健康发展。

展望××年，前景无限美好。我们坚信：在××七局及公司董事会的正确领导下，经过公司领导班子和全体职工的共同努力，在新的一年里公司将谱写更辉煌的篇章！

祝大家在新的一年里身体健康、工作顺利、阖家欢乐！

××有限公司

××年×月×月

范本内容精讲

节假日慰问信可分为两类，一种是纯粹的节日祝福慰问信，另一种是在节日祝福基础上对公司成绩进行总结，并对未来做出展望的慰问信，显然，范本展示的慰问信属于后者。

正文写作过程中，可根据实际需要决定节日祝福、过去成绩和未来展望的写法，可以单独写作，也可以融合写作。慰问信最大的特点就是结尾部分的祝福语。

2. 同情安慰式慰问信

同情安慰式慰问信是在对方由于某种原因而面临暂时困难或遭受严重损失时向其发出的慰问信，重在"慰"，以表达安慰和同情之情。

范本内容展示

◎资源 |Chapter10| 给员工的生病慰问信 .docx

慰问信

亲爱的员工××：

　　您好！

　　日前，公司总裁×总惊悉您身染小恙后，深感不安，并于百忙之中反复叮嘱我们要知晓详情，尽力提供资助。通过×日电话请宜，方知您的病情已无大碍，我们才得以释怀，并即刻向×总作了汇报，×总也深感欣慰。想到您工作中的点点滴滴，大家都希望您能够尽快回到公司工作。感谢您在工作中辛勤劳动与默默付出！

　　今致信函，谨代表×总及全体××人向您聊表慰问，并衷心地祝愿您早日康复！

××财富人力行政部
××年×月×日

范本内容精讲

　　生病慰问信的侧重点在于对慰问对象的鼓励或者祝愿，以激起慰问对象战胜病魔的勇气，所以言辞要恳切、感情要真挚。

　　另外，这类慰问信在结尾部分一定会加上"祝早日康复"和"祝早日痊愈"等祝福语，以表示对慰问对象的美好祝愿。

10.7 贺信

■写作格式 ■范例解析

　　贺信是党政机关、社会团体、企事业单位或跟人向其他集体、单位或个人表示祝贺的书信，其与贺词的作用一致，只是使用的场景不同。目前，贺信还可以用来表彰、赞扬受信者在某个方面所做出的贡献。如果贺信以电子邮件形式发出，又称为贺电。

10.7.1 贺信的一般写作格式

　　贺信的一般写作格式包括标题、称谓、正文、结尾和落款这 5 个部分，具体应写明的内容如表 10-11 所示。

表 10-11　贺信的结构

结　构	内　容
标题	①直接写"贺信"二字；②祝贺对象＋文种，如"致××公司的贺信"；③祝贺者＋文种，如"××公司贺信"；④祝贺者＋祝贺对象＋文种，如"××公司致××公司的贺信"；⑤祝贺事由＋文种，如"祝贺××店顺利开业"
称谓	写明被祝贺单位的名称或者个人的姓名，写给个人时，要在姓名之后加上相应的礼仪名称，如"女士""先生"等
正文	要交代清楚这几项内容：①结合当前形势，说明对方取得成绩的大背景，或者某个重要会议召开的历史条件；②概括说明对方在哪些方面取得了成绩，分析其成功的主观、客观原因，贺寿的贺信要概括说明对方的贡献和宝贵品质，这是核心内容；③表示热烈的祝贺，写出祝贺的心情，表达真诚的慰问和祝福，进行鼓励，提出希望、要求或共同理想
结尾	写祝愿语，如"祝您健康长寿""祝取得更大的胜利"等
落款	写明发信的单位名称或个人姓名，并署上写信日期

10.7.2　常见贺信的范例解析

根据内容的不同，贺信可以分为开业贺信、生子添丁贺信等种类。

1. 贺开业之喜

开业贺信是指店铺、超市等开业时送去的贺信，可延伸到公司成立的贺信。

范本内容展示

◎资源 |Chapter10| 旗舰店开业贺信 .docx

贺信

上海××有限公司××杭州旗舰店：

　　欣闻贵公司杭州××旗舰店××年×月×日开张，特在此表示热烈的祝贺！

　　××在国内率先引入××木材，开发出多款国内畅销的××板材，多年来更是以高品质、高品位、高水准的专业和专注的精细加工，成为国内畅销××品牌，并因其品质和服务的信誉赢得了消费者的广泛口碑。我们相信，××旗舰店的开张，必能进一步促进杭州地区建材市场的繁荣发展，必能为杭州人民贡献出更具品质、更富个性的××产品，为杭州××市场锦上添花。

　　最后，祝愿上海××有限公司的发展一日千里，杭州××旗舰店的生意兴旺发达！

上海市××行业协会

××年×月×日

范本内容精讲

在写好贺信的标题和称谓后，正文第一句话通常以"欣闻……""欣获……"的句式来说明知道开业的消息，然后再接着写店铺经营的市场环境，最后写祝愿语。

注意，在写店铺经营的市场环境时，做出的评价要客观，适当地鼓励店主。为了更直接地表达祝贺之情，在写作听说开业消息之后，即可写恭祝开业的语句，如"特在此表示热烈的祝贺"，最后在结尾部分写祝愿语。

2. 贺生子添丁之喜

当亲戚朋友有人生子添丁，但又不能及时前往当面祝贺，此时可用贺信表达祝贺之情。

范本内容展示

◎资源 |Chapter10| 亲戚生子添丁贺信 .docx

贺信

××姐：

今天上午接到您的来信，知道您已平安生产，很快地过了半个月，我得到这喜讯，真是为您高兴！

本应前来拜望您，看看您的小宝宝，因为公司里这几天业务繁忙，不方便请假，稍过几天，我一定前来当面向您道贺。

我想大概不会有"重男轻女"的旧观念吧！生男固然好，女儿也很不错。在这个男女平等的新时代中，生女有时候还胜过生男。所以，"休嫌一片瓦，珍重亦千金"。

妹妹：×××

××年×月×日

范本内容精讲

由于亲戚朋友生子添丁的事情比较生活化，因此贺信的称谓可以尽量亲切随和，无须使用"尊敬的""敬爱的"之类的修饰语。与开业贺信一样，正文首先写明获悉了生子添丁的消息。

在写生子添丁贺信时，需要对不能当面道贺的原因作简要说明，同时表明对日后当面道贺的态度。还有一点比较重要，在不知道对方所生是男是女时，可以用"男女平等"的说辞来说明生男生女一样好。

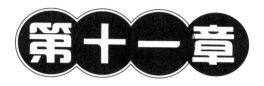

—— 生活类应用文写作要点 ——
范例解析

工作和生活中发生的一些事情或者业务，需要有凭证证明事情已经发生或者完成，以确保当事人双方的合法权益，如借条、欠条和收据等条据，委托书、公证书和遗嘱等书面证明材料。

11.1 条据

条据是作为某种凭据的便条，是日常生活中最常见而又最简便的应用文。它的特点在于"便"，不仅写起来简便，而且看起来也方便。其篇幅虽小，但作用很大。

11.1.1 部分条据的区别和适用场合

日常生活中，常用的条据分两大类，一是凭证式条据，如借条、欠条、收条、收据和领条等；二是说明式条据，如请假条、留言条和托人办事等，也称为便条。本节主要介绍凭证式条据，先要了解它们之间的区别和适用场合，避免错用。

1. 借条、欠条和收条的区别

借条、欠条和收条是生活中使用最多的 3 种凭证式条据，它们的区别如表 11-1 所示。

表 11-1　借条、欠条和收条的区别

区　别	借　条	欠　条	收　条
含义不同	也可称为"借据"，是表明债权债务关系的书面凭证，是个人或单位在借用他人财物时写给对方的凭证性文书	指个人或单位在欠款或欠物时，写给有关单位或个人的凭证性文书，也可称为"白条"	指收到外部单位或个人交来的钱或物，写给送交者的作为凭据的凭证性文书。工作中规范的收条称为"收据"
作用不同	表明一方借了财物给另一方	证明一方欠了另一方的财物	表明收到了别人或单位送来的财物
作者不同	一般由债务人书写，即借入财物的一方书写	一般由债务人书写，即欠他人财物的一方书写	一般由债权人书写，即收到财物的一方书写
权责关系形成的原因不同	债权债务关系因借贷行为而形成	无法表明债权债务关系形成的真正原因，可能是因为借贷形成，也可能因为买卖或承揽形成	不能证明双方是否存在债权债务关系

续表

区　别	借　条	欠　条	收　条
承担的责任不同	实际上是一份简化的借款合同，借款人应按照借条的约定归还财务，若违反约定，则要承担相应的违约责任	虽然不能表明当事人双方的债权债务关系形成的真正原因，但其能表明存在债权债务关系，若债务人欠财物不还，债权人有权利凭借欠条走法律程序要求债务人偿还财物	只能证明当事人给付了财物，不能证明一方当事人欠了另一方当事人财物，若债权人以收条作为凭证起诉债务人，而债务人不承认存在借款事实，则债权人常常会败诉
诉讼时效不同	若注明了还款日期，则时效从还款日期的次日起计算，时效为两年；若没有注明还款日期，则时效随意，出借人可随时要求归还；若债权人主张了权利，则时效从债权人主张权利的次日起计算，时效为两年	若注明了还款日期，则时效为偿还期满后的两年内；若没有还款日期，则时效为欠条出具之日的次日起两年内	若注明了收到财物的日期，则时效是从收到财物的次日起计算，时效两年内；若没有约定送交时间，则时效为 20 年

2. 借条、欠条和收条的适用场合

借条、欠条和收条的作用非常相似，因此实际运用中经常错用。为了避免这样的问题，除了要了解三者之间的区别外，还要掌握它们各自的适用场合。

◆ 借条的适用场合

该条据的适用场合比较简单，主要用于他人向自己借用财物或者自己向他人借用财物的情况。如图 11-1 所示的是民间个人借贷开出的简式借条。

借条

今向 ××× 借到人民币 ×× 元（此处大写金额），约定还款日期为 ×× 年 × 月 × 日。

借款人：×××

×× 年 × 月 × 日

图 11-1

◆ 欠条的适用场合

欠条在买卖关系或借用关系中使用得比较频繁，具体适用于以下场景。

①在购买或收购产品、原材料时，因不能全额支付或者不能立即支付他人的货款，需要写一张欠条给出卖人，此时注明的金额是未付的金额。

②借了他人或单位的财物时，因不能立即归还或者有部分拖欠款，需要写欠条给出借人，此时注明的金额是应归还的总金额或者拖欠未付的金额。

③借了他人或单位的财物，事后补写一张欠条给他人或单位。

◆ 收条的适用场合

收条是由收到财物的一方开具，因此其适合的场合有如下几个。

①借财物的一方将财物归还时，原借出方不在场，由他们代收归还的财物，此时代收人要写一张收条给借财物的一方，作为已经归还财物的证据。针对这种场合，有时也开具代收条，具体内容在本章后面介绍。

②个人向单位或团体上缴财物时，单位或团体要向个人开具收条。

③单位和单位之间不涉及主要经济业务的财物往来需要开具收条。

11.1.2 一般条据的写作格式

诸如借条、欠条和收条这些条据，其写作格式比较简单。有的手写，有的打印好后填写并签字。无论是哪种形式，都应该包括标题、正文和落款这 3 个部分，具体每个部分应写明的内容如下。

1. 标题

写在正文的正上方居中位置，字体比正文字体稍大，一般由文种名称构成，如借条的标题为"借条"，欠条的标题为"欠条"，收条的标题为"收条"。

2. 正文

这是条据的主体部分，借条的正文内容可多可少，民间个人手写的借条内容比较简单，主要写明出借人姓名、借款金额和币种，有的还会写明借款偿还日期，而标准的借条，正文部分应写明借款目的、出借人姓名、借款金额和币种、借款起止日期、借款期限及借款偿还方式等。欠条的正文写明欠了什么人或什么单位的什么财物，以及财物的数量，并注明偿还的日期。收条的正文要写明收到的财物数量和规格等情况，以及收到日期。

3. 落款

条据的落款处要写明借款方、欠方的名称（单位）或姓名（个人），单位要加盖公章，个人要亲笔签名，有需要时应加盖私章，再在下方写明开具条据的日期。借条的单位名称或个人姓名之前一般要写"借款人"或"立据人"字样；欠条的单位名称或个人姓名之前一般要写上"欠款人"或"立据人"字样；如果送交财物的人不是当初的借入方或欠方，而是经手人，则收条的单位名称或个人姓名前一般写"经手人"字样，如果收取财物的人不是当初的借出方或债权方，则应在姓名前写"代收人"字样。

11.1.3 正规收据的格式

正规收据是企事业单位在经济活动中使用的原始凭证，主要指国家财政部门印制的盖有财政票据监制章的收付款凭证，主要用于行政事业性收入，即非应税业务。这种正规收据一般非手写，而是打印出来以后填写具体的内容，如图 11-2 所示的是某有限公司的收据（客户联）。

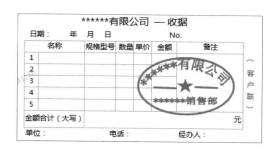

图 11-2

由此可见，正规的收据格式主要以表格的形式存在，并不像写一般的借条、欠条或收条一样一句话概括。但总体来说，它也包含标题、正文和落款。

标题是"公司名称＋文种"，如该图 11-2 所示的"×× 有限公司—收据"；

正文先写收条开具的日期和对应的编号，然后以表格形式注明收到财物的名称、规格型号、数量、单价和金额，有备注的要写清楚备注信息，再在"合计金额"栏写明财物对应的大写金额数；落款写在表格下方，注明开具收条的单位名称、联系电话和经办人姓名，有时省去单位名称和联系电话。

11.1.4 常见的条据范例解析

便条式的字据应用广泛，寥寥数语就可说明事情原委，但写作时千万不能大意，尤其人名、地点、时间、金额数字和电话号码等，一旦错漏，很可能产生不必要的纠纷。因此，写好各类条据非常重要。下面来看看一些常用的条据。

1. 标准的借条

标准的借条内容要比民间个人借贷开出的借条内容更多，篇幅稍长。

范本内容展示

◎资源 |Chapter11| 规范化借条 .docx

借条

借款人姓名：×××　　　　　性别：××
有效身份证号：×××××××××
地址：××省××市××县（区）××镇××街（村）××号（组）
常住：××省××市××县（区）××镇××街（村）××号（组）
　　今因×××××急需资金周转，特向×××借到现金人民币（大写）××元（小写：￥××）。月利率为百分之一（1%），约定每月×日结还当月利息，借款期限自××年×月×日至××年×月×日（×个月）。超期还款加息百分之五十（50%）。
担保人姓名：×××　　　　　性别：××
有效身份证号：×××××××××
地址：××省××市××县（区）××镇××街（村）××号（组）
常住：××省××市××县（区）××镇××街（村）××号（组）
　　本人证实×××借款是因×××××急需资金，与其是××关系，自愿做本笔借款的经济担保。若借款人到期未能还清本息，我愿意承担还清该借款的本息的责任。
　　为避免不必要的争执，特立此条为凭据，具有法律依据和效力。

借款人：×××　　借款人配偶：×××　　担保人：×××
电话：010-6880××××　电话：010-6880××××　电话：010-6880××××
手机：182×××××××　手机：182×××××××　手机：182×××××××

　　　　　　　　　　　　　　　　　　××年×月×日

标准的借条包括这些基本内容：债权人姓名、借款金额、币种、利息计算、还款时间、违约（延迟偿还）罚金、纠纷处理方式、债务人姓名、担保人姓名以及借款日期等。

财物借入方归还财物后，需要将借出方手里的借条收回，做作废处理，通常手段是撕毁。否则，容易造成财物已经归还，而借出方又要求归还财物。一般来说，借款金额较大的，最好签订借款协议，将双方的权利、义务约定清楚。

2. 标准的欠条

欠条的内容涉及欠物或者欠款，所以写作时不能含糊不清。

范本内容展示

◎资源 |Chapter11| 原材料货款欠条 .docx

欠条

　　本人×××，身份证号：×××××××××，于××年×月×日向××建材公司（法人代表：×××，身份证号：×××××××××）购买装饰材料，今欠金额为人民币（大写）××元，（小写）￥××元，约定于××年×月×日之前偿还。

　　1. 如果超出还款期限未还，违约金每日 3‰执行。

　　2. 本人对此凭据无任何异议。

　　3. 本人自愿承担一切为追欠款所产生的一切损失（包括律师费、诉讼费、交通费等）。

　　4. 签字生效。

欠款人（签字）：×××

××年×月×日

范本内容精讲

无论是欠条，还是借条，在书写金额时，大小写都要注明，防止相关当事人随意更改金额。欠条中还要简单说明欠款或欠物的原因，如范本展示的欠条欠款原因是材料货款未立即支付。

像欠条这样的凭证式条据，在写作时都要概括性地约束行为，比如，违约责任、违约处理、责任的承担情况以及条据的生效说明等。如果债权方认为没有必要让欠方承诺保证，则欠条中也可以不做约定。但无论如何，欠条的内容一定要表述准确，切忌语句有歧义。另外，当欠方支付了欠款或者所欠货物的，要从债权方收回欠条，否则可能出现欠条持有人重复追讨的纠纷。

3. 标准的收条

根据收条的对象不同，可将其分为写给个人的收条和写给某一单位的收条。单位出具的收条通常由某一个人经手，且以单位的名义开具。

范本内容展示

◎ 资源 |Chapter11| 钱款的收条 .docx

收条

本公司（××有限公司）现收到借款人×××（身份证号：× × × × × × × ×）借款人民币共￥×××元，（大写：××元）. 其中，现金￥×××元（大写：××元），银行转账￥×××元（大写：××元）.（业务涉及的抵押/质押借款合同编号：× × × × × ×）

收款人：× × ×（盖公章）

× ×年×月×日

范本内容精讲

收条和欠条一样，篇幅没有借条那么长，只需在正文中用简洁的语言说明已经收到财物这一事实即可。同样，涉及钱款金额时，一定要大小写均具备，防止有人任意更改金额。

单位或个人在将收条交给送交财物的人时，一定要仔细检查收到的财物数额，并准确填写，实际写作时，若遇到收到财物的情况，且数量众多，可采用表格的形式进行说明。

4. 标准的代收条

代收条是指应该收取财物的本人不在，由代收人代收时所写的凭据，它一般作为说明情况的依据。

◎资源 |Chapter11| 代收条 .docx

代收条

今收到×××先生还给×××女士的人民币（大写）××元整（小写：￥×
×元）和一套作为×××女士的生日礼物的真丝红裙。

代收人：×××

××年×月×日

范本内容精讲

代收条可以直接以"代收条"3 个字作为标题，也可以将正文的前 3 个字作为
标题，如"今收到""现收到"和"已收到"等，如图 11-3 所示。这样的标题可
以居中书写（较正规），也可不居中书写。

今收到
×××先生还给×××女士的人民币（大写）××元整（小写：￥××元）和
一套作为×××女士的生日礼物的真丝红裙。

代收人：×××

××年×月×日

图 11-3

由此看出，以"今收到""现收到"和"已收到"等为标题的收条，其正文是
不空格的，直接顶格书写。代收条的正文一般要写明收到的钱物数量、物品的种类
和规格等情况，如范本展示的真丝红裙数量为"一套"。落款处要在人名之前加"代
收人"或者"经手人"字样。

5. 标准的领条

领条是领取钱物的凭证，一般用在没有债权债务关系的钱物交往情形中。

范本内容展示

◎资源 |Chapter11| 领款凭单 .docx

今领到

×× 单位拨付的 ×× 款，合计人民币大写金额 ×× 元整(小写: ¥ ×× 元)。

审批人: ×××　　　　　　　　　　　　领款人单位 (盖章): ×× 公司

　同意开支　　　　　　　　　　　　　　领款人 (签名): ×××

　　　　　　　　　　　　　　　　　　　　　　×× 年 × 月 × 日

范本内容精讲

领条不涉及债权债务关系，而是发放与接受的关系。在正文中，也要写明领取的财物具体数额、数量等情况，涉及具体的规格和型号的，还应详细地注明。

与前述条据不同的是，领条的落款处一般都有"审批人"，签字后注明是否同意开支或使用。另外，领款人要亲笔签字，同时加盖领款单位的公章，最后写明领取财物的日期。

日常生活和工作中，借条、欠条和收条等都没有一成不变的格式，撰写人只要做到内容表述清楚明确、落款齐备就行。

11.2 授权委托书

■规范格式与注意事项　■范例解析

授权委托书一般指委托书或授权书，是委托他们代表自己行使自己的合法权益，委托人在行使权利时需出具委托人的授权法律文书。

11.2.1 授权委托书的规范格式与注意事项

为了准确地界定委托人和被委托人的关系与职责，保证双方的合法权益，在形成委托与接受委托的关系的同时，需按照规范的格式制作并签订授权委托书，同时还要重视不同委托书的注意事项。

1. 规范格式

授权委托书是日常生活中比较常用的一类应用文，一般由标题、称谓、正文、结尾和落款构成，具体如表 11-2 所示。

表 11-2　授权委托书的结构

部　分	内　容
标题	一般直接写"授权委托书"或"委托书"作为标题，有时以事由＋文种构成，如"产品代理委托书"或"产品代理授权书"
称谓	写明需要通过授权委托书确认被授权人身份的单位的名称，如某人授权给某受托人，要求其代表自己办理税务事宜，此时税务机关则需要确认受托人的身份，所以委托授权书的称谓部分就要写税务机关的全称。但是，有些授权委托书直接在标题下方写明委托人和受托人的具体信息，此时则省略了称谓
正文	必须写明具体的单位名称、委托人的姓名或单位名称、性别和身份证号，受托人的姓名、性别和身份证号，具体的委托事项、委托生效时间和委托期限等
结尾	主要是委托人和受托人签字、盖章，有时是委托人和代理人签字、盖章
落款	授权委托书的正文和结尾部分已经很明确地注明委托书双方的基本信息，因此落款处一般只写授权委托书的成文日期

2. 注意事项

被委托人接受委托后，委托人不得以任何理由拒绝委托事项，而被委托人如果做出违背国家法律的任何权益，委托人有权终止委托协议。在委托人给出的委托书上的合法权益内，被委托人行使的全部职责和责任都将由委托人承担，被委托人不承担任何法律责任。

由此可见，我们在选择被委托人时一定要谨慎。另外，有些特殊的授权委托书在制定和签署过程中还应注意一些细节问题，具体如表 11-3 所示。

表 11-3　一些特殊授权委托书的注意事项

类　型	注意事项
工程招标授权书	在授权书后应附有经公证机关盖章并由公证员签字的公证书，若投标文件中缺少公证书或公证书不满足要求，招标人有权将其作为废标处理
销售代理授权书	1. 了解合作企业的常规信息，如企业业内知名度、产品品质、价格体系和销售渠道等。 2. 了解合作企业针对合作项目的规划，包括合作年限、未来销售渠道、价格定位、市场策略和推广计划等

续表

类　型	注意事项
销售代理 授权书	3. 分析两者的品牌定位以及合作共性，了解品牌价值和经济利益等的需要； 4. 尽量避免自身品牌与性、医药、保健品和酒类等的商品合作； 5. 明确上市时间、设计审核和相应处罚措施； 6. 将周边商品和行销授权客户区分对待，分别整理相关客户信息，填写《商品授权意向客户合作信息表》或《行销授权意向客户合作信息表》； 7. 协议签署后，明确《设计审核日程表》和《相关工作进度跟进表》
产品代理 授权书	1. 最好不要现款支付，若要现款支付，最好能做到供货商家免费提供一批次的货，这一批次根据双方约定的销量计算； 2. 尽量不要交纳风险金，或者靠自己的谈判技巧，让对方相信自己的手头资源，对以后双方的合作充满信心，进而少交风险金。若必须要交，最好约定什么期限归还，如3个月、6个月、一年或达到一定销售数量； 3. 品种的供货价就是底价，折扣和返点要写清楚； 4. 因产品质量引起的退货或其他问题的相关条款要写明； 5. 付款条件要严密，以保护好自己的利益
法人授权 委托书	该授权委托书一般需要公证，由公证机关根据法律规定和当事人的申请，对法定代表人出具的授权委托书的真实性、合法性等予以证明。申办法人授权委托书公证时，当事人应向法人住所地公证处提出申请，同时提供法人资格证明、法定代表人资格证明及其本人身份证件和拟办理公证的授权委托书等证件和材料。有时，公证处也可代拟授权委托书。另外，法定代表人应亲自到公证处提出申请，不得委托他人代理

11.2.2　常见的授权委托书范例解析

授权委托书按照委托人或授权人的不同，分为单位授权委托书和个人授权委托书。下面就来看看两者常见的委托书范本。

1. 单位授权委托书

单位授权委托书，顾名思义是指委托人或授权人是机构、组织、团体或企事业的授权委托书。

范本内容展示

◎资源 |Chapter11| 销售代理授权委托书 .docx

销售代理授权委托书

　　我公司授权×××为××地区的代理销售商，全权负责"×××"注册商标
系列产品在该地区的销售事务，授权权限以双方约定的销售合同范围之内为准。

　　授权委托期限为：××年×月×日至××年×月×日。

　　特此授权！

　　授权单位（盖章）：××贸易有限公司

　　法定代表人（签字）：×××

　　地　　址：××省××市××区××街××号

　　电　　话：010-88××××××

　　传　　真：010-88××××××

××年×月×日

范本内容精讲

　　由范本的开头"我公司授权……"可知，该授权委托书为单位授权委托书，结尾部分写明了具体的单位名称、法定代表人姓名、地址和联系电话等内容，而在正文中也写明了被授权人的信息。如果被授权人是另一法人机构，则无须写明身份证号码，如范本所展示；如果被授权人是个人，则要写明其身份证号、姓名、性别等信息。

　　正文中要详细、清楚地写明具体的委托事项、委托期限和委托书生效时间，如范本展示的委托书中的委托事项是"授权×××为××地区的代理销售商，全权负责'×××'注册商标系列产品在该地区的销售事务，授权权限以双方约定的销售合同范围之内为准"，一般写法是授权谁作为什么，负责什么，权限怎样。一般来说，没有写明委托书生效时间的，看作委托书成文之日起开始生效。这类委托书上必须加盖单位公章，且单位法定代表人必须签字，否则无效。

　　另外，该授权委托书是××地区的代理销售商销售××贸易有限公司的×××注册商标系列产品的凭证，不涉及第三方使用，因此省去了称谓。

2. 个人授权委托书

　　个人授权委托书的委托人是个人，结构与一般的单位授权委托书有些许区别。

范本内容展示

◎资源 |Chapter11| 办理不动产证授权委托书 .docx

— 353 —

办理不动产证授权委托书

委托人：×××　　　性别：×　　　身份证号码：××××××××

出生日期：××年×月×日　　　暂住证号：××××××（无则不填）

住址：××××××

被委托人：×××　　性别：×　　身份证号码：×××××××

出生日期：××年×月×日　　　暂住证号：××××××（无则不填）

住址：××××××

委托原因及事项：

本人×××准备购买××××××房屋（不动产权证编号：××××××），现因本人工作繁忙，不能亲自办理相关手续，特委托×××作为我的合法代理人，全权代表我办理如下事项。

1. 代为办理该房产立契过户、税务登记和与之相关的一切手续。

2. 代为领取不动产证。

3. 代为签署与交易有关的合同文件等。

4. 代为办理银行放款手续及贷款资金的划转、解冻等与之相关的一切手续，对受托人在办理上述事项过程中所签署的有关文件，我均予以认可，并承担相应的法律责任。

5. 委托期限：自签字之日起至上述事项办完为止。

6. 委托人有转委托权。

委托人（签章及指印）：×××

受托人（签章及指印）：×××

××年×月×日

范本内容精讲

由范本展示的授权委托书内容可知，其省去了称谓，而是在标题下方以正文的形式列明委托人和被委托人的基本信息，然后说明委托原因和具体的委托事项。

委托原因是"本人×××准备购买……不能亲自办理相关手续"，具体委托事项有很多，这里分点列示，责任清晰明了。与单位授权委托书相比，个人授权委托书要将委托人的信息尽可能详细地列出，尤其是身份证号码，一定要写明，用来证明委托的真实性。有的结尾委托人和被委托人签字部分在左侧，并没有统一规定。

11.3 公证书

■写作格式与要求　■范例解析

公证书是公证处根据当事人申请，依照事实和法律，按照法定程序制作的具有特殊法律效力的司法证明书，是司法文书的一种，也是法律界常用的应用文文体。

11.3.1 公证书的写作格式与要求

公证书的大小一般为 16 开，由封面、里页和封底组成。封面一般由"公证书"3个字和公证处机关单位名称构成，其格式与封底的格式都是公证处事先设计好的；而里页则具体写明公证书的具体内容，如公证书编号、当事人的基本情况和证词等。

1. 公证书里页的格式

公证书的里页又有具体的结构，包括标题、编号、正文和落款这 4 个部分。具体写作内容如表 11-4 所示。

表 11-4　公证书里页的内容

部　分	内　容
标题	一般用"公证书"3 个字直接作为标题
编号	公证书的字第号,由年份(带小括号)+省份简称+市级简称+公证处字号简称(若无字号，则用公证处简称) + 公证简称（统一用"证"字）+ 公证类别简称 + 字第 + 阿拉伯数字编号。例如，四川省成都市蜀都公证处 2018 年的国内民事公证书，编号为"（2018）川成蜀都证内民字第 × 号"。编号写在标题下一行的右侧
正文	1. 首部：一般不写当事人的身份和基本情况，但继承、收养亲属关系的公证书的首部应写明当事人的姓名、性别、出生年月日和住址等身份信息；有代理人的，还应将代理人的相关信息写明； 2. 证词：公证书的主体部分，是核心内容，主要包括公证证明的对象、公证证明的范围和内容以及证明所依据的法律法规等，公证证明的对象和范围不同，公证的条件、内容和适用的法律也会不同，这些都要在证词中反映出来，比如，公证事项一般有委托、声明、赠与、遗嘱、出生、学历和学位等
落款	包括承办公证员的签名或签名章、公证处机关名称和印章以及公证日期，其中，公证日期以公证处审批人审核批准的日期为准

2. 写作要求

公证人员在拟写公证书里页内容时，一定要注意细节问题和具体的写作要求，避免出现文字歧义或漏洞，导致公证书无效。

◆ 制作公证书应使用中文，但在少数民族聚居或多民族共同居住的地区，除涉外公证事项外，可使用当地民族通用的文字。根据需要或当事人的要求，公证书可附外文译文。

◆ 公证证词若涉及单位或组织名称，则其第一次出现时必须使用全称。

◆ 涉及的日期应采用公历形式书写，涉及农历时间的，用括号注明。

◆ 公证人员必须签字或盖个人印章，同时必须加盖公证人员所在公证处的印章，两者缺一不可。其中，公证处的印章是钢印，从封面至封底垂直透体加盖，因此每页公证书上均有公证处钢印。

◆ 写公证书时必须结合申请人在公证时提交的其他书面材料，这样写出的公证书才能更完整地表达申请人的公证事项。

◆ 公证证词中注明的文件也是公证书的组成部分，一般以附件的形式随附。有的以附注内容对公证书进行补充说明。

◆ 公证书不得涂改、挖补，必须修改的，应加盖公证处校对章。

◆ 除法律另有规定外，公证书从审批人批准之日起生效，审批人批准的日期即公证书的出证日期。

11.3.2 常见公证书的范例解析

根据公证事项的不同，公证书可分为合同公证书、出生公证书、遗嘱继承公证书、收养人公证书、结婚公证书和委托公证书等。下面详细介绍出生公证书和合同公证书。

1. 出生公证书

出生公证书是指具有涉外公证业务权的公证处根据当事人的申请，依法对当事人出生的法律事实给予证明的公证书。主要用于当事人办理移民、出国求学、谋职、继承财产和入籍手续等事务。

当事人办理出生公证的，应向其住所地或出生地的涉外公证处申请；已经在国外的当事人，应向其在华最后住所地公证处提出申请。

范本内容展示

◎资源 |Chapter11| 出生公证书 .docx

公证书

（201×）××证字第××号

申请人：×××，×（性别），××年×月×日出生，公民身份证号码××××××××××。

公证事项：出生。

兹证明×××于××年×月×日在××省××市××区（县）出生。×××的父亲是×××（公民身份号码×××××××××），×××的母亲是×××（公民身份号码×××××××××）。

中华人民共和国××省××市××区（县）××公证处（盖章）

公证员（盖章）：×××

××年×月×日

范本内容精讲

由范本展示的公证书内容"公证事项：出生"可知，其属于典型的出生公证书。当事人在办理出生公证时，需要提供如下证明材料：当事人的身份证、户口簿，出生证或医院根据出生档案记载出具的证明，当事人所在单位的人事部门出具的出生情况证明（待业、辞职或无业的，由其档案保管部门或街道办事处出具证明，在校学生由其学校出具证明），一式两份或一式三份的近期正面免冠照片。

办理出生公证时，公证书中的当事人姓名要真实，且一律采用简化字，在外文译文中要使用汉语拼音。有特殊要求的，必须认真审核后再予以证明；有曾用名的，应在公证书上同时证明。出生日期务必准确、真实，且以身份证为准（没有身份证以户籍证明或出生证明为准，这些证明都没有的，参照档案、护照）。出生地点应写全称，通常写到市或区（县），根据使用地的要求，也可写到乡、村或城镇街道，若出生时的地名有改动，则应在现在地名后用括号注明原地名全称。要写明当事人父母或养父母的信息。已在国外的当事人申请办理出生公证书，公证处经调查未找到任何线索的，可为当事人出具《查无档案记载公证书》，在有些国家，此公证书可作为次要证据使用。另外，公证处只能为在我国出生的我国公民或外国人办理出生公证书，在国外出生的人，若需要此类证明，应在当地有关机关取得出生证明。

2. 合同公证书

合同公证书是公证机关根据当事人的申请，对于当事人之间签订合同的真实性、合法性予以证明的公证书，是公证机关代表国家对合同进行法律监督的一种手段。

◉资源 |Chapter11| 合同公证书 .docx

公证书

（201×）××证内民字第××号

申请人：××

出借人（甲方）：×××，×（性别），××年×月×日出生，身份证号码×××××××××。

借款人（一方）：×××，×（性别），××年×月×日出生，身份证号码×××××××××。

公证事项：借款合同

甲、乙双方当事人于××年×月×日向我处申请办理前面的《借款合同》公证，并依法赋予其强制执行效力。

经查，上述双方当事人协商一致订立可前面的《借款合同》，当事人双方在订立该合同时具有法律规定的民事权利能力和民事行为能力，双方当事人签订《借款合同》的意思表示真实，合同内容具体、明确。借款人有关到期不履行该合同项下的还款义务时，无须经过诉讼程序，自愿接受有管辖权的人民法院予以强制执行的意思表示真实、明确。

依据上述事实，兹证明出借人×××与借款人××于××年×月×日在××（地点），签订了前面的《借款合同》；双方当事人的签约行为符合《中华人民共和国民法通则》第×条的规定，该合同内容符合《中华人民共和国合同法》的规定；合同上双是人的签字均属实。

根据《中华人民共和国民事诉讼法》、《中华人民共和国公证法》和《公证程序规则》的规定，本公证书具有强制执行效力。

中华人民共和国××市××公证处（盖章）

公证员（盖章）：×××

××年×月×日

根据范本展示的内容可知，该公证书的公证事项为"借款合同"，属于合同公证书。标题、编号、正文和落款等结构齐全。正文中写明了申请人和相关合同当事人的身份信息、公证事项、公证范围和内容以及证明所依据的法律法规等。

范本展示的合同公证书格式适用于《中华人民共和国合同法》规定的各类国内和涉外经济合同、技术合同。如果有担保人，则应在证词中列明担保人的基本信息；当事人为自然人的，应写明其姓名、性别、出生年月、身份证号码和住址等信息；如果相关的合同并非在公证员面前签订，证词中则不要出现"在我面前"之类的词句。

正文中"经查，……"句式引出的往往是公证处对申请公证的合同进行的调查结果，不仅要肯定合同当事人的民事能力，还要肯定合同的签订环境和内容都真实。

11.4 遗嘱

■一般格式 ■注意事项 ■范例解析

设立遗嘱是指人生前在法律允许的范围内，按照法律规定的方式对其遗产或其他事务所作的个人处理，并于创立遗嘱人死亡时发生效力的法律行为。而遗嘱是与该行为密切相关的一份文件。

11.4.1 遗嘱的五大特征

一些家底富足的家庭，子女较多时，父母会设立书面遗嘱，明确各子女可以继承的财产明细。它主要具有如下 5 个显著特征。

- ◆ **是单方面的法律行为**：遗嘱是基于创立遗嘱人单方面的意思表示即可发生预期法律后果的法律行为，即遗嘱的设立与创立遗嘱人直接相关。

- ◆ **遗嘱人必须具备完全民事行为能力**：限制行为能力人和无民事行为能力人不具有遗嘱能力，不能设立遗嘱。如8周岁以上不满18周岁的未成年人（16岁以上不满18岁已经工作的人除外）、不能完全辨认自己行为的精神病人。

- ◆ **设立遗嘱不能进行代理**：遗嘱的内容必须是遗嘱人的真实意思表示，应由遗嘱人本人亲自作出，不能由他人代理。若是代书遗嘱，也必须由本人在遗嘱上签名。

- ◆ **紧急情况下才能采用口头形式**：事先没有设立遗嘱，在临去世前做出口头遗嘱的，要求有两个以上的见证人在场见证，危急情况解除后，遗嘱人能够以书面形式或录音形式立遗嘱的，所立口头遗嘱因此失效。

- ◆ **遗嘱人死亡时才发生法律效力**：因为遗嘱是遗嘱人生前以遗嘱方式对其死亡后的财产归属问题所做的处分，死亡前还可以变更、撤销，所以遗嘱必须以遗嘱人的死亡作为生效的条件。

需要注意的是，如果遗嘱人没有事实死亡，而是在具备相关的法律条件下，经有关利害关系人的申请，由人民法院宣告死亡后，遗嘱也发生法律效力，利害关系人则可处分遗嘱当事人的财产。如果在短期内遗嘱人重新出现，相应的财产可退还遗嘱人；如果时间较长，超过两年以上以及财产出现了无法退还的情况，则利害关系人应对遗嘱人的基本生活在其受益范围内提供帮助（法定义务人不受此限）。

11.4.2 遗嘱的一般格式与注意事项

遗嘱由标题、正文、结尾和落款构成，各部分应写明的内容如表11-5所示。

表11-5 遗嘱的一般格式

部 分	内 容
标题	通常以"遗嘱"二字作标题
正文	1. 首部：创立遗嘱人的身份说明，如身份证号码、住所和近亲属关系的情况； 2. 主体：创立遗嘱人的遗嘱法律效力的说明，如法律依据、身体状况、精神状况和行为能力；遗嘱人的真实意思表示，如未受胁迫或欺骗所立；遗嘱内容的真实性和合法性说明；遗嘱人财产的说明，如房产、存款、股票、汽车和现金等，以前是否曾以遗嘱或遗赠抚养协议等方式进行过处分，有无已设立担保、已被查封和扣押等限制所有权的情况；遗嘱人保险的说明，如受益人基本情况、监护人、遗嘱执行人（身份证号码、授权委托书、住所以及与遗嘱人的关系等）和相关合同单证理赔方法等；给缺乏劳动能力又没有生活来源的继承人保留了必要份额的说明；遗嘱人提供的遗嘱或遗嘱草稿的形成时间、地点和过程；自书还是代书，代书人的情况；有无修改、补充；对遗产的处分是否有附加条件；遗嘱或遗嘱草稿上的签名、盖章或手印等是否本人所为等
结尾	以前订立遗嘱的情况、份数等，内容有抵触的，以最后的遗嘱有效等的声明
落款	各遗嘱当事人签字，注明遗嘱订立日期

创立遗嘱人在立遗嘱时，要重视以下注意事项，避免遗嘱生效后发生不必要的纠纷，影响亲属之间的和睦关系。

◆ 遗嘱内容要真实、合法，所处分的财产是个人所有。

◆ 如果遗嘱人之前已经立过遗嘱，还应对相关情况进行说明。

◆ 若有多份遗嘱，且遗嘱内容之间有冲突的，应以最近日期订立的遗嘱为准。

◆ 无论是自书还是代书，遗嘱人必须在遗嘱上签名，否则遗嘱没有法律效力。

◆ 遗嘱的见证人不能是无行为能力人和限制行为能力人，也不能是继承人和受遗赠人，还不能是与继承人或受遗赠人有利害关系的人。

11.4.3 一般的遗嘱文书范例解析

根据遗嘱的形式不同，可将其分为5类：公证遗嘱、自书遗嘱、代书遗嘱、录音遗嘱和口头遗嘱。公证遗嘱由遗嘱人经公证机关办理，需立遗嘱人亲自到其户籍所在地的公证机关申请办理，不能委托他人代理；录音遗嘱指遗嘱人用录音的形式制作自己口述的遗嘱；口头遗嘱指口述的遗嘱，没有任何书面证明。下面我们具体介绍自书遗嘱和代书遗嘱。

1. 自书遗嘱

自书遗嘱必须由立遗嘱人全文亲笔书写、签名，注明制作的年、月、日。这类遗嘱不需要见证人在场见证就具有法律效力。

范本内容展示

◉资源 |Chapter11| 自书遗嘱 .docx

遗嘱

立遗嘱人：姓名、性别、出生日期、民族、身份证号码、工作单位、住所。

本人现年×岁，患有×××××病症，身体随时可能发生意外，故特立此遗嘱，表明我对自己所有的财产在去世之后的处理意愿。立遗嘱时精神正常、头脑清醒，具备完全民事行为能力。现立遗嘱如下：

我和我妻共有财产如下：

1.房产一套，坐落于××市××街×号的×平方米房产一处(估值×万元)。

2.汽车两辆，车牌号分别为××和××。

3.股票××，分别为××、××、××，各×股（去世当日市值×万元）。

4.银行存款×元，存于×银行××支行××分理处（储蓄所），账号为×××××××××。

5.家具及家用电器，……（列举并注明产品品牌、规格等)，价值共×万元。

留有债务如下：

欠××（债权人姓名）×万元，到期日为××年×月×日。

现对归我所有的份额，做出如下处理：

1.房产由父母××、××继承。

2.汽车由儿子××继承。

3.股票由妻子××继承。

4.家具及家用电器由××继承。

5.存款用来归还我对××的债务后，剩余由女儿×××继承。

6.骨灰由女儿××负责保管。

本遗嘱一式三份，我本人、遗嘱继承人和遗嘱执行人各持一份。遗嘱由××执行，性别、出生日期、民族、住所。

立遗嘱人：×××

遗嘱执行人：×××

××年×月×日

范本内容精讲

自书遗嘱无须见证人，因此落款处没有见证人签名。自书遗嘱可按照这样的程序订立：遗嘱人书写遗嘱内容→遗嘱人在自书的遗嘱上写明书写日期和地点→遗嘱人亲笔签名→由遗嘱人在涂改或增删内容的旁边注明涂改、增删的字数并签名。

自书遗嘱的格式是，标题"遗嘱"，首部为立遗嘱人的基本信息以及其立遗嘱时的年龄和相关民事行为能力的说明，然后以"现立遗嘱如下"等句式引出正文主体部分的内容，如财产、债务等的分配和承担情况，最后说明遗嘱的份数和遗嘱执行人的基本情况，落款处由各遗嘱相关人签字，署名成文日期。

2. 代书遗嘱

代书遗嘱是指因遗嘱人不能书写而委托他人代为书写的遗嘱，该类遗嘱的订立需要有见证人在场见证，其中一人代书，所有见证人和遗嘱人签名。

范本内容展示

◎资源 |Chapter11| 代书遗嘱 .docx

遗嘱

立遗嘱人：姓名，性别，出生年月日，身份证号码，民族，住址等。

因立遗嘱人不会书写，为了订立遗嘱，立遗嘱人特请×××和×××作为见证人，并委托×××律师事务所××律师代书遗嘱如下。

我今年×岁，且患有××××××症，身体随时可能发生以外，故特立此遗嘱，表示我对自己所有的财产在我去世之后的处理意愿。

一、本人财产为：……（立遗嘱人所有的财产名称、数额、价值、位置及特征）。

二、我自有的财产在我死后按如下方式予以分割和继承：……（立遗嘱人对所有财产的处理意见）。

三、本人指定遗嘱执行人为×××，性别，民族，住址，身份证号码等。本遗嘱一式四份，由××、××、××各执一份，××律师事务所备案一份。

立遗嘱地点：××××××　　　立遗嘱时间：××年×月×日
立遗嘱人：×××　　　见证人：×××　　　代书人：××律师

×××律师事务所
××年×月×日

范本内容精讲

代书遗嘱的格式与自书遗嘱格式基本相同，只是多了见证人和代书人的相关信息。首先，在说明立遗嘱人基本信息之后就要提及该遗嘱由谁作为见证人并由谁代写，其次，再写遗嘱具体内容，最后，签字部分多了见证人和代书人。

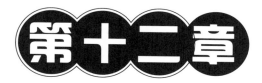

大学生应用文写作要点与范例解析

除了前面介绍的社会性应用文，大学生在校期间也会涉及应用文写作，比如，参选社团干部时要写的竞聘词、参与活动要写的实践报告以及毕业前后要写的毕业论文和实习报告等。

12.1 竞聘词

■适用范围 ■一般格式 ■范例解析

竞聘词又叫竞聘演讲稿或竞聘讲话稿，它是竞聘者为了实现竞争上岗，展露自己具有足够的应聘条件的演讲稿。大至竞选总统，小到竞选班干部，都要用到这种应用文文体。

12.1.1 竞聘词的一般格式

竞聘词的格式与本书第 9 章发言类应用文的格式相似，它由标题、称呼与问候语、开头、主体、结尾和结束语。很显然，与前面提及的大部分应用文不同的是，竞聘词没有落款这一部分，那么，竞聘词各部分具体应写些什么内容呢？如表12-1 所示。

表 12-1　竞聘词的结构

部　分	内　容
标题	有两种形式，一是单行标题，二是双行标题。单行标题直接点明文种，如直接写"竞聘词"3 个字，或点明内容范围、主题等，如"管理岗位竞聘词"；双行标题属于文章标题法，富有文采，可以反映出竞聘者的态度和价值取向，折射出竞聘者的心路历程，如"我为何而来——学生会主席竞聘"
称呼与问候语	称呼一般为"尊敬的各位领导""各位评委"等，可视现场情况稍有变化，无须一定要按照竞聘词上注明的称呼念。问候语一般紧跟称呼之后，另起一行空两格书写，如"大家好""早上好""下午好"等
开头	该部分写作要抓住评委和听众的注意力，并要尽量博得他们的好感。常见的两种写法是开门见山式和委婉曲折式，开门见山式即直接点题，说明竞聘的目的和具体职位；委婉曲折式即从侧面引述，慢慢进入主题，说明竞聘的职位
主体	该部分一般包括两大板块，竞选优势和工作思路。竞选优势应包括学历、专业知识和理论素养，工作经验或经历，能力和业绩，思想品质表现，以及其他如年龄、健康状况、性格和特长等信息；工作思路应包括工作目标、工作方法和态度及思想与品质保证等
结尾	一般表明对竞选成败的正确态度、竞争上岗的信息和决心、希望得到听众的支持并为自己投票的心情

续表

部 分	内 容
结束语	由于竞聘词是当着领导和听众的面直接使用，现场性较强，因此通常需要有结束语，如"谢谢大家"，或者"我的演讲完毕，谢谢大家"等

在写作竞聘词时要注意，目标要明确，内容要具有竞争优势，主题要集中，措辞要有条理性，语言要口语化，篇幅不宜过长或过短。

12.1.2 常见竞聘词的范例解析

大学生在校期间，会遇到很多竞聘活动，参与竞聘就需要提前撰写竞聘词，以提高竞聘的成功率。下面就来看看大学生常用到的竞聘词。

1. 班委竞聘词

这类竞聘词主要用于班干部的竞选，通常在班级辅导员和同学们的面前做演讲。

范本内容展示

◉资源 |Chapter12| 大学生班委竞聘词 .docx

班委竞聘词

尊敬的老师、亲爱的同学们：

大家好！我叫××× 。今天，很荣幸站在这里，和这么多乐意为班级做贡献的同学，一起竞选班干部职务。我想，我将用旺盛的精力、清醒的头脑做好班干部工作，来发挥我的长处帮助同学和×班集体共同努力进步。

我从小学到现在，班干部工作一年都没落下，但我一身干净，没有"官相官态""官腔官气"，少的是畏首畏尾的思虑，多的是敢做敢为的闯劲。

我想我这当一个实干家，不需要那些美丽的词汇来修饰。工作锻炼了我，生活造就了我。戴尔卡耐基说过："不要怕推销自己，只要你认为自己有才华，你就应该认为自己有资格担任这个或那个职务"。

我相信，凭着我新锐不俗的"官念"，凭着我的勇气和才干，凭着我与大家同舟共济的深厚友情，这次竞选演讲给我带来的必定是下次的就职演说。我会在任何时候，任何情况下，都首先是"想同学们之所想，急同学们之所急。"我绝不信奉"无过就是功"的信条，恰恰相反，我认为一个班干部"无功就是过"。因为本人平时与大家相处融洽，人际关系较好，这样在客观上就减少了工作的阻力。我将与风华正茂的

同学们在一起，指点江山，发出我们青春的呼喊。当师生之间发生矛盾时，我一定明辨是非，敢于坚持原则。特别是当老师的说法或做法不尽正确时，我将替积极为同学们谋求正当的权益，如果同学们对我不信任，随时可以提出"不信任案"，对我进行"弹劾"。你们放心，我不会因此就对给我提出意见的同学产生不满情绪。

既然是花，我就要开放；既然是树，我就要长成栋梁；既然是石头，我就要去铺出大路；既然是班干部，我就要成为一名出色的领航员！

流星的光辉来自天体的摩擦，珍珠的璀璨来自贝壳的眼泪，而一个班级的优秀来自班干部的领导和全体同学的共同努力。我自信在同学们的帮助下，我能胜任这项工作，正由于这种内驱力，当我走向这个讲台的时候，我感到信心百倍。

现在，你们拿着选票的手还会犹豫吗？谢谢大家！

范本内容精讲

范本展示的是大学生竞选班干部时所用的竞聘词，从整体看，篇幅适中。标题采用点明主题的单行标题形式，主题是班委竞选。称呼和问候语之后先自我介绍，然后撰写竞聘词的具体内容。

该范本展示的竞聘词，其开头部分采用开门见山的方式，直接说明自己站在讲台上的目的是和其他同学一起竞选班干部职务。在实际运用中，我们还可以将竞选的班干部职务具体化，比如，班长、学习委员或组织委员等。主体部分则介绍自己以前的任职经历和经验，阐述自己的优势，表明自己上任后的工作目标和做事风格。结尾部分表明得到同学们的支持自己将能胜任班委的工作。结束语部分可适当趣味化，如本范例中的"现在，你们拿着选票的手还会犹豫吗？"赢得同学们对自己的好感，然后以"谢谢大家"这样的礼貌用语结束竞聘演讲。

2. 学生会竞聘词

这类竞聘活动将面临更多的竞争者，因此用词和写作手法更需要掌握技巧。

范本内容展示

◎资源 |Chapter12| 竞选学生会干部竞聘词 .docx

竞聘词

尊敬的领导老师，亲爱的同学们：

大家下午好，我是今天的 × 号选手，我叫 × ×。今天我要竞选的是组织部部长一职。

目前我是一名大三的学生，在之前两年的学习过程中，我在班级担任团支书一职，积极组织班级的团员生活，同时在学生会担任过组织部干事，后有幸担任组织部副部长，两年中一直积极组织并参加团组织的各项活动，积累了一定的经验，也学到了很多东西，我想这也正是我的优势所在。在两年的工作中，我学会了怎样为人处事，怎样向别人学习，怎样解决一些矛盾，怎样协调好各成员的关系，怎么处理好部门之间的关系，怎样动员一切可以团结的力量，因此我相信自己能胜任组织部部长一职。

作为一名学生，我们的第一要务是学习，我觉得作为学生干部，要以积极的态度投入工作，同时还要处理好学习和工作的关系。有高度重视了，才能主动地进一步领会工作内容，只有态度积极了，才会主动、认真地开展工作，只有处理好了学习和工作的关系，才能学习、工作两不误。只会工作不会学习，或者只会学习不会工作的干部都不是好干部，在我这两年的工作和学习中，我始终没有忘记自己学生的身

份。即使每天工作的忙碌让我比一般的同学少了很多学习的时间，也曾抱怨过，但我丝毫没有怠慢，× × 年还凭自己的成绩获得国家励志奖学金，我用自己的行动去处理好工作和学习的关系，因此我知道怎样去做一个好的学生干部。

如果我有幸成为校组织部部长，我会积极配合校团委以及主席团的相关工作，以为同学更好地服务为宗旨，更好地上传下达，密切与校团委联系，做好团内工作管理；同时加强部内成员的管理，从各个方面加强干事的培养工作；最重要的是加强各个院系组织部和校组织部的联系，定期召开会议，各院系相互学习，取长补短，使学校团员工作开展得更加顺利，丰富同学的课余生活，塑造完美组织部。

如果我竞选成功，我会更加完善自己，提高自己各方面的素质，以积极热情的心态去对待每一件事情，我会更加努力学习，虚心求教，有错就改，广进贤言，在工作中大胆创新，不盲目从事，有计划有原则地做事。当然，竞争是残酷的，即使我竞选失败，我也会对照一个优秀学生会干部所应具备的素质，努力完善自我，向着我的目标继续前进。结果不重要，重要的是我们要摆正自己的心态，成不骄、败不馁。

谢谢大家，我的发言完毕！

范本内容精讲

由于学生会是学院甚至整个学校的一个学生组织，因此其规模比班级更大，所以竞聘词在用词上要更规范、正式。总的来说，其结构与班委竞聘词的结构相同。

该范本直接以"竞聘词"3个字作为竞聘词的标题，称呼部分与班委竞聘词有些微差异，这里多了"领导"，是因为无论是学院学生会还是学校学生会，其均由相关的教师和同学组成，且学生会属于行政组织，会涉及学校的有关领导。一般学生会选干部时，会有学校领导和老师亲临现场。随后的开头部分也是开门见山地直接作自我介绍并说明自己要竞选的学生会干部职务，如这里的"我是今天的……组织部部长一职"。接着说明自己能够胜任该职务的优势，如经验、能力等，然后对竞选成功后的工作计划做简要分析说明，同时对竞选失败后的心态做正面积极的阐述，如这里的"即使我竞选失败……成不骄、败不馁"。

12.2 大学生报告

■社会实践报告写作格式　■实习报告的一般格式与注意事项　■范例解析

大学生在校期间，除了有学习任务外，还可能会参与社团活动，进而参加一些社会实践，免不了需要撰写社会实践报告。毕业前后去公司实习，又需要撰写实习报告。这些报告也属于应用文，大学生需要学习如何写作。

12.2.1 社会实践报告的写作格式与要点

社会实践报告是进行社会实践后需要完成的报告，是有目的、有组织、有计划地深入实际、深入社会，对完成的社会实践活动的一个总结报告。该类报告的主要写作人群是大学生和高中生，各部分的具体内容和整体写作要点介绍如下。

1. 写作格式

社会实践报告的大致结构比较简单，由标题和正文构成，内容如表12-2所示。

表 12-2　社会实践报告的结构

部　分	内　容
标题	社会实践报告有两种写法，一是规定的标题格式，即发文主题＋文种，如"××关于××的实践报告"或"××实践报告"等；二是自由式标题，包括陈述式、提问式和正副标题结合式这3种。陈述式如"××大学××情况调查"，只说明事件内容，不写文种；提问式如"为什么××"，对某事实提问，不写文种；正副标题结合式如"高校发展重在学科建设——××大学学科建设实践报告"，包含报告的主要结论、调查对象和范围等信息。作为公文，最好使用规定的格式或自由式中的正副标题结合式
正文	一般分为前言、主体和结尾3个部分。 1. 前言：有3种写法，一是写明报告中涉及事件的起因或目的、时间和地点、对象或范围、经过与方法，以及人员组成等事件本身的情况，从中引出中心问题或基本结论；二是写明事件的历史背景、大致发展经过、现实状况、主要成绩和突出问题等基本情况，进而提出中心问题或主要观点；三是开门见山，直接概括出事件的结果，如肯定做法、指出问题、提示影响或说明中心内容等。无论是哪种写法，都要精练概括，直切主题； 2. 主体：这是报告的最主要部分，详述实践活动的基本情况、做法和经验，分析从实践活动中得出的各种具体认识、观点和基本结论； 3. 结尾：写法比较多，可以提出解决问题的方法、对策或下一步改进工作的建议，也可以总结全文的主要观点，进一步深化主题，还可以提出问题以引发阅读者的进一步思考，或者展望前景，发出鼓舞与号召

2. 写作要点

大学生实践报告通常要用学校规定的稿纸单面书写，或者先写成电子文档，再打印出来。在具体写作过程中，要掌握如下要点。

◆　标点符号应准确使用。

◆　科学技术名词术语采用全国自然科学名词审定委员会公布的规范词或国家标准、部标准中规定的名称，尚未统一规定或叫法有争议的名词术语，可采用惯用的名称。

◆　使用外文缩写代替某一名词术语时，首次出现时应在括号内注明全称。外国人名一般采用英文原名，按名前姓后的原则书写。一般很熟知的外国人名（如牛顿、爱因斯坦、达尔文、马克思等）应按通常标准译法写译名。

◆　量和单位必须符合中华人民共和国的国家标准 GB3100～GB3102-93，它是以国际单位制（SI）为基础的。非物理量的单位，如件、台、人、元等，可用汉字与符号构成组合形式的单位，例如，件/台、元/千米。

◆ 测量、统计数据一律用阿拉伯数字；在叙述中，一般不宜用阿拉伯数字。

◆ 全部标题层次应统一、有条不紊，整齐清晰，相同的层次应采用统一的表示体例，正文中各级标题下的内容应与各自的标题对应，不应有与标题无关的内容。

◆ 实践报告中有个别名词或情况需要解释时可加注说明，注释可用页末注（将注文放在加注页的下端），而不可用行中插注（夹在正文中的注）。注释只限于写在注释符号出现的同页，不得隔页。

◆ 每个表格应有自己的表序和表题，表序和表题应写在表格上方居中排放，表序后空一格书写表题。表格允许下页续写，续写时表题可省略，但表头应重复写，并在右上方写"续表××"。

◆ 参考文献一律放在文后，其书写格式要符合国家标准 GB7714-87 的规定，按文中引用的先后顺序排序，一般序码宜用方括号括起，不用圆括号括起，且在文中引用处用右上角标注明，要求各项内容齐全。文献作者不超过 3 位时，全部列出；超过 3 位只列前三位，后面加"等"字。中国人和外国人名一律采用姓名前后著录法，外国人名可部分缩写，并省略句号。

◆ 必须掌握大量的第一手材料，了解调查对象的正面、反面、直接、间接、历史和现实等方面的材料，弄清其来龙去脉。

◆ 善于作出分析和研究，透过表面现象看到事物的真面目，抓住其本质。

◆ 选用切实、可靠的材料说明观点，不能脱离材料空发议论，也不能只摆一大堆材料而不提出明确的观点和结论。

◆ 文字要朴素、明确、实在，说理与叙事相结合，总结经验，阐明规律，说明政策。

提示：实习报告、实习总结和实习小结的区别

实习报告都有基本的格式，如同政府工作报告，主要表述这一年或这一段时间的工作、计划实施情况，是一种公布式的报告，让别人知道你在这段时间的工作情况。实习总结就是实习工作完成后进行的整体性总结和概括，包括实习期间遇到的困难，如何克服，总结自己获得的经验和解决问题的方法。实习小结是在实习的过程中，某个时间段的小范围的总结，对以后的实习工作有指导性的作用，相当于实习过程中的日常反省。

12.2.2 实习报告的一般写作格式与注意事项

实习报告指各种人员在实习期间需要撰写的对此期间的工作学习经历进行描述的文章，是应用文写作的重要文体之一。对于大学生来说，在最后一个学期需参加毕业实习并撰写毕业实习结果，即毕业实习报告，反映自己毕业实习完成情况。

1. 写作格式

大学生毕业实习报告一般包含封面和里页，封面指定样稿，里页则由标题、前言、正文、落款这 4 个部分构成，如表 12-3 所示。有些工科学生的实习报告还有附文，一般是实习期间所做项目的情况介绍。

表 12-3　毕业实习报告的里页格式

部　分	内　　容
标题	封面页一般已经写明了"实习报告"或"××公司实习报告"等字样，所以里页可直接将实习内容概括为某一个合适的标题，如"第××届广交会大学生实习报告"，或者是实习期间某个项目的名称，不再加文种"实习报告"，如"冠状动脉解剖与冠脉造影"。如果封面页已经写明了实习期的工作内容或者项目名称，则里页可视情况省去标题，直接书写前言内容
前言	引言，是正文前面的一段短文，是实习报告的开场白，目的是向读者说明本次实习的来龙去脉，吸引读者对作者的实习生活产生兴趣，对正文起到提纲挈领和引导阅读兴趣的作用，要让读者在阅读前言后可清楚地知道作者为什么选择该题目进行实习。具体应涵盖的内容有写作背景和目的、缘起和提出实习过程中的现状及相关领域内前人所做的工作和总结，说明本次实习与之前学习的收获、目前学习存在的问题和以后工作中需要注意的事项，以及需要马上进阶的知识，引出报告的主题
正文	该部分要写清楚实习目的、时间、地点、单位和部门、具体内容和过程以及总结和体会，内容要实事求是、简明扼要，能反映出实习单位的情况和本人实习情况、体会和感受，提供的参考材料要真实、可靠，见解要独到，重点要突出，条理要清晰，字数在 3000 字左右为宜
落款	此处由指导老师和实习学生签名，并注明所在的学院和成文日期，有些实习报告会在正文和落款之间添加实习报告成绩，由指导老师批阅后打分

2. 注意事项

毕业实习报告是对毕业生的又一次培养和训练，学生在撰写时要注意下列事项。

◆ 前言的写作要注意方法，一是开门见山、不绕圈子，避免大篇幅叙述实习过程；二是语言简洁、突出重点，不能过多叙述同行熟知的和教科书中已有的常识性内容，应提出本次实习的总结和心得体会；三是回顾内容要有重点，紧扣文章标题介绍背景，几句话概括即可；四是在提示所用的方法时不写出方法和结果，不要展开讨论，引用过去的文献内容也要适当，不要长篇罗列。另外，不用如"才疏学浅"和"水平有限"等客套话。

◆ 实习目的的写作要言简意赅，点明主题。

◆ 实习单位和岗位的介绍要详略得当、重点突出，着重介绍实习岗位。

◆ 实习内容和过程的描述要翔实，层次要清晰，侧重撰写实际动手能力和技能的培养、锻炼与提高，切忌记账式或日记式的简单罗列。

◆ 实习总结和体会的写作要条理清晰、逻辑性强，着重写出对实习内容的总结、体会和感受，尤其是自己所学的专业理论与实践的差距，以及今后努力的方向等。根据今后的职业发展方向，提出改进措施。

◆ 肯定实习过程中做出的成绩，明确具体有哪些，有多大，表现在哪些方面，是怎样取得的；找出缺点，明确有多少，表现在哪些方面，是什么性质的，怎样产生的等。

◆ 有些实习报告要求提供实习单位意见，此时一般作为附件与报告一同递交，而该资料需要加盖实习单位的公章。

12.2.3 社会实践报告与实习报告范例解析

大学生的社会实践报告与实习报告的重点在于描述实践和实习的过程及具体内容，总结实践和实习工作的收获、体会和感受，包括成功的经验、失败的教训等。

1. 社会实践报告

在校期间，大学生参加各种社团活动、学校组织的寒暑假支教活动和学院学习考察活动等，都可能会被要求撰写实践报告，其作用在于增强大学生的社会责任感，增加大学生的社会阅历和职业阅历，提高大学生的就业竞争能力，提前使其接触社会，了解实际职业需求。

范本内容展示

◎资源 |Chapter12| 暑假社会实践报告 .docx

暑假社会实践报告

社会实践是大学生课外教育的一个重要方面，也是大学生自我能力培养的一个重要方式，因此对于我们在校大学生来说，能在寒暑假有充足的时间进行实践活动，是给了我们一个认识社会、了解社会、提高自我能力的重要机会。作为大二的学生，社会实践也不能停留在大一时期的那种毫无目的的迷茫状态，社会实践应结合我们的实际情况，能真正从中得到收益，而不是为了实践或完成任务而实践。我觉得在进行社会实践前应该有一个明确的目标，为自己制定一个切实可行的计划。应注重实践的过程，从过程中锻炼自己，提高能力。

因此，为了更好地了解社会，锻炼自己，感受社会就业的现状，体验一下工作的乐趣，我根据放假时间及自己的实际情况在假期里找了一份促销的工作，虽然只有 10 多天时间，但我觉得受益非浅，基本上达到了自己的目的。简单的工作让我体会到了就业的压力、自己能力的欠缺及社会人的艰辛，同时让我感到工作的快乐，一种在学校自由天地无法体会到的残酷竞争的"愉悦"。

促销是一种很好的工作体验，通过人与人的沟通，可以了解一些跟我们专业相关的知识，比如不同的人过中秋节的习惯俗，中秋节期间的旅游计划等。我的促销工作主要是促销电器。

一、促销的一天基本工作安排

促销前进行短暂培训，了解电器的名称、性能、型号、价格行情等方面的知识，面对顾客时的语言组织、仪容仪表等。随后正式开始工作，每天早上 8:30 开始上班，到达指定地点后做好准备工作，摆好宣传资料、礼品赠品，调整好心态迎接顾客。每天工作 7 个小时，在下午工作完后还有一个必须程序，即一天的工作总结。经理、主管及促销员一起讨论一天促销工作中的成果及存在的问题。

二、促销过程中的体会及感触

通过实践，我觉得促销就是通过自己把厂商的产品推销给消费者。对促销员来说，促销产品的同时也是向别人推销自己，通过自己的言语、形态让他人了解自己。一个优秀的促销员必须具备以下素质。

1. 要有良好的专业素质

当我们促销一种产品时，首先我们必须对产品的相关知识及厂商的具体情况要有明确的认识，大量的相关知识贮备可以使我们在促销过程中面对顾客的一系列问题时，通过自己的介绍让顾客了解产品的一些具体问题，使顾客明明白白地消费。

2. 要有良好的语言表达能力及与陌生人交流的能力

促销是促销员跟顾客以产品为媒介的一种陌生的交流方式，所以语言表达必须合理得当，说话要有条理，同时应让他人感觉你的亲和力。要通过自己层次清醒的说明，把产品介绍给顾客，用自己的魅力吸引顾客，让他们通过我们来了解产品。另外，在面对具体问题时我们应保持良好的心态，不能自乱手脚、语无伦次。

3. 要有良好的心理素质及受挫折的心态

促销过程中每天会面对社会上形形色色的人，由于每个人的道德修养及素质不同，会使工作中遇到很多问题。比如有的顾客会用各种方式刁难你，此时你必须保持良好的心态，不能跟顾客发生不愉快的事。有时候一天的工作可能收获不大，这时我们不应气馁，要学会自我调节、自我鼓励，及时总结，实现自我提高。

4. 要有吃苦耐劳的精神并坚持不懈

促销是一种比较枯燥的工作，每天站着用一个笑脸面对不同的顾客，这需要我们坚持，要让自己在烈烈炎日下得到磨练。

三、本次社会实践总结

1. 不管做什么事，态度决定一切。做一项服务工作，顾客就是上帝，良好的服务态度是必须的，要想获得更多利润就必须提高销售量。这就要求我们想顾客所想，急顾客所急，提高服务质量。要礼貌文明，待客热情周到，要尽可能满足顾客的要求。要让你有服务于他人的态度，你就会得到他人的肯定及帮助，用自己的热情去换取他人的舒心。

2. 明确目标，合理设计规划。我们现在要根据自己的实际情况合理地为自己规划，找到自己的发展道路。要通过社会实践，切实了解自己的专业，而不是一味地抱怨。要循序渐进地提高自己的能力，锻炼自己，让自己成为社会优秀人才，为社会服务。

短暂的促销工作结束了，它让我在劳累中得到快乐，在汗水中得到磨练，我觉得自己的能力有了一定的提高，达到了自己预定的目标，残酷的社会就业压力让我不再感到恐惧，我想，只要我们有能力、有信心，我们一定会创造一个属于自己的乐园。

范本内容精讲

范本展示的是某大学生的暑假社会实践报告内容，标题下方的第一、二自然段为前言，说明参与社会实践的背景和工作的大致发展经过。由内容可知，该学生社会实践活动主要是做促销工作，因此前言部分介绍了促销工作的大致情况。

第三自然段则简单总结促销工作带给该学生的体验和感受，然后进入正文部分的写作，以"一、二……"的小标题形式说明了每天促销工作的大致安排情况、促销过程中的体会和感触以及对本次社会实践的总结，然后在每个小标题中以"1.2.3……"的形式列明各标题项下的诸多要点，结构清晰明了。这些属于该篇社会实践报告的主体内容。最后一个自然段是报告的结尾部分，展望自己的就业前景，鼓励自己在毕业后的工作中可以创造一个属于自己的乐园。

由于实践报告的封面会注明标题、学生姓名、学院、专业、学号以及创作时间，因此报告里页的最后没有落款这一结构。

2. 毕业实习报告

撰写毕业实习报告，其内容要包括实习背景、环境、过程、内容、收获和心得体会等，或者撰写其中几种，应具体根据各所大学的各自规定执行。

范本内容展示

◎资源 |Chapter12| 建筑专业毕业实习报告 .docx

毕业实习报告

一、前言

我在××电气化局集团公司实习，时间为××年×月×日～××年×月×日。由于属于在校外做过的，因此我的实习工作主要与我所要从事的工作有关联。在实习期间我主要是接触一些接触网的下部施工工程。通过这些日子的实习，我发现了在一些混凝土支柱的设计中及施工所存在的一些问题。通过向所在单位专家的请教，明白了一些工程中易存在和发生的一系列通病的产生原理及相应的检测处理措施。现将我所接触到的一些问题作如下总结。

二、实习概况

我的毕业设计做的是预应力钢筋混凝土支柱的混凝土框架结构，因此对于混凝土机构的了解要更有针对性。混凝土质量的好坏，对结构物的安全和结构物的造价有很大影响，因此在施工中我们必须对混凝土的质量有足够的重视。混凝土质量的主要指标之一是抗压强度，从混凝土强度表达式不难看出，混凝土抗压强度与混凝土用水水泥的强度成正比，按公式计算，当水灰比相等时，高标号水泥比低标号水泥配制出的混凝土抗压强度高许多。所以混凝土施工时切勿用错了水泥标号。另外，水灰比也与混凝土强度成正比，水灰比大，混凝土强度高；水灰比小，混凝土强度低，因此，当水灰比不变时，企图用增加水用量来提高混凝土强度是错误的，此时只能增大混凝土和易性，增大混凝土的收缩和变形。

综上所述，影响混凝土抗压强度的主要因素是水泥强度和水灰比，要控制好混凝土质量，最重要的是控制好水泥和混凝土的水灰比。此外，影响混凝土强度还有其他不可忽视的因素。粗骨料对混凝土强度

也有一定影响，当石质强度相等时，碎石表面比卵石表面粗糙，它与水泥砂浆的粘结性比卵石强，当水灰比相等或配合比相同时，两种材料配制的混凝土，碎石的混凝土强度比卵石强。因此我们一般对混凝土的粗骨料控制在 3.2cm 左右，细骨料品种对混凝土强度影响程度比粗骨料小，所以混凝土公式内没有反映砂种和柔效，但砂的质量对混凝土质量也有一定的影响。因此，砂石质量必须符合混凝土各标号用砂石质量标准的要求。由于施工现场砂石质量变化相对较大，因此现场施工人员必须保证砂石的质量要求，并根据现场砂含水率及时调整水灰比，以保证混凝土配合比，不能把实验配比与施工配比混为一谈。

混凝土强度只有在温度、湿度条件下才能保证正常发展，应按施工规范的规定予以养护。气温高低对混凝土强度发展有一定的影响。冬季要保温防冻害，夏季要防暴晒脱水。冬冷季施工一般采取综合蓄热法及蒸养法。如果是设计造成的缺陷，一般有设计承载力或设计工作条件与实际不符造成裂缝、变形、侵蚀等破坏；如果是使用造成的缺陷，一般有超载、侵蚀、火灾、冻融、风化破坏等。混凝土的裂缝是不可避免的，其微观裂缝是本身物理力学性质决定的，但它的有害程度是可以控制的，有害程度的标准是根据使用条件决定的。目前世界各国的规定不完全一致，但大致相同。如从结构耐久性要求、承载力要求及正常使用要求来看，最严格的允许裂缝宽度为 0.1mm。近年来，许多国家已根据大量试验与泵送混凝土的经验将其放宽到 0.2mm。当结构所处的环境正常，保护层厚度满足设计要求，无侵蚀介质，钢筋混凝土裂缝宽度可放宽至 0.4mm；在湿气及土中为 0.3mm；在海水及干湿交替中为 0.15mm。沿钢筋的顺裂缝有害程度高，必须处理。

近年来预应力混凝土应用范围逐渐推广到更多的结构领域，如大

范本内容精讲

由于范本内容较多，这里只展示部分。该毕业实习报告的结构非常清晰，以"一、二……"这样的小标题形式展示前言、实习概况、实习体会和实习感受。

其中，前言部分阐明了该学生实习的公司名称、时间和大致的工作内容，最后以"现将我所接触到的……"句式引出正文内容的写作。正文"二、实习概况"主要介绍了该学生实习期间的毕业设计项目、项目存在的问题以及不同的解决办法。"三、实习体会"则主要说明在实习期间获得的经验、教训。"四、实习感受"主要将实习工作与学校生活作对比，讲述学习理论知识和实际工作实践的重要性。

毕业实习报告的篇幅不宜过长，3000 字左右即可。描述时要精简，切忌出现重复啰唆的语言。

12.3 大学生论文

■毕业论文写作格式 ■学术论文特点与适用范围 ■学术论文规范格式 ■各种论文范例解析

论文是进行各个学术领域的研究和描述学术研究成果的文章，它既是探讨问题进行学术研究的一种手段，也是描述学术研究成果进行学术交流的一种工具。主要包括毕业论文、学位论文和学术论文等。本节主要介绍毕业论文和学术论文。

12.3.1 毕业论文的写作格式

毕业论文指高等学校或某些专业为对本科学生集中进行科学研究训练而要求学生在毕业前撰写的论文，一般安排在修业的最后一个学年或学期进行。学生必须在教师指导下，选定课题进行研究，撰写并提交论文。其里页主要结构如表 12-4 所示。

表 12-4　毕业论文的里页结构

部　分	内　容
目录	篇幅较长的毕业论文一般都有分标题，所以层次会比较多，整体理论体系比较庞大、复杂，为了使读者能在阅读论文之前对全文内容、结构有大概了解，快速选择某个分论点进行精读或略读，节省时间，因此，有必要设目录。它一般放置在论文正文之前，是论文的导读图，要使其起到导读作用，目录必须与全文的纲目相一致，即标题、分标题要与目录一一对应；应逐一标注每行目录在正文中的页码，且清楚无误；论文中的各项内容都应在目录中反映出来，不得遗漏，保证其完整性
标题	是文章的眉目，也是论文的题目，通常由教师指定或由学生提出，经教师同意确定。虽样式众多，但都要以全部或不同的侧面体现作者的写作意图、文章主旨。有些直接以一个总标题作为论文唯一的标题，此时写法主要有 5 种：①揭示课题的实质，高度概括全文内容，往往是文章的中心论点，如"关于经济体制的模式问题"；②提问式，常用设问句隐去要回答的内容，以婉转的语意表现作者明确的观点，如"商品经济等同于资本主义经济吗？"；③交代内容范围，看不出作者所指的观点，只对文章内容的范围做出限定，主要用于文章的主要论点难以用一句简短的话加以归纳，或者引起同人读者的注重和共鸣等情况，如"正确处理

续表

部　分	内　容
标题	中心和地方、条条与块块的关系"；④用判断句式，给予全文内容的限定，可伸缩，灵活性很强，从小处着眼、大处着手，如"从乡镇企业的兴起看中国农村的希望之光"；⑤用形象化语句，如"激励人心的企业治理体制"。有些论文标题则由总标题和副标题构成。其中，副标题主要用来点明论文的研究对象、内容和目的，对总标题加以补充、解说，凡是一些商榷性论文，一般都有一个副标题或分标题，写在总标题下方，如"与××商榷"之类的副标题。而为了清楚地显示文章的层次，还会使用一些分标题，表明各层次的中心内容
内容提要	是论文全文内容的缩影，以非常经济的笔墨勾画出全文的整体面目，提出主要论点，揭示论文的研究成果，简要叙述全文的框架结构。它是正文的附属部分，一般放置在论文的篇首，其作用是指导老师在未审阅论文全文时，先对文章的主要内容有一个大体上的了解，知道研究所取得的主要成果和研究的主要逻辑顺序，同时使其他读者通过阅读内容提要就能大略知道作者所研究的问题，产生共鸣，吸引读者进一步阅读全文。主要写作方式有两种，报道性提要（主要介绍研究方法、成果和成果分析）和指示性提要（只简要叙述研究成果，如数据、看法、意见和结论等，不涉及研究手段、方法和过程），毕业论文一般采用提示性提要
关键词	是标示论文关键主题内容但未经规范处理的主题词，一般从论文中选取出来，用以表示全文主要内容信息款目的单词或术语，一篇论文可选取 3 ~ 8 个词
正文	主要包括 3 个方面的内容：①事实根据，即通过本人实际考察所得到的语言、文化、文学、教育、社会和思想等事例或现象，事实根据要客观、真实，必要时注明出处；②前人的相关论述，即前人的考察方法、过程和所得结论等，理论分析中，要将他人的意见、观点和本人的意见、观点明确区分，无论是直接引用还是间接引用他人的成果，都应注明出处；③本人的分析、论述和结论等，写作时注意逻辑关系，使事实根据、前人成果和本人的分析论述有机地结合
结论	是毕业论文最终的、总体的结论，是整篇论文的结局和归宿，不是某一局部问题或某一分支问题的结论，也不是正文中各段的小结总括。它应体现作者更深层的认识，要从全篇论文的全部材料出发，经过推理、判断和归纳等逻辑分析过程，得到新的学术总观念、总见解，如本论文研究结果说明了什么问题，对前人的有关看法做了哪些修正、补充、发展、证实或否定，本论文的不足之处或遗留的未予解决的问题，以及对解决这些问题的可能关键点和方向。阐述时要精练，还可提出需要进一步讨论的问题或建议
参考文献	毕业论文的撰写应本着谨慎、求实的科学态度，凡有引用他人成果之处，均应按论文中出现的先后次序列于参考文献中，且只列出正文中以标注形式引用或参考的有关著作和论文，包括作者名字、文献名称、文献版次等
附录	对于一些不宜放入正文中，但对于毕业论文又是不可缺少的内容，或有重要参考价值的内容，可编入毕业论文附录，如问卷调查原件、数据、图表和说明等

毕业论文的主题均应是本专业学科发展或实践中提出的理论问题和实际问题。毕业论文是教学科研过程中的一个环节，也是学业成绩考核和评定的一种重要方式。目的在于总结学生在校期间的学习成果，培养学生综合、创造性地运用所学的全部专业知识和技能解决较复杂问题的能力，使他们受到有关科学研究选题，查阅、评述文献，制定研究方案，设计进行科学实验或社会调查，处理数据或整理调查结果，对结果进行分析、论证并得出结论，撰写论文等项初步训练。

12.3.2 学术论文的特点与适用范围

学术论文是某一学术课题在实验性、理论性或预测性上具有的新的科学研究成果或创新见解和知识的科学记录，或是某种已知原理应用于实际而取得新进展的科学总结，用以在学术会议上宣读、交流、讨论或学术刊物上发表，或用作其他用途。

学术论文的适用范围可从其分类情况得知，而分类情况又要看分类依据。按写作目的不同，学术论文分为交流性论文（目的只在于专业工作者进行学术探讨，发表各家之言，显示各门学科发展的新态势）和考核性论文（目的在于检验学术水平，成为有关专业人员升迁晋级的重要依据）；按研究的学科不同，可分为自然科学论文和社会科学论文，比如，社会科学论文又包括文学、历史、哲学、教育和政治等学科论文；按研究的内容不同，可分为理论研究论文（重在对各学科的基本概念和基本原理的研究）和应用研究论文（侧重于如何将各学科的知识转化为专业技术和生产技术，直接服务于社会）。但无论是哪种类型的学术论文，都应具有如下特点。

◆ **科学性**：作者在立论时不得带有个人好恶的偏见，不得主观臆造，必须切实地从客观实际出发，引出符合实际的结论；在论据上应尽可能地占有资料，以最充分、确凿有力的论据作为立论的依据；在论证时必须经过周密的思考，进行严谨的论证。

◆ **理论性**：学术论文在形式上属于议论文，但与一般议论文不同，它必须有自己的理论系统，不能只是材料的罗列，还应对大量的事实、材料进行分析、研究，使感性认识上升到理性认识。内容必须符合唯物辩证法，符合"实事求是""有的放矢""既分析又综合"的科学研究方法。

◆ **实践性**：是论文价值的具体体现，主要表现在内容上，根据一定论证分析依据，得出相应的处理事情的方法、技巧或流程等。

◆ **专业性**：该特点是区别不同类型论文的主要标志，也是论文分类的主要依据，即论文论述的对象要有针对性，与主题密切相关。

◆ **平易性**：要用通俗易懂的语言表述科学道理，做到文从字顺、描述准确、鲜明、和谐，力求生动。

◆ **创造性**：科学研究是对新知识的探求，创造性就是科学研究的生命。作者要有自己独到的见解，能提出新的观点、新的理论。没有创造性，学术论文就没有科学价值。

12.3.3 学术论文的规范格式

学术论文的结构与毕业论文的结构相似，除了有封面外，里页中具体有如表 12-5 所示的内容。

表 12-5　学术论文的里页结构

部　分	内　容
目录	取正文中的一、二级标题即可，标题之后要注明页码，目录中列出的分标题要与正文中的一一对应
标题	论文的总标题或主标题，有些还会添加副标题，具体写法与毕业论文类似
作者简介	该部分位于标题下方，对论文的主要作者进行介绍，包括作者姓名，出生年月，民族，何时何地获得什么专业的学士、硕士、博士学位，现工作单位及主要研究领域，论文发表情况和学术职务等
内容摘要	是论文内容不加注释和评论的简短陈述，有些学术论文为了国际交流，还有外文（多用英文）摘要。该部分应包含从事这一研究的目的和重要性、研究的主要内容（指明完成了哪些工作）、获得的基本结论和研究成果（突出论文的新见解）及结论或成果的意义。内容需充分概括，篇幅一般较短，字数不超过论文字数 5%，如一篇 6000 字论文，其摘要一般不超过 300 字。不列举例证，不讲研究过程，不用图表，不做自我评价，不照搬论文正文中的小标题或结论部分的文字
关键词	是标示论文关键主题内容，但未经规范处理的主题词，一般是从论文中选取出来，用以表示全文主要内容信息款目的单词或术语，一篇论文可选取 3 ~ 8 个词作为关键词，选取方法是在完成论文写作后，纵观全文，从论文标题和正文中选取
正文	是学术论文的本论部分，是主体，占据论文的最大篇幅，反映论文所体现的创造性成果或新的研究结果。写作时，内容要充实，论据要充分、可靠，论证要有力，主题要明确，层次分明、脉络清晰，可分逻辑段，每个逻辑段落可冠以适当标题（分标题或小标题）
参考文献	列举撰写学术论文过程中引用的文献资料的基本情况，如作者、文献名称、文献版次和发表年份等

续表

部　分	内　容
附录	对于一些不宜放入正文中，但作为学术论文又是不可缺少的内容，或有重要参考价值的内容，可编入学术论文附录，如问卷调查原件、数据、图表和说明等

12.3.4　常见的毕业论文／学术论文范例解析

毕业论文和学术论文因为面向的读者群不同，所以格式上会有差异。下面来看看两类论文中常见的范本。

1. 毕业论文

毕业论文一般有专门的指导老师指导完成，因此最后往往还有"谢辞"部分。

范本内容展示

◎资源 |Chapter12| 经管类毕业论文 .docx

摘要

　　企业之间的经济竞争就是技术、人才、管理的竞争。企业如果能够拥有技术、人才、管理的优势，那么企业在市场经济竞争当中就能立于不败之地。而产品研发水平的高低是决定企业是否能够拥有技术优势的关键因素，只有不断地加强和完善产品研发管理，不断提高产品研发的成功率，企业才能做到技术领先，实现持续、快速、健康发展。为此，本文在分析了××食品有限公司产品研发管理现状，找出其存在的问题之后，提出符合该公司实际情况的产品研发对策措施，从而提高××有限公司的市场竞争力，适应当今激烈的市场竞争环境，实现该企业的持续、快速、健康发展。

【关键词】食品企业，产品研发，存在问题，对策

Abstract

In a sense, economic competition among enterprises is the technology, human resources, management, competition. If companies can have technology, talent, management strengths, then competition among enterprises in the market economy can be invincible. The level of the product research is to determine whether the enterprise can have technical advantages of key factors, they have to keep strengthening and improving product development management, and continuously improve the success rate of product development, business technology leaders can do to achieve sustained, stable development. Therefore, this paper analyzes the status of product ×× management, find out the problem after the proposed rule consistent with ×× products of The Company's actual countermeasures research and development to enhance the rule of ×× market competitiveness, meet the current needs World's fierce market competition, to achieve sustainable development of enterprises.

【Key words】Food enterprises, Product development, problems, solutions

××食品有限公司产品研发动因及对策研究———以蛋糕为例

1．××食品有限公司基本情况

　　××食品有限公司成立于××年，是宁夏起步较早、成长较快的专业食品加工企业，位于××市××工业园区××路5号。公司拥有固定资产700多万元，员工200多人，是该市唯一一家通过国际质量体系认证的食品加工企业。多年来该公司致力于食品方面的发展，不断引进新设备、新技术、开发新产品，其品牌"××"系列蛋糕、月饼、西点广销××市及周边市县，得到了广大消费者的青睐。××年度、××年度、××年度荣获"××消费者协会推荐产品"，今年又被××卫生厅评为"卫生A级企业"；该公司于××年初在××工业园购地20余亩，投资500多万元兴建现代化食品加工基地，××年初正式投入生产，新厂区的建成对该公司的长远发展奠定了坚实的基础。该公司在生产过程中严把质量关，产品从配料到加工经过数10道专业人员的检测，争取把最好、最美味、最健康的食品奉献给××的消费者。荣获中国质量万里行××年度诚信单位、××年度讲诚信企业。

　　目前，××公司在××有3家店面。分别为××店，××路店和××学生店等。××店位于××区××路×号，主要针对的消费群众是学生及教师等。××路店位于××市××路×号，××路地属××区较繁华地段，因此，客流量较大。××街店位于××街×号，属繁华地段以及交通枢纽，顾客流量相对较大。

　　2．××食品有限公司蛋糕研发的动因

　　作为一个食品企业，××公司必须始终关注终端市场不断变化

范本内容精讲

毕业论文会因为所选课题不同，正文的写作风格而有所不同，具体根据实际需要灵活撰稿。但要写好毕业论文，就得掌握一般的写作步骤，主要有以下几步。

◆ **第一步选择课题**：确定论文写什么，确定研究方向。

◆ **第二步研究课题**：搜集资料→研究资料→明确论点→选定材料。

◆ **第三步执笔撰写**：下笔前拟定提纲和基本格式，完成写作。

◆ **第四步修改定稿**：看写作意图是否表达清楚，基本论点和分论点是否准确、明晰，材料用得是否恰当、有说服力，材料的安排与论证是否有逻辑效果，大小段落的结构是否完整、衔接自然，词句是否正确妥当，文章是否合乎规范。所有检查完毕并修改后，定稿递交。

◆ **第五步答辩演说**：这是毕业论文的重要环节，是即将毕业的学生当着专业老师和同系同学的面就自己的论文写作过程、具体内容和结论等进行演说，同时回答审阅老师的问题。由写作得分和答辩得分共同组成毕业论文总分。

不仅如此，毕业论文写作过程中还要重视如下 5 个要点。

◆ **选题**：论文写作关键的第一步，直接关系到论文的质量。要结合学习和工作实际，根据自己熟悉的专业和研究兴趣，选择有理论和实践意义的课题。

◆ **设计**：是选题确定后，进一步提出问题并计划解决问题的初步方案。

◆ **实验与观察**：根据研究目的，利用各种物质手段（实验仪器、设备等），探索客观规律，并对现象背后的原因和规律加以考察。

◆ **资料搜集与处理**：在确定选题、进行设计以及必要的观察与实验后，做好资料的搜集与处理工作，如亲自参与调查、研究或体察，获得第一手资料，参考有关专业或专题文献资料，整理出第二手资料。

◆ **写作提纲**：先对论文的常用格式有概括性的了解，并根据自己掌握的资料考虑论文的构成形式；然后进一步研究资料，通盘考虑众多材料的取舍和运用，做到论点突出、论据可靠、论证有力，各部分内容衔接得体；再考虑论文提纲的详略程度。

2. 学术论文

学术论文更具社会性，是衡量一个人学术水平和科研能力的重要标志。撰写时，选题与选材是头等重要的事项。

范本内容展示

◎资源 |Chapter12| 理论研究论文 .docx

音乐美学在音乐教育的应用

中图分类号：×××　　文献标识码：××　　文章编号：×××
作者：×××　　单位：×××大学初等教育学院

【摘要】当前随着我国教育不断的深化改革，音乐教育在素质教育建设中发挥着重要的作用。音乐美学是艺术学中重要的组成部分，其主要是通过对音乐理论基础教学指导音乐实践的过程。因此本文通过对音乐美学方面分析论述，从而提出音乐美学在当前音乐教育中的具体应用。

【关键词】音乐美学；音乐教育；应用

当前在国家提出素质教育的背景下，各个学校开始注重学生综合能力培养，尤其音乐教育作为当前教育领域的重要组成部分，声乐美学对于艺术学的发展起到了一定的推动作用，因此在实际的音乐教育发展过程中，要给予音乐美学以高度的重视，从而加强音乐美学在音乐教育中的积极促进作用，在一定程度上促进音乐教育的更好、更快发展。

一、音乐美学在音乐教育中的具体应用分析

（一）表现出情感美的应用

众所周知，音乐对于培养人们情感体验以及高尚的情感道德品质具有重要作用。例如，当奥运会上每次奏响其国家的国歌时，此时在座每一位都会发自内心地感到震撼，优美的旋律在人们耳边回荡，在一定程度上激奋着每一名中国人的心。美妙的乐章在人们耳边回荡，让我们感到回味无穷。但是在实际的音乐教学当中，教师不会只注重学生在创作歌曲中的技巧、方法等，很大程度上会教学生如何把握音乐中的旋律，如何在歌曲中有效地表达美的情感价

值表现。此外，教师还会激发学生的情感变化，从而时学生产生心灵上的震撼。因此在实际的音乐教学和知识讲解的过程中，教师不要单纯地只注重理论性的知识，要不断地创设更多的教学情境，从而加强学生情感方面的体验，将情感美有效地融入音乐教育教学当中。

（二）音乐音色美的应用体现

在音乐教学中，追求音色美是每个音乐教育者的理想目标。因为音色的美感能够让人直接感受到。由于音色元素的存在，可以让人们清晰辨别出什么是手风琴，什么是钢琴等。在实际的音乐教学过程中，音色在音乐的表现方面具有至关重要的作用。以婚礼进行曲为主要事例进行分析，当婚礼上奏响婚礼进行曲时，大家都知道是门德尔松钢琴版的《仲夏夜之梦》。再例如，当我们听到轻音乐《初雪》这首曲子的时候，大家会马上意识到这是班得瑞乐团的作品，是钢琴版的初雪。这就是音色所具有的特征，能够通过一首曲子进行有效的辨别。同样还是以《仲夏夜之梦》这首婚礼进行曲为例，当婚礼上用口琴或者用二胡等音乐器材演奏时，大家会想象到一个什么样的画面。因此其优美的曲子离不开音色的作用，音色在一定程度上又给人一种达到美的极点的感受。因此音乐教师要充分地认识到音色在音乐教育中的应用，并且不断培养学生对于音色的鉴赏力、创造力以及丰富的想象力。

（三）音乐教学中节奏美的应用体现

众所周知，音乐是一门时间性以及动态性相对较强的艺术，并且音乐的时间性以及动态性是通过节奏而表现出来的[1]。然而节奏是音乐的骨架，是音乐的灵魂，是音乐赖以生存的动力，节奏美

范本内容精讲

　　范本只展示了该理论研究论文的部分内容。由于学术论文大都针对社会人士开放阅览，因此与毕业论文相比，会新增"作者简介"部分，这就涉及论文观点的版权问题，所以该部分必不可少。

　　对于学术论文来说，段落的划分应视论文性质与内容而定。一般常见的划分方式有两大类：一是问题提出→问题分析；二是解决方法→主要结果定理→结果比较与分析。根据论文内容的需要，还可以灵活地采用其他的段落划分方案，但就一般情况而言，大体上应包含问题部分和理论分析部分，而理论分析部分是学术论文的关键部分，其新意主要也体现在此部分。

　　由于学术论文的选题和内容性质差别较大，其分段和写法均不能做硬性的统一规定，但必须实事求是、客观真切、准确完备、合乎逻辑、层次分明、简练可读。